westermann

# Gesellschaft bewusst 1

## Nordrhein-Westfalen
## Gesellschaftslehre
Differenzierende Ausgabe

**Moderatorin**
Dr. Norma Kreuzberger

**Autorinnen und Autoren**
Julia Bohlmann
Peter Gaffga
Christine Kreuzberger
Dr. Norma Kreuzberger
Patrick Mund
Ulrike Schmitz
Dr. Frank Schweppenstette
Karin Zumpfort

unter Mitwirkung der Verlagsredaktion

*westermann* GRUPPE

© 2021 Westermann Bildungsmedien Verlag GmbH, Braunschweig
www.westermann.de

Druck A[1] / Jahr 2021
Alle Drucke der Serie A sind im Unterricht parallel verwendbar.

Redaktion: Lektoratsbüro Eck, Berlin, und Ines Nové, Leipzig
Umschlaggestaltung: LIO Designagentur, Braunschweig
Layout: LIO Designagentur, Braunschweig
Druck und Bindung: Westermann Druck GmbH, Braunschweig

ISBN 978-3-14-**105332**-6

# Tipps zur Arbeit mit diesem Buch

**Thematische Karten** enthalten Informationen zu einem bestimmten Thema.

① Ⓦ Wähle aus:
**A** Beschreibe, wie sich die Landwirtschaft verändert hat (M2).
**B** Beschreibe die Milchviehhaltung.
② Die Landwirtschaft hat sich ... Erkläre.
③ Ⓩ Ein Bauer kann heute ...

*Wenn du diese ...*
... beschreiben, wie ...
... die Fachbegriffe ...

**WAHLTHEMA 1**

Die Aufgabe konnte ich
← nicht lösen.
← mit Hilfe lösen.
← ohne Hilfe lösen.

WES-105332-029
westermann.de/webcode

schueler.diercke.de |
100870-080-01

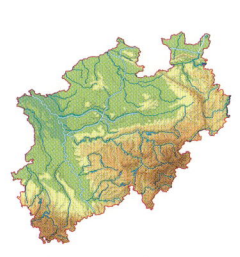

### Einstieg in die Kapitel

Jedes Kapitel beginnt mit einer Auftaktseite. Auf dieser siehst du ein großes Foto, das dich in das Kapitel einführt. Die Fragen zu dem Foto auf der linken Seite haben etwas mit dem Thema des Kapitels zu tun. Du kannst und sollst aber auch selbst Fragen zum Foto und Thema des Kapitels stellen. Diese wirst du später vielleicht selbst beantworten können.

### Fachbegriffe

Du wirst im Fach Gesellschaftslehre viele Fachbegriffe lernen. Sie sind in den Texten auf den Seiten fett gedruckt. Du findest sie auch unten rechts auf den Seiten, auf den Gewusst? – Gekonnt!-Seiten am Ende des Kapitels und im Minilexikon.

### Aufgaben

Die Aufgaben findest du rechts unten auf den Doppelseiten. Die **Operatoren** helfen dir, die Aufgabenstellung zu verstehen. Du kannst auf Seite 302 nachlesen, was die Operatoren bedeuten.
Es gibt **Wahlaufgaben**, die mit Ⓦ gekennzeichnet sind. Hier kannst du auswählen, welche Aufgabe du bearbeiten möchtest. Es gibt **Zusatzaufgaben**, die mit Ⓩ gekennzeichnet sind. Diese Aufgaben kannst du zusätzlich zu den anderen Aufgaben bearbeiten.
Auf vielen Seiten findest du auch **Hilfen zur Formulierung** deiner Antworten. Sie stehen rechts neben den Aufgaben.

### Kompetenzcheck

Wenn du wissen möchtest, was du gelernt hast, brauchst du nur auf den Doppelseiten unten rechts nachzuschauen.

### Wahlthemen

Die Wahlthemen in den Kapiteln erkennst du an den Überschriften. Wahlthemen können zusammen in Gruppen bearbeitet werden. Das Ergebnis der Gruppenarbeit wird dann in der Klasse präsentiert. Du erhältst Tipps für die Bearbeitung immer unten auf der rechten Seite.

### Gewusst? – Gekonnt!-Seiten

Am Ende eines jeden Kapitels kannst du **selbst überprüfen**, was du gelernt hast. Bei den Aufgaben auf diesen Doppelseiten gibt es Verweise auf andere Seiten im Buch. Diese kannst du nutzen, wenn du die Aufgabe nicht gleich lösen kannst. Du kannst dann auf den angegebenen Seiten im Buch nachlesen.

### QR-Codes und Web-Codes

Auf den Gewusst? – Gekonnt!-Seiten findest du unten rechts einen **QR-Code** und, falls du diesen nicht einscannen kannst, einen **Web-Code**. Den Web-Code gibst du auf der Webseite www.westermann.de/webcode ein. Hinter diesem Code verbergen sich interaktive Aufgaben, die du mithilfe eines Smartphones oder an einem Computer bearbeiten kannst.
Außerdem sind auf vielen Seiten unten **Web-Codes** in roter Schrift angegeben. Wenn du den Web-Code unter der Adresse schueler.diercke.de eingibst, gelangst du auf die passende Seite im aktuellen **Diercke Drei Universalatlas**. Dort erhältst du Hinweise zu ergänzenden Atlaskarten mit Informationen zu diesen Karten sowie weiterführende Materialien.

### Der Anhang

Im hinteren Teil des Buches findest du
– die Beschreibung der Operatoren (Seite 302),
– Zeitleisten, die bei der zeitlichen Einordnung von Ereignissen helfen (Seite 303),
– das Minilexikon, in dem die Fachbegriffe erklärt werden (Seite 304 – 309),
– Karten zu Nordrhein-Westfalen und Deutschland (ab Seite 310).

# Inhalt

## 1. Neue Schule – Kann ich mitwirken?

## 2. Leben in der Stadt und auf dem Land

## 3. Medien – immer mehr auch digital?

## 4. Die Landwirtschaft im Wandel

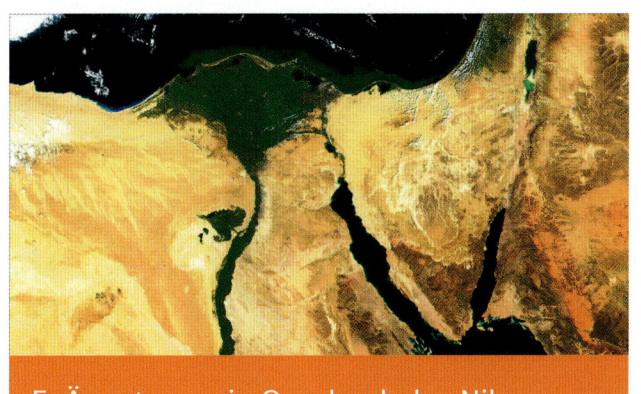

## 5. Ägypten – ein Geschenk des Nils

## 7. Mitwirkung in der Gemeinde

## 6. Leben im antiken Griechenland

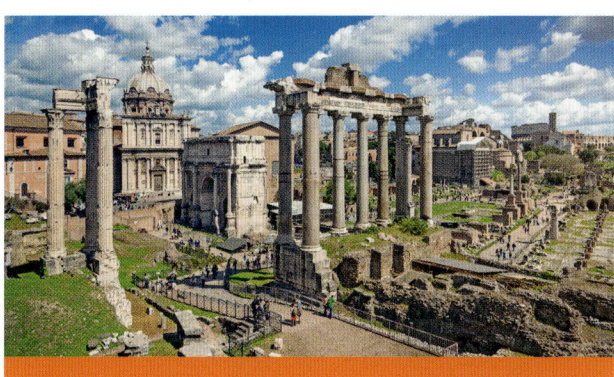

## 8. Rom – vom Dorf zum Weltreich

# Inhalt

## 9. Viele Wünsche – Brauche ich alles?

## 11. Zusammenleben in Vielfalt

## 10. Wirtschaft – Strukturen und Prozesse

## 12. Tourismus – Urlaub um jeden Preis?

## 13. Leben und Herrschaft im Mittelalter

## 15. Nachhaltig denken und handeln

## 14. Schutz für Kinder – Kinderrechte

## Anhang

# Neue Schule – Kann ich mitwirken?

Eure Schulzeit an der Grundschule ist vorbei. Ihr seid sicherlich alle gespannt auf die Zeit an der neuen Schule. In der Grundschule kanntet ihr euch aus, an der neuen Schule ist alles fremd. Ihr habt jetzt andere Fächer. Ein neues Fach ist Gesellschaftslehre.
Was stellst du dir unter diesem Fach vor?
Welche Fragen gehen dir durch den Kopf?
Was erwartest du?
Was könnten die abgebildeten Schülerinnen und Schüler denken?

rechts: Gemeinsam auf dem Weg zur neuen Schule

# Gesellschaftslehre – unser neues Fach

Mich interessiert die Umwelt. Ob wir darüber in Gesellschaftslehre sprechen?

Also ich meine ...

## Drei auf einen Streich

Das Fach Gesellschaftslehre verbindet die Fachbereiche Wirtschaft/Politik, Geschichte und Erdkunde. Die Fachbereiche werden aber nicht getrennt unterrichtet. Sie haben viele inhaltliche Gemeinsamkeiten.

Dies kann man gut am Beispiel der Fridays-for-future-Bewegung erklären.

## Fachbereich Wirtschaft/Politik

Greta Thunberg begann mit einem „Schulstreik für das Klima". Sie demonstrierte jeden Freitag. Immer mehr Schülerinnen und Schüler machten es ihr nach. Sie wollten erreichen, dass Politikerinnen und Politiker etwas gegen den Klimawandel unternehmen. Sie wollten mitbestimmen. Sie wollten sich politisch engagieren.

Die Maßnahmen gegen den fortschreitenden Klimawandel betreffen die Wirtschaft. Sie hängen vor allem damit zusammen, welche Energien wir nutzen. Auch das ist ein Thema, das du in deinem neuen Fach behandeln wirst.

Der Fachbereich Wirtschaft/Politik bezieht sich also auf die Gesellschaft.

**M2 Auf einer Freitagsdemonstration**

**M1 Mit diesen Materialien arbeitest du in den Fachbereichen Geschichte und Wirtschaft/Politik (Auswahl).**

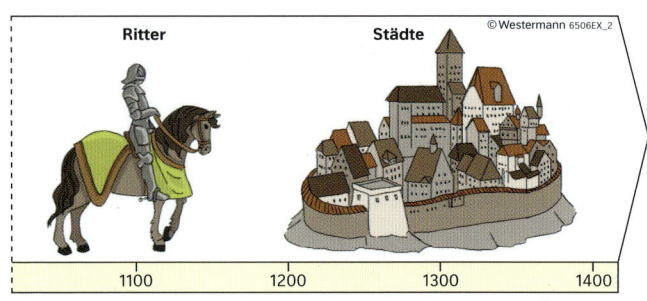

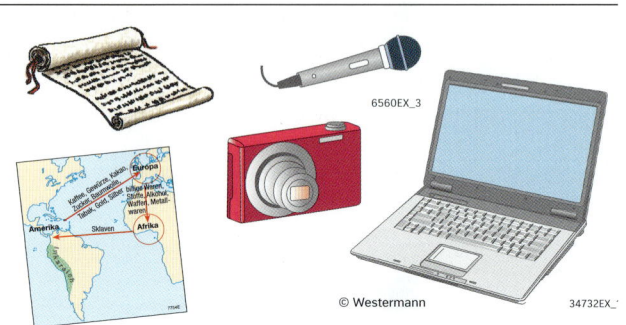

## Fachbereich Geschichte

Die Menschen haben schon immer ihren Lebensraum genutzt. Seit 200 Jahren jedoch tragen sie
dazu bei, dass sich das Klima verändert. Sie er-
fanden nämlich Maschinen, bauten Fabriken und
brauchten immer mehr Energie. In deinem neuen
Fach erfährst du, wie alles begann, wie die Menschen damals lebten, wie sie Waren herstellten
und diese verkauften.
Der Fachbereich Geschichte bezieht sich also
auf die Zeit.

**M3** Greta Thunberg aus Schweden

## Fachbereiche Erdkunde

„Stoppt Klimawandel!" steht auf einem Plakat,
das Jugendliche bei einer Demonstration hoch-
halten. Über das Klima und die Veränderungen
des Klimas erfährst du etwas in deinem neuen
Fach. Du lernst, wodurch sich das Klima ändert
und welchen Anteil die Menschen daran haben.
Ihr beschäftigt euch auch damit, wie der Bergbau
und die Industrie die Landschaft verändert haben. Man nennt das die Veränderung des Raums.
Der Fachbereich Erdkunde bezieht sich also auf
den Raum.

**M4** Mit diesen Materialien arbeitest du im
Fachbereich Erdkunde (Auswahl).

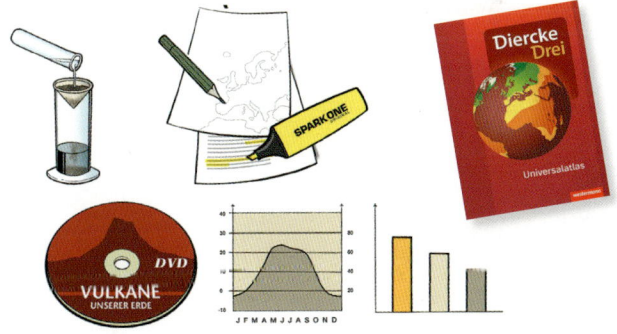

## Aufgaben

1. Schreibe die drei Fachbereiche
   der Gesellschaftslehre auf.
2. Was interessiert dich am meisten
   am Fach Gesellschaftslehre?
3. Erkläre, was die Abbildung M2
   mit dem Fach Gesellschaftslehre
   zu tun hat.
4. Was könnte der Junge antworten?
   Ergänze den Satz in der Sprech-
   blase.
5. Ⓦ Überlegt gemeinsam: Wie sind
   die drei Fachbereiche am Thema
   „Reisen" beteiligt?
   A Listet in Stichworten auf.
   B Formuliert in Sätzen.

*Formulierungshilfen zu Aufgabe 5B:*
Im Fachbereich … wird … behandelt.
… ist ein Thema im Fachbereich …
Zum Fachbereich … gehört …

> *Wenn du diese Aufgaben erfolgreich bearbeitet hast, kannst du …*
> … die Fachbereiche des Faches Gesellschaftslehre benennen.

# Unsere Klasse und unsere Schule

Lena und Marvin sind sehr aufgeregt. Heute ist ihr erster Schultag an der neuen Schule. Sie sind in der Klasse 5a. Die Klassenlehrerin führt sie zusammen mit den anderen Kindern in den Klassenraum. Wer sind diese Kinder? Wie werden sie miteinander auskommen? Und wie finden sie sich in der neuen Schule zurecht?

## So kann man viel übereinander erfahren

Die Lehrerin hat zwei Kennenlernspiele vorbereitet und ein Suchspiel zum Kennenlernen der Schule. Sie hat Karten besorgt. Jedes Kind soll auf diesen Karten über sich berichten und die Karte farbig gestalten. Dann stellen alle ihre Karten vor. Lena freut sich. Es gibt mehrere Kinder, die dasselbe Hobby haben wie sie. Marvin verabredet sich direkt mit mehreren Jungen für den Nachmittag. Schließlich werden alle Karten auf ein großes Plakat geklebt und an der Seitenwand des Klassenzimmers aufgehängt.

Beim nächsten Kennenlernspiel geht es um eine **Zeitleiste**. Die Lehrerin erklärt, was das ist. Sie sagt, dass im Fachbereich Geschichte demnächst auch mit Zeitleisten gearbeitet wird.

Die Kinder der 5a erfahren viel über ihre Mitschülerinnen und Mitschüler. Es ist schon erstaunlich, wie viele Kinder aus anderen Ländern kommen. Die Klasse ist wirklich sehr vielfältig.

> **INFO**
>
> Eine **Zeitleiste** zeigt von links nach rechts wichtige Ereignisse einer bestimmten Zeitspanne.

## M2 Karte von ...

## M3 Kennenlernspiel

- Gestalte eine Karte über dich selbst (M2).
- Setzt euch in einen Sitzkreis.
- Stellt euch gegenseitig eure Karten vor.
- Klebt die Karten dann auf ein großes Plakat.

## M4 Wer bin ich?

Johanna überlegt, was sie auf ihre Karte schreiben soll. Sie möchte auf jeden Fall ihre Hobbys nennen. Sie hofft, dass sie dadurch schneller Freundschaften mit anderen Kindern schließen kann, die dieselben Hobbys haben. Sie merkt aber, dass es Eigenschaften gibt, die nur sie hat. Jeder Mensch ist anders. Johanna ist ehrgeizig, manchmal verträumt. Sie liebt Tiere. Sie ist klein und hat grüne Augen. Wenn sie spricht, rudert sie mit den Armen. Das ist Johannas **Identität**, das macht sie einzigartig.

## M1 Lenas Zeitleiste

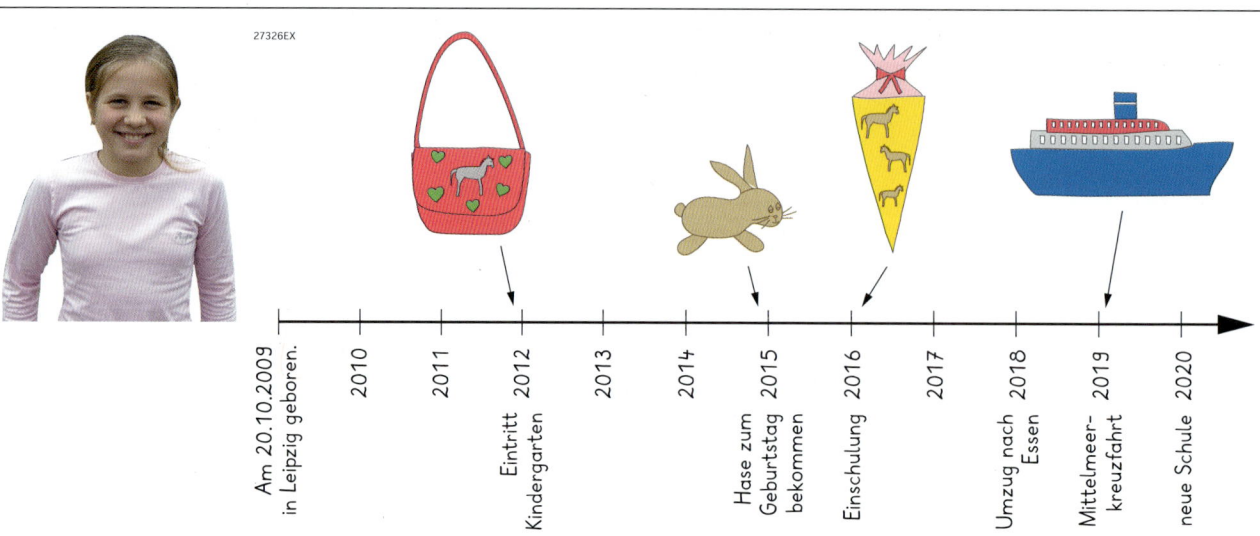

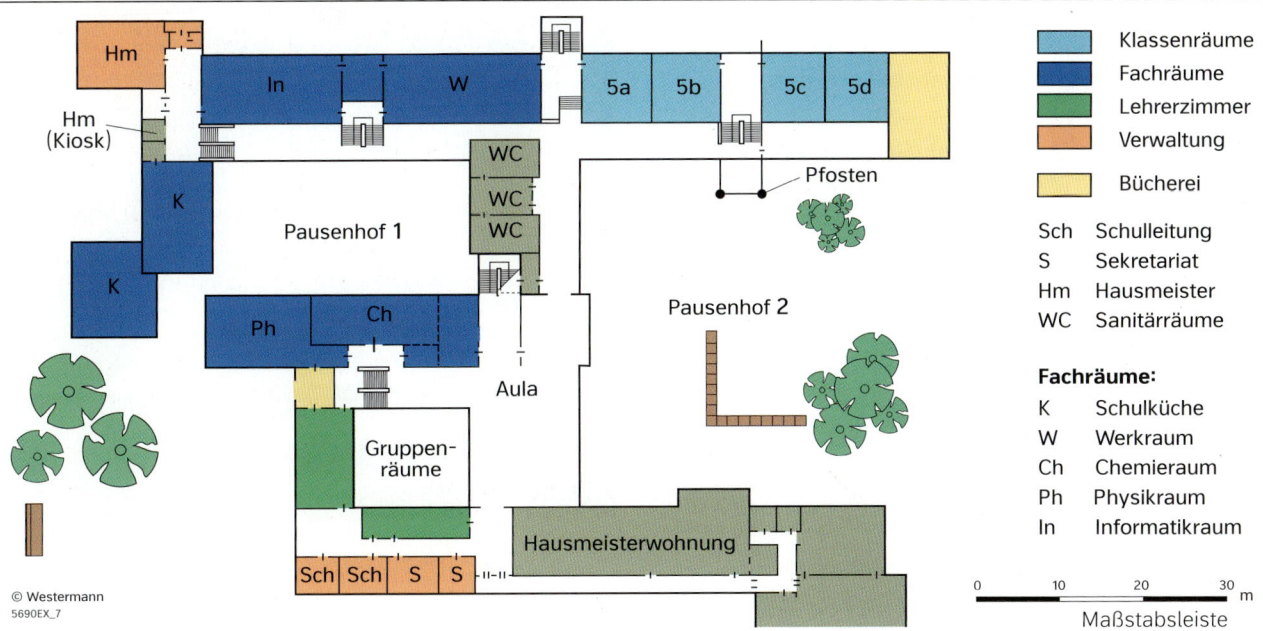

© Westermann
5690EX_7

Maßstabsleiste

## Wir erkunden unsere Schule

Sekretariat, Schulleitung, Bücherei, Kiosk, Lehrerzimmer, Klassenräume und Fachräume, viele Flure, Treppenhäuser und Schulhöfe – wie soll man sich da zurechtfinden? Die Lehrerin der Klasse 5a hat sich etwas ausgedacht, damit die Schülerinnen und Schüler ihre Schule kennenlernen.

Sie hat in der Schule und auf dem Schulhof verschiedene Stellen fotografiert. Sie sind nicht leicht zu finden. Nun sollen die Schülerinnen und Schüler herausfinden, wo die Fotos gemacht wurden.

Alle bekommen eine Kopie vom **Grundriss** der Schule. Dort können sie eintragen, wo die fotografierten Stellen liegen.

**INFO**

Ein **Grundriss** stellt eine Grundfläche dar, so wie man sie von oben betrachtet sieht. Auf dem Grundriss einer Schule sieht man die Gebäude, Räume und Bäume also von oben und verkleinert. Die Beschriftung des Grundrisses kann man mithilfe der **Legende** verstehen. Die Legende ist eine Liste mit den Zeichen und Farben im Grundriss und den Erklärungen zur Beschriftung. Dort findet man auch eine **Maßstabsleiste**. Sie hilft, wenn man Entfernungen im Grundriss messen will.

## Aufgaben

**1** Schreibe auf, was dich am ersten Schultag in der neuen Klasse beeindruckt hat.

**2** Zeichne eine Zeitleiste von deinem Leben (M1).

**3** „Die Karten und die Zeitleisten zeigen, wie vielfältig unsere Klasse ist." Erkläre Lenas Aussage.

**4** Arbeite mit dem Grundriss (M5). Beschreibe den Weg
   a) vom Pausenhof 2 zum Klassenraum der 5a.
   b) vom Klassenraum der 5a zum Hausmeisterkiosk.

   c) vom Klassenraum der 5a zum Sekretariat.

**5** Miss folgende Entfernungen aus:
   – Länge und Breite des Pausenhofs 1,
   – Weg vom Klassenraum der 5a bis zum Kiosk.

**6** Ⓩ Arbeitet in Gruppen: Fotografiert verschiedene Stellen eurer Schule und stellt ein Suchspiel für die anderen Gruppen zusammen.

*Formulierungshilfen zu Aufgabe 4:*
Vom Pausenhof geht man in Richtung …
… ins Treppenhaus …
… geht geradeaus …
… biegt nach rechts/links ab …
… folgt dem Gang bis …

*Wenn du diese Aufgaben erfolgreich bearbeitet hast, kannst du …*
… dich selbst vorstellen.
… mit einem Grundriss arbeiten.
… Entfernungen auf einem Grundriss ausmessen.
… die Fachbegriffe **Zeitleiste**, **Identität**, **Grundriss**, **Legende** und **Maßstabsleiste** erklären.

# Vom Grundriss zur Karte

Wenn du deinen Schulweg beschreiben möchtest, brauchst du mehr als einen Grundriss der Schule. Wie kann ich mich in einer Stadt orientieren? Wie kann ich Wege beschreiben?

**M2** Luftbild von Dortmund

### INFO

Mithilfe der Abbildungen kannst du erkennen, was der **Maßstab** ist. Er zeigt an, wie stark die Wirklichkeit verkleinert ist. In M1 im Bild A ist der Schlüssel so groß wie in Wirklichkeit. Er hat den Maßstab 1:1 (man spricht: „eins zu eins"). Im Bild B ist der Schlüssel 10-mal kleiner. Er hat den Maßstab 1:10. Die Maßstäbe der übrigen Bilder sind noch kleiner. Der Schlüssel ist nicht mehr zu erkennen. Man sieht aber einen größeren Ausschnitt der Umgebung. *Merke:* Je größer die Zahl hinter dem Doppelpunkt ist, desto kleiner ist der Maßstab.
Je kleiner der Maßstab ist, desto mehr sieht man von dem Gebiet.

## Mit einem Stadtplan durch die Stadt

Mit einem **Stadtplan** kann man sich gut orientieren. Ein Stadtplan ist eine Karte. Ein Kartenzeichner hat sie gezeichnet. Er hat Einzelheiten wie Bäume weggelassen. Dafür trägt er die Namen von Straßen und besonderen Gebäuden ein. Wichtige Straßen zeichnet er besonders breit und in Gelb. Auch Verkehrslinien zeichnet er ein: U-Bahn, Eisenbahn.
Mithilfe der **Himmelsrichtungen** kannst du leicht beschreiben, wo zum Beispiel bestimmte Gebäude liegen. Das Stadttheater von Dortmund liegt südlich vom Westenhellweg. So hat man schon eine grobe Vorstellung, in welche Richtung man gehen muss.

**M1** Ein Schlüssel – verschiedene Maßstäbe

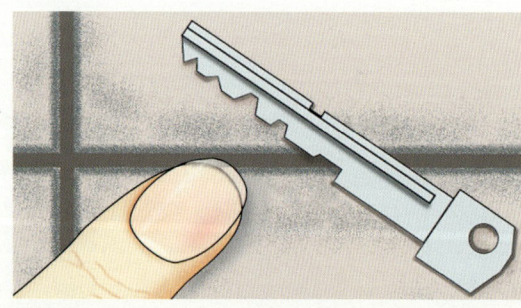

**A** Maßstab 1:1

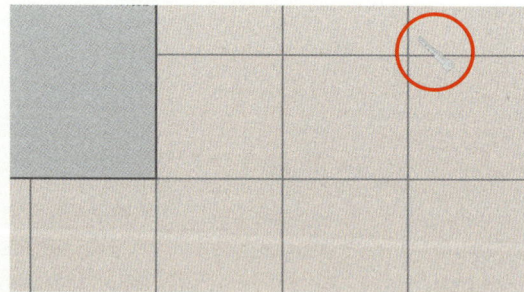

**B** Maßstab 1:10

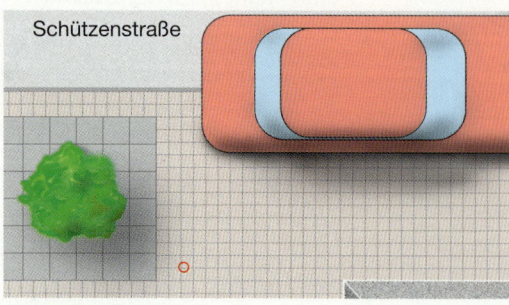

**C** Maßstab 1:100

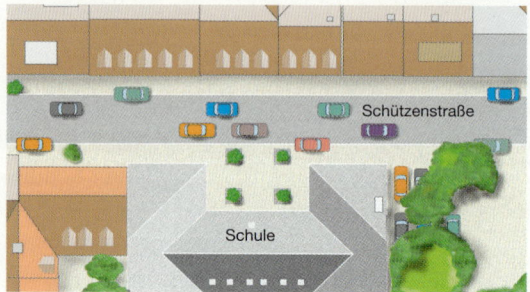

**D** Maßstab 1:1000

## M3 Stadtplan von Dortmund (Innenstadt)

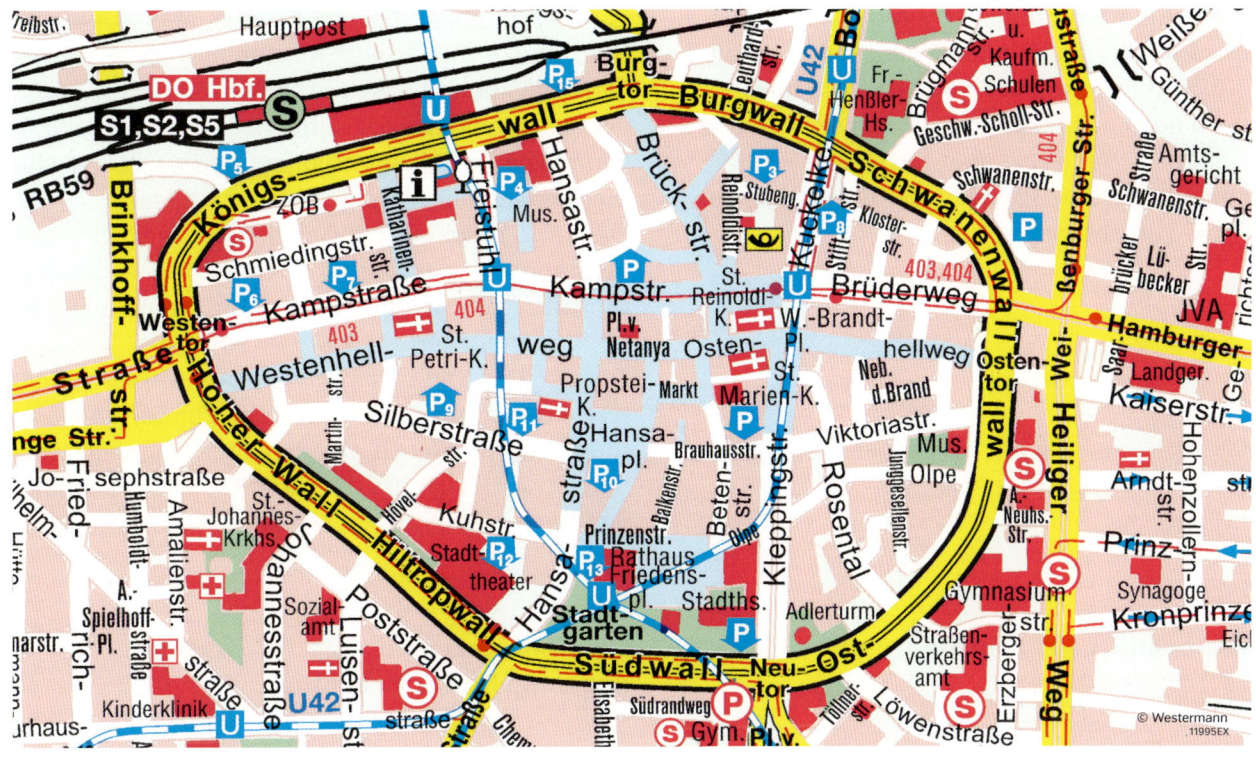

| | Durchgangsstraße | | | Kirche |
|---|---|---|---|---|
| | Übrige Straßen | | (S) | Schule |
| | Fußgängerzone | | (P) | Polizei |
| | Eisenbahn mit Bahnhof | | | Park |
| | Bus/Straßenbahn | | | |
| | S-Bahn mit Nummer | | | |
| | U-Bahn/Stadtbahn | | | |
| | Parkplatz/Parkhaus/Tiefgarage | | | |

Maßstab 1 : 80

0    100    200    300    m

© Westermann
11995EaX_2

## M5 Der Kompass

Ein **Kompass** ist ein Instrument zur Bestimmung der Himmelsrichtungen. Er hat eine Magnetnadel. Die Spitze der Nadel richtet sich zum Nordpol aus. Unter der Nadel ist eine **Windrose** mit den Himmelsrichtungen. Der Kompass muss so gedreht werden, dass die Magnetnadel und die Nordrichtung der Windrose übereinander liegen. Dann kann man die anderen Himmelsrichtungen bestimmen.

## M4 Himmelsrichtungen

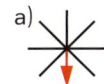 a)
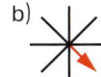 b)
 c)
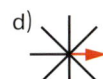 d)
 e)
 f)
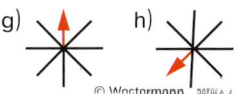 g)   h)

© Westermann

## Aufgaben

1. In welche Himmelsrichtungen zeigen die Pfeile in M4?
2. Besorgt euch einen Kompass und geht auf den Schulhof. Bestimmt die Himmelsrichtungen der Schulgebäude, Bäume usw.
3. Miss die Entfernung vom Westentor zum Ostentor aus (M3).
4. Beschreibe den Weg vom Westentor zum Stadttheater (M3).
5. Ergänze den Satz zum Maßstab: Je größer die Zahl hinter dem Doppelpunkt ist, desto ... (Info).
6. Ⓩ Vergleiche das Luftbild (M2) mit dem Stadtplan (M3). Was kann man auf dem Luftbild erkennen, aber nicht auf dem Stadtplan?

*Wenn du diese Aufgaben erfolgreich bearbeitet hast, kannst du ...*
... dich auf einem Stadtplan orientieren.
... die Himmelsrichtungen bestimmen.
... die Fachbegriffe **Maßstab**, **Stadtplan**, **Himmelsrichtung**, **Kompass** und **Windrose** erklären.

# Wir kartieren unsere Schulumgebung

„Die Schülerinnen und Schüler unserer Partnerschule kommen in zwei Wochen zu uns!", kündigt die Klassenlehrerin an. „Die meisten waren noch nicht hier und kennen sich bei uns nicht aus." Was kann man tun, damit sich die Schülerinnen und Schüler in der Umgebung der Schule zurechtfinden?

## Eine Kartenskizze hilft bei der Orientierung

Ein Stadtplan kann eine Hilfe sein, aber auf einem Stadtplan gibt es viele Einzelheiten, die eher verwirren als helfen. Die Klassenlehrerin schlägt vor, eine **Kartenskizze** zu zeichnen. In der Kartenskizze können die Einzelheiten eingetragen werden, die für die Gastschüler wichtig sind.

Die Karte muss für die Gastschüler möglichst gut verständlich sein. Darum ist es wichtig, in die Kartenskizze nur das einzuzeichnen, was die Orientierung erleichtert.

Dazu sollten Kartenzeichen (Signaturen) verwendet werden, die jeder sofort versteht. Zur Kartenskizze muss natürlich auch eine Legende angelegt werden. Schließlich muss die Kartenskizze vervielfältigt werden.

**M1** **Ausschnitt aus dem Stadtplan**

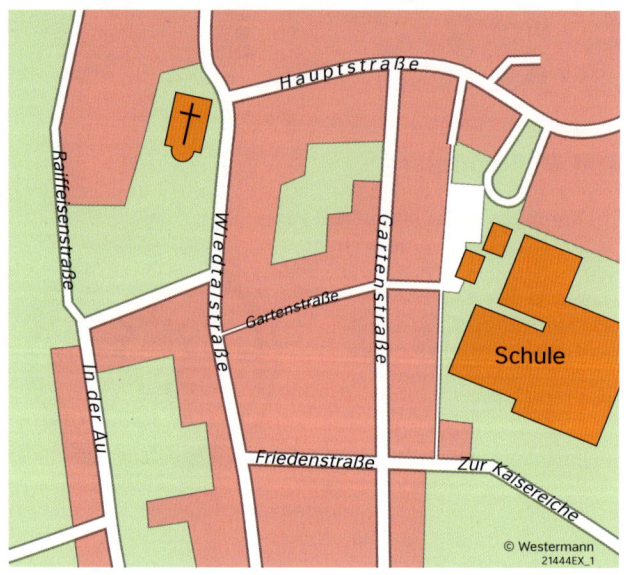

© Westermann
21444EX_1

**M2** **Schülerzeichnung zum Straßenverlauf in der Umgebung der Schule**

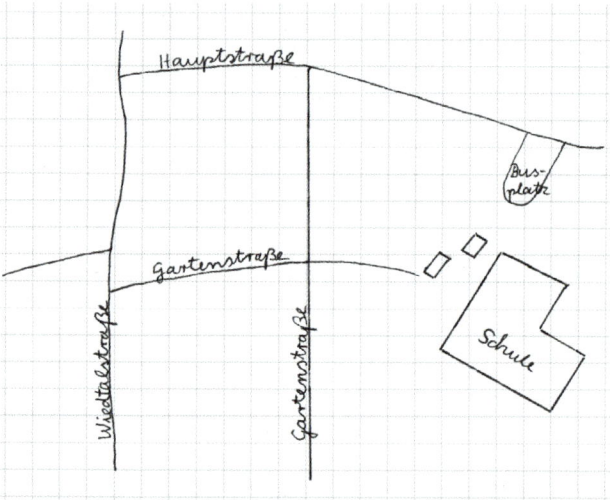

---

## Zwei Schritte zum Kartieren – wir erstellen eine Kartenskizze von der Schulumgebung

### 1. Schritt  Vorbereitung

- Überlege dir, welcher Raum und welche Informationen auf deiner Karte dargestellt werden sollen. Grenze den Raum auf einem Stadtplan ein.
- Denke dir eindeutige Symbole als Signaturen aus.

### 2. Schritt  Durchführung

- Zeichne zunächst die Schule auf ein Blatt, dann die Straßen, die an die Schule grenzen. Bei einer Skizze reicht es, wenn du die Straßen als einfache Linien zeichnest und den Verlauf stark vereinfachst.

- Ergänze dann auch die sich anschließenden Straßen und deren Namen.
- Laufe aufmerksam durch alle Straßen und suche die Orte, die auf deinem Plan dargestellt werden sollen. Trage auf der Karte an den richtigen Stellen die Signatur ein.
- Zeichne die Karte sauber ab.
- Ergänze die Legende.
- Schreibe eine Überschrift, die das Kartenthema erklärt.

**M3** Vorbereitung auf das Kartieren

**M5** Schülerinnen und Schüler beim Kartieren

**M4** Kartenskizze der Schulumgebung (Beispiel)

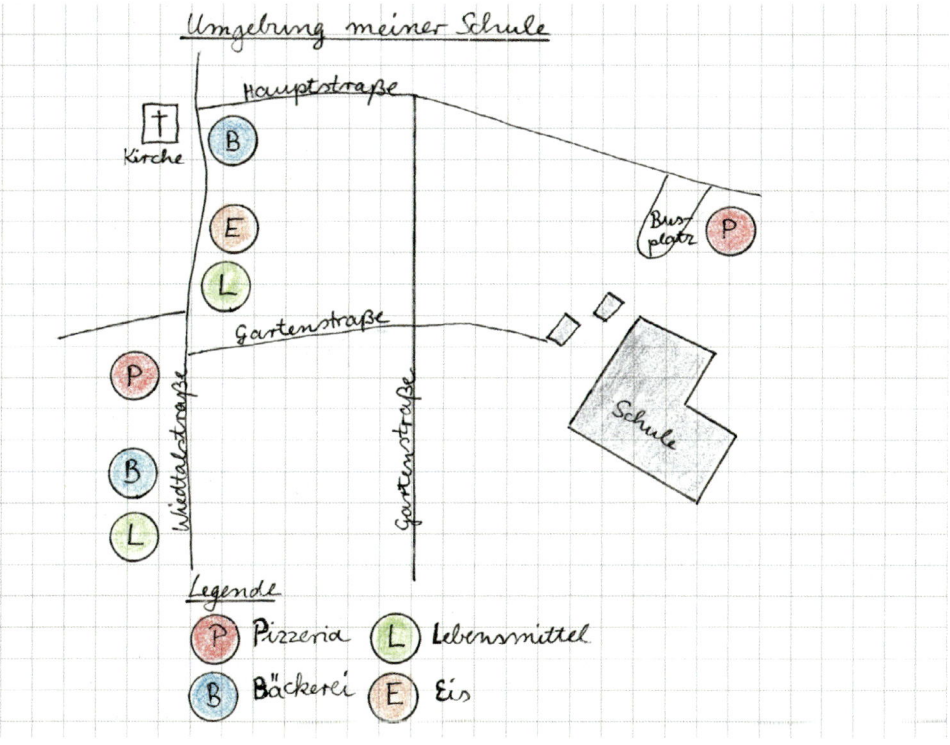

**INFO**

**Kartieren** nennt man das Erstellen einer Karte. Man erkundet einen Raum, sammelt Daten und zeichnet daraus eine Karte.

## Aufgaben

❶ Besorge dir einen Stadtplan oder einen Ortsplan deines Schulortes. Erstelle danach eine einfache Kartenskizze der Schulumgebung (M2).

❷ Erstellt gemeinsam eine ausführliche Kartenskizze von eurer Schulumgebung (M4). Trefft mit eurer Lehrerin/eurem Lehrer vorbereitende Maßnahmen (siehe Anleitung).

❸ Ⓩ Arbeite mit der Kartenskizze in M4. Entwirf einen Text, der die Umgebung der Schule beschreibt.

*Formulierungshilfen zu Aufgabe 3:*
Von der Schule ist es nicht weit zu …
An der …straße gibt es …
Der Busparkplatz befindet sich …
(Himmelsrichtung)
Wenn man zur … möchte, …

*Wenn du diese Aufgaben erfolgreich bearbeitet hast, kannst du …*
… deine Schulumgebung kartieren.
… den Fachbegriff **Kartenskizze** erklären.

# Erkundung mit einem Online-Kartendienst

**M1** Ein Ausschnitt der Startseite von Google Earth

Google Earth

Datei   Bearbeiten   Ansicht   Tools   Hinzufügen   Hilfe

Anmelden

Eingabe des Ziels

Suche

Ortsmarkierung hinzufügen

Messen von Strecken

Wechsel in den Kartenmodus

Verändern der Ansichtsperspektive (Senkrechtluftbild, Schrägluftbild, Drehen des Ausschnitts)

Verschieben des Bildausschnitts

Hinein- und Hinauszoomen

Hast du dir schon einmal deinen Schulort von einem Satelliten aus angesehen? Du brauchst dazu gar nicht in den Weltraum zu fliegen, du brauchst nur einen Computer und die kostenlos nutzbare Software Google Earth. Wie erkunde ich einen Ort mithilfe von Google Earth?

Google Maps, das Navigationsgerät im Auto und noch viele mehr sind digitale Kartendienste. Es sind einfache **Geographische Informationssysteme (GIS)**. Das heißt, dass eine digitale Karte mit Zusatzinformationen versehen wird. So werden dir zum Beispiel deine Strecke oder auch die Lage von Tankstellen oder Läden in der Karte angezeigt. Außer Google Maps gibt es zum Beispiel OpenStreetMap, Maps.me, Waze, HERE WeGo, Maps 3D Pro.

Die kürzeste Verbindung zwischen zwei Orten ist die **Luftlinie**. Möchte man von einem Ort zum nächsten, kann man aber nicht immer die Luftlinie nehmen, da der Straßenverlauf an die Landschaft angepasst ist. So kommt es, dass ein Weg zum Beispiel um einen Berg herumführt, anstatt direkt darüber zu verlaufen. Diesen längeren Weg nennt man **Wegstrecke**, in Online-Kartendiensten heißt er Route.

Wegstrecke

Luftlinie

34182EX_3
© Westermann

## Mit Google Earth den Schulort und den Schulweg erkunden

Mit Google Earth kannst du deinen Schulort, deine Wohnstraße, aber auch jeden anderen Ort auf der Erde erkunden. Du kannst auch den kürzesten Weg zwischen deinem Zuhause und deiner Schule herausfinden. Dazu brauchst du die kostenlos nutzbare Software Google Earth.

## Sieben Schritte zur Erkundung eines Ortes mit einem Online-Kartendienst

**1. Schritt** Lade die Software (http://earth.google.de) auf deinen Computer oder arbeite an einem Computer in der Schule.

**2. Schritt** Öffne Google Earth.

**3. Schritt** Gib in das Suchfeld die Adresse deiner Schule oder deines Wohnorts ein.

**4. Schritt** Durch einen Klick auf das Symbol „Suche" wird die eingegebene Adresse oder der eingegebene Ort auf der Karte herangezoomt.

**5. Schritt** Wenn du nun eine Route anzeigen lassen möchtest, wechsle in den Kartenmodus (rechts in der Menüleiste).

**6. Schritt** Klicke auf „Route berechnen" und gib in das erste Feld deine Wohnadresse ein und in das zweite Feld die Adresse deiner Schule. Nach einem Klick auf „Route berechnen" wird die Route im Satellitenbild angezeigt und beschrieben.

**7. Schritt** Unter „Meine Orte" kann die Route gespeichert werden, wenn du dich zuvor anmeldest.

**M2** So sieht die Umgebung der Gesamtschule Hennef-West auf einer Karte aus.

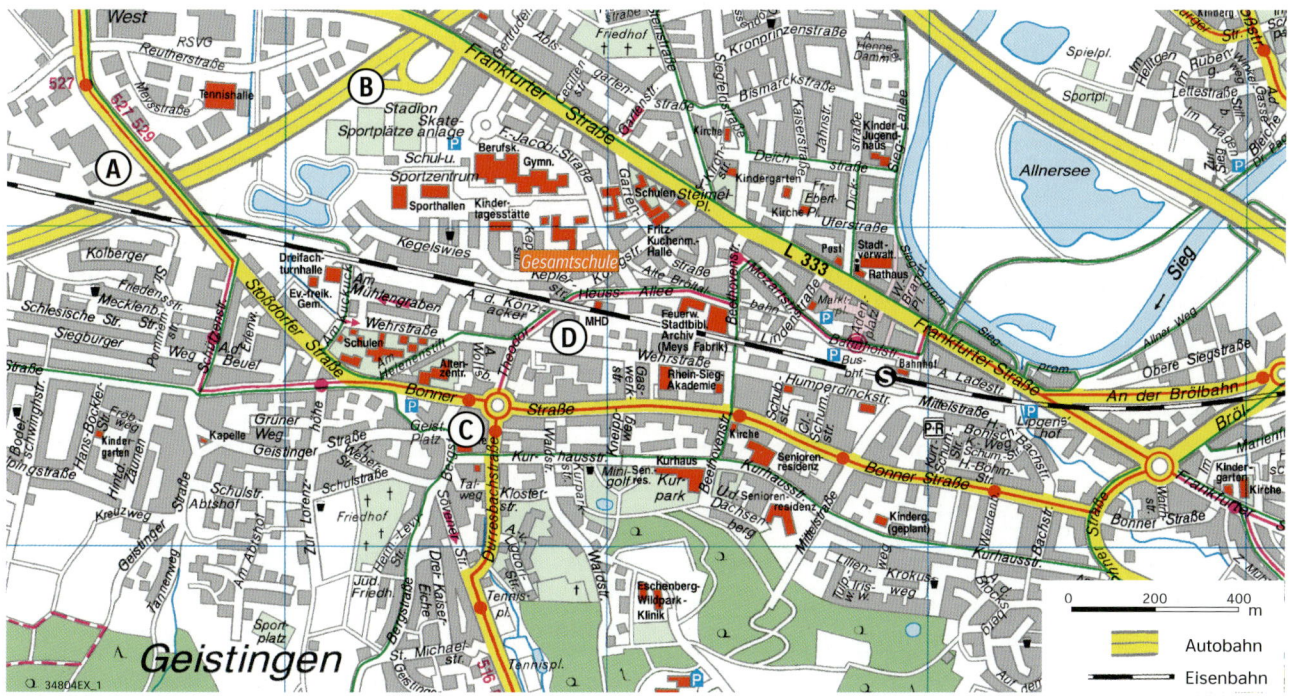

**M3** Hier sieht man eine Autobahn, über die eine Straße und eine Eisenbahnstrecke führen.

**M5** Hier sieht man eine Eisenbahnbrücke.

**M4** Achte auf den Kreisverkehr.

**M6** Die grünen Flächen sind Sportplätze.

## Aufgaben

❶ Ordne die Bilder M3 – M6 den Buchstaben A – D in der Karte M2 zu. Beachte die Tipps in den Bildüberschriften.

❷ Erkunde deine Schulumgebung mithilfe der Schritte.

❸ Erkunde deine Wohnstraße mithilfe der Schritte. Gib in das Suchfeld deinen Wohnort und die Straße ein.

*Wenn du diese Aufgaben erfolgreich bearbeitet hast, kannst du …*
… einen Ort mithilfe eines Online-Kartendienstes erkunden.
… die Fachbegriffe **Geographisches Informationssystem (GIS)**, **Luftlinie** und **Wegstrecke** erklären.

# Wir wählen unsere Klassensprecher

Nach drei Wochen ist es Zeit für die Klassensprecherwahl. Warum sollen Klassensprecher gewählt werden? Wie werden sie gewählt? Welche Aufgaben haben sie? Wie können Klassensprecher in der Schule mitwirken?

## Spannung vor der Wahl

Die Klasse stellt viele Fragen und die Lehrerin erklärt zunächst einmal, warum Klassensprecher gewählt werden sollen.

Die Klassensprecherin oder der Klassensprecher ist Mitglied der Schülervertretung (SV).

Die SV vertritt die Schülerschaft. Sie darf in der Schule mitbestimmen.

Alle Klassensprecher und Klassensprecherinnen bilden den **Schülerrat**. Vertreterinnen und Vertreter des Schülerrats nehmen an den Sitzungen der **Schulkonferenz** teil. Sie dürfen bei Entscheidungen mit abstimmen.

Der Schülerrat wählt auch Vertreterinnen und Vertreter für die Fachkonferenzen. Wer Interesse an diesem Amt hat, kann sich melden. Der Schülerrat erhält Namenslisten von den Klassen und wählt dann die Vertreterinnen und Vertreter für die Fachkonferenzen.

## M1 Grundsätze einer demokratischen Wahl

- **Die Wahl ist frei.** Ihr entscheidet allein, wen ihr wählt. Eure Wahl wird nicht kontrolliert.
- **Die Wahl ist gleich.** Jede Stimme zählt gleichermaßen. Keine Stimme hat mehr Gewicht als eine andere.
- **Die Wahl ist geheim.** Ihr braucht eure Entscheidung keinem zu zeigen. Ihr müsst sie auch keinem erzählen.

## M2 Während einer Klassensprecherwahl

## M4 Tafelanschrieb zum Ablauf der Wahl

### Ablauf der Klassensprecherwahl

(Wahl der Klassensprecher und anschließend Wahl der Vertreter)

1. Eine Kandidatenliste wird aufgestellt.
2. Die Kandidaten erklären ihre Bereitschaft, sich wählen zu lassen.
3. Stimmzettel werden verteilt.
4. Die Stimmzettel werden geheim ausgefüllt.
5. Die Stimmzettel werden in eine Wahlurne geworfen.
6. Die Wahlurne wird unter Aufsicht geöffnet.
7. Die Namen auf den Stimmzetteln werden laut vorgelesen.
8. Hinter den Namen der jeweiligen Kandidaten wird die Anzahl der gültigen Stimmen notiert.
9. Im ersten Wahlgang ist der Kandidat gewählt, der die Mehrheit der Stimmen hat.
10. Nach der Wahl werden die Gewählten gefragt, ob sie die Wahl annehmen.

Gründe für einen zweiten Wahlgang:
– Zwei oder mehr Kandidaten erhalten die gleiche Stimmenzahl.

## M3 Welche Eigenschaften braucht eine Klassensprecherin oder ein Klassensprecher?

Eine Klassensprecherin oder ein Klassensprecher soll ...

1. für Ruhe sorgen können, wenn keine Lehrerin oder kein Lehrer da ist.
2. am besten über Fußball informiert sein.
3. mit der Klassenlehrerin/dem Klassenlehrer sachlich über Beschwerden von Jungen und Mädchen sprechen.
4. in der SV die Wünsche der Klasse vortragen können.
5. eine Musterschülerin/ein Musterschüler sein.
6. nur die Meinung ihrer oder seiner Freunde vertreten.
7. dafür sorgen, dass niemand in der Klasse ausgegrenzt wird.
8. verschwiegen sein, wenn ihr oder ihm etwas anvertraut wird.
9. gut im Sportunterricht sein.
10. bei Streitfällen unparteiisch sein.
11. sich in die Situation einer Mitschülerin oder eines Mitschülers versetzen können.
12. einen großen Anteil an der Lösung eines auftretenden Konfliktes haben.
13. die Klasse über den Ablauf der SV-Sitzung sachlich und verständlich informieren können.
14. immer gut gekleidet sein.
15. Mut haben, auch etwas Unangenehmes zu sagen.

**M5** Ist die Klassensprecherin beziehungsweise der Klassensprecher zuständig oder nicht?

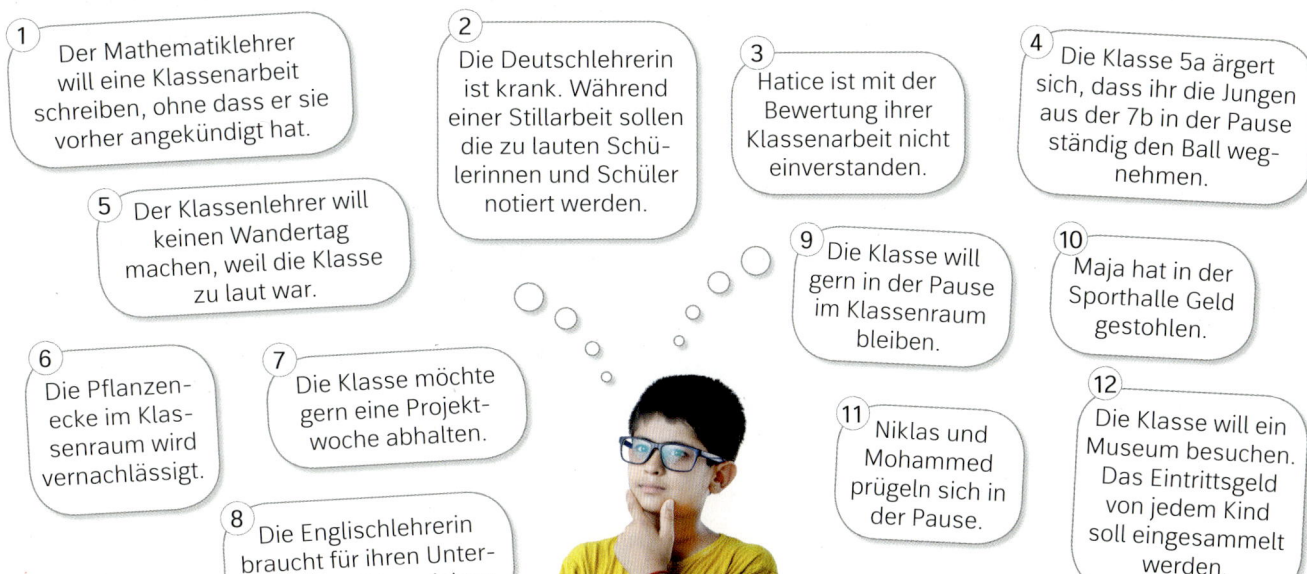

1 Der Mathematiklehrer will eine Klassenarbeit schreiben, ohne dass er sie vorher angekündigt hat.

2 Die Deutschlehrerin ist krank. Während einer Stillarbeit sollen die zu lauten Schülerinnen und Schüler notiert werden.

3 Hatice ist mit der Bewertung ihrer Klassenarbeit nicht einverstanden.

4 Die Klasse 5a ärgert sich, dass ihr die Jungen aus der 7b in der Pause ständig den Ball wegnehmen.

5 Der Klassenlehrer will keinen Wandertag machen, weil die Klasse zu laut war.

9 Die Klasse will gern in der Pause im Klassenraum bleiben.

10 Maja hat in der Sporthalle Geld gestohlen.

6 Die Pflanzenecke im Klassenraum wird vernachlässigt.

7 Die Klasse möchte gern eine Projektwoche abhalten.

11 Niklas und Mohammed prügeln sich in der Pause.

12 Die Klasse will ein Museum besuchen. Das Eintrittsgeld von jedem Kind soll eingesammelt werden.

8 Die Englischlehrerin braucht für ihren Unterricht einen Diaprojektor.

**M6** Schaubild der Schülermitwirkung in der Schule

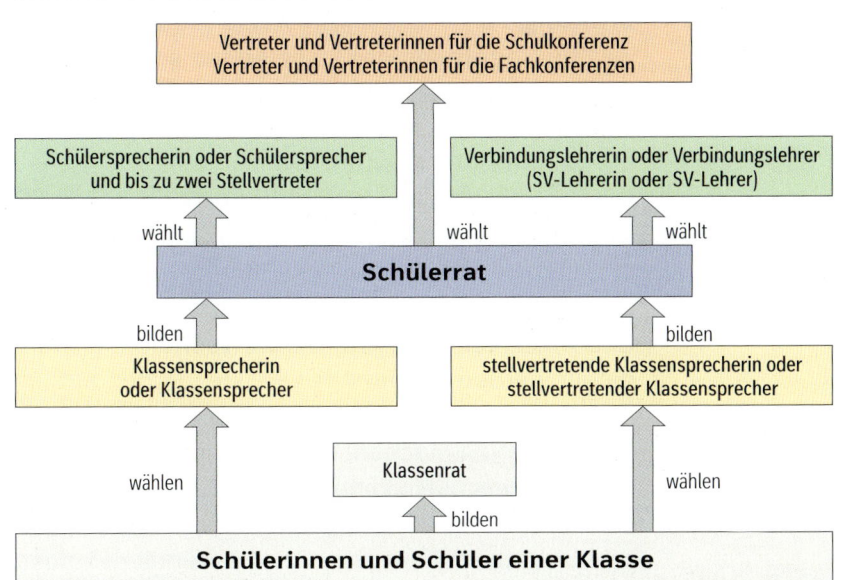

Vertreter und Vertreterinnen für die Schulkonferenz
Vertreter und Vertreterinnen für die Fachkonferenzen

Schülersprecherin oder Schülersprecher und bis zu zwei Stellvertreter

Verbindungslehrerin oder Verbindungslehrer (SV-Lehrerin oder SV-Lehrer)

wählt — wählt — wählt

**Schülerrat**

bilden — bilden

Klassensprecherin oder Klassensprecher

stellvertretende Klassensprecherin oder stellvertretender Klassensprecher

wählen — wählen

Klassenrat

bilden

**Schülerinnen und Schüler einer Klasse**

## Aufgaben

❶ Stellt euch gegenseitig Fragen zum Ablauf einer Klassensprecherwahl (M4).

❷ Welche Eigenschaften muss ein Klassensprecher oder eine Klassensprecherin haben? Schreibe sie aus M3 ab.

❸ Lies die Aussagen in M5. Schreibe die Angelegenheiten und Situationen auf, in denen die Klassensprecherin oder der Klassensprecher
   – zuständig ist.
   – nicht zuständig ist.

❹ Erkläre, welche Möglichkeiten der Mitbestimmung die Schülervertretung (SV) hat (M6).

❺ Die Jungen in der Klasse möchten das Wahlrecht ändern. Die Jungen sollen zwei Stimmen haben, die Mädchen nur eine. Begründe, warum dies keine demokratische Wahl wäre (M1).

*Wenn du diese Aufgaben erfolgreich bearbeitet hast, kannst du ...*
... erklären, wie die Klassensprecher gewählt werden.
... die Aufgaben der Klassensprecher beschreiben.
... erklären, wie die Schülerinnen und Schüler in der Schule mitbestimmen können.
... die Fachbegriffe **Schülerrat**, **Schulkonferenz** und **Schülervertretung (SV)** erklären.

# Wir regeln unser Zusammenleben

Die ersten Schulwochen sind vergangen. Laura und Yasmin kommen häufig zu spät aus der Pause in den Unterricht. Damian lässt keinen Mitschüler ausreden, sondern er ruft einfach in die Klasse. Wie kann die Klasse ihr Zusammenleben regeln?

**M2** Diskussion in der Klasse

**Erarbeitet Vorschläge für eine Klassenordnung.**
**Stellt der Klasse eure Vorschläge in einer Präsentation vor.**

**INFO**

Menschen brauchen **Regeln**, damit das Leben in der Familie, mit Freunden, im Alltag und in der Schule klappt. Man braucht aber auch Spielregeln, zum Beispiel im Sport.
Eine Regel ist eine Vorschrift, an die sich jeder halten muss. Wer dagegen verstößt, wird bestraft und notfalls ausgeschlossen. Er erhält die „gelbe" oder gar die „rote Karte".
In der Schule regelt eine **Schulordnung** das Zusammenleben. In der Klasse gibt es eine **Klassenordnung**.

## Wir geben uns eine Klassenordnung

Die Klasse hat beschlossen, sich eine **Klassenordnung** zu geben. Dann wissen alle Bescheid, welche **Regeln** in der Klasse gelten sollen. Damit alle gerecht behandelt werden, muss auch festgelegt werden, was passiert, wenn jemand gegen die Klassenordnung verstößt.
Die Gruppe, die dieses Wahlthema bearbeitet, soll sich damit beschäftigen, eine Klassenordnung zu erstellen.
Die Mitglieder dieser Gruppe machen sich auch Gedanken darüber, wie die Klassendienste aufgeteilt werden sollen. Alle Dienste werden auf einem Plakat aufgelistet. Die Gruppe soll auch einen Vorschlag machen, wie die Klassendienste im Schuljahr wechseln können. Alle sollen wenigstens einmal im Jahr einen Klassendienst übernehmen. Dies soll eine **Pflicht** sein. Der Klassendienst muss erfüllt werden.

**M1** Plakat für die Klassendienste

- Wählt für jeden Dienst in eurer Klasse ein Zeichen aus. Es soll die Aufgaben des Dienstes verdeutlichen.
- Malt ein Plakat mit den Zeichen.
- Alle schreiben ihren Namen auf jeweils eine Wäscheklammer aus Holz.
- Die Wäscheklammern werden für den jeweiligen Dienst an das Plakat geklammert.
- Alle können jetzt gut erkennen, wer für den Dienst zuständig ist.

**M3** Was müssen wir regeln?

... wenn eine/einer im Unterricht dazwischenredet.

... wenn eine/einer sich über die Kleidung eines anderen lustig macht.

... wenn eine/einer über jemanden lacht.

... wenn eine/einer immer in der Klasse rumrennt.

... wenn eine/einer gemobbt wird.

... wenn sich die Jungen über die Mädchen lustig machen und umgekehrt die Mädchen über die Jungen.

... wenn eine/einer petzt.

... wenn eine/einer jemanden ausgrenzt, weil sie/er eine andere Religion oder Kultur hat.

... wenn eine/einer seinen Müll in die Klasse wirft.

**M4** Vorschlag für eine Klassenordnung

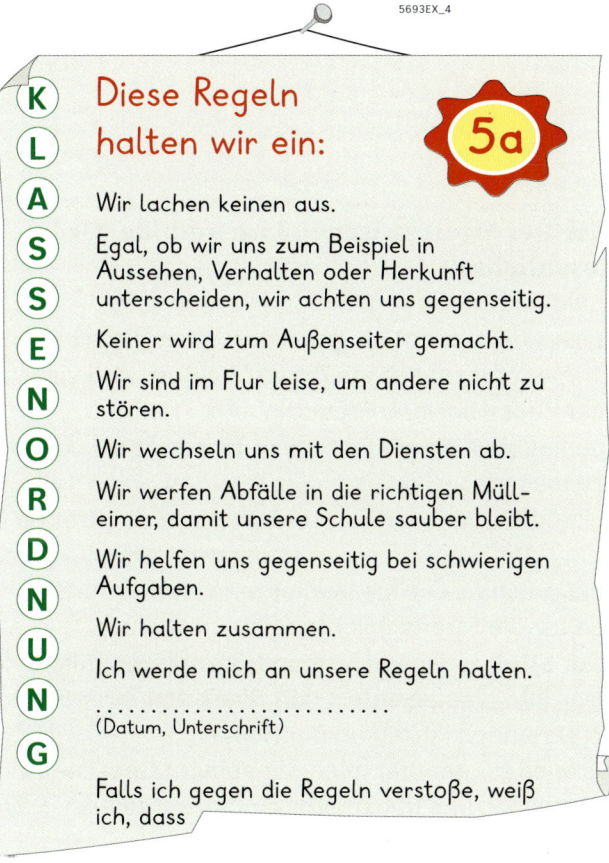

5693EX_4

**K L A S S E N O R D N U N G**

Diese Regeln halten wir ein:  5a

Wir lachen keinen aus.

Egal, ob wir uns zum Beispiel in Aussehen, Verhalten oder Herkunft unterscheiden, wir achten uns gegenseitig.

Keiner wird zum Außenseiter gemacht.

Wir sind im Flur leise, um andere nicht zu stören.

Wir wechseln uns mit den Diensten ab.

Wir werfen Abfälle in die richtigen Mülleimer, damit unsere Schule sauber bleibt.

Wir helfen uns gegenseitig bei schwierigen Aufgaben.

Wir halten zusammen.

Ich werde mich an unsere Regeln halten.

........................
(Datum, Unterschrift)

Falls ich gegen die Regeln verstoße, weiß ich, dass

**M5** Testbogen – Kannst du dich an die Regeln halten?

1. Ich nehme Rücksicht auf andere.  ☺ ☺ ☹
2. Ich nehme anderen im Unterricht nichts weg.  ☺ ☺ ☹
3. Ich lache andere nicht aus, wenn sie einen Fehler machen.  ☺ ☺ ☹
4. Ich übernehme ohne Murren den Klassendienst.  ☺ ☺ ☹
5. Ich falle anderen nicht ins Wort.  ☺ ☺ ☹
6. Ich lenke andere nicht vom Unterricht ab.  ☺ ☺ ☹
7. Ich bin nett und höflich zu anderen.  ☺ ☺ ☹
8. Ich helfe anderen bei Schwierigkeiten.  ☺ ☺ ☹
9. Ich verpetze niemanden.  ☺ ☺ ☹
10. Ich erledige meine Aufgaben ordentlich.  ☺ ☺ ☹
11. Ich gebe nicht mit Spielsachen oder tollen Klamotten an.  ☺ ☺ ☹
12. Ich bin bereit, anderen zuzuhören.  ☺ ☺ ☹
13. Ich will mich nicht streiten oder einen Streit anstacheln.  ☺ ☺ ☹
14. Ich werde Schwächere nicht hänseln.  ☺ ☺ ☹
15. Ich gehe mit allen Sachen im Klassenraum sorgsam um.  ☺ ☺ ☹

☺ Fällt mir leicht  ☺ Fällt mir schwer  ☹ Muss ich noch lernen

## Tipps für die Erarbeitung

❶ Notiert Vorschläge für eine Klassenordnung. Diskutiert dann die Vorschläge und entscheidet, welche ihr in die Klassenordnung aufnehmen wollt.

❷ Überlegt, was passieren soll, wenn sich jemand nicht an die Klassenordnung hält.

❸ Listet Klassendienste auf, die erledigt werden müssen (M1).

❹ Beschreibt genau die Aufgaben der einzelnen Klassendienste (z. B. beim Blumendienst: Blumen gießen, welke Blätter abzupfen ...).

❺ Erstellt eure Präsentation: Schreibt in gut lesbarer Schrift.

❻ Legt fest, wer bei der Präsentation die Klassenordnung und die Klassendienste vorstellt und erklärt.

*Wenn du diese Aufgaben erfolgreich bearbeitet hast, kannst du ...*
... erklären, warum eine Klassenordnung sinnvoll und notwendig ist.
... erklären, warum die Klassendienste geregelt werden sollten.
... die Fachbegriffe **Schulordnung**, **Klassenordnung**, **Regel** und **Pflicht** erklären.

**M1** **Wer hat Schuld?**

**Erarbeitet, wie man einen Streit schlichtet.**
**Stellt eure Vorschläge in einer Präsentation der Klasse vor.**

In der Klasse gibt es immer wieder Streit. Yussuf wird gehänselt. Noah und Silas prügeln sich. Yasmin und Mara zicken. Melinda hat Lisa geschlagen. Wie können die Streitigkeiten beendet werden?

### Streitschlichtung – eine Lösung mit Gewinnern

Bei einem Konflikt können sogar Freundschaften zerbrechen. Das ist nicht nötig. Es muss bei einem Konflikt nicht zwangsläufig Verlierer und Gewinner geben.

Es gibt eine Möglichkeit, den Streit beizulegen: die **Streitschlichtung**. Die Streitschlichtung ist eine Gewinnerlösung. Der Streit wird so geschlichtet, dass beide Konfliktparteien mit der Lösung zufrieden sein können und wieder normal miteinander umgehen.

**M2** **Lisa und Jan streiten sich.**

**M3** **Der Streit zwischen Lisa und Jan wird geschlichtet.**

Lisa und Jan haben gestritten. „Jan ärgert mich immer und sagt blöde Dinge," beklagt sich Lisa in der Pause bei ihrer Freundin. Ihre Freundin rät ihr, den Streit in einer Klassenversammlung schlichten zu lassen.

Lisa geht zu ihrer Klassenlehrerin und bittet darum, den Streit in einer Klassenversammlung zu besprechen. Die Klassenlehrerin wählt eine Stunde für die Streitschlichtung aus.

Der Streit zwischen Lisa und Jan soll geschlichtet werden. Lisa schildert den Streit aus ihrer Sicht. Erst danach ist Jan an der Reihe.

Lisa sagt: „Jan hat mich mit seinem Geo-Dreieck gestochen und über meine Klamotten gelacht. Das fand ich richtig doof."

Jan sagt daraufhin: „Das stimmt. Ich habe dich gestochen, aber du hast vorher mein Mäppchen versteckt. Und über deine Sachen habe ich gelacht, weil du immer über meine neuen Schuhe lachst."

Jetzt wird die Rednerliste eröffnet. Vivien führt heute die Rednerliste. Sie schreibt die Schüler auf, die sich melden, und ruft sie der Reihe nach auf. Sarah ist Streitschlichterin. Sie leitet das Gespräch. Sie achtet darauf, dass die Mitschülerinnen und Mitschüler beim Thema bleiben und Vorschläge unterbreiten. Sie stellt die Vorschläge zur Diskussion und führt am Ende einen Beschluss herbei.

Lisa und Jan stimmen dem Beschluss zu.

## M4 Ablauf einer Streitschlichtung

1. **Streitschlichterin oder Streitschlichter aussuchen:**
   Die Schülerinnen und Schüler, die an dem Streit beteiligt sind, suchen eine Streitschlichterin oder einen Streitschlichter aus.
2. **Standpunkte vortragen:** Alle Beteiligten haben das Recht, ihre Sicht über den Streit vorzutragen. Die Streitschlichterin oder der Streitschlichter sorgt dafür, dass die Beteiligten über die Gründe, Gefühle und den eigenen Anteil am Streit sprechen können.
3. **Lösungen suchen:** Die Beteiligten machen Vorschläge zur Lösung des Streits. Die Ideen werden gesammelt und besprochen. Es wird ein geeigneter Vorschlag ausgewählt.
4. **Lösungsvorschlag umsetzen und einhalten:** Der Lösungsvorschlag wird in die Tat umgesetzt. Beide Parteien verpflichten sich, die Vereinbarungen einzuhalten.

## M5 Sieben Regeln für erfolgreiches Streiten

**1 Das Problem sofort ansprechen**
Nicht zu lange warten, wenn sich ungute Gefühle aufstauen.

**2 In der Ich-Form sprechen**
Je mehr ich von meinen Gefühlen und Empfindungen spreche, desto besser lernt mich mein Gegenüber kennen und verstehen.

**3 Nicht unterbrechen**
Ich lasse mein Gegenüber ausreden und höre zu. Ich versuche, die Interessen, Bedürfnisse und Gefühle meines Gegenübers herauszuhören.

**4 Die betreffende Person ansprechen**
Wenn ich etwas mitteilen will, schaue ich die betreffende Person direkt an und spreche sie an.

**5 Die Ursache des Streits gemeinsam benennen**
Mit dem Gegenüber gemeinsam festlegen, worum es bei dem Streit geht und wo die Ursachen liegen.

**6 Beim Thema bleiben**
Ich selbst bleibe beim Thema. Ich lasse auch nicht zu, dass mein Gegenüber von einem Thema zum anderen springt.

**7 Beschuldigungen vermeiden**
Gegenseitige Vorwürfe helfen nicht weiter. Sie verhärten die Fronten.

## M6 Ohne Worte

## Tipps für die Erarbeitung

❶ Beschreibt an einem Beispiel den Ablauf einer Streitschlichtung (M4).

❷ Schreibt aus eurer Sicht die Vorteile und die Nachteile einer Streitschlichtung auf.

❸ Spielt den Streit zwischen Lisa und Jan als Rollenspiel mit drei Personen: Lisa, Jan, Streitschlichterin (M3).
   – Überlegt, wie ihr den Beginn des Streits darstellen wollt (M3).
   – Überlegt, wie ihr die Streitschlichtung vorspielen wollt (M3, M4).

❹ Stellt die sieben Regeln für erfolgreiches Streiten vor (M5).

❺ Nutzt die Geschichte „Ohne Worte" (M6) für eure Präsentation.

❻ Erstellt eure Präsentation: Schreibt in gut lesbarer Schrift.

❼ Legt fest, wer bei der Präsentation eure Ergebnisse vorträgt, und spielt das Rollenspiel vor.

*Wenn du diese Aufgaben erfolgreich bearbeitet hast, kannst du ...*
... beschreiben, wie eine Streitschlichtung abläuft.
... erklären, warum eine Streitschlichtung sinnvoll und notwendig ist.
... den Fachbegriff **Streitschlichtung** erklären.

# Unsere Klasse – eine Gemeinschaft?

Marvin, Damian, Yussuf und Noah treffen sich nachmittags zum Fußballspielen. Sie stehen auch in den Pausen immer zusammen. Johanna, Lena und Kristina tauschen Bilder von Tieren aus. Sie haben wenig Kontakt zu den anderen Mädchen und Jungen. Woran liegt das? Wie kann trotzdem eine gute Klassengemeinschaft entstehen?

**INFO**

Kleine Gruppen von meistens gleichaltrigen Kindern oder Jugendlichen, die gleiche Interessen haben, nennt man Cliquen oder **Peergroups**.

**M2** **Er gehört nicht dazu.**

## Gruppen in der Klasse

Marvin und seine Freunde und Johanna und ihre Freundinnen sind Freundeskreise. Sie treffen sich und machen vieles zusammen. Marvin und seine Clique verbindet der Fußball, Johanna und ihre Clique verbindet die Tierliebe. Statt Clique sagt man auch **Peergroup**.

Peergroups spielen eine wichtige Rolle, vor allem dann, wenn Kinder oder Jugendliche Probleme haben. In der Gruppe kann man Probleme besprechen und sich helfen lassen. Von Gleichaltrigen fühlen sich Kinder oft besser verstanden als von den Eltern oder anderen Erwachsenen.

Für ältere Jugendliche werden Peergroups immer wichtiger. Die Peergroup gehört zur Bildung der Identität.

Die Bildung von Gruppen in der Klasse kann aber auch verhindern, dass eine Klassengemeinschaft entsteht. Cliquen können andere Kinder ausgrenzen. Diese werden dann zu Außenseitern in der Klasse. Cliquen können sich gegeneinander abgrenzen. Jede Clique meint, sie sei etwas Besseres. Manchmal verstellen sich Kinder oder machen sogar Mutproben, um in eine Clique aufgenommen zu werden. Wer in einer Gruppe ist, möchte nicht ausgestoßen werden und passt sich dem an, was in der Gruppe gilt. Dieser Gruppenzwang kann gefährlich werden, wenn Mitglieder der Gruppe eine gefährliche Mutprobe verlangen. Er kann auch dazu führen, dass Kinder Straftaten begehen, zum Beispiel einen Ladendiebstahl.

**M1** **Die Kinder der 5a haben mit Spielfiguren verschiedene Situationen in der Klasse dargestellt.**

**INTERNET**

www.bpb.de
→ Asch Experiment

### Erwartungen und Regeln in einer Peergroup

Jede Gruppe hat bestimmte Regeln. Diese können sich auf die Kleidung beziehen, auf Meinungen oder Verhaltensweisen.

Die Mitglieder der Gruppe meinen, dass die Gruppe etwas von ihnen erwartet. Diese Erwartungen an die Mitglieder einer Peergroup werden auch als **Rollen** bezeichnet. Sie existieren meistens unbewusst. Den Meinungsführer erkennt man schnell, aber die Rollen der anderen sind nicht so offensichtlich. Da alle zur Gruppe gehören möchten, passt sich jeder der Gruppe an. So wird zum Beispiel die gleiche Musik gehört oder die gleiche Kleidung getragen.

Regeln sind grundsätzlich notwendig und wichtig für das Zusammenleben. Wenn man sich jedoch anders verhält oder eine andere Meinung vertritt, als man eigentlich möchte, dann kann die Peergroup zum Problem werden.

**INFO**

Verhaltensweisen, die von Menschen erwartet werden, die eine bestimmte Stellung oder Aufgabe haben, bezeichnet man als (soziale) **Rolle**.

### Aufgaben

❶ a) Liste auf, warum Peergroups für die Entwicklung von Kindern und Jugendlichen wichtig sind (Text).
b) Liste mögliche negative Auswirkungen von Peergroups auf (Text).

❷ Erkläre, warum sich Menschen dem Verhalten oder der Meinung einer Gruppe anpassen (M2, M3, M4, Text).

❸ Ⓦ Wähle aus:

**A** Warst du schon einmal in der Situation, dass du deine Meinung in einer Gruppe lieber nicht äußern wolltest? Beschreibe die Situation.

**B** Liste die Eigenschaften auf, die eine Peergroup haben sollte, damit kein Gruppenzwang entsteht.

❹ Fasse die Aussagen der Abbildungen zusammen (M2, M3, M4).

❺ a) Welche Situationen haben die Kinder nachgestellt (M1)?
b) Stellt die Situation einer guten Klassengemeinschaft mit Spielfiguren nach oder zeichnet sie.

❻ Ⓩ Informiere dich im Internet über das Asch-Experiment. Schreibe einen Bericht in eigenen Worten.

❼ Ⓩ Besorge dir in der Bücherei deiner Stadt eines der folgenden Bücher. Lies das Buch und schreibe eine kurze Zusammenfassung des Inhalts.
Lorenz Pauli und Kathrin Schärer: mutig, mutig. Atlantis Verlag, 2006.
Kathryn Cave und Chris Riddell: Irgendwie Anders. Oetinger Verlag.

*Wenn du diese Aufgaben erfolgreich bearbeitet hast, kannst du …*
… Rollen in Peergroups beschreiben.
… die Bedeutung von Peergroups beurteilen.
… die Fachbegriffe **Peergroup** und **Rolle** erklären.

# Gewusst? – Gekonnt!

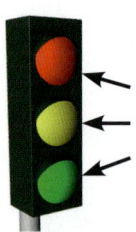

Die Aufgabe konnte ich

nicht lösen. Das muss ich noch üben.
mit Hilfe lösen.
ohne Hilfe lösen.

## Schätze dich selbst nach den Ampelfarben ein.

Hier am Ende des Kapitels findest du Aufgaben, mit denen du nun selbst dein Wissen und deine Fertigkeiten überprüfen kannst.

Notiere in deinem Heft oder deiner Mappe die Aufgaben mit den Lösungen.

Bei den meisten Aufgaben findest du einen Hinweis zu den jeweiligen Seiten im Buch. Dort kannst du nachlesen, wenn du Hilfe brauchst.

Bewerte dich nach jeder Aufgabe selbst mithilfe der Ampelfarben. Zeichne dazu einen Punkt in der entsprechenden Ampelfarbe hinter die Aufgabe in deinem Heft oder deiner Mappe.

Ⓐ

**Beliebte Reiseziele weltweit:** Ⓑ

1. Kapstadt, Südafrika
2. Sydney, Australien
3. Machu Picchu, Peru
4. London, Vereinigtes Königreich
5. Rio de Janeiro, Brasilien
6. New York, USA
7. Rom, Italien
8. Paris, Frankreich
9. Barcelona, Spanien
10. Bali, Indonesien
11. Kreta, Griechenland
12. Queenstown, Neuseeland
13. Jerusalem, Israel
14. Phuket, Thailand

Ⓒ Reisen werden durch politische Entscheidungen beeinflusst. Die Reisetermine von Familien sind von diesen Entscheidungen abhängig. ①

Früher reisten die meisten Menschen zu Fuß. Es gab auch Kutschen, die von Pferden gezogen wurden. ②

Das Reisen ist vom Verkehrsmittel abhängig. Seit es Flugzeuge gibt, sind Reiseziele in aller Welt schnell erreichbar. ③

**Sommerferien Nordrhein-Westfalen** Ⓒ
(Ⓒ) by schulferien.org

| | Juni | Juli | August | September |
|---|---|---|---|---|
| 2007 | | | | |
| 2008 | | | | |
| 2009 | | | | |
| 2010 | | | | |
| 2011 | | | | |
| 2012 | | | | |
| 2013 | | | | |
| 2014 | | | | |
| 2015 | | | | |
| 2016 | | | | |
| 2017 | | | | |
| 2018 | | | | |
| 2019 | | | | |
| 2020 | | | | |
| 2021 | | | | |
| 2022 | | | | |
| 2023 | | | | |
| 2024 | | | | |

© Westermann
17752EX_2

❶ a) Ordne die Texte 1–3 den Abbildungen A–C zu.
  b) Notiere, welche Fachbereiche der Gesellschaftslehre die Abbildungen zeigen.
  *(Schülerbuch, Seiten 10–11)*

❷ a) Bestimme die Himmelsrichtungen. Kösterkamp liegt im ... von Bielefeld-Mitte. Kammerratsheide liegt im ... von Bielefeld-Mitte. Gellershagen liegt im ... von Meyer zu Jerrendorf.

b) Erkläre, warum man sich mit einem Stadtplan besser orientieren kann als mit einem Luftbild.

*(Schülerbuch, Seiten 14 – 15)*

❸ a) Beschreibe, wie die Schülerinnen und Schüler in ihrer Schule mitwirken können. Verwende dabei die Bgriffe Klassenversammlung, Schülerrat, SV, Schulkonferenz, Fachkonferenzen.

b) Erkläre, wie die Klassensprecherwahl abläuft.

c) Notiere die Grundsätze einer demokratischen Wahl.

d) Eine geheime Wahl hat Vorteile und Nachteile. Welche könnten das sein?

*(Schülerbuch, Seiten 20 – 21)*

❹ a) Schreibe auf, welche Regeln dir in der Klasse besonders wichtig sind.

b) Begründe, warum eine Klassenordnung sinnvoll ist.

c) Sind Strafen notwendig? Begründe deine Meinung.

*(Schülerbuch, Seiten 22 – 23)*

❺ a) Erkläre an einem Beispiel, wie man mit den sieben Regeln für erfolgreiches Streiten einen Streit beilegen kann.

b) Erkläre an einem Beispiel, wie eine Streitschlichtung abläuft.

c) Streitschlichtung ist eine Lösung mit Gewinnern. Erkläre.

d) Fertige kleine Zeichnungen zum Ablauf einer Streitschlichtung an.

*(Schülerbuch, Seiten 24 – 25)*

## Fachbegriffe

| | | | |
|---|---|---|---|
| das Geographische Informationssystem (GIS) | der Kompass | die Regel | die Streitschlichtung |
| der Grundriss | die Legende | die Rolle | die Wegstrecke |
| die Himmelsrichtung | die Luftlinie | der Schülerrat | die Windrose |
| die Identität | der Maßstab | die Schülervertretung (SV) | die Zeitleiste |
| die Kartenskizze | die Maßstabsleiste | die Schulkonferenz | |
| die Klassenordnung | die Peergroup | die Schulordnung | |
| | die Pflicht | der Stadtplan | |

WES-105332-029
westermann.de/webcode

# Leben in der Stadt und auf dem Land

Du lebst im Bundesland Nordrhein-Westfalen. In Deutschland gibt es noch 15 weitere Bundesländer (siehe Seite 317). Stell dir vor, du fliegst ganz hoch oben über Deutschland und schaust hinunter. Der Zeichner dieser Panoramakarte hat sich das vorgestellt. Die Grenzen von Nordrhein-Westfalen kannst du nicht erkennen. Du siehst aber viele große Städte, die in Nordrhein-Westfalen liegen.
Was kannst du noch erkennen?
Was findest du interessant?
Was möchtest du gerne „erforschen"?
Hast du Fragen? Schreibe sie auf. Vielleicht kannst du sie in ein paar Wochen beantworten, wenn du mehr über Stadt und Land in Nordrhein-Westfalen gelernt hast.

rechts: Panoramakarte, nördlicher Teil Deutschlands

Münster

Ham

Dortmun

Duisburg

Essen

Düsseldorf

Köln

Aachen

Bonn

Bielefeld

Paderborn

# Städte und Dörfer in Nordrhein-Westfalen

Was fällt dir zu den Begriffen Stadt und Dorf ein? Diese Frage wurde Schülerinnen und Schülern einer Klasse 5 gestellt. Und hier siehst du das Ergebnis in einer „Wortkarte". Was würdest du antworten?

Welche Unterschiede gibt es zwischen Städten und Dörfern?

**M3** Wortkarte zu „Stadt" und „Dorf"

Hühner Obstbäume
Straßenbahn viel Platz zum Wohnen
Balkone Bibliothek Einkaufscenter jeder kennt jeden
Schwimmhalle Kaufhäuser
Kätzchen Park Fahrradwege viel Verkehr
Kino Schulbus Kühe viel los Hund Wiese Traktor
Fußgängerzone Döner alte Häuser schnell etwas besorgen
shoppen Bus Parkhäuser Gärten
Bauernhöfe Lärm Bauern U-Bahn Stille
Neubaugebiet
Essen Gasthof Dorfteich Wohnungen
kleine Geschäfte Restaurant

Ein **Dorf** ist ein kleiner Ort. Die Bevölkerung lebte früher meistens von der Landwirtschaft.
Eine **Stadt** ist ein größerer Ort mit vielen Einwohnern.
**Kleinstädte** haben weniger als 20 000 Einwohner.
**Mittelstädte** haben 20 000 bis 100 000 Einwohner.
**Großstädte** haben 100 000 bis 1 Million Einwohner.
**Millionenstädte** haben über 1 Million Einwohner.

## Eine Ballonfahrt über Stadt und Land

Lara hat zum Geburtstag eine Fahrt mit dem Heißluftballon geschenkt bekommen. (Man sagt beim Heißluftballon „er fährt", nicht „er fliegt".) Sie nimmt ihren Freund Fabian mit. Sie haben ihrer Klasse versprochen, eine Reportage mit dem Smartphone aufzunehmen. Sie beginnen ihre Fahrt südlich von Paderborn.

**M1** Das ist ein Ausschnitt aus Laras Reportage von der Ballonfahrt.

„Wir sind auf 350 Meter gestiegen. Es ist ganz still. Wir treiben im Wind. Unter mir sehe ich Felder, Wiesen, Wälder und Weiden mit Kühen.
Manche **Dörfer** bestehen nur aus einzelnen Gebäuden, andere aus vielen Wohnhäusern. Ich kann auch Bauernhöfe erkennen mit ihren Scheunen, Schuppen und Ställen. Manche liegen mitten im Dorf, nahe am Dorfplatz und nahe der Kirche, andere weiter draußen in den Feldern.
Fast alle Dörfer haben Neubaugebiete. Die neuen Häuser mit ihren Garagen und Gärten sind auch aus der Luft gut zu sehen."

**M4** Das ist ein Ausschnitt aus Fabians Reportage.

„Man erkennt schon von Weitem: Jetzt kommt eine **Stadt**! Man sieht erste Industriegebiete, immer mehr Verkehr, große Einkaufsmärkte, Bau- und Möbelmärkte und davor riesige Parkplätze, auf denen die Autos dicht an dicht stehen. Manchmal hört man auch Hupen.
Viele Wohnhäuser haben mehrere Stockwerke. Die Häuser stehen immer dichter. Es gibt kaum noch Gärten. Zwischen Kaufhäusern und Geschäften laufen so viele Menschen. Aus der Luft wirken sie wie Ameisen. Auf den Plätzen sonnen sich viele Menschen vor den Gaststätten und Cafés."

**M2** Grundsteinheim ist ein Dorf und hat nur knapp 500 Einwohner.

**M5** Paderborn ist eine Großstadt mit rund 149 000 Einwohnern.

**M6** **Städte und Dörfer im Raum Paderborn (Panoramakarte mit Blick nach Norden)**

## Aufgaben

**❶** Lara und Fabian nennen viele Merkmale, die für Dörfer und Städte typisch sind (M1, M4). Liste sie in einer Tabelle auf.

**❷** Ⓦ Wähle ein Foto aus (M2, M5).

**A** Welche Merkmale erkennst du, die typisch für ein Dorf sind (M2)?

**B** Welche Merkmale erkennst du, die typisch für eine Stadt sind (M5)?

**❸** Auf der Panoramakarte sind nur einige Unterschiede zwischen Stadt und Land zu erkennen. Überprüfe (M6).

**❹** Ordne die folgenden Städte nach ihrer Einwohnerzahl (Info). Köln 1 090 000, Düsseldorf 620 500, Paderborn 153 000, Arnsberg 73 600, Steinfurt 34 100, Lichtenau 10 600, Nettersheim 7 500.

*Formulierungshilfen zu Aufgabe 3:*
Typisch für eine Stadt ist …
Das sieht man (nicht) in der Panoramakarte.
Ein Merkmal für … ist …
Gut zu erkennen ist …

*Wenn du diese Aufgaben erfolgreich bearbeitet hast, kannst du …*
… Unterschiede zwischen Dorf und Stadt nennen.
… Städte nach ihrer Einwohnerzahl abgrenzen.
… die Fachbegriffe **Dorf**, **Stadt**, **Kleinstadt**, **Mittelstadt**, **Großstadt** und **Millionenstadt** erklären.

# Ein Raum verändert sich – vom Dorf zur Stadt

**M1** Ein Dorf in der Jungsteinzeit

Vor ungefähr 7000 Jahren (ca. 5500 bis 1800 v. Chr.) entstanden die ersten Dörfer. Die Menschen zogen nicht mehr als Jäger und Sammler umher, sondern sie wurden sesshaft. Sie rodeten Wälder, um dort Felder anzulegen. Sie bauten dann zum Beispiel Getreide an. Als Tiere hielten sie Schweine, Schafe und Ziegen. Sie lebten von dem, was sie selbst anbauten und vielleicht mit dem Nachbarn tauschten. Große Siedlungen und Städte mit Märkten gab es noch nicht.

Wenn man sich heute unsere Städte anschaut, sieht man eine dicht bebaute Stadtlandschaft. Es fällt schwer, sich diese Landschaft vor vielen Jahrhunderten vorzustellen. Wie sahen die ersten Dörfer aus? Wie sind die Städte entstanden?

**ERSTAUNLICH**

Die kleinste Stadt Deutschlands nach Einwohnerzahl und Fläche ist Arnis in Schleswig-Holstein. Sie liegt auf einer Halbinsel in der Schlei und hat nur 300 Einwohner und eine Fläche von knapp einem halben Quadratkilometer. Das entspricht ungefähr der Größe von 70 Fußballfeldern.

**M2** Ein Dorf im Mittelalter

Zu Beginn des Mittelalters, vor etwa 1500 Jahren, gab es nur wenige Städte. Die Menschen lebten in kleinen Dörfern, die sie auf Lichtungen in den Wäldern angelegt hatten. Kaum ein Dorf hatte mehr als 150 bis 200 Einwohner. Die Häuser bestanden aus Holz oder aus geflochtenen Zweigen und hatten meistens keine Fenster. Geheizt wurde mit offenem Feuer, dessen Rauch durch ein Loch im Dach abzog. Geschlafen wurde auf dem gestampften Lehmboden. Das Vieh lebte mit im Haus.

## Dörfer verändern sich, Städte kommen hinzu

Vor ungefähr 7000 Jahren war Deutschland von Wäldern bedeckt. Die Menschen mussten erst die Bäume fällen, also den Wald roden. Dann konnten sie ihre Siedlungen anlegen. Die Bevölkerungszahl wuchs, die Dörfer wurden immer größer. Schließlich wurden aus vielen Dörfern Städte.

Es gab allerdings auch Stadtgründungen in Deutschland. An Rhein, Mosel und Donau legten die Römer Städte an.

Ab dem 11. Jahrhundert, also im Mittelalter, kamen viele weitere Stadtgründungen hinzu. Städte entstanden an Flüssen, an Meeresbuchten, an wichtigen Handelswegen oder in der Nähe von Burgen und Klöstern. Die Bevölkerungszahl in den Städten wuchs. Die Stadtmauern störten nun. In vielen Städten entfernte man die Mauern. Die Städte breiteten sich ins Umland aus.

schueler.diercke.de | 100870-063-02, 100870- 074-03

## M3 Eine Stadt im Mittelalter

## M4 Eine Stadt um 1960

Im 12. und 13. Jahrhundert wurden sehr viele Städte gegründet. Die Bauern konnten ihre Ernten steigern und Überschüsse in der Stadt verkaufen. Außerdem gab es immer mehr Handwerker, die Handwerksprodukte herstellten. So entstanden Marktsiedlungen, die zu Städten heranwuchsen. Sie lagen oft an Flussübergängen, Wegekreuzungen, an alten Handelswegen oder in der Nähe von schützenden Burgen. Dicke Mauern sollten die Städte vor Angreifern schützen.

Vor etwa 200 Jahren wurden immer neue Maschinen erfunden. Mit der Erfindung der Eisenbahn konnte man plötzlich große Mengen von Waren austauschen. Industriebetriebe entstanden und die Arbeiter zogen in die Nähe der Fabriken. Immer mehr und höhere Häuser wurden gebaut. Die Felder und Wiesen im Umland der Städte wurden bebaut. Man legte neue Straßen an. An den Flüssen entstanden Häfen. Die Abgase aus den Schornsteinen der Fabriken verschmutzten die Luft.

## Aufgaben

① Ⓦ Arbeitet in Gruppen und teilt die Aufgaben auf. Stellt euch gegenseitig eure Ergebnisse vor.

A Vergleiche M1 mit M2. Was hat sich verändert?

B Vergleiche M2 mit M3. Was hat sich verändert?

C Vergleiche M3 mit M4. Was hat sich verändert?

② Schreibe auf, wo im Mittelalter Städte gegründet wurden (Text).

③ Viele Ortsnamen weisen auf den Ursprung des Ortes hin: -dorf: Dieser Ort war früher einmal ein Dorf. -furt: Dieser Ort wurde an einem Flussübergang, einer Furt, gegründet. -burg, -fels usw. Suche fünf Städte, deren Name etwas über ihre Entstehung verrät (Atlas).

④ Ⓩ In der Altstadt vieler deutscher Städte finden wir heute noch alte Häuser, Burganlagen, Kirchen, Rathäuser oder Reste von Stadtmauern. Recherchiere, ob es diese Hinweise in deiner Stadt oder in einer Stadt in deiner Nähe gibt.

*Formulierungshilfen zu Aufgabe 1:*
Das Dorf liegt …
Die Häuser stehen zentral um … / dicht gedrängt/weit auseinander.
Die Häuser sind eingeschossig/ mehrgeschossig.
Es gibt Felder/Wiesen/Weiden/ Fabriken …
Am Rand … / um das … herum … / außerhalb der …

*Wenn du diese Aufgaben erfolgreich bearbeitet hast, kannst du …*
… beschreiben, wie sich die Siedlungen in Deutschland entwickelt haben.
… an welchen Standorten Städte neu gegründet wurden.

# Mit dem Atlas arbeiten

Mona und Liam leben in Pulheim. Ihre ältere Schwester Fiona ist im Moment in Bremerhaven. Nun möchten beide im Atlas nachschauen, wo Bremerhaven liegt. Wie können sie Orte im Atlas finden?

## Der Atlas – eine Sammlung von Karten

Der Atlas ist ein wichtiges Hilfsmittel zur Orientierung auf der Erde. Er enthält viele verschiedene Karten. In der Schule und zu Hause hilft der Atlas, wenn man Ferienziele oder Wohnorte von Freunden und Verwandten finden möchte.

### M1 Das Atlassuchspiel

Spiele gegen deine Tischnachbarin oder deinen Tischnachbarn.

1. Suche sieben „Objekte" aus dem Register aus. Notiere Objekt, Seitenzahl, Planquadrat und worum es sich handelt (z. B. Fluss).

2. Ihr spielt abwechselnd gegeneinander. Schreibe deiner Tischnachbarin oder deinem Tischnachbarn den Namen eines deiner Objekte auf und lasse dir dazu Folgendes zeigen und nennen: den Ort im Atlas, die Lage auf der Karte und worum es sich handelt (Stadt, Fluss, Berg …)

3. Wertung:
Ort unter einer Minute richtig bestimmt: 2 Punkte
Ort unter zwei Minuten richtig bestimmt: 1 Punkt
Ort falsch bestimmt oder länger als zwei Minuten gebraucht: 0 Punkte

### M3 So ist der Atlas aufgebaut.

① Wenn du den Atlas aufschlägst, siehst du im Buchdeckel als erstes die Kartenübersicht. Sie ermöglicht dir eine Schnellsuche. Verschiedene Gebiete der Erde sind hier eingezeichnet und mit Seitenzahlen versehen. Suchst du aber bestimmte Karten, so musst du im Kartenverzeichnis oder im Register nachschauen.

### M4 Mona und Liam suchen im Register.

② Auf den ersten Seiten befindet sich das Kartenverzeichnis. Die Überschriften aller Karten sind hier nach Großräumen, wie Deutschland und Europa, geordnet.

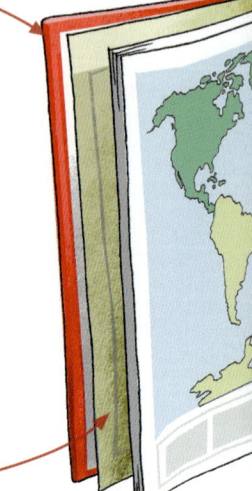

### M2 Deutschland, nördlicher Teil – physische Karte mit Planquadraten

Landhöhen (in Meter)
über 1500
1000 – 1500
500 – 1000
200 – 500
100 – 200
0 – 100

▲ 2962 Berghöhe

Meerestiefen (in Meter)
0 – 200
200 – 2000
2000 – 4000

Orte (Einwohner)
über 1 000 000
500 000 – 1 000 000
100 000 – 500 000
20 000 – 100 000
unter 20 000
geschlossene Besiedlung

Verkehr
Eisenbahn-Fernverkehr
Autobahn
Fernstraße

③ Der Kartenteil ist der Hauptteil des Atlas. Hier findest du die unterschiedlichsten Karten. Auf den ersten Seiten des Kartenteils findest du die Weltkarten. Danach kommen Karten zu Deutschland, Europa, den übrigen Kontinenten und der gesamten Welt.

**M5 Mona und Liam suchen Bremerhaven im Kartenteil des Atlas.**

④ Das **Register** ist ein alphabetisches Verzeichnis aller Namen, die auf den Karten im Kartenteil vorkommen. Hierzu zählen Städte, Staaten, Flüsse, Meere, Berge und Landschaften. Vor dem Namen steht ein kleines Symbol, an dem du direkt erkennst, ob es sich bei dem gesuchten Namen um eine Stadt, ein Gewässer oder etwas anderes handelt. Hinter jedem Begriff findest du die Seitenzahl und die Kartennummer (zum Beispiel: Bremerhaven 51.4) und das **Planquadrat**, in dem sich der Begriff befindet (zum Beispiel: Bremerhaven 51.4, C2). Zusätzlich gibt es ein **Sachwortregister**. Wichtige Begriffe zu Sachthemen kannst du dort finden. Auch hier sind die Seitenzahl und die Kartennummer angegeben (zum Beispiel: Fairtrade 190.1).

**M6 Wie finde ich Bremerhaven im Atlas?**

**Drei Schritte, um einen Ort im Atlas zu finden**

**1. Schritt** Suche den Namen im Register. Notiere die dort angegebene Seitenzahl, Kartennummer und das Planquadrat.

**2. Schritt** Schlage die Seite im Atlas auf.

**3. Schritt** Suche das richtige Planquadrat. Hast du es gefunden, kannst du dort nach Bremerhaven suchen.

**M7 Planquadrate**

|   | A | B | C | D | E | F |
|---|---|---|---|---|---|---|
| 1 |   |   |   |   |   |   |
| 2 |   |   | C2 |   |   |   |
| 3 |   |   |   |   |   |   |
| 4 |   |   |   |   |   |   |
| 5 |   |   |   |   |   |   |
| 6 |   |   |   |   |   |   |

**M8 Auszug aus dem Register**

Bremerhaven 51.4, C2
Bremervörde 54.1, E3
Brennerpass 97.1, J4

## Aufgaben

❶ Ⓦ Schlage das Register im Atlas auf.

**A** Suche deinen Wohnort. Notiere den Ortsnamen, die Seitenzahl und das Planquadrat.

**B** Suche einen Ort, den du aus dem Urlaub kennst oder in den du einmal fahren möchtest. Notiere den Ortsnamen, die Seitenzahl und das Planquadrat.

❷ Finde den ausgewählten Ort (Aufgabe 1) auf der angegebenen Karte.

❸ Arbeitet zu zweit. Sucht im Atlas die Orte mit den folgenden merkwürdigen Ortsnamen (M5):

Wuxi, Quakenbrück, Bikini-Atoll, Titicacasee, Po, Popocatépetl, Känguru-Insel.

❹ Ⓩ Suche im Sachwortregister das Sachwort „Seidenstraße". Schlage die Karte auf und schau nach, zu welcher Zeit es die Seidenstraße gab.

> *Wenn du diese Aufgaben erfolgreich bearbeitet hast, kannst du ...*
> ... mit dem Inhaltsverzeichnis im Atlas ein Land oder eine Region finden.
> ... mit dem Register die Seite und das Planquadrat eines Ortes herausfinden.
> ... mithilfe der Kartenübersicht eine Schnellsuche durchführen.
> ... die Fachbegriffe **Register**, **Planquadrat** und **Sachwortregister** erklären.

# Unterschiedliche Karten

## M1 Physische Karte

| | |
|---|---|
| ■ | über 1 000 000 |
| ◉ | 500 000 – 1 000 000 |
| ● | 100 000 – 500 000 |
| ○ | unter 100 000 |

Eisenbahn
Autobahn
schiffbarer Fluss
schiffbarer Kanal
Staatsgrenze
Fluss — Kanal
See

**Landhöhen (in Meter)**

| | |
|---|---|
| | 1000 – 1500 |
| | 500 – 1000 |
| | 200 – 500 |
| | 100 – 200 |
| | 0 – 100 |

Paul sucht eine Karte, die ihm zeigt, wie es zur Zeit der Römer in Deutschland aussah. Gibt es auch Geschichtskarten im Atlas? Welche Karten gibt es?

Eine **Höhenlinie** verbindet auf einer Karte alle Punkte, die auf derselben Höhe über dem Meeresspiegel liegen. Je enger die Höhenlinien liegen, desto steiler ist das Gelände.
**Höhenschichten** sind in einer Karte die Flächen zwischen den Höhenlinien. Die Farbe wechselt mit zunehmender Höhe von Grün über Gelb bis Braun.

## Karten – Darstellungen der Erdoberfläche

Im Atlas gibt es viele verschiedene Karten, und zwar nicht nur für den Fachbereich Erdkunde, sondern auch für den Fachbereich Geschichte.
Karten enthalten zahlreiche Informationen über das abgebildete Gebiet. In der Legende kann man nachsehen, was die Signaturen bedeuten.
In **physischen Karten** sind Gebirge, Tiefländer, Gewässer, Verkehrslinien und Siedlungen eingezeichnet. Mit ihnen kann man sich einen Überblick über ein Gebiet verschaffen. Auf physischen Karten kann man die Landhöhen ablesen. Sie werden durch **Höhenlinien** und **Höhenschichten** dargestellt.
**Thematische Karten** enthalten Informationen zu einem bestimmten Thema, zum Beispiel zur Wirtschaft oder zum Verkehr.
Die Geschichtskarten zeigen, wie ein Gebiet in einer früheren Zeit aussah.

## M2 Beispiel für die Darstellung von Höhenschichten und Höhenlinien in Karten

**Höhenangabe** (in Meter)

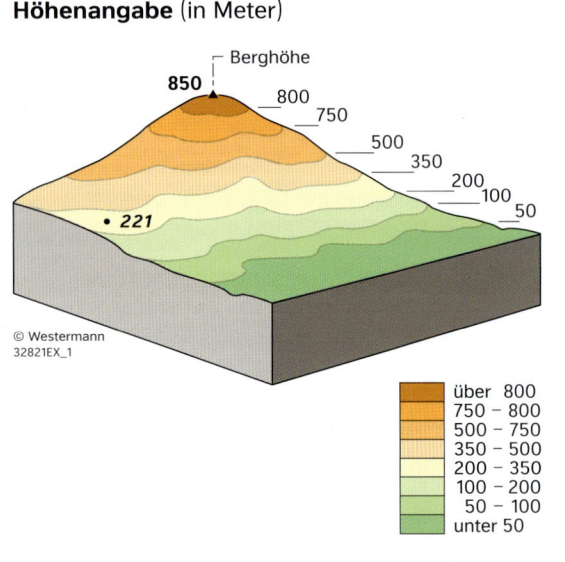

| | |
|---|---|
| | über 800 |
| | 750 – 800 |
| | 500 – 750 |
| | 350 – 500 |
| | 200 – 350 |
| | 100 – 200 |
| | 50 – 100 |
| | unter 50 |

## M3 Beispiel für die Höhenmessung vom Meeresspiegel aus

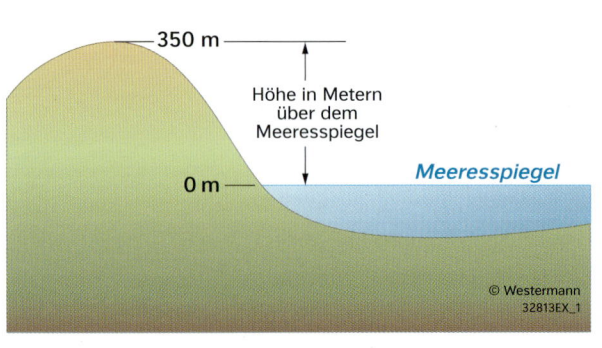

**350 m ü. M.** (= über dem Meeresspiegel)

Neben der Angabe „ü. M." gibt es noch weitere Bezeichnungen für die Höhenangabe. Eine ältere Bezeichnung ist „ü. NN" (über Normalnull). Diese wurde ersetzt durch „ü. NHN" (über Normalhöhennull).

schueler.diercke.de | 100870-051-04, 100870-089-02

**M4** **Thematische Karte (Wirtschaftskarte)**

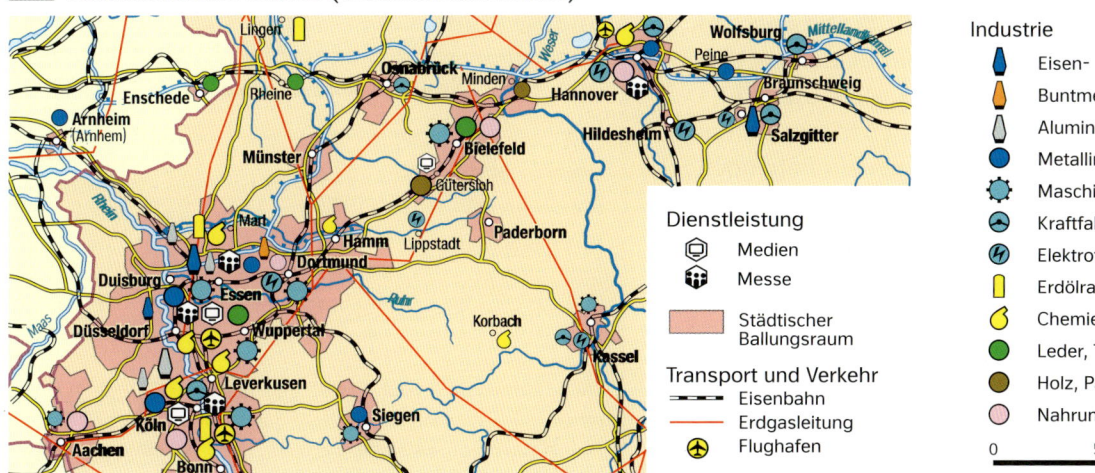

Industrie      © Westermann 15526EX_

- Eisen- und Stahlerzeugung
- Buntmetallverhüttung
- Aluminiumverhüttung
- Metallindustrie
- Maschinenbau
- Kraftfahrzeugbau
- Elektrotechnik
- Erdölraffinerie
- Chemie, Kunststoffe
- Leder, Textilien, Bekleidung
- Holz, Papier, Druckgewerbe
- Nahrungs- und Genussmittel

Dienstleistung
- Medien
- Messe
- Städtischer Ballungsraum

Transport und Verkehr
- Eisenbahn
- Erdgasleitung
- Flughafen

0    50    100 km

**M5** **Ansicht der Burg Hohenzollern mit Höhenlinien**

**M6** **Der Berg in der physischen Karte**

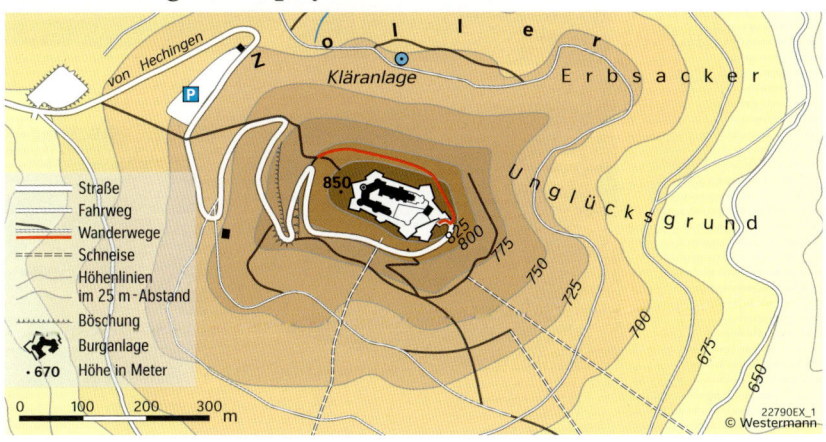

Straße
Fahrweg
Wanderwege
Schneise
Höhenlinien im 25 m-Abstand
Böschung
Burganlage
• 670   Höhe in Meter

0   100   200   300 m

22790EX_1
© Westermann

**M7** **Höhenprofil von einem der Wanderwege in M6**

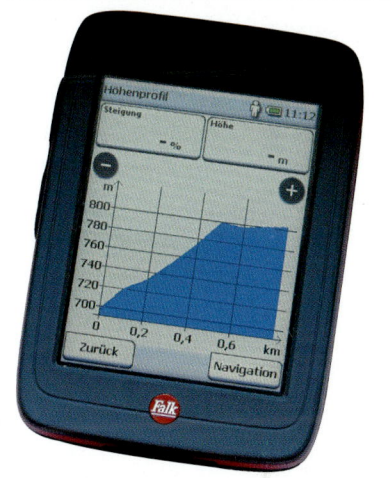

Diese App soll eine Hilfe sein. Welche Fragen kann sie beantworten?

INTERNET

Informiere dich über die Burg Hohenzollern: → Burg Hohenzollern Erkunde die Burg Hohenzollern und ihre Umgebung mithilfe eines Online-Kartendienstes (vgl. S. 18).

## Aufgaben

1. Notiere, wie hoch folgende Berge sind: Brocken, Großer Beerberg (M1).
2. Notiere, wie hoch das Gebiet ist, das der Rhein von Duisburg bis Arnheim durchfließt (M1).
3. Stelle mithilfe der thematischen Karte (M4) fest, welche Industrien es in Kassel gibt. Schreibe sie auf.
4. (W) Arbeite mit der Karte M6.

A   Beschreibe, wie die Höhen in M6 dargestellt sind.

B   Auf welcher Seite ist der Berg steiler, im Norden zur Kläranlage hin oder nach Süden? Erkläre.

*Wenn du diese Aufgaben erfolgreich bearbeitet hast, kannst du …*
… erklären, was der Unterschied zwischen einer physischen und einer thematischen Karte ist.
… erklären, wie Höhen in einer physischen Karte dargestellt sind.
… Höhen in einer Karte ablesen.
… die Fachbegriffe **physische Karte**, **Höhenlinie**, **Höhenschicht** und **thematische Karte** erklären.

# Eine Stadt hat viele Teile

Ehrenfeld, Zollstock, Nippes und Chorweiler – hinter diesen Namen verbergen sich Stadtteile von Köln. Sie waren früher einmal Dörfer. Ihre Namen erinnern noch daran. Aber es gibt auch Stadtviertel. Welche gibt es und was sind ihre Merkmale?

## Eine Stadt hat viele Aufgaben

Familie Schmitz wohnt in Köln. Frau Schmitz geht zum Einkaufen in den großen Supermarkt um die Ecke. Sie will dort ihren Einkauf für die Woche erledigen. Ihre Kinder sind in der Schule. Ihr Mann arbeitet bei einer Firma am Stadtrand. Er fährt mit der Straßenbahn zur Arbeit. Am Abend kümmert sich Herr Schmitz um die Kinder, denn seine Frau unterrichtet an der Volkshochschule. Am Wochenende will die Familie in den Rheinpark. Sie wird dort eine befreundete Familie treffen und an einer Musikveranstaltung teilnehmen.

Für Familie Schmitz sind die **Daseinsgrundfunktionen** erfüllt. Die Stadt bietet alles: „Wohnen", „Arbeiten", „Sich versorgen", „Sich bilden", „Am Verkehr teilnehmen", „In Gemeinschaft leben" und „Sich erholen". Alle diese Funktionen verteilen sich über die gesamte Stadt. Es sind aber auch unterschiedlich genutzte Gebiete in der Stadt entstanden, die Stadtviertel. Es gibt **Wohngebiete**, **Industrie- und Gewerbegebiete**, **Erholungsgebiete** und die **City**.

### INFO

**Stadtviertel** sind unterschiedlich genutzte Gebiete in einer Stadt.
**Stadtteile** sind Gebiete in der Stadt mit einem eigenen Namen, zum Beispiel Köln-Ehrenfeld. Stadtteile haben oft ein eigenes Zentrum mit Geschäften und einer Kirche, manchmal sogar mit einem eigenen Rathaus. Früher waren die Stadtteile oft selbstständige Dörfer oder Kleinstädte.

### INTERNET

Auf der Homepage der Stadt Köln gibt es viele interessante Informationen über die Stadt Köln und viele Bilder. Unter „Domstadt" findest du die Abteilung „Stadtteile". Dort sind Berichte aus den einzelnen „Veedeln" zu finden. So bezeichnen die Kölner ihre Stadtteile.

**M1** **Köln-Ehrenfeld war früher eine selbstständige Stadt.**

### Stadtteil Köln-Ehrenfeld

Lage:   im Westen von Köln
Fläche:   rund 24 km²
Einwohnerzahl:   etwa 110 000
Verkehrsanbindung:   Bundesstraße 59,
Regional- und S-Bahnen,
vier Stadtbahn- und
vier Buslinien.

Ehrenfeld wurde im Jahr 1845 gegründet. 1867 gab es schon 4 000 Einwohner. Deshalb durfte sich Ehrenfeld „selbstständige Gemeinde" nennen. 1879 bekam es das Stadtrecht. 1888 wurde Ehrenfeld nach Köln eingemeindet und wurde damit ein Stadtteil von Köln.

**M2** **Vier Fotos aus unterschiedlichen Stadtvierteln in Köln: A Rheinpark, B Ossendorf, C Hohe Straße, D Chorweiler**

**M3** **Die Daseinsgrundfunktionen**

**M4** **Stadtplan von Köln mit Stadtteilen und Stadtvierteln**

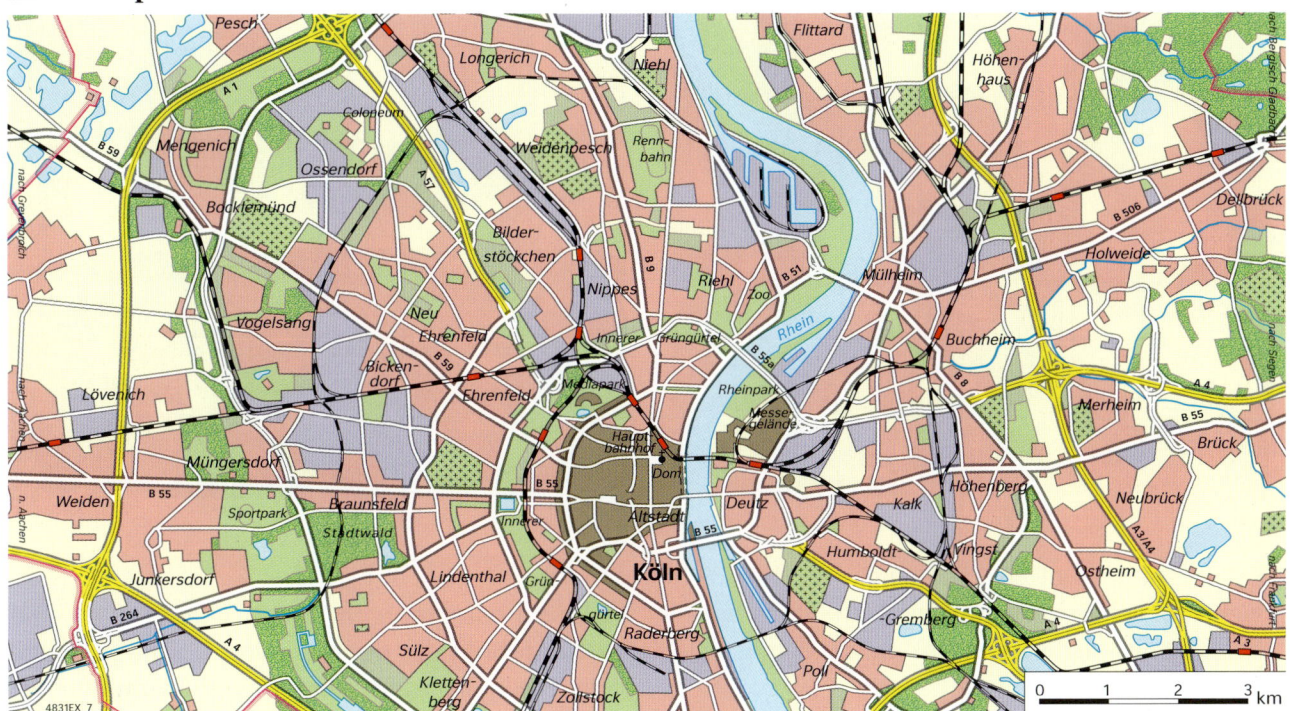

4831EX_7

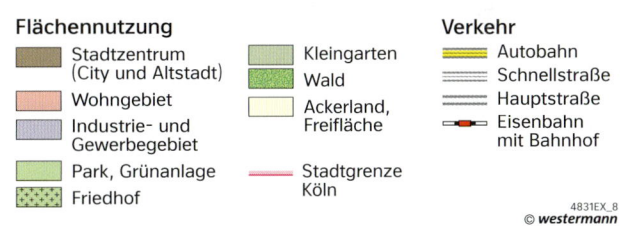

**Flächennutzung**

| | | | |
|---|---|---|---|
| ■ | Stadtzentrum (City und Altstadt) | ■ | Kleingarten |
| ■ | Wohngebiet | ■ | Wald |
| ■ | Industrie- und Gewerbegebiet | ■ | Ackerland, Freifläche |
| ■ | Park, Grünanlage | — | Stadtgrenze Köln |
| ■ | Friedhof | | |

**Verkehr**

| | |
|---|---|
| ▬ | Autobahn |
| ▭ | Schnellstraße |
| ▭ | Hauptstraße |
| ▭ | Eisenbahn mit Bahnhof |

4831EX_8
© **westermann**

**M5** **So legst du eine Tabelle an.**

| Stadtviertel | Daseinsgrundfunktionen |
|---|---|
| | |
| | |

**INTERNET**

Schau dir Köln einmal auf einem Satellitenbild an (Online-Kartendienst), insbesondere Köln-Ehrenfeld. Notiere deine Fragen zum Satellitenbild und überlege, wie du Antworten auf deine Fragen finden kannst.

## Aufgaben

❶ Übertrage die Darstellung der Daseinsgrundfunktionen in dein Heft (M3).

❷ Köln-Ehrenfeld ist ein Stadtteil. Schreibe fünf weitere Stadtteile von Köln auf (M4).

❸ ⓦ Lege eine Tabelle an (M5).

**A** Trage in der linken Spalte die Stadtviertel ein. Ordne in der rechten Spalte die Daseinsgrundfunktionen zu (M3).

**B** Trage in der linken Spalte die Daseinsgrundfunktionen ein (M5, M3). Notiere in der rechten Spalte, welches Familienmitglied der Familie Schmitz

welche Daseinsgrundfunktion in Anspruch genommen hat (Text).

❹ In welchen Stadtvierteln wurden die Fotos aufgenommen (M2)? Ordne den Bildern Ⓐ–Ⓓ die Bezeichnungen der Stadtviertel zu.

❺ ⓩ Ehrenfeld war früher eine selbstständige Stadt. Erkläre, wie Ehrenfeld ein Stadtteil von Köln wurde (M1).

*Wenn du diese Aufgaben erfolgreich bearbeitet hast, kannst du …*
… die Merkmale von Stadtvierteln beschreiben.
… die Daseinsgrundfunktionen benennen.
… die Fachbegriffe **Daseinsgrundfunktion**, **Wohngebiet**, **Industrie- und Gewerbegebiet**, **Erholungsgebiet**, **City**, **Stadtviertel** und **Stadtteil** erklären.

# Die City – das Zentrum einer Stadt

**M1** **Die Schildergasse in der City**

Es ist laut und voll. Trotzdem kommen täglich viele Menschen in die City von Köln. Samstags herrscht dichtes Gedränge in der Schildergasse. Was ist der Grund dafür?

**M2** **Der Kölner Dom**

Der Dom ist das Wahrzeichen von Köln. Er wird jährlich von Hunderttausenden Gläubigen und Touristen besucht. Vor seinem Hauptportal steht die Nachbildung einer Domspitze. In elf Sprachen wird sie erklärt. Im Kölner Dialekt heißt es: „Nohjemaate Krützblom, jenau esu jroß wie bovve op denne Domtürm: 9,50 m huh, 4,60 m breit".

**M3** **Ausruhen im Gasthaus**

## Ein Ausflug in die City

Es ist Samstagmorgen, 10 Uhr. Kerim und seine Mutter fahren mit dem Zug von Dormagen nach Köln. Sie wollen dort in der City einkaufen gehen. Kerim braucht neue Sportschuhe und möchte ein Geschenk für seinen Freund kaufen. Er weiß noch nicht genau, was er sucht. Deshalb will er in einem großen Kaufhaus stöbern. Seine Mutter sucht einen besonderen Sonnenhut für den nächsten Urlaub. Dafür muss sie in ein Spezialgeschäft gehen. Am Nachmittag möchte sie ein Museum besuchen. Dort gibt es eine Sonderausstellung.

Beide sind froh, als sie mit der U-Bahn am Neumarkt ankommen. „Die Verkehrsanbindung ist wirklich gut", sagt Kerims Mutter. Die beiden beginnen ihren Einkauf in der Schildergasse. Das ist die größte Einkaufsstraße in Köln. Sie liegt in einer **Fußgängerzone**. Dort fahren keine Autos und so kann man ganz entspannt bummeln. Tagsüber sind hier viele Menschen unterwegs – bis zu 16 000 pro Stunde! Am Abend und am Sonntag, wenn die Geschäfte geschlossen haben, ist es fast menschenleer.

**INFO**

Die **City** liegt im Stadtzentrum einer Großstadt. Sie ist das Geschäfts-, Kultur- und Verwaltungszentrum. Sie ist gut erreichbar, auch mit öffentlichen Verkehrsmitteln wie der Bahn. Hier wohnen wenige Menschen, denn die Preise für Mieten sind sehr hoch. Dafür gibt es eine Vielzahl von Fachgeschäften, Banken und Versicherungen. Hier arbeiten viele Menschen.

**INTERNET**

Du findest eine Liste aller Sehenswürdigkeiten von Köln auf der Homepage der Stadt, Suchbegriffe: Köln → Tourismus & Hotels → Sehenswürdigkeiten.

**Die Nutzung der Häuser in der City**

Oft werden alle Stockwerke als Geschäftsraum genutzt, manchmal dienen die oberen Stockwerke als Lager. Von außen ist die Nutzung oft schwer erkennbar. Dann kann man die Klingelschilder oder die Fenstergestaltung zu Rate ziehen.

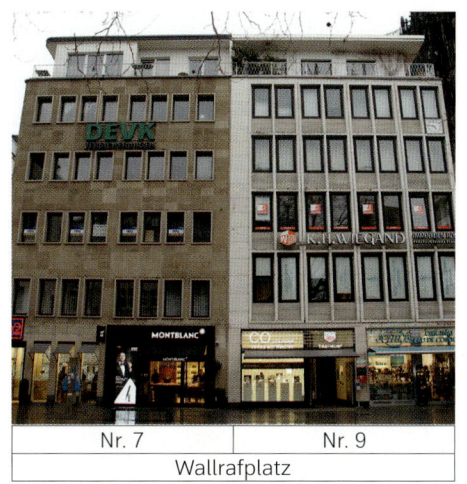

| | Nr. 7 | Nr. 9 |
|---|---|---|
| | Wallrafplatz | |

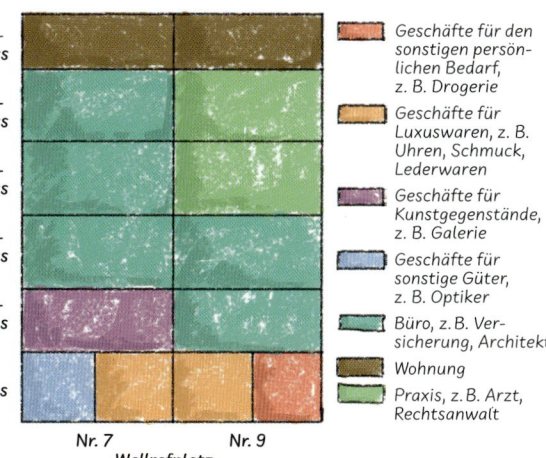

| Geschäfte für den sonstigen persönlichen Bedarf, z. B. Drogerie |
| Geschäfte für Luxuswaren, z. B. Uhren, Schmuck, Lederwaren |
| Geschäfte für Kunstgegenstände, z. B. Galerie |
| Geschäfte für sonstige Güter, z. B. Optiker |
| Büro, z. B. Versicherung, Architekt |
| Wohnung |
| Praxis, z.B. Arzt, Rechtsanwalt |

5. Obergeschoss
4. Obergeschoss
3. Obergeschoss
2. Obergeschoss
1. Obergeschoss
Erdgeschoss

Nr. 7   Nr. 9
*Wallrafplatz*

4833EX_4

**M5** **Stadtplan von Köln (Ausschnitt)**

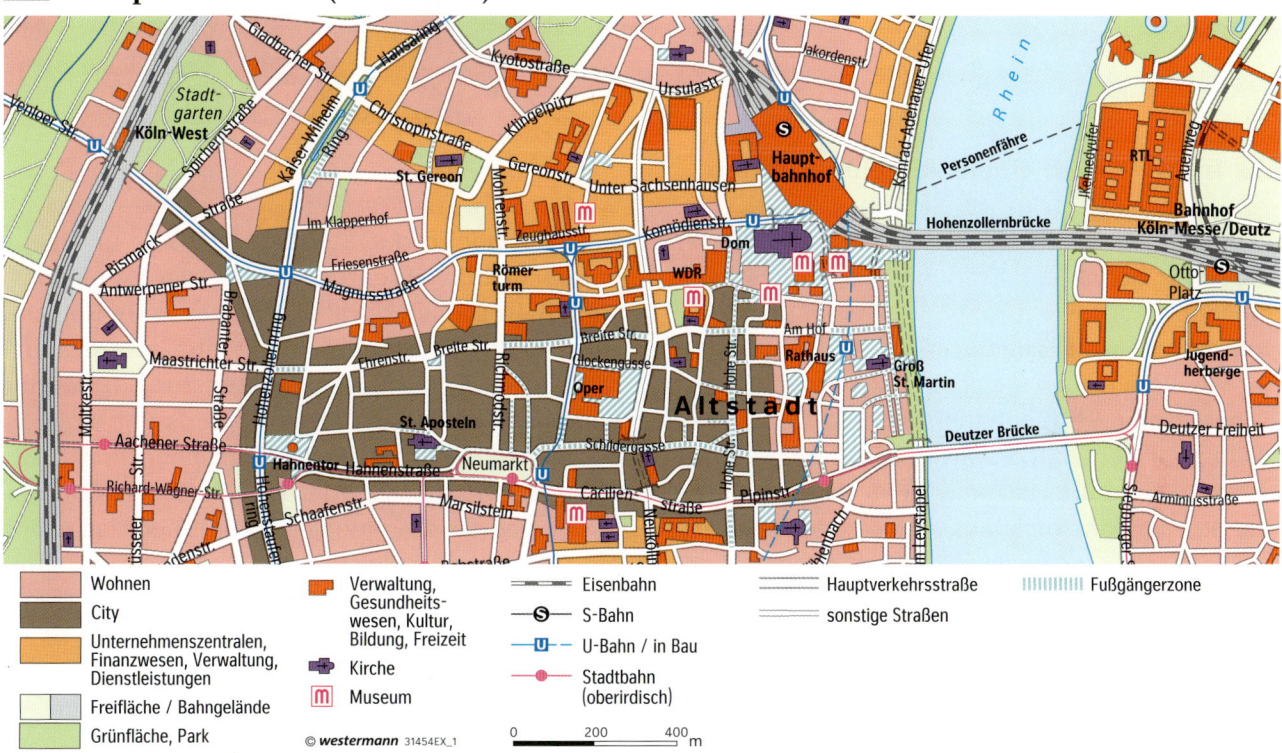

| | Wohnen | | Verwaltung, Gesundheitswesen, Kultur, Bildung, Freizeit | | Eisenbahn | | Hauptverkehrsstraße | | Fußgängerzone |
| | City | ⓢ | S-Bahn | | sonstige Straßen |
| | Unternehmenszentralen, Finanzwesen, Verwaltung, Dienstleistungen | Ⓤ | U-Bahn / in Bau |
| | Freifläche / Bahngelände | Kirche | Stadtbahn (oberirdisch) |
| | Grünfläche, Park | Ⓜ | Museum |

© *westermann* 31454EX_1

0   200   400 m

## Aufgaben

❶ Die Bilder M1 und M3 zeigen, dass eine Stadt viele Daseinsgrundfunktionen zur Verfügung stellt. Liste auf, welche du auf den Bildern erkennen kannst (vgl. S. 40).

❷ Liste die Merkmale einer City auf (Info, Text).

❸ Beschreibe, wie die Häuser Nr. 7 und 9 am Wallrafplatz in Köln genutzt werden (M4).

   a) Schreibe auf, welche Geschäfte sich im Erdgeschoss befinden. Die Legende hilft dir dabei.

   b) Zähle die Anzahl der Stockwerke. Schreibe sie auf.

   c) Welche Nutzung kommt in den Häusern am häufigsten vor? Erkläre, warum das so ist (Info).

❹ Ⓦ Wähle aus:

**A** Schreibe einen Erlebnisbericht über den Einkaufstag von Kerim und seiner Mutter (Text, M5).

**B** Schreibe ein Interview mit Kerim und seiner Mutter auf.

❺ Ⓩ Schau dir die Schildergasse und die Hohe Straße einmal von einem Satelliten aus an. Nutze dazu ein Online-Satellitenbild mit Zoom-Funktion (vgl. Seite 18/19).

*Wenn du diese Aufgaben erfolgreich bearbeitet hast, kannst du …*
… die Kennzeichen einer City nennen.
… erklären, warum so viele Menschen die City besuchen.
… den Fachbegriff **Fußgängerzone** erklären.

# Wohngebiete unterscheiden sich

„Wir ziehen in die Stadt!" Lukas ist aufgeregt. Seine Eltern haben Wohnungsangebote im Internet verglichen. Heute schauen sie sich gemeinsam die angebotenen Wohnungen an. Wodurch unterscheiden sich die Wohngebiete in einer Stadt?

**M2** **Wir leben gerne in der Stadt.**

Ich finde hier viele Angebote für meine Freizeit. Es gibt Kinos, eine Bücherei und ein Jugendzentrum gleich um die Ecke.

Mein Weg zur Arbeit dauert nur zehn Minuten. Mit der Straßenbahn komme ich schnell ins Büro. Toll sind auch die vielen Einkaufsmöglichkeiten …

… und so viele Großveranstaltungen und Sportevents.

Hier wird auch für ältere Leute eine Menge geboten: Museen, Theater, Konzerte …

**M1** **Interview mit einem Verkehrsexperten**

*Was raten Sie als Verkehrsexperte, wenn man in der Stadt wohnt und nicht immer im Stau stehen möchte?*
Ich rate jedem, mit öffentlichen Verkehrsmitteln zu fahren. Vergleichen Sie doch mal, wie viele Menschen in eine Straßenbahn passen und wie viele Autos auf der Straße wären, wenn diese Menschen alle in Autos sitzen würden. Außerdem hat die Straßenbahn meistens eine eigene Fahrspur.
*Dann könnten ja alle ihre Autos abschaffen. Aber man möchte ja auch mal woandershin fahren und da braucht man ein Auto.*
Sie können problemlos die **Carsharing**-Angebote nutzen und für wenig Geld mit anderen ein Auto teilen. Sie sparen das Geld für den Autokauf und die Garage.

## Wohnen in der Stadt

Das Wohnen in der Stadt ist vielfältig und sehr unterschiedlich. Wenn man nahe der City wohnt, kann man schnell dorthin gelangen, zum Beispiel zum Einkaufen. Wohnt man in Stadtteilen am Stadtrand, staut sich auf den Straßen zur City oft der Verkehr. Dies ist vor allem morgens und abends der Fall. Morgens fahren die Menschen zur Arbeit. Abends fahren sie wieder zurück. Die Zeit, in der das Verkehrsaufkommen besonders hoch ist, nennt man **Rushhour**. Wer nicht im Stau stehen möchte, benutzt den **Öffentlichen Personennahverkehr (ÖPNV)**, also Busse und Bahnen.
Wohnen in der Stadt ist oft teuer. Die Preise für Wohnungen und Häuser steigen immer weiter.

**INTERNET**

Im Internet kannst du nachschauen, auf welchen Straßen in Köln und in der Umgebung es gerade Staus gibt.

Suchbegriff:
→ Leben in Köln Staukarte.

Auf rot markierten Straßen gibt es Staus.
Bei Gelb/Orange fließt der Verkehr langsam.
Auf den Straßen in Grün kommt man mit dem Auto gut voran.

### Ehrenfeld: Tieckstraße

4 Zimmer, Küche, Bad, Garage, Erdgeschoss in einem Zweifamilienhaus aus den 1950er-Jahren, Renovierung 2017. Zentralheizung, eigener Garten. Ruhige Lage abseits der Durchgangsstraßen. Zahlreiche Spielmöglichkeiten für Kinder. In der Nähe liegt der Blücherpark. Alle Schularten sind zu Fuß in 15 Minuten erreichbar, die Kindertagesstätte ist in fünf Minuten zu erreichen. Zur Haltestelle der Linien 5, 13 (Haltepunkt Nußbaumerstraße) braucht man zehn Minuten, Einkaufsmöglichkeiten gibt es im Umkreis von zehn Minuten. Miete: sehr günstig! Unter 16 € pro m².

### Ehrenfeld: Ehrenfeldgürtel

4 Zimmer, Küche, Bad, im 3. Stock in einem Mehrfamilienhaus (Baujahr 1902, 1999 renoviert), Etagenheizung, kein Aufzug. Alle Schularten, Jugendzentrum, Einkaufsmöglichkeiten in unmittelbarer Nähe. Parkmöglichkeiten, Straßenbahn vor dem Haus. Nur fünf Haltestellen zum Studiogelände Ossendorf, zum Neptunbad zehn Minuten mit dem Fahrrad.
Sehr günstiger Mietpreis: unter 10 € pro m².

### Ehrenfeld: Graeffstraße, Herkules-Hochhaus

3 Zimmer, Küche, Bad, im 25. Stock. Herrlicher Blick über die Stadt auf den Dom. Das Haus hat 32 Stockwerke und verfügt über vier Aufzüge, Hallenbad und Sauna im obersten Stock, eigener kleiner Supermarkt und Tiefgarage. In der Nähe des Hauses gibt es Grünanlagen mit Spielmöglichkeiten für Kinder. Lage: Nähe Bahnhof Köln-West und U-Bahnlinien 3 und 4, nur vier Stationen in die City.
Mietpreis: unter 13,50 € pro m².

## Aufgaben

1 Für die Menschen jeden Alters hat das Leben in der Stadt viele Vorteile. Schreibe sie auf (M2).

2 Das Leben in der Stadt hat auch Nachteile. Notiere (M1, Text).

3 Ⓦ Vergleiche die Angebote in M3.

A Lege eine Tabelle an mit folgenden Aspekten zu jeder Wohnung: Lage, Größe, Ausstattung, Preis, Entfernung zu öffentlichen Verkehrsmitteln, Parkmöglichkeiten, Sonstiges.

B Stell dir vor, du bist der Makler, der die Wohnungen anbietet. Schreibe auf, was du zu jeder der drei Wohnungen sagen würdest.

4 Vergleiche die Wohnungsangebote aus deiner Sicht. Wo würdest du gerne wohnen? Begründe.

5 Beurteile den Rat des Verkehrsexperten (M1).

*Formulierungshilfen zu Aufgabe 4:*
Einerseits ist …
Andererseits ist …
Der Vorteil der Wohnung in … ist …
Der Nachteil der Wohnung in … ist …
Wenn ich Vor- und Nachteile abwäge, würde ich …
Mir wäre … am wichtigsten.

> *Wenn du diese Aufgaben erfolgreich bearbeitet hast, kannst du …*
> … verschiedene Wohnmöglichkeiten in der Stadt beschreiben.
> … verschiedene Wohnmöglichkeiten bewerten.
> … die Fachbegriffe **Carsharing**, **Rushhour** und **ÖPNV** erklären.

# Lebensraum Dorf

Leben in einem Dorf – wie muss man sich das vorstellen?
Dörfer sind nicht mehr so, wie sie früher einmal waren. Sie haben sich verändert und sie sind attraktiv für Menschen aus den Städten geworden. Warum ziehen Menschen von der Stadt in ein Dorf?

**M2** Wir leben gerne in einem Dorf.

> Hier können wir auch auf der Straße spielen.

> Auf dem Dorf sind die Wohnungsmieten und die Grundstückspreise viel niedriger als in der Stadt.

> Wir wohnen so schön im Grünen ...

## Wohnen auf dem Land

Früher lebten die meisten Einwohner eines Dorfes von der Landwirtschaft. Außerdem gab es Handwerksbetriebe. Das war auch in Grundsteinheim so. Heute gibt es nur noch wenige Höfe in Grundsteinheim. Viele Bauern haben ihre Höfe aufgegeben. Die Gebäude wurden umgebaut. Sie werden heute anders genutzt. Am Ortsrand entstanden Neubaugebiete mit Einfamilienhäusern. Hier wohnen heute insbesondere Familien mit Kindern, die aus der Stadt zugezogen sind. Grundsteinheim ist zu einer **Wohngemeinde** geworden.

Für die Einwohner von Grundsteinheim gibt es jedoch auch Nachteile. Es gibt keine Schule mehr im Ort. Die Kinder müssen mit dem Bus zur Schule in die nächste Stadt fahren. Im Ort gibt es auch keine Geschäfte mehr. Zum Einkaufen müssen die Einwohner in die Stadt fahren. Wer nicht in Grundsteinheim arbeitet, hat möglicherweise einen langen Weg zum Arbeitsplatz.

**M3** Satellitenbild von Grundsteinheim

Schau dir Grundsteinheim einmal im Internet von oben an. Mit der Zoom-Funktion kannst du ganz nah herangehen.

**M1** Frau Ruhlmeier hat viel erlebt.

Ich wurde hier in Grundsteinheim geboren. Als ich 1926 in die Volksschule ging, gab es dort nur eine Klasse. Alle Kinder von der ersten bis zur vierten Klasse wurden gleichzeitig unterrichtet. Freizeit hatten wir nur wenig. Wir mussten unseren Eltern auf dem Hof helfen.

Heute haben es die Kinder besser. Wir haben im Dorf einen Jugendtreff, es gibt viele Vereine und im Sommer fährt mein Urenkel mit dem Rad nach Lichtenau ins Schwimmbad.

**M4** Interview mit Herrn und Frau Lehmann

*Herr Lehmann, Sie sind mit Ihrer Familie nach Grundsteinheim gezogen. Sind Sie zufrieden?*
Ja, völlig. Wir haben hier ein eigenes Haus mit Garten. Ich muss zwar jeden Tag zur Arbeit nach Paderborn fahren, doch ich freue mich immer auf meinen Feierabend im Garten.
*Frau Lehmann, und was ist mit Ihnen?*
Die Ruhe hier ist herrlich. Ich habe eine Halbtagsstelle in einer Futterhandlung in Grundsteinheim gefunden. Meine Arbeit und meine Einkäufe muss ich allerdings mit den Plänen meiner Kinder abstimmen, falls ich sie mit dem Auto irgendwohin fahren muss. Der Bus fährt nur jede Stunde.

**M5** Grundsteinheim – im Hintergrund ist der Windpark Lichtenau zu sehen.

**M6** Grundsteinheim hat sich verändert.

| Grundsteinheim | 1955 | 2018 |
|---|---|---|
| Zahl der Einwohner | 326 | 475 |
| Zahl der Vollerwerbshöfe* | 10 | 4 |
| Zahl der Nebenerwerbshöfe** | 41 | 10 |

| Grundsteinheim | 1955 | 2018 |
|---|---|---|
| Zahl der Gaststätten | 2 | 1 |
| Zahl der Vereine | 3 | 8 |
| Zahl der Schulen | 1 | 0 |
| Zahl der Gewerbebetriebe | 6 | 8 |

*Die Familie lebt von der Landwirtschaft.
** Die Familie hat neben der Landwirtschaft noch andere Einkünfte.

**M7** Grundsteinheim 1955

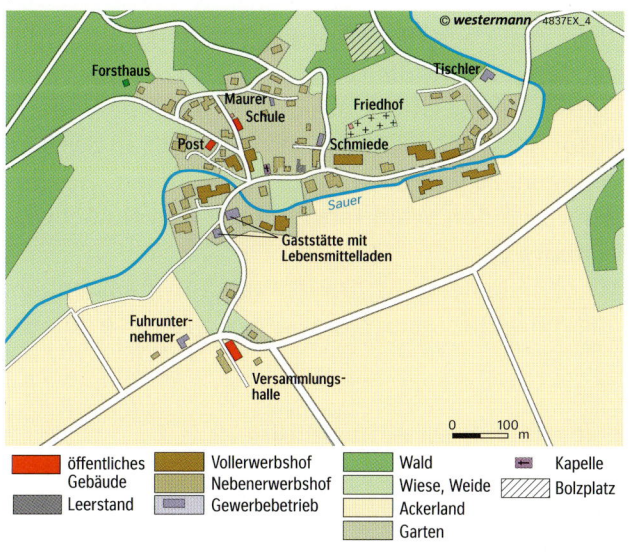

**M8** Grundsteinheim 2018

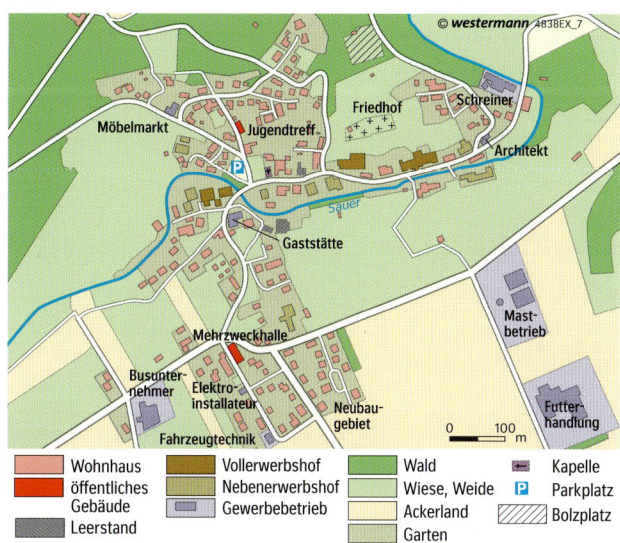

## Aufgaben

**1** Ⓦ Das Leben in einem Dorf hat viele Vorteile, aber auch Nachteile (M1, M2, M4, M5, Text).
**A** Schreibe die Vorteile auf.
**B** Schreibe die Nachteile auf.
**2** Ⓦ Wähle aus: Vergleiche Grundsteinheim 1955 mit Grundsteinheim 2018 (M6, M7, M8).

**A** Vergleiche die Gebäude (Anzahl, Lage, Nutzung).
**B** Vergleiche die Arbeitsmöglichkeiten.
**3** Beurteile das Leben in Grundsteinheim aus deiner Sicht. Was gefällt dir? Was sollte verbessert werden?

*Formulierungshilfen zu Aufgabe 3:*
Einerseits ist ... / Andererseits ist ...
Mir gefällt (nicht), dass ...
Meiner Meinung nach sollte ...
Wenn ich alles bedenke, finde ich ... / würde ich ...

*Wenn du diese Aufgaben erfolgreich bearbeitet hast, kannst du ...*
... erklären, warum und für wen Dörfer als Wohnort attraktiv sind.
... die Entwicklung eines typischen Dorfes beschreiben.
... den Fachbegriff **Wohngemeinde** erklären.

# Stadt und Land ergänzen sich

**M1** **Ausflugsziel an der Sieg**

**M3** **Radweg an der Sieg**

Viele Menschen, die in den Dörfern wohnen, fahren regelmäßig in die Stadt. Aber umgekehrt gibt es auch viele Menschen, die aus der Stadt ins Umland fahren. Was sind die Gründe?

**Bearbeitet die Frage: Warum fahren Menschen aus der Stadt ins Umland und Menschen aus dem Umland in die Stadt?**
**Stellt eure Ergebnisse der Klasse mithilfe der Abbildungen im Buch vor, verwendet Fachbegriffe.**

## Vom Land in die Stadt – von der Stadt aufs Land

Familie Ehrenberg wohnt in Eitorf. Herr Ehrenberg fährt mit dem Zug nach Köln zur Arbeit. Er ist ein **Pendler**. Frau Ehrenberg arbeitet in einem Geschäft in Eitorf. Paul und Sarah fahren mit Zug und Bus zur Gesamtschule in Hennef. Auch sie sind Pendler. Kleinere Einkäufe erledigt Frau Ehrenberg in Eitorf. Einmal im Monat fährt die Familie zum Einkaufen nach Köln.
Am Wochenende kommen viele Kölner an die Sieg oder in die Nutscheid zum Wandern oder Radfahren. Das Siegtal und die Nutscheid sind ein **Naherholungsgebiet** für die Städter.

Die Nutscheid zählt zu den größten zusammenhängenden Waldgebieten im Bergischen Land. Der Natursteig Sieg, der Sieg-Höhenweg und der Bergische Panoramasteig sind beliebte Wanderwege. Viele besuchen den Naturerlebnispark Panarbora mit dem Baumwipfelpfad.
Für Radfahrer ist die Strecke an der Sieg entlang besonders beliebt. Man kann eine Rast an der Sieg einlegen. Es gibt auch kleine Badestellen. Wer lieber durch den Wald fährt, nimmt den Nutscheidhöhenweg.
Mit dem Gäste-Ticket Trail & Rail kann man bequem und umweltfreundlich die Bahn zur Anreise nutzen.

**INFO**

Ein Gebiet in der Nähe einer Großstadt, das für die Erholung und Freizeitgestaltung der Bevölkerung genutzt wird, nennt man **Naherholungsgebiet**.

**INTERNET**

Suchbegriffe:
→ Natursteig Sieg
→ Nutscheidhöhenweg
→ Trail & Rail Sieg

**M2** **Das Naherholungsgebiet Siegtal/Nutscheid**

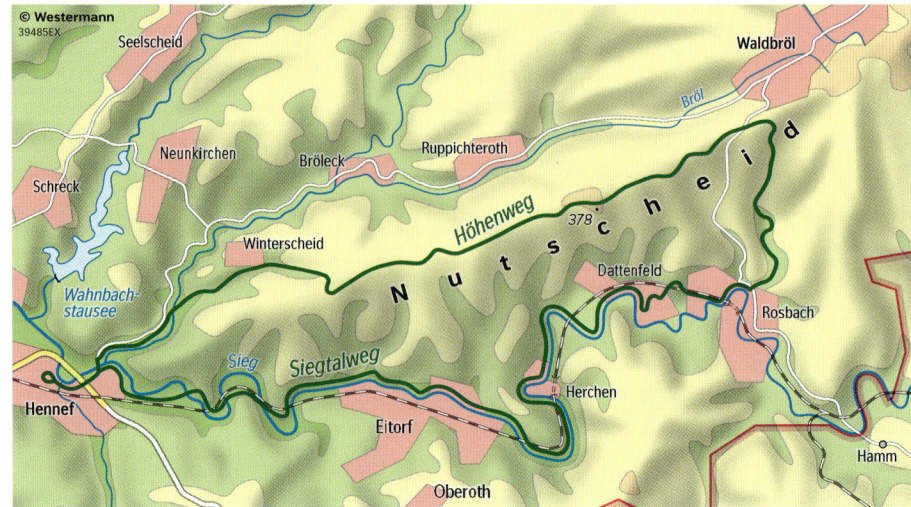

**M4** **Wandern über die Höhen**

**M6** **Auf dem Baumwipfelpfad**

**M5** **Das Pendler-Modell zeigt die Pendler-ströme zwischen Umland und Stadt.**

© Westermann  428EX_13

Viele Menschen müssen regelmäßig von einem Ort zum anderen fahren: zwischen ihrer Wohnung und ihrer Arbeitsstelle oder der Schule. Sie sind **Pendler**. In eine Großstadt fahren mehr Pendler auch aus einer größeren Entfernung als in eine Kleinstadt. Man sagt, die Großstadt hat einen größeren **Einzugsbereich** als eine Kleinstadt.

**M7** **Erklärung des Pendler-Modells an einem Beispiel**

Ein **Modell** ist die vereinfachte Darstellung eines Sachverhalts. Dies kann man am Beispiel von Familie Ehrenberg zeigen.

Herr Ehrenberg fährt morgens zur Arbeit von seinem Wohnort im **Umland** der Stadt Köln in die Stadt. Abends fährt er wieder nach Hause.

So wie er machen es viele Menschen, die auf dem Land wohnen.

Im Modell wird das vereinfacht dargestellt. Braune Pfeile zeigen die Richtung des Verkehrs am Morgen, blaue Pfeile zeigen den Verkehr am Abend. Am Tag befindet sich Herr Ehrenberg also in der Stadt. Im Modell ist deshalb „Tag" bei der Stadt eingetragen. Herr Ehrenberg befindet sich in seinem Wohnort im Umland in der Nacht. Deshalb ist „Nacht" im „Umland" eingetragen.

Es gibt im Modell mehrere Ovale mit der Bezeichnung „Umland". Das soll darauf hinweisen, dass die Menschen aus verschiedenen Orten im Umland in die Stadt fahren.

## Tipps für die Erarbeitung

❶ Beschreibt am Beispiel des Siegtals, was das Umland einer Stadt zu bieten hat (M1 – M4, M6, Text, Internet).

❷ Ermittelt die Entfernung zwischen Köln und dem Siegtal (Atlas, Karte im Anhang, S. 314).

❸ Erläutert das Pendler-Modell mithilfe von Beispielen (M5, M7).

❹ Zeichnet ein Modell für die Pendlerströme an Wochenenden.

❺ Findet Beispiele für Pendlerströme in eurem Wohnort.

Wohnt ihr in einer Stadt oder in einem Naherholungsgebiet?

❻ Erstellt eure Präsentation: Schreibt in gut lesbarer Schrift.

❼ Legt fest, wer bei der Präsentation eure Ergebnisse vorstellt.

> *Wenn du diese Aufgaben erfolgreich bearbeitet hast, kannst du …*
> … erklären, warum so viele Menschen pendeln.
> … mithilfe eines Modells Pendlerströme erläutern.
> … beschreiben, wie sich Stadt und Land ergänzen.
> … die Fachbegriffe **Pendler**, **Naherholungsgebiet**, **Einzugsbereich**, **Modell** und **Umland** erklären.

# Die Stadt braucht das Land

In Nordrhein-Westfalen leben die meisten Menschen in Städten. Sie brauchen Trinkwasser und elektrischen Strom. Woher kommt das Wasser und woher kommt der Strom?

**M3** Julius nach dem Fußballtraining

**M4** Städte werden zum Beispiel mit Wasser aus Talsperren versorgt.

Die Rurtalsperre ist die größte Talsperre in Nordrhein-Westfalen. Sie liegt in der Eifel. Das ist ein Gebirge.

**Bearbeitet die Frage: Wie werden die Menschen in den Städten mit Trinkwasser und Strom versorgt?**
**Stellt eure Ergebnisse der Klasse mithilfe der Abbildungen im Buch vor, verwendet Fachbegriffe.**

## M1 Wozu wir Trinkwasser nutzen

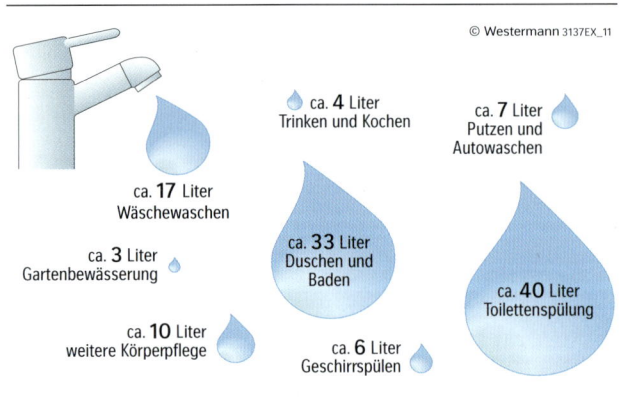

© Westermann 3137EX_11

ca. **4** Liter Trinken und Kochen
ca. **7** Liter Putzen und Autowaschen
ca. **17** Liter Wäschewaschen
ca. **3** Liter Gartenbewässerung
ca. **33** Liter Duschen und Baden
ca. **40** Liter Toilettenspülung
ca. **10** Liter weitere Körperpflege
ca. **6** Liter Geschirrspülen

**ERSTAUNLICH**

Jeder von uns gibt im Durchschnitt am Tag etwa 25 Euro-Cent für Trinkwasser aus.

## Wasser vom Land – in der Stadt genutzt

„Ich spiele gern Fußball. Mit den anderen Jungs meiner Mannschaft trainiere ich zweimal in der Woche. Danach dusche ich und trinke Wasser aus dem Wasserhahn." (Julius, 11 Jahre)

Julius wohnt in einer Stadt. Er und seine Familie sowie die anderen Einwohner der Stadt müssen mit Wasser versorgt werden. Ohne Trinkwasser können sie nicht leben. Auch Schulen und Industriebetriebe brauchen Wasser. Viele Städte in Nordrhein-Westfalen werden mit Trinkwasser aus Talsperren versorgt, andere Städte erhalten Trinkwasser, das aus dem Grundwasser gewonnen wird.

Das Wasser aus Talsperren und dem Grundwasser muss aufbereitet werden. Das geschieht in **Wasserwerken**. Erst dann kann man es trinken. Jeder sechste Liter des Leitungswassers in Nordrhein-Westfalen kommt aus Talsperren.

## M2 Trinkwasser für die Stadt – aus dem Umland

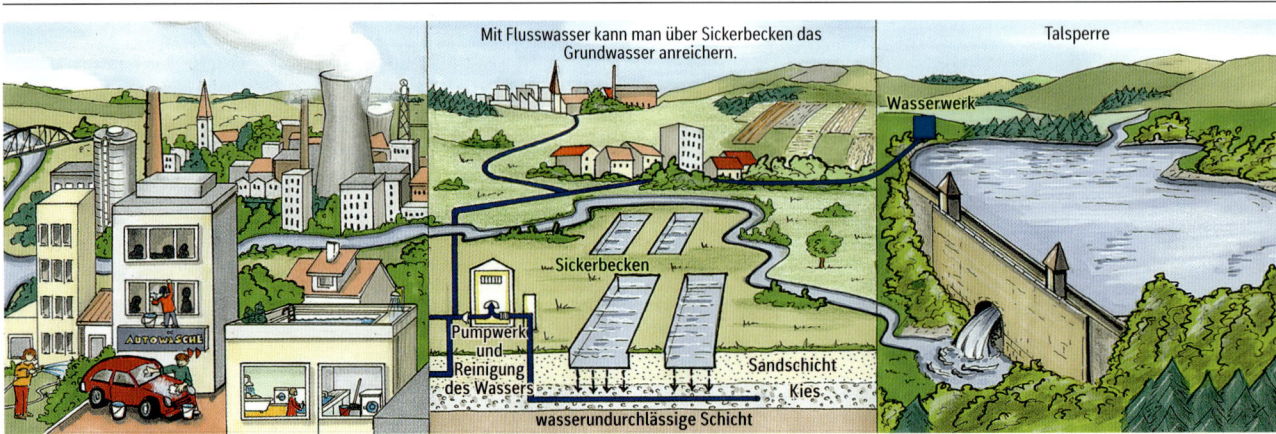

Mit Flusswasser kann man über Sickerbecken das Grundwasser anreichern.

Talsperre

Wasserwerk

Sickerbecken

Pumpwerk und Reinigung des Wassers

Sandschicht

Kies

wasserundurchlässige Schicht

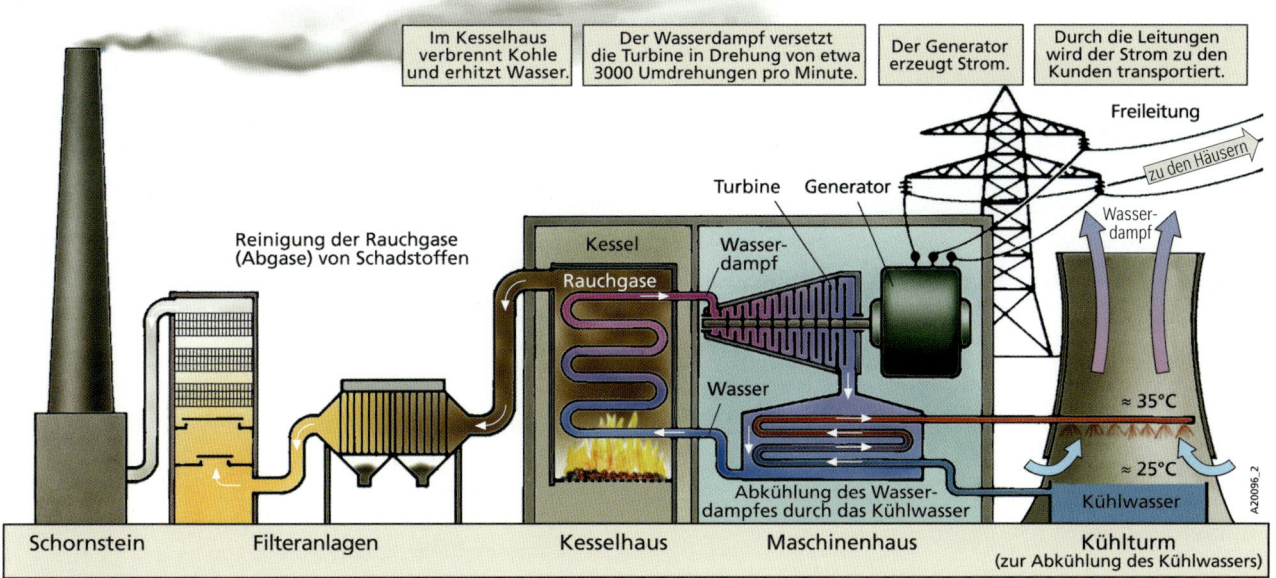

| Im Kesselhaus verbrennt Kohle und erhitzt Wasser. | Der Wasserdampf versetzt die Turbine in Drehung von etwa 3000 Umdrehungen pro Minute. | Der Generator erzeugt Strom. | Durch die Leitungen wird der Strom zu den Kunden transportiert. |

Freileitung

zu den Häusern

Turbine   Generator

Wasser-dampf

Reinigung der Rauchgase
(Abgase) von Schadstoffen

Kessel

Rauchgase

Wasser

≈ 35°C

Wasser-dampf

Abkühlung des Wasser-dampfes durch das Kühlwasser

≈ 25°C

Kühlwasser

Schornstein   Filteranlagen   Kesselhaus   Maschinenhaus   Kühlturm (zur Abkühlung des Kühlwassers)

---

M6 **Stromerzeugung für die Städte**

Einwohner der Städte müssen auch mit Strom versorgt werden, das heißt mit **Energie**. Der Strom wird zum Beispiel in **Kraftwerken**, wie Kohle-kraftwerke, in Windkraft-anlagen oder Solaranla-gen im Umland der Städte produziert. Der Strom wird in ein Leitungsnetz einge-speist und gelangt über Stromleitungen zu den Haushalten in den Städten.

In Nordrhein-Westfalen gibt es viele Kohlekraft-werke. Hier wird die Braunkohle verbrannt, die im Rheinischen Braunkohlerevier westlich von Köln abgebaut wird.

In Nordrhein-Westfalen wird die Hälfte des Stroms aus Braunkohle gewonnen. Braunkohle wird mit Schaufelradbaggern abgebaut, zum Beispiel westlich von Köln. Ein einziger Bagger baut am Tag sehr viel Kohle ab. Mit dem daraus gewonnenen Strom können 60 000 Menschen ein Jahr lang mit Strom versorgt werden.

M7 **Das kann man mit einer Kilowattstunde (kWh) Strom tun (Auswahl).**

1 Stunde lang die Haare föhnen
5 Stunden lang am PC arbeiten
7 Stunden lang den Fernseher laufen lassen
20 Stunden ein Handy aufladen
einen Kuchen backen
ein Mittagessen für vier Personen zubereiten

## Tipps für die Erarbeitung

❶ Erklärt, wie die Städte mit Trinkwasser versorgt wer-den (M2 – M4).

❷ Beschreibt, wie aus Kohle in einem Kraftwerk Strom erzeugt wird. Beginnt mit dem, was im Kesselhaus passiert (M5).

❸ Fertigt eine Zeichnung an, in der man sehen kann, wozu ihr Trinkwasser und Strom nutzt (M1, M7).

❹ Beschreibt, wie die Städte mit Energie versorgt wer-den (M6).

❺ Erstellt eure Präsentation: Schreibt in gut lesbarer Schrift.

❻ Legt fest, wer bei der Präsentation eure Ergebnisse vorstellt.

*Wenn du diese Aufgaben erfolgreich bearbeitet hast, kannst du …*
… beschreiben, wozu das Trinkwasser und der elektrische Strom gebraucht werden.
… erklären, wie die Einwohner einer Stadt mit Wasser und Strom versorgt werden.
… die Fachbegriffe **Wasserwerk**, **Energie** und **Kraftwerk** erklären.

# Wir erkunden unser Wohnviertel

**M1** Ein 360-Grad-Foto des Mirabellenplatzes mit Hagenbruch- und Goldstraße in Bielefeld

Ein ungewöhnliches Foto: Das Foto wurde an einem Standort aufgenommen und die Kamera wurde einmal im Kreis gedreht.

In jedem Dorf und in jeder Stadt gibt es interessante Straßen und Wohnviertel. Wie kannst du eine Straße in deinem Wohnort erkunden?

## Drei Schritte zur Durchführung einer Erkundung

### 1. Schritt Vorbereitung

- Entscheide dich für eine oder mehrere beliebige Straßen. Das kann die Straße sein, in der deine Schule steht, oder auch die, in der du wohnst.
- Besorg dir vorab einen Ortsplan oder einen Stadtplan, in dem die Straße eingezeichnet ist.
- Lies den Wochenplan und verschaffe dir einen Überblick, was du erkunden sollst.
- Überlege dir auch Fragen, die du gegebenenfalls den Bewohnern stellen kannst.
- Ihr könnt die Erkundung auch zu zweit oder in einer Kleingruppe durchführen. Dann sprecht ab, wie ihr vorgehen wollt.

### 2. Schritt Durchführung vor Ort

- Führe eine 360-Grad-Drehung durch.
- Mache Fotos von der Straße und markiere die Aufnahmeorte auf deinem Plan.
- Erkunde die Straße mithilfe des Wochenplans und mach dir Notizen.

### 3. Schritt Auswertung

- Schreibe zu den Fotos passende Texte.
- Beschreibe die Straße.
- Stelle Fotos und Texte zu einer Präsentation zusammen.

**M2** Wochenplan: Erkundung unseres Wohnviertels

Wochenplan von ... bis ...

| Führe in dieser Woche eine Erkundung deines Wohnviertels durch. | |
| --- | --- |
| Arbeitsauftrag | erledigt |
| 1. Lies dir den 1. Schritt zur Durchführung einer Erkundung genau durch. Erledige die Vorbereitungen. | |
| 2. Führe die Erkundung durch (2. Schritt). | |
| A Schau dir die Häuser genau an und notiere.<br>• Sind es Mehrfamilien- oder Einfamilienhäuser?<br>• Wie viele Stockwerke haben die meisten Häuser?<br>• Stehen die Häuser eng zusammen?<br>• Gibt es Gärten?<br>• Was fällt dir noch an den Häusern auf? | |
| B Schau dir die Straßen genau an.<br>Lege dazu eine Tabelle an mit den Namen der Straßen und deinen Beobachtungen.<br>• Ist die Straße eine Sackgasse oder oder eine Durchgangsstraße?<br>• Gibt es viel Verkehr?<br>• Gibt es Parkplätze, Bäume und einen Bürgersteig?<br>• Gibt es Geschäfte, wenn ja, welche?<br>• Welche anderen Einrichtungen gibt es (Schule, Bahnhof...)?<br>• Was fällt dir sonst noch auf? | |
| C Schau dir die Umgebung und die Lage genau an.<br>• Gibt es Grünanlagen oder Parks? Wald?<br>• Wie weit ist es zum Supermarkt? Ins Dorf- oder Stadtzentrum?<br>• Gibt es Haltestellen des Öffentlichen Personennahverkehrs?<br>• Was fällt dir sonst noch auf? | |
| D Beobachte die Bewohner deines Wohnviertels.<br>• Wie leben die Menschen hier?<br>• Wie arbeiten die Menschen hier?<br>• Wie verbringen sie ihre Freizeit? | |
| 3. Bearbeite nun den 3. Schritt und erstelle deine Präsentation | |

**Das braucht ihr:**
- Stadtplan
- Kugelschreiber
- Schreibunterlage
- Schreibblock
- Buntstifte
- Fotoapparat oder Smartphone

Mache selbst einmal eine 360-Grad-Drehung in deiner Wohnstraße.

## M3 Ich wohne … Ich finde …

„In meiner Straße ist es eigentlich ganz ruhig. Es ist eine Sackgasse, sodass hier nur wenige Autos fahren. Deshalb kann ich auf der Straße spielen. Die Häuser sind sehr unterschiedlich. Es gibt einige, in denen mehrere Wohnungen sind, und dann gibt es wieder welche für nur eine Familie. Nebenan wohnt Herr Wagner. Er ist Imker und hat seine Bienenstöcke in seinem großen Garten und am Waldrand stehen. Im Sommer ist da ganz schön was los. Aber der Honig ist echt lecker."

„Die Detmolder Straße ist eine der Hauptverkehrsachsen in Bielefeld. Ich finde, es ist vor allem morgens und abends laut hier. Dennoch wohne ich gerne hier, denn ich bin in wenigen Minuten direkt im Stadtzentrum. Ich habe eine Bushaltestelle vor der Haustür, zum Supermarkt sind es drei Minuten und man kann hier unheimlich nette Leute finden. Mein Lieblingslokal ist ein türkisches Restaurant. Es bietet viele Grillgerichte ganz preiswert an."

## M4 Erkundung in Bielefeld in der Detmolder Straße

# Städtische Verdichtungsräume ...

Bei einer Fahrt durch das Ruhrgebiet von Duisburg nach Dortmund wundert sich Emma. „Ich sehe gar nicht, wo Duisburg endet und die nächste Stadt anfängt. Wenn es nicht die Straßenschilder gäbe, wüsste ich nicht, dass wir schon in der nächsten Stadt sind." Wie sind solche Stadtlandschaften entstanden? Wo gibt es ähnliche in Deutschland und Europa?

Emma fährt durch einen städtischen **Verdichtungsraum**, den größten Verdichtungsraum in Deutschland. Hier sind benachbarte Städte zusammengewachsen, weil immer mehr Menschen zugezogen sind und immer mehr Häuser gebaut wurden. Man kann heute die Stadtgrenzen kaum noch erkennen. Häufig wachsen auch Dörfer und Städte zusammen. Die ländlichen Regionen werden dann immer kleiner.

**M1** **Verdichtungsräume in Nordrhein-Westfalen**

**M2** **Verdichtungsräume in Deutschland**

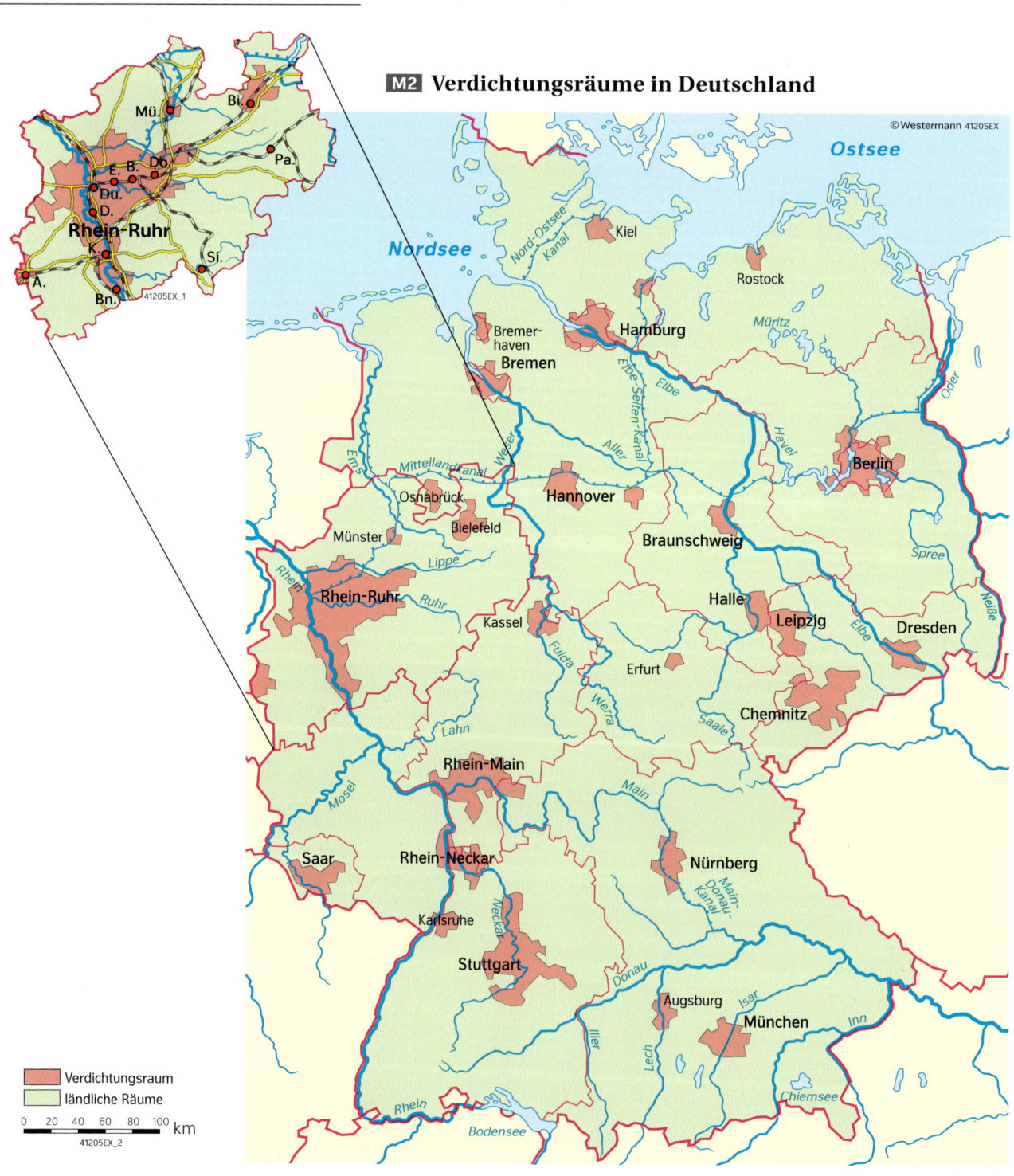

© Westermann 41205EX

Verdichtungsraum
ländliche Räume

0  20  40  60  80  100 km
41205EX_2

# ... und ländliche Räume

© Westermann 41206EX

**Verdichtungsräume und ländliche Räume**

- naturnahe Landschaft, wirtschaftlich wenig oder nicht genutzt, z.B. Gebirge
- vielfältige landwirtschaftliche Nutzung
- Verdichtungsraum (viel Industrie und Dienstleistungen)

**Verkehr**
- - - - Eisenbahn
——— Fernstraße

**Grenzen**
——— Staatsgrenze

0    200    400    600 km

## Aufgaben

**1** Notiere die Namen von fünf Städten im Verdichtungsraum Rhein-Ruhr (M1, Atlas).

**2** Notiere die Namen von drei weiteren Verdichtungsräumen in Nordrhein-Westfalen (M1, Atlas).

**3** a) Notiert Quizfragen zu den Verdichtungsräumen in Deutschland (M2, Atlas), zum Beispiel: In welchem Verdichtungsraum liegt die Stadt ...? Liegt die Stadt ... in einem städtischen Verdichtungsraum oder in einer ländlichen Region?

b) Bildet Gruppen und stellt euch gegenseitig eure Quizfragen.

**4** Erstellt eine Tabelle. Tragt die Namen der Verdichtungsräume in Europa ein, die in der Karte in M3 eingetragen sind. Notiert in der zweiten Spalte die Länder, in denen diese Verdichtungsräume liegen.

**5** Beschreibe, wo es in Europa besonders viele Verdichtungsräume gibt (M3).

**6** (Z) Notiere die Namen der Städte, die mit ihren Abkürzungen in der Karte in M3 eingetragen sind (Atlas).

*Wenn du diese Aufgaben erfolgreich bearbeitet hast, kannst du ...*
... Verdichtungsräume in Deutschland und Europa benennen.
... den Fachbegriff **Verdichtungsraum** erklären.

# Gewusst? – Gekonnt!

Bewerte dich selbst mit dem Ampelsystem, das auf Seite 28 erklärt ist.

**M3** Stadt oder Dorf?

❶ a) Beschreibe die Abbildung (M3).
b) Begründe, ob es sich um eine Stadt oder ein Dorf handelt.
*Schülerbuch, Seiten 32 – 33*

**M1** Stadtviertel-Rätsel (Einzufügen sind die Namen von fünf Stadtvierteln.)

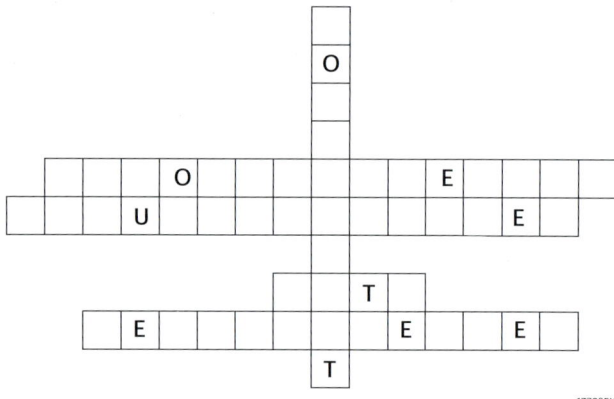

17788EX

**M2** Modell der Pendlerströme

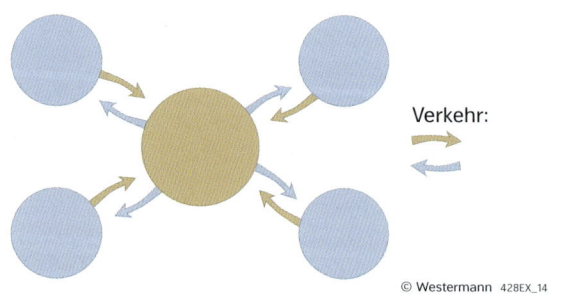

© Westermann 428EX_14

❷ Wende das Modell in M2 an: Familie Meyer wohnt im Umland einer Großstadt. Herr Meyer arbeitet bei einer Bank in der Stadt. Frau Meyer möchte zum Einkaufen in die Stadt. Lena möchte abends in die Disco. Stelle die Fahrten von Familie Meyer als Modell dar. Beschrifte das Modell.
*Schülerbuch, Seite 49*

❸ Löse das Rätsel zu den Stadtvierteln (M1).
*Schülerbuch, Seiten 40 – 41*

**M4** Städte in Nordrhein-Westfalen

25596EX

❹ Ordne die Städte nach Kleinstadt, Mittelstadt, Großstadt und Millionenstadt (M4).
Du kannst eine Tabelle anlegen.
*Schülerbuch, Seite 32*

**M5** Stadt oder Dorf?

⑩ a) Beschreibe die Ab-
bildung (M5).
b) Begründe, ob es sich
um eine Stadt oder
ein Dorf handelt.
*Schülerbuch, Seiten
32 – 33*

**M6** Die City

Die City ist das … einer … . Hier befinden sich wichtige Behörden, aber auch sehr viele …, die die Menschen zum Einkaufen in die City locken. In zahlreichen Städten sind … eingerichtet worden, damit die Menschen ungestört vom Autoverkehr einkaufen können. In der City gibt es …, die sich zum Beispiel auf Handys oder Schmuck spezialisiert haben.
Hier gibt es auch viele … und …, die Kuchen, Speisen und Getränke anbieten.

⑥ Zeichne eine Skizze mit den Daseinsgrundfunktionen.
*Schülerbuch, Seite 40*

⑦ Vergleiche das Wohnen in der Stadt mit dem Wohnen in einem Dorf. Stelle die Gemeinsamkeiten und Unterschiede in einer Tabelle dar.
*Schülerbuch, Seiten 44 – 47*

⑧ Du möchtest dein Wohngebiet vorstellen. Begründe, was du besonders herausstellen wirst.
*Schülerbuch, Seiten 52   53*

⑤ Schreibe den Text zur City ab und ergänze die Lücken (M6).
*Schülerbuch, Seiten 42 – 43*

⑨ Beurteile das Leben in einem Dorf wie Grundstein-heim aus der Sicht eines älteren Menschen.
*Schülerbuch, Seiten 46 – 47*

## Fachbegriffe

| | | | |
|---|---|---|---|
| das Carsharing | die Höhenlinie | der Öffentliche Personen-nahverkehr (ÖPNV) | der Stadtteil |
| die City | die Höhenschicht | der Pendler | das Stadtviertel |
| die Daseinsgrund-funktion | das Industrie- und Gewerbegebiet | (pl. die Pendler) | die thematische Karte |
| das Dorf | die Kleinstadt | die physische Karte | das Umland |
| der Einzugsbereich | das Kraftwerk | das Planquadrat | der Verdichtungsraum |
| die Energie | die Millionenstadt | das Register | das Wasserwerk |
| das Erholungsgebiet | die Mittelstadt | die Rushhour | das Wohngebiet |
| die Fußgängerzone | das Modell | das Sachwortregister | die Wohngemeinde |
| die Großstadt | das Naherholungsgebiet | die Stadt | |

WES-105332-057
westermann.de/webcode

# Medien – immer mehr auch digital?

Wie ein Netz überziehen die Internet-
verbindungen die Erde.
Das Internet (inter = zwischen, net = Netz)
hat keinen festen Ausgangspunkt, es ist
überall. Computer verbinden sich mit
sogenannten Servern.
Wie seid ihr in dieses „Netz" eingebunden?
Wo ist das „Netz" besonders dicht?
Wie wirkt dieses „Netz" auf euch?
Welche Fragen habt ihr?

rechts: Darstellung von Internetverbindungen rund um die Erde

# Leben mit Medien – früher und heute

**M1** Oft genutzte Medien heutiger Kinder und Jugendlicher

> „Die neuen Medien bringen viele neue Möglichkeiten, aber auch viele neue Dummheiten mit sich." Das sagte der österreichische Lehrer und Dichter Ernst Ferstl. Was kann er damit gemeint haben?
>
> Ernst Ferstl: Lebensspuren: Aphorismen. Geest-Verlag. Vechta-Langförden 2002

## Vom Buch zum Internet

Erst 1452 erfand Johannes Gutenberg den Buchdruck. Bis dahin erfuhren die Menschen wichtige Neuigkeiten vor allem durch Erzählungen. Bücher wurden mühsam mit der Hand geschrieben. Durch den Buchdruck konnten nun Texte in großer Zahl gedruckt und verbreitet werden.

Bis 1950 waren Radio und Zeitung die wichtigsten Medien. Seitdem ist das Fernsehen das beliebteste **Massenmedium**.

Mitte der 1980er-Jahre begann das Computerzeitalter. Seitdem spielen die neuen elektronischen Medien, wie zum Beispiel das Internet und das Smartphone, eine immer wichtigere Rolle für die Menschen.

---
**INFO**

Der Begriff **Medien** ist eine Sammelbezeichnung für alle Mittel, die der Information, Kommunikation, Unterhaltung oder Werbung dienen. Medien, die sich an viele Menschen wenden, bezeichnet man als **Massenmedien**. Zu den Massenmedien zählen:
- die **Printmedien** (gedruckte Medien, z. B. Zeitungen, Bücher),
- die **elektronischen Medien** (z. B. Radio, Fernsehen, Telefon, Internet, Smartphone, E-Book, DVD, Computerspiel).

## Medien prägen unser Leben

Eine wichtige Aufgabe der Medien ist es, die Menschen zu informieren. Die Medien können aber auch gezielt die Meinung der Menschen beeinflussen. Sachverhalte können falsch oder unvollständig dargestellt werden.

Auch die Wirtschaft nutzt die verschiedenen Medien. Mithilfe von Werbung soll zum Beispiel das Interesse für ein Produkt geweckt werden.

Medien werden aber auch genutzt, um mit anderen zu kommunizieren oder um zu spielen.

Der verantwortungsvolle Umgang mit Medien muss gelernt werden. Es ist zum Beispiel bekannt, dass die übermäßige Nutzung der Medien abhängig und krank machen kann.

**M2** Ergebnis einer Befragung: So nutzten die befragten 10- bis 13-Jährigen die Medien pro Woche.

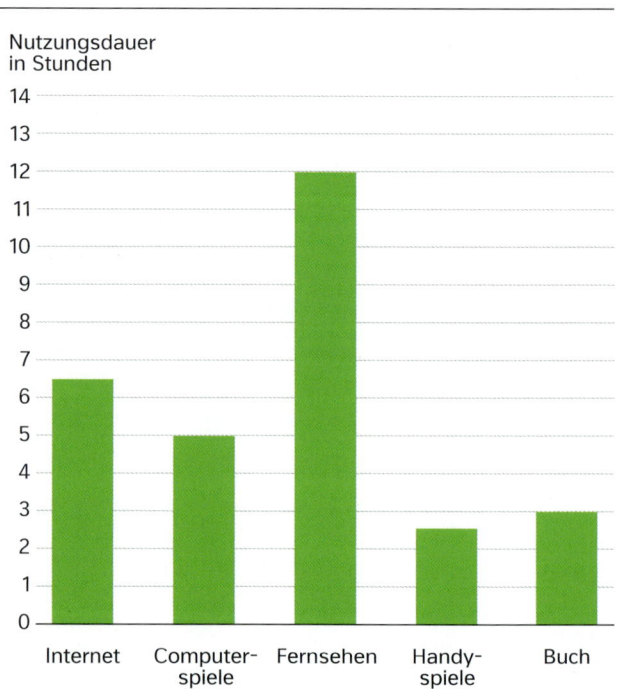

**M3** **Erfindungen wichtiger Medien**

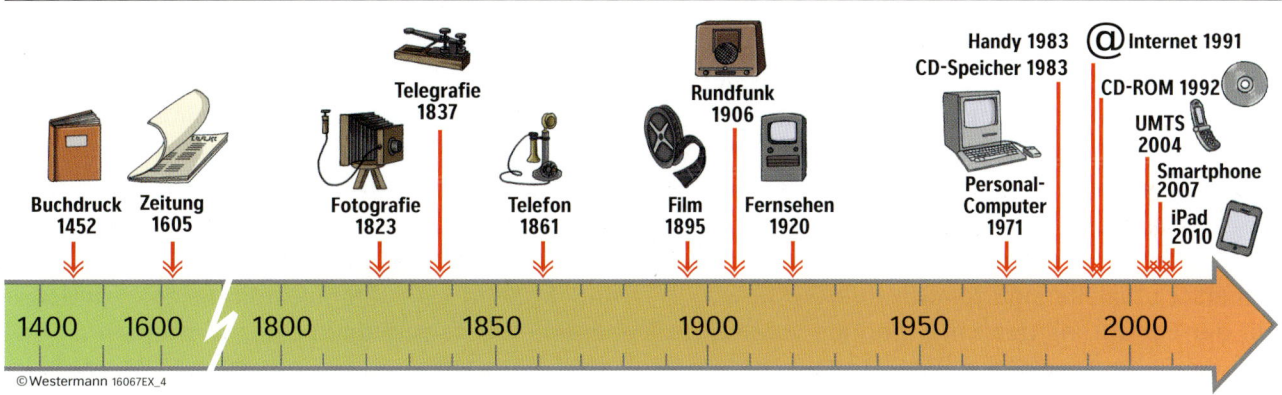

© Westermann 16067EX_4

**M4** **Karikatur**

Damals

Heute

Heinrich Hoffmann schrieb das Buch „Struwwelpeter" im Jahre 1845. Darin kommt der Hans guck-in-die-Luft vor.

Klaus Stuttmann zeichnete diese Karikatur mit einem Hans guck-…

## Aufgaben

❶ Beschreibe, welche und wie die Kinder Medien nutzen (M1).

❷ Vergleiche, wie viel Zeit die befragten Kinder pro Woche bei der Nutzung verschiedener Medien verbrachten (M2).

❸ a) Berechne die Zeiten, die jeweils von einer Erfindung zur nächsten vergangen sind (M3).

b) Was stellst du fest?

❹ Ergänze die Beschreibung zur Karikatur in M4.

❺ Erkläre, wie Medien unser Leben prägen (Text).

❻ Ⓩ Was könnte Ernst Ferstl mit seiner Aussage über die Medien gemeint haben?

*Formulierungshilfen zu Aufgabe 2:*
Die meiste Zeit verbrachten …
Vergleicht man … mit …, so kann man sagen, dass …
Im Vergleich zu …

*Wenn du diese Aufgaben erfolgreich bearbeitet hast, kannst du …*
… die Entwicklung der Medien darstellen.
… erklären, wie Medien unser Leben prägen.
… die Fachbegriffe **Massenmedium**, **Printmedium** und **elektronisches Medium** erklären.

# Das Smartphone – mehr als ein Telefon

Die erste Telefonzelle in Deutschland wurde 1881 in Berlin aufgestellt. Man brauchte damals noch Telefon-Billets zum Telefonieren. Erst ab 1899 konnte man mit Münzen telefonieren. Ab den 1920er-Jahren gab es überall in Deutschland Telefonhäuschen. Seit der Erfindung des Handys sind die Telefonhäuschen wieder verschwunden. Was hat sich noch durch diese Erfindung geändert?

M2 **Eine Telefonzelle**

## Das Smartphone – ein alltäglicher Begleiter

Mit der Erfindung des **Mobiltelefons** – 1983 kamen die ersten auf den Markt – begann das Handy-Zeitalter. Das erste Mobiltelefon war sehr groß und schwer. Mehr als zehn Jahre später wurde die SMS eingeführt. In den darauffolgenden Jahren wurden die Handys immer kleiner und handlicher. 2007 kam das erste offizielle Smartphone auf den Markt.

Mit der Einführung des Smartphones veränderte sich die Rolle des Handys. Viele neue Funktionen kamen hinzu, wie Fotos bearbeiten, im Internet surfen oder das Navigieren zu bestimmten Orten. Seitdem werden die Funktionen des Smartphones immer noch weiterentwickelt.

Heute ist das Smartphone aus unserem Alltag nicht mehr wegzudenken. Nahezu jedes Kind ab dem Alter von 12 bis 13 Jahren besitzt bereits ein eigenes Smartphone. Neben dem Telefonieren wird es von Kindern und Jugendlichen vor allem zum Chatten, zum Musikhören, zum Im-Internet-Surfen und zum Videos-Anschauen genutzt.

## Smartphones für Kinder – ja oder nein?

Ein Smartphone ist sehr praktisch. Kinder sind überall und zu jeder Zeit erreichbar. So brauchen sich die Eltern keine Sorgen zu machen, was ihr Kind gerade tut. Doch diese ständige Erreichbarkeit kann auch krank machen. Sie erhöht den Stress bei den Kindern.

Andererseits kann ein Smartphone bei den Hausaufgaben sehr praktisch sein. Wenn man einmal nicht mehr weiterkommt, kann man im Internet nachschauen oder Freunde fragen. Dies kann allerdings auch wieder von den Hausaufgaben ablenken. Wenn man zum Beispiel immer wieder auf die Fragen der Freunde antwortet, etwas ganz anderes im Internet sucht oder Videos im Internet anschaut, kann man sich nicht auf die Hausaufgaben konzentrieren.

Im täglichen Leben von Erwachsenen ist das Smartphone nicht mehr wegzudenken. Daher kann es auch sehr praktisch und sinnvoll sein, wenn Kinder schon früh lernen, richtig damit umzugehen.

M1 **Smartphones haben sich verändert.**

M3 **Eine neue Art der „Kommunikation"?**

## M4 Mobiltelefon – Prototyp von 1973

Die ersten Handys (Mobiltelefone) waren groß und schwer.

## M6 Smartphone

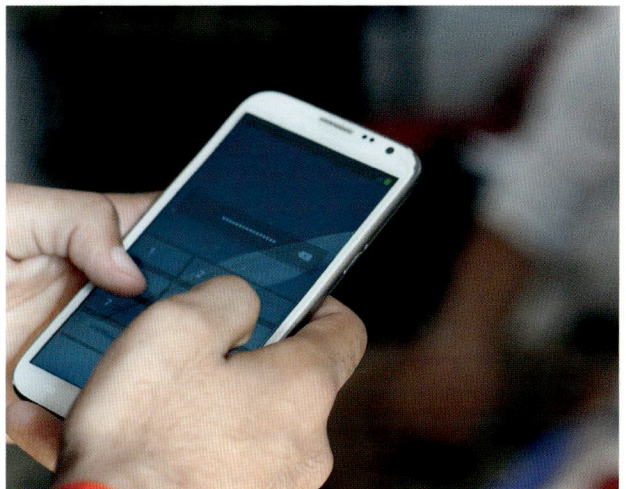

Ein Smartphone passt in jede Hosentasche.

## M5 Diese Funktionen von Handys/Smartphones nutzen Kinder.

Von 100 Kindern und Jugendlichen nutzen ... folgende Handyfunktionen/ Smartphonefunktionen täglich oder fast täglich:

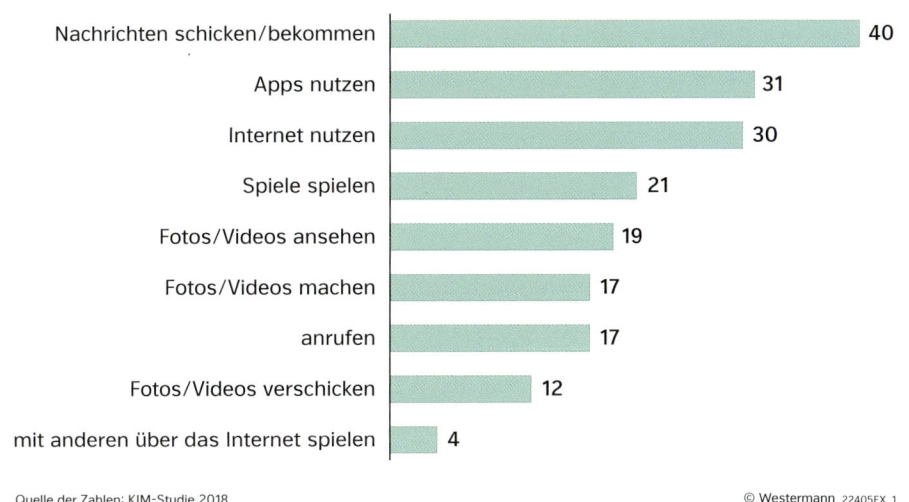

|  |  |
|---|---|
| Nachrichten schicken/bekommen | 40 |
| Apps nutzen | 31 |
| Internet nutzen | 30 |
| Spiele spielen | 21 |
| Fotos/Videos ansehen | 19 |
| Fotos/Videos machen | 17 |
| anrufen | 17 |
| Fotos/Videos verschicken | 12 |
| mit anderen über das Internet spielen | 4 |

Quelle der Zahlen: KIM-Studie 2018

© Westermann 22405EX_1

## M7 Ein Klassenchat kann Vorteile und Nachteile haben.

## Aufgaben

1. Beschreibe, wie sich durch die Erfindung des Mobiltelefons die Kommunikation und das Leben der Menschen verändert haben (M3, Text).

2. Nenne die wesentlichen Unterschiede zwischen einem Mobiltelefon und einem Smartphone.

3. a) Beschreibe, wie Kinder ihr Smartphone nutzen (M5, M7).
   b) Vergleiche mit deiner Nutzung.
   c) Begründe, welche Smartphone-Funktionen für dich am wichtigsten sind.

4. a) Stelle in einer Tabelle dar, welche Vorteile und Nachteile ein Smartphone für Kinder bringt (M3, M5, M7, Text).
   b) Finde weitere Vorteile und Nachteile. Ergänze diese entsprechend in deiner Tabelle.

5. Diskutiert in der Klasse über die Frage „Brauchen Kinder ein Smartphone?".

*Formulierungshilfen zu Aufgabe 3:*
Am häufigsten nutzen Kinder die Funktionen ...
In der Befragung gaben ... von 100 Kindern an, dass sie ...
Am wenigsten nutzen Kinder ...

*Wenn du diese Aufgaben erfolgreich bearbeitet hast, kannst du ...*
... die Veränderungen durch die Erfindung des Mobiltelefons beschreiben.
... beschreiben, wie Kinder Smartphones nutzen.
... die Vorteile und Nachteile der Nutzung von Smartphones nennen.
... dir eine eigene Meinung zu dem Thema bilden.
... den Fachbegriff **Mobiltelefon** erklären.

# Internet – Chancen und Gefahren

Sicherlich bist du auch häufig im Internet unterwegs, sei es für die Schule oder einfach mal, um Freunden zu schreiben und mit ihnen zu kommunizieren. Das Internet ist aus unserem Alltag nicht mehr wegzudenken. Welche Möglichkeiten bietet das Internet? Welche Gefahren birgt aber auch das Internet?

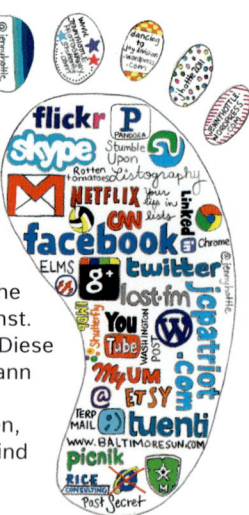

**M1** **Der digitale Fußabdruck**

Unter dem „digitalen Fußabdruck" versteht man die Spuren, die du im Internet hinterlässt. Diese Spuren können andere jederzeit zurückverfolgen und so eine Menge über dich und deine Gewohnheiten erfahren, zum Beispiel was du magst, welche Filme oder Produktseiten du dir ansiehst. Das Wissen über dich ist ihre „Ware". Diese „Ware" wird an Firmen verkauft, die dann ganz gezielt Werbung auf deinen gern besuchten Seiten platzieren. Sie hoffen, dass du ihre Produkte kaufst. Daher sind deine persönlichen Daten als „Ware" sehr wertvoll.

## Das Internet – die Chancen

Mittlerweile gehört das Internet für fast alle Menschen zum Alltag dazu. Man kann beispielsweise E-Mails verschicken, Musik hören oder Videos schauen. Besonders praktisch ist das Internet für Referate in der Schule. Hier findest du viele Informationen zu vielen Themen. Auch bei der Erledigung der Hausaufgaben kann das Internet helfen. Durch das Internet ist eine weltweite Kommunikation möglich. So kann man mit Menschen aus allen Ländern der Welt kommunizieren. Dies erfolgt über eine Vielzahl von **sozialen Netzwerken**. Erwachsene nutzen das Internet unter anderem, um online Waren zu kaufen oder zu verkaufen.

Das Internet bietet die Möglichkeit, dass jeder eigene Beiträge leisten kann, zum Beispiel Artikel schreiben oder eigene Videos produzieren. So kann man im Internet Dinge erfahren, die so nie in der Zeitung gestanden hätten.

Über das Internet können sich auch Schulklassen mit ihren Lehrerinnen und Lehrern austauschen. Dies war zum Beispiel während der Corona-Krise notwendig, als die Schulen geschlossen waren.

## Das Internet – Gefahren

Neben den vielen Möglichkeiten und Chancen lauern im Internet auch Gefahren. Wenn du im Internet nach Informationen suchst, findest du oft sehr viele Ergebnisse. Doch wie zuverlässig sind die Informationen? In den Medien, insbesondere im Internet, gibt es viele Beiträge, die eine bestimmte Meinung vertreten. Diese Meinung soll verbreitet werden. Wer also nicht kritisch liest, kann leicht beeinflusst werden.

Eine große Gefahr können soziale Netzwerke mit sich bringen. Beim Chatten kann man hier auf kriminelle Erwachsene stoßen, die sich das Vertrauen von Kindern und Jugendlichen erschleichen wollen. In den letzten Jahren haben beleidigende, zum Teil sogar menschenverachtende Kommentare stark zugenommen. Wenn diese Kommentare immer wieder gegen eine bestimmte Person gerichtet sind, bezeichnet man dies auch als **Cybermobbing**.

Gefährlich wird es auch, wenn du zu viel Zeit vor dem Computer verbringst. Surfen, Chatten und Spielen können nämlich süchtig machen.

**M2** **Gefahren im Internet – Cybermobbing**

**M3** **Wie kann ich mich vor Gefahren im Internet schützen?**

Tipps für sicheres Surfen im Internet

- Gib niemals persönliche Daten (Name, Adresse oder Telefonnummer) an Unbekannte weiter.
- Triff dich niemals ohne Erwachsene (zum Beispiel deine Eltern) mit Menschen, die du nur aus dem Netz kennst.
- Besprich Anmeldungen im Netz (zum Beispiel bei sozialen Netzwerken) immer mit deinen Eltern.
- Schütze dein Profil in sozialen Netzwerken → Einstellung „privat".
- Beantworte keine Rund- oder Kettenbriefe.
- Berichte alles, was dir komisch vorkommt, deinen Eltern oder den Lehrkräften.

**M5** **Medienscout**

Das Projekt Medienscouts NRW unterstützt Schulen.

**M4** **Das Internet wird vielseitig genutzt.**

Von 100 Kindern und Jugendlichen nutzen ... das Internet mindestens einmal pro Woche für:

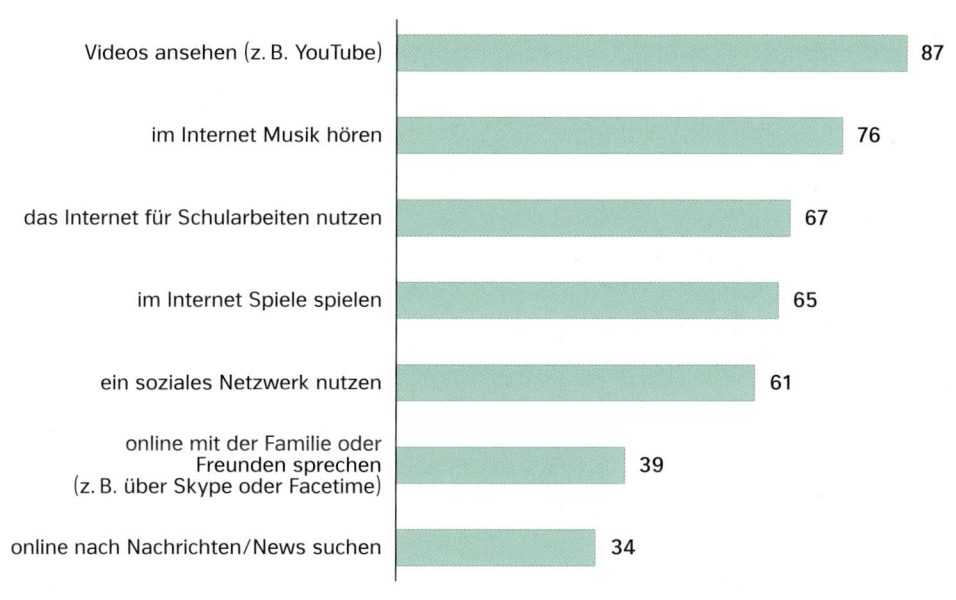

| | |
|---|---|
| Videos ansehen (z. B. YouTube) | 87 |
| im Internet Musik hören | 76 |
| das Internet für Schularbeiten nutzen | 67 |
| im Internet Spiele spielen | 65 |
| ein soziales Netzwerk nutzen | 61 |
| online mit der Familie oder Freunden sprechen (z. B. über Skype oder Facetime) | 39 |
| online nach Nachrichten/News suchen | 34 |

Quelle der Zahlen: Hans-Bredow_Institut, Statista 2020

© Westermann  22405EX_2

## Aufgaben

❶ a) Nenne Gründe, warum du den Computer und das Internet nutzt. Erstelle eine Rangliste nach der Wichtigkeit der Gründe.
  b) Vergleiche deine Gründe und deine Rangliste mit M4.

❷ Ⓦ Arbeitet zu zweit und wählt aus: Erarbeitet die Chancen beziehungsweise die Gefahren des Internets. Stellt euch gegenseitig eure Ergebnisse vor.

A Schreibe die Chancen auf, die deiner Meinung nach das Internet bietet.

B Schreibe die Gefahren auf, die mit der Nutzung des Internets verbunden sein könnten.

❸ a) Beschreibe anhand von Beispielen, welchen Einfluss soziale Netzwerke und Videoportale im Internet auf dein Leben und deinen Alltag haben.
  b) Beurteile, wie deine Meinung durch die Auswahl/Darstellung von Themen beeinflusst werden kann.

❹ a) Beurteile die Tipps in M3.
  b) Ergänze die Tipps.

❺ Ⓩ Erstelle mithilfe des Internets ein Referat zum Thema „Mobbing im Internet".

*Wenn du diese Aufgaben erfolgreich bearbeitet hast, kannst du ...*
... die Chancen und Gefahren des Internets benennen.
... den Einfluss sozialer Netzwerke auf deinen Alltag beschreiben.
... Tipps für einen sicheren Umgang mit dem Internet geben.
... die Fachbegriffe **soziales Netzwerk**, **digitaler Fußabdruck** und **Cybermobbing** erklären.

# Eine Befragung durchführen und auswerten

Du hast sicherlich schon einmal im Fernsehen gesehen, wie eine Umfrage durchgeführt wurde, zum Beispiel in einer Fußgängerzone. Ein Reporter befragt dort Passanten. Wenn du aber viele Fragen stellen möchtest, ist eine Befragung mit einem Fragebogen besser.

## Was bei einer Befragung zu beachten ist

Mithilfe einer Befragung könnt ihr zum Beispiel herausfinden, welche Medien am meisten genutzt werden. Hierbei hilft ein selbst erstellter Fragebogen. Für den Erfolg der Befragung ist es wichtig, dass die Antworten ehrlich sind. Erklärt den Befragten vorher den Grund für die Befragung, aus welcher Schule ihr seid und dass die Befragung anonym ist. Das heißt, die befragten Personen müssen ihren Namen nicht nennen. Sie sollen aber Angaben zu Alter und Geschlecht machen.
Seid freundlich und bedankt euch nach der Befragung für die Teilnahme.

## Sechs Schritte zur Durchführung einer Befragung

### 1. Schritt  Ziele und Zielgruppe bestimmen
Notiert, was ihr mit der Befragung herausfinden wollt, und schreibt es auf ein Plakat. Legt fest, wen ihr befragen wollt. Für eine Befragung in eurer Schule müsst ihr die Schulleitung um Erlaubnis bitten.

### 2. Schritt  Fragebogen erstellen
Schreibt einen kurzen Einführungstext, in dem ihr euer Vorhaben erläutert.
Danach folgen Angaben zur Person der Befragten. Dann kommen die Fragen. Formuliert sie so einfach und eindeutig wie möglich. Verwendet verschiedene Arten von Fragen. Legt eine sinnvolle Reihenfolge fest. Testet vorher bei Geschwistern oder Freunden, ob der Fragebogen verständlich ist.

### 3. Schritt  Durchführung der Befragung
Legt vorher fest, wann und wie ihr die Befragung durchführen wollt, ob ihr einzeln, zu zweit oder mit mehreren vorgeht. Ihr könnt auch die Fragebögen verteilen und am nächsten Tag einsammeln.

### 4. Schritt  Auswertung der Befragung
Entscheidet über die Art der Auswertung. Jeweils eine Gruppe könnte eine Frage auswerten. Dazu könnt ihr die Fragebögen nach den Altersgruppen oder dem Geschlecht der Befragten aufteilen. Für die Auswertung ist eine Strichliste hilfreich. Zählt die Anzahl der Striche zusammen und notiert das Ergebnis.

### 5. Schritt  Präsentation der Ergebnisse
Präsentiert eure Ergebnisse. Zeichnet zum Beispiel ein Säulendiagramm, erstellt Tabellen oder formuliert einen Bericht.

### 6. Schritt  Rückschau auf die Befragung
Diskutiert, was gut und weniger gut geklappt hat. Was würdet ihr nächstes Mal anders machen?

**M1** **Schüler werten die Fragebögen aus.**

**M2** **Schüler notieren die Ergebnisse.**

## M3 Vorschlag für einen Fragebogen

| | |
|---|---|
| Überschrift | **Schülerbefragung – Wie werden Medien genutzt?** |
| Anredetext | Wir, die Klasse 5a, machen eine Befragung zum Thema Mediennutzung. Bitte beantwortet alle Fragen ehrlich und gewissenhaft. Danke! Die Befragung ist anonym. |
| Angabe zur Person | Du bist ein  a) ☐ Mädchen  b) ☐ Junge  Alter ___  Klasse ___ |
| geschlossene Frage | 1. Wie viel Zeit am Tag verbringst du im Durchschnitt vor dem Fernseher und dem PC?<br>TV  a) ☐ weniger als 1 Std.  PC  a) ☐ weniger als 1 Std.<br>b) ☐ mehr als 1 Std.  b) ☐ mehr als 1 Std.<br>c) ☐ mehr als 2 Std.  c) ☐ mehr als 2 Std. |
| offene Frage | 2. Was sind deine Lieblingssendungen im TV?  1. ___<br>2. ___<br>3. ___ |
| geschlossene Frage | 3. Hast du einen Handyvertrag oder eine Prepaid-Karte?  a) ☐ Vertrag<br>b) ☐ Prepaid-Karte |
| Mehrfach-Auswahlfrage | 4. Welche Funktionen deines Handys nutzt du?<br>a) Telefonieren  ☐ oft  ☐ manchmal  ☐ selten  ☐ nie<br>b) WhatsApp  ☐ oft  ☐ manchmal  ☐ selten  ☐ nie<br>c) Kamera  ☐ oft  ☐ manchmal  ☐ selten  ☐ nie<br>d) Spiele  ☐ oft  ☐ manchmal  ☐ selten  ☐ nie<br>e) Musik  ☐ oft  ☐ manchmal  ☐ selten  ☐ nie<br>f) Wecker  ☐ oft  ☐ manchmal  ☐ selten  ☐ nie<br>g) Internet  ☐ oft  ☐ manchmal  ☐ selten  ☐ nie |
| Alternativfrage | 5. Hast du dir schon mal eine kostenpflichtige App auf dein Handy geladen?<br>☐ Ja  ☐ Nein |
| geschlossene Frage | 6. Wozu nutzt du das Internet?<br>a) ☐ Chatten  d) ☐ Informationen oder Nachrichten suchen<br>b) ☐ Spiele  e) ☐ ___<br>c) ☐ für die Schule |
| offene Frage | 7. Was sind deine drei Lieblingsseiten im Internet  a) ___<br>b) ___<br>c) ___ |
| Alternativfrage | 8. Gibt es in eurem Haushalt eine Tageszeitung?  ☐ Ja  ☐ Nein |
| Mehrfach-Auswahlfrage | 9. Wie oft liest du eine Tageszeitung?  ☐ täglich  ☐ oft  ☐ selten  ☐ nie |
| Punktebewertungsfrage | 10. Verteile Punkte von 1 (unwichtig) bis 5 (sehr wichtig). Wie wichtig sind dir die folgenden Medien?<br>a) TV ___  c) Internet ___<br>b) Handy ___  d) Zeitung ___ |

## M4 Darstellung der Ergebnisse in einem Säulendiagramm

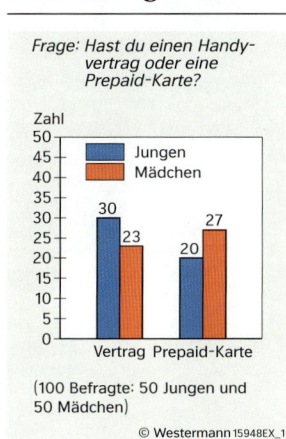

Frage: Hast du einen Handy-vertrag oder eine Prepaid-Karte?

(100 Befragte: 50 Jungen und 50 Mädchen)

© Westermann 15948EX_1

## M5 Darstellung der Ergebnisse in einem Balkendiagramm

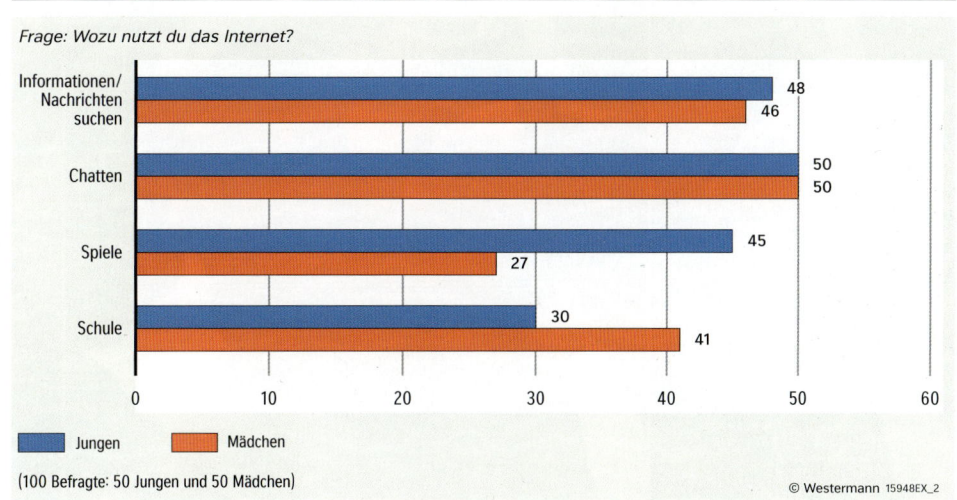

Frage: Wozu nutzt du das Internet?

(100 Befragte: 50 Jungen und 50 Mädchen)

© Westermann 15948EX_2

# Täuschen uns die Massenmedien?

Bilder sind ein wichtiges Mittel der Medien, um einen Sachverhalt zu veranschaulichen. Welche Möglichkeiten gibt es aber, um den Betrachter zu beeinflussen?

**M2** Ruhig, idyllisch, ideal für einen Urlaub!

## Massenmedien und Manipulation

Massenmedien sind die wichtigsten Informationsquellen moderner Gesellschaften. Doch nicht alles, was wir sehen oder lesen, entspricht tatsächlich der Wahrheit. Mit der **Manipulation** von Bildern, Fotos, Videos und Tönen möchte man zum Beispiel ein Ereignis interessanter und spektakulärer darstellen, als es eigentlich ist.

Doch warum sind wir der Manipulation in den Medien ausgesetzt? Zum einen erreicht man mit spektakulären Darstellungen mehr Menschen, die mögliche Kunden sein können. Die Einnahmen über Verkäufe und Werbung steigen. Zum anderen kann man die öffentliche Meinung zu einem Sachverhalt gezielt beeinflussen. Das kann zum Beispiel bei Wahlen einen entscheidenden Vorteil bringen. Und schließlich erreicht man mit einer manipulierten Werbung mehr Kunden, zum Beispiel für einen Urlaubsort. Wird der Urlaubsort freundlich und mit blauem Himmel dargestellt, fahren mehr Urlauber dorthin.

**M1** Irakischer Soldat, umgeben von US-Soldaten während des Irak-Kriegs 2003

**M3** **Direkt an der Autobahnbrücke**

**M5** **Zwei Fotos von Tina – Was wurde manipuliert?**

**Manipulation** ist eine gezielte und verdeckte Form der Beeinflussung, die mithilfe von Texten, Filmen oder Bildern erfolgt. Dies geschieht, um einen Vorteil daraus zu ziehen, zum Beispiel die Meinungsbildung zu beeinflussen. Die Beeinflussung soll möglichst nicht zu durchschauen sein. Häufig wird der Werbung vorgeworfen, die Menschen gezielt und verdeckt zu manipulieren.

**M4** **Techniken der Bildmanipulation**

**Bild- und Fotomontage**
Mehrere unterschiedliche Bilder oder Fotos werden zu einem neuen Bild oder Foto zusammengelegt (montiert).

**Gestellte Szenen**
Wenn geeignetes Bild-, Video- oder Tonmaterial fehlt, werden Szenen und Situationen nachgespielt (gestellt).

**Kontextkombination**
Personen/Gegenstände werden aus ihrem ursprünglichen Kontext herausgerissen und in einen neuen Zusammenhang (Kontext) gestellt.

**Bildausschnitte**
Bildausschnitte werden so festgelegt, dass Gegenstände, Landschaften oder Personen vorteilhaft oder weniger vorteilhaft erscheinen.

**Farbmanipulation**
Die Farben eines Gegenstands/einer Person werden so verändert, dass das Dargestellte vorteilhafter oder weniger vorteilhaft erscheint.

**Ton- und Videoschnitte**
Verschiedene Tonspuren und Videoausschnitte werden in eine neue Tonspur zusammengeführt.

## Aufgaben

❶ a) Vergleiche M2 mit M3. Welche Technik der Bildmanipulation wurde bei M2 angewendet?

b) Welche Folgen könnte diese Manipulation auf mögliche Urlauber haben? Schreibe sie auf.

❷ Beschreibe, welche Änderungen an Tinas Foto vorgenommen wurden (M5).

❸ a) Vergleiche den linken mit dem rechten Bildausschnitt in M1. Welcher Eindruck wird vermittelt?

b) Welche Technik der Bildmanipulation ist bei diesem Foto möglich?

*Wenn du diese Aufgaben erfolgreich bearbeitet hast, kannst du ...*
... Bildmanipulationen beschreiben.
... den Fachbegriff **Manipulation** erklären.

# Wie nutze ich das Internet richtig?

Das Internet bietet nicht nur Spiele, Musik und Filme, sondern auch unzählige Informationen zu allen Themen, die man sich vorstellen kann. Wie finde ich aber die Informationen, die ich brauche?

## Suchmaschinen erleichtern die Suche

Um an Informationen zu gelangen, ist es sinnvoll, eine **Suchmaschine** zu benutzen. Es gibt sehr unterschiedliche Suchmaschinen. Sie alle haben eine Suchmaske, in die man die Begriffe eingeben kann, nach denen man sucht. In Bruchteilen von Sekunden sieht man die Suchergebnisse, die Treffer. Sie führen zu Seiten im Internet, die Informationen zum gesuchten Begriff enthalten. Diese Informationen gibt es in Form von Texten, Tabellen, Diagrammen, Fotos und Videos.

**M1** **Jurek und Sascha bei der Internetsuche**

INFO

Neben bekannten **Suchmaschinen** wie Google oder Bing gibt es spezielle Kindersuchmaschinen wie Blinde Kuh, fragFINN oder Helles Köpfchen.
Sie bieten Informationen, die für Kinder leichter verständlich sind. Sie bieten aber auch Spiele und vieles zum Zeitvertreib.
Helles Köpfchen blendet dir Werbung ein, die du mit einem Klick auf „Werbung aus" in der rechten Menüleiste (Stand 2020) ausschalten kannst.

**M2** **Suchmaschine blinde-kuh.de mit über 7 200 Videos zu allem, was Kinder interessiert**

**M3** **Suchmaschine www.fragfinn.de mit Internet-ABC und Surf-Ratgeber**

## Vier Schritte: Informationen aus dem Internet erhalten

1. Schritt **Was will ich wissen?**
Überlege, welche Fragen du dir stellst.
Nach welchen Informationen möchtest du suchen?

2. Schritt **Schlüsselwörter finden**
Notiere die Fragen und unterstreiche darin die wichtigsten Wörter, die Schlüsselwörter.

3. Schritt **Die Suchmaschinen füttern**
Tippe die Schlüsselwörter in die Suchmaske der Suchmaschine ein.

Schau dir nun die ersten zehn Suchergebnisse, die ersten zehn Treffer, an und werte sie aus. Findest du hier schon die gewünschten Informationen, die Antworten auf deine Fragen?

4. Schritt **Die Suche verändern**
Wenn die Antworten nicht ausreichen, dann gibt es zwei Möglichkeiten:
Verwende eine andere Suchmaschine.
Oder: Gib andere Schlüsselwörter oder die Schlüsselwörter in anderer Reihenfolge in die Suchmaske ein.

# Wie verwende ich Informationen richtig?

Du bist bei deiner Internet-Recherche auf viele interessante Informationen gestoßen. Nun möchtest du diese Informationen nutzen und zum Beispiel in deiner Präsentation verwenden. Was ist dabei zu beachten?

## Informationen aus dem Internet bearbeiten

### 1. Wie kann ich die Informationen bewerten?

Online-Artikel sind nicht immer richtig. Deshalb solltest du zuerst nachsehen, wer hinter der Information steht. Ermittle also die Quelle. Handelt es sich um eine seriöse Zeitungsmeldung eines Journalisten oder einer Journalistin? Ist die Quelle vertrauenswürdig?
Bei einer Internet-Recherche erscheint in der Regel als erster Eintrag Wikipedia. Du solltest wissen, dass jeder einen Artikel bei Wikipedia einstellen kann. Schau also immer nach, wer hinter dem Eintrag steht. Lies auch die Fußnoten mit den entsprechenden Angaben!

### 2. Wie kann ich die Informationen übernehmen?

Kopieren und einfügen (copy and paste) sind schnell gemacht. Aber darf man jeden Text, jedes Bild aus dem Internet so ohne Weiteres übernehmen? Natürlich nicht! Jeder Text, jedes Bild, jedes Video ist urheberrechtlich geschützt. Das bedeutet, dass derjenige, der den Text geschrieben, das Foto aufgenommen oder das Video gedreht hat, ein Recht an seinem „Produkt" hat. Er kann Geld dafür verlangen, dass etwas übernommen wird. Er kann es auch ablehnen, dass etwas übernommen wird.
Übernimmt jemand einen Text, ohne darauf hinzuweisen, dass er ihn nicht selbst geschrieben hat, nennt man das **Plagiat**.
Wenn man einen Text übernehmen möchte, muss man zitieren, das heißt, man muss den Text in Anführungszeichen setzen und die Quelle angeben.

### 3. Wie kann ich die Ergebnisse speichern?

Am besten legst du auf deinem Rechner einen Ordner „Schule" an. Dann kannst du deine Arbeiten in diesem Ordner speichern und später schnell wiederfinden.

---

**INFO**

Eine **Fußnote** ist eine Erläuterung oder die Angabe der Originalquelle für einen bestimmten Textabschnitt und steht am Ende einer Seite. Sie ist durch eine kleine hochgestellte Zahl im Text gekennzeichnet.

**INFO**

Ein **Plagiat** ist Diebstahl geistigen Eigentums. Wenn du in deiner Arbeit die Ideen, Sätze oder Texte von anderen Personen übernimmst, ohne dies zu kennzeichnen, nennt man das Plagiat.

## Aufgaben

❶ a) Gib das Wort „Manipulation" in den drei angegebenen Kindersuchmaschinen und in einer anderen Suchmaschine ein. Vergleiche die Informationen. Welche Fragen stellst du dir?
  b) Vergleicht eure Fragen und versucht, Antworten zu finden.
  c) Erkläre mit eigenen Worten, was Manipulation ist.

❷ a) Gib das Wort „Plagiat" in zwei Suchmaschinen deiner Wahl ein und vergleiche die Erklärungen.
  b) Übernimm eine Erklärung. Denke daran, dass du den Text in Anführungszeichen setzen und die Quelle angeben musst.

*Wenn du diese Aufgaben erfolgreich bearbeitet hast, kannst du ...*
... mithilfe von Suchmaschinen im Internet recherchieren.
... Informationen im Internet bewerten.
... die Fachbegriffe **Suchmaschine** und **Plagiat** erklären.

# Gewusst? – Gekonnt!

Bewerte dich selbst
mit dem Ampel-
system, das auf
Seite 28 erklärt ist.

**M3** Familienleben

## M1 Ergebnis einer Umfrage

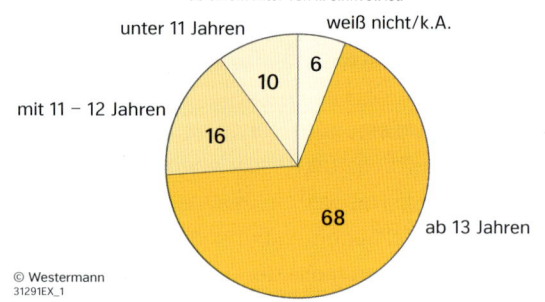

**Ab welchem Alter ist ein Smartphone für Kinder sinnvoll?**
Von 100 befragten Eltern, antworteten ..., dass ein Smartphone
ab einem Alter von ... sinnvoll ist.

- weiß nicht/k.A.: 6
- unter 11 Jahren: 10
- mit 11 – 12 Jahren: 16
- ab 13 Jahren: 68

© Westermann
31291EX_1

❶ Ab welchem Alter sind Smartphones sinnvoll?
a) Was haben Eltern geantwortet (M1)?
b) Was denkst du darüber? Begründe deine Meinung.
*Schülerbuch, Seiten 62 – 63*

❷ Ⓦ Arbeitet zu zweit und wählt aus.
**A** Liste mögliche Gefahren der Internetnutzung auf.
**B** Liste Chancen der Internetnutzung auf.
*Schülerbuch, Seiten 64 – 65*

❸ a) Beschreibe das Bild (M3).
b) Beurteile die Situation in dieser Familie.
*Schülerbuch, Seiten 62 – 65*

❹ a) Was muss ich beachten, wenn ich im Internet
Informationen suche?
b) Was muss ich beachten, wenn ich Informationen
aus dem Internet übernehmen möchte?
*Schülerbuch, Seiten 70 – 71*

❺ Nenne drei Techniken der Manipulation.
*Schülerbuch, Seiten 68 – 69*

❻ „In unserem Alltag begegnet uns Manipulation in
vielfältiger Weise".
Recherchiere zu dieser These Informationen in Zei-
tungen, Werbetexten und im Internet.
Lege eine Mappe an und stelle die Ergebnisse deiner
Recherche zusammen.

## M2 Verlockendes Internet

**M4** **Internetsucht zählt zu den Gefahren der Internetnutzung.**

**9** a) Das Internet kann auch süchtig machen. Beurteile diese Aussage.
b) Was kannst du tun, um nicht internetsüchtig zu werden?
*Schülerbuch, Seiten 64 – 65*

**7** Ⓦ Wähle eine Karikatur aus (M5, M6, M7).
a) Beschreibe, welche Situation der Zeichner der Karikatur darstellt.
b) Was möchte der Zeichner kritisieren?
c) Beurteile, ob es dem Zeichner gelungen ist, seine Kritik auszudrücken.

**8** Welche Bildunterschriften würdest du den Karikaturen geben? Schreibe sie auf.

**M6** **Karikatur 2**

**M5** **Karikatur 1**

**M7** **Karikatur 3**

## Fachbegriffe

| | | | |
|---|---|---|---|
| das Cybermobbing | die Manipulation | das Plagiat | die Suchmaschine |
| der digitale Fußabdruck | das Massenmedium | das Printmedium | |
| das elektronische Medium | das Mobiltelefon | das soziale Netzwerk | |

# Die Landwirtschaft im Wandel

Die Arbeit eines Bauern ist heute anders als früher. Inwiefern könnte dieses Bild ein Beispiel dafür sein?

Wie sieht die Landwirtschaft im Umland deiner Stadt oder deines Dorfes aus?

Kennst du andere Anbaufrüchte? Wovon könnte es abhängen, was ein Bauer anbaut?

So flach wie hier im Bild ist die Landschaft nicht überall in Deutschland. Es gibt auch Gebirge mit steilen Hängen und enge und breite Täler. Wie könnte die Landwirtschaft dort aussehen?

rechts: Mähdrescher und Traktor mit Ladewagen bei der Weizenernte

# Deutschlands Großlandschaften

## M1 Norddeutsches Tiefland

## M3 Mittelgebirge

### Gliederung des Naturraums

In Deutschland gibt es von Norden nach Süden vier **Großlandschaften**: das Norddeutsche Tiefland, die Mittelgebirge, das Alpenvorland und die Alpen. Der Höhenunterschied zwischen der Küste mit 0 m ü. M. bis zum höchsten Berg Deutschlands, der Zugspitze, beträgt 2962 Meter.

## M4 Von der Küste bis zu den Alpen – ein Landschaftsquerschnitt

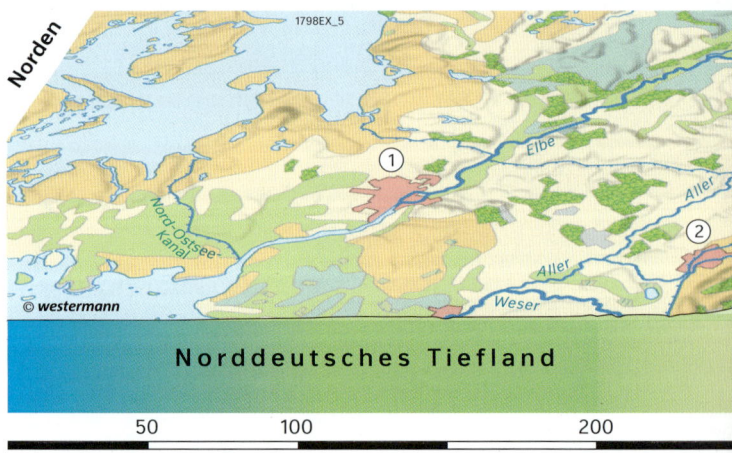

Norden

1798EX_5

Elbe
Aller
Nord-Ostsee-kanal
Aller
Weser
© westermann

**Norddeutsches Tiefland**

50          100          200

## M2 Die Großlandschaften Deutschlands

© westermann 1743EX_17

Kiel
① 
Norddeutsches Tiefland
② 
Ⓐ
Leipzig
(Ausschnitt M3)
Ⓑ
Mittelgebirge
Nürnberg
Alpenvorland
③
Alpen
Zugspitze
0   100  km

### Die Großlandschaften

Das Norddeutsche **Tiefland** ist tief gelegen und hat nur geringe Höhenunterschiede. Die Landhöhen liegen zwischen dem Meeresspiegel und 200 Meter Höhe.

Die **Mittelgebirge** sind Bergländer mit abgerundeten, bewaldeten Höhenzügen und lang gestreckten Tälern. Die Berge sind bis zu 1500 Meter hoch.

Im Süden schließt sich das **Alpenvorland** an. Es steigt von 300 Metern südlich der Donau auf 800 Meter am Rand der Alpen an.

Die Alpen sind ein **Hochgebirge**. Sie erreichen in Deutschland Höhen von 1500 bis fast 3000 Metern. Es gibt hohe Gipfel, steile Felswände und oft enge Täler.

**M5** Alpenvorland

**M6** Hochgebirge Alpen

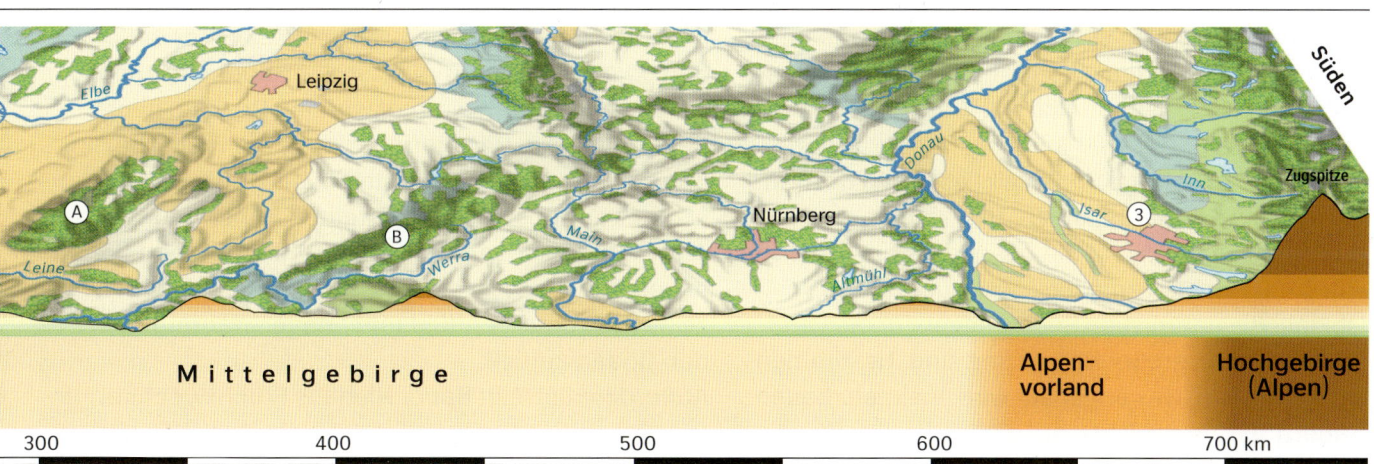

## Aufgaben

1. Notiere die Namen der Städte 1 – 3 in M2 (Atlas).
2. Notiere die Namen der Gebirge A und B in M2 (Atlas).
3. Durch welche Großlandschaften fließt der Rhein? (M2, Atlas).
4. Ordne den Großlandschaften folgende Städte zu (M2, Atlas):
   Rostock, Reutlingen, Münster, Ulm.
5. Ermittle
   A die Nord-Süd-Ausdehnung von Deutschland von Flensburg bis zur Zugspitze (M2, Atlas).
   B die West-Ost-Ausdehnung von Aachen bis Görlitz (Atlas).

6. Arbeitet in Gruppen und teilt euch die Aufgaben auf.
   a) Beschreibe das Norddeutsche Tiefland (M1, Text).
   b) Beschreibe die Mittelgebirge (M3, Text).
   c) Beschreibe das Alpenvorland (M5, Text).
   d) Beschreibe die Alpen in Deutschland (M6, Text).

> *Wenn du diese Aufgaben erfolgreich bearbeitet hast, kannst du ...*
> ... die Merkmale der vier Großlandschaften Deutschlands beschreiben.
> ... die Fachbegriffe **Großlandschaft**, **Tiefland**, **Mittelgebirge**, **Alpenvorland** und **Hochgebirge** erklären.

# Auf den Boden kommt es an – die Börden

Zum Frühstück ein Brötchen, am Nachmittag ein Stück Kuchen – hast du schon einmal überlegt, woher das Mehl kommt, das der Bäcker verwendet? Es ist Weizenmehl. Zum Anbau von Weizen braucht man besonders guten Boden. Wo gibt es in Deutschland diese Böden? Warum sind diese Böden so fruchtbar?

**M2** **Ein Stück Kuchen? Nein, ein Stück Boden!**

## Der Boden – eine natürliche Voraussetzung für den Ackerbau

Der **Boden** ist für den Ackerbau von großer Bedeutung. Je fruchtbarer der Boden ist, desto besser wachsen die Pflanzen und desto besser fällt die Ernte aus. Pflanzen benötigen zum Wachsen Wasser und Nährstoffe. Sie nehmen beides aus dem Boden auf. Ein Boden ist daher fruchtbar, wenn er viele Nährstoffe enthält und gut Wasser speichern kann.

Besonders fruchtbare Böden gibt es in den **Börden**. Sie sind aus Löss entstanden. Hier können die Bauern Pflanzen anbauen, die besonders anspruchsvoll sind, wie Weizen oder Zuckerrüben.

Obwohl die natürlichen Bedingungen für die Landwirtschaft von großer Bedeutung sind, bestimmen sie nicht allein, was angebaut wird. Vielmehr bauen Bauern die Feldfrüchte auf ihrem Boden an, die ihnen das höchste Einkommen versprechen.

## Ackerbau in den Börden

Bauer Niehaus hat seinen Hof in der Soester Börde. Er könnte fast jede Pflanze anbauen, denn der Boden ist sehr fruchtbar. Das höchste Einkommen kann er mit dem Anbau von Weizen und Zuckerrüben erzielen.

Die Pflanzen entnehmen Nährstoffe aus dem Boden. Diese gelangen nicht in den Boden zurück, wenn die Pflanzen geerntet werden. Deshalb düngt Bauer Niehaus den Boden, damit die Fruchtbarkeit des Bodens erhalten bleibt. Zur **Düngung** verwendet er künstlich hergestellten Mineraldünger. Andere Bauern setzen die Gründüngung ein. Sie bauen Pflanzen wie Kleegras oder Luzerne an. Diese werden untergepflügt und bringen Nährstoffe in den Boden zurück.

Außerdem betreibt Bauer Niehaus **Fruchtwechsel**. Er wechselt auf seinen Feldern die Anbaufrucht. Gerste baut er nur wegen des Fruchtwechsels an.

**INFO**

**Löss** besteht aus fein geriebenem Gesteinsmaterial, das in der Eiszeit durch den Wind abgelagert wurde. Aus Löss entwickelte sich ein sehr lockerer, nährstoffreicher Boden. Er kann Wasser sehr gut speichern. Die Wurzeln der Pflanzen können tief in den Boden eindringen.

**M1** **Norddeutschland während der letzten Eiszeit (vor etwa 12 000 Jahren)**

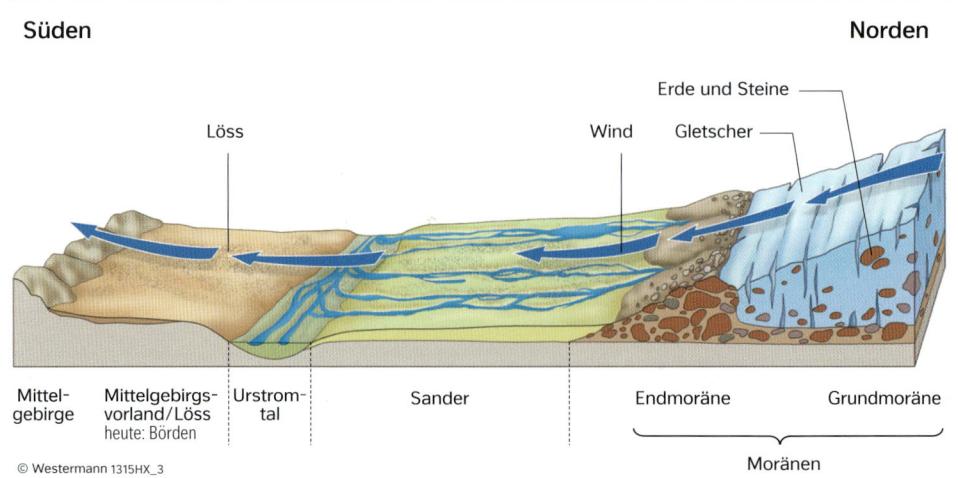

Süden

Norden

Löss

Wind

Erde und Steine

Gletscher

Mittelgebirge | Mittelgebirgsvorland/Löss heute: Börden | Urstromtal | Sander | Endmoräne | Grundmoräne

Moränen

© Westermann 1315HX_3

**M3** Bauer Niehaus bei der Aussaat der Zuckerrübensamen

**M5** Fruchtwechsel bei Bauer Niehaus

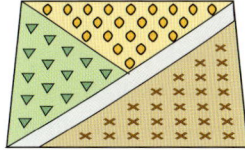
1. Jahr

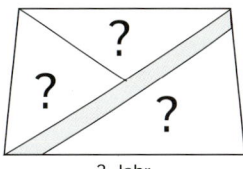
2. Jahr

3. Jahr

▽ ▽ Zuckerrübenanbau
◇ ◇ Weizenanbau
✕ ✕ Gersteanbau

© Westermann 40644EX_1

**M4** Feldfrüchte, ihre Ansprüche an den Boden und was man daraus herstellen kann

**Weizen**
hoher Nährstoff- und Wasserbedarf, wächst deshalb besonders gut auf Lössböden
→ Brot, Backwaren, Nudeln

**Mais**
hoher Nährstoff- und Wasserbedarf, wächst deshalb auf Lehmböden
→ überwiegend Viehfutter

**Roggen**
geringer Nährstoff- und Wasserbedarf, wächst deshalb auch auf Sandböden
→ Brot

**Kartoffel**
geringer Nährstoffbedarf, verträgt keine Staunässe, liebt lockere Böden
→ Nahrungsmittel, Viehfutter

**Gerste**
mittlerer Nährstoff- und Wasserbedarf, wächst deshalb auch auf sandigen Lehmböden
→ Malz zum Bierbrauen, Futter

**Zuckerrübe**
sehr hoher Nährstoffbedarf, hoher Wasserbedarf, aber keine Staunässe, wächst gut auf Lössböden
→ Zucker

## Aufgaben

❶ Beschreibe die Lage der Börden (M1, Atlas).

❷ Erkläre, warum Boden aus Löss so fruchtbar ist (Info).

❸ Liste auf, warum die Börden gut geeignet für den Anbau von Weizen und Zuckerrüben sind (M4, Text).

❹ Wähle aus:

**A** Beschreibe, wie die Bauern die Fruchtbarkeit des Bodens erhalten können (M5, Text).

**B** Übertrage das Schema der Felder in dein Heft. Zeichne die Anbaufrüchte für das 3. Jahr ein (M5).

❺ Liste auf, welche Anbaufrüchte einen hohen und sehr hohen Nährstoffbedarf haben (M4).

❻ Ⓩ Erkläre, warum Böden aus Löss am Nordrand der Mittelgebirge entstanden sind (M1, Info).

*Formulierungshilfen zu Aufgabe 2:*
Löss besteht aus ...
Aus Löss entstand ...
Der Boden ist besonders ...
Der Boden kann ...

*Wenn du diese Aufgaben erfolgreich bearbeitet hast, kannst du ...*
... erklären, warum der Boden in den Börden so fruchtbar ist.
... die Ansprüche der Feldfrüchte an den Boden mithilfe von Beispielen beschreiben.
... die Bedeutung des Bodens für den Ackerbau beurteilen.
... Maßnahmen nennen, mit denen man die Bodenfruchtbarkeit erhalten kann.
... die Fachbegriffe **Boden**, **Börde**, **Löss**, **Düngung** und **Fruchtwechsel** erklären.

# Auf das Klima kommt es an – im Moseltal

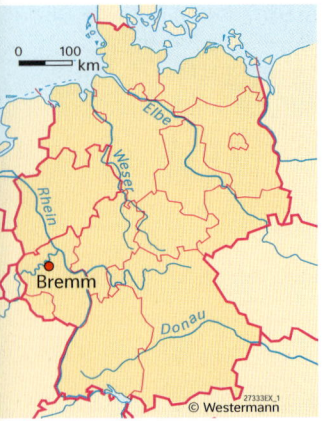

Jede Pflanze stellt unterschiedliche Ansprüche an die Temperatur und die Menge der Niederschläge. Weintrauben zum Beispiel gedeihen besonders gut im Flusstal der Mosel. Welche natürlichen Bedingungen herrschen dort?

**M2  Das Moseltal bei Bremm**

Steilhang

## Worauf kommt es beim Anbau von Weintrauben an?

Über 3 000 Winzer (Weinbauern) bauen im Flusstal der Mosel Weintrauben an. Herr Kilian Franzen ist einer von ihnen. Er wohnt mit seiner Familie im Ort Bremm. Winzer Franzen erklärt, bei welchen natürlichen Bedingungen die Weinpflanzen und Trauben gut gedeihen.

„Weintrauben brauchen vor allem viel Wärme, genügend Wasser und Licht. Diese Voraussetzungen gibt es an der Mosel. Deshalb wird hier schon seit rund 2 000 Jahren Wein angebaut.

Ich baue Wein am Calmont an. Die Weinberge am Calmont sind sehr steil. Scheint die Sonne, erwärmt sich dort die Luft schnell. Im Sommer ist es in den Weinbergen oft über 30 °C warm. Die Weinpflanzen profitieren auch von der Wärme des Bodens. Er speichert die Wärme am Tag. Er gibt die Wärme an die Luft ab, wenn die Sonne untergegangen ist. Deshalb wachsen und gedeihen die Weinpflanzen am Calmont gut. Dadurch reifen auch die Trauben besser."

**M3  Ansprüche der Weinpflanzen an das Klima**

Jahresmitteltemperatur:  **mindestens 9 °C**
Lufttemperatur in den Sommermonaten während der Wachstumszeit:  **mindestens 18 °C**
Jahresniederschläge:  **mindestens 400 bis 500 mm**

**M4  Sonneneinstrahlung und Bodentemperaturen**

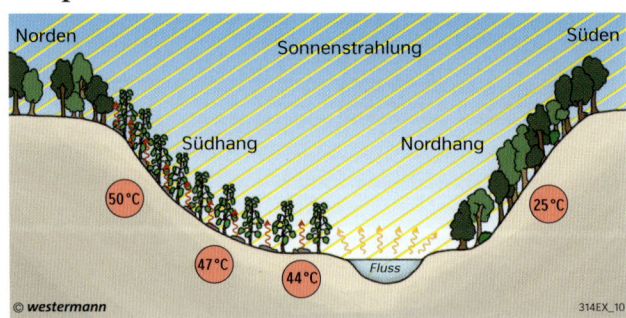

So warm ist es an einem Südhang im Tal der Mosel in 2 cm Tiefe im Boden, wenn die Lufttemperatur 30 °C beträgt.

**M1  Monatsmitteltemperaturen und Monatsniederschläge am Calmont in Bremm**

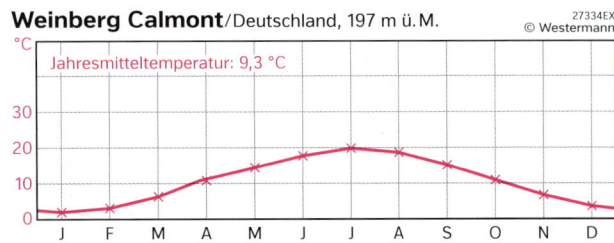

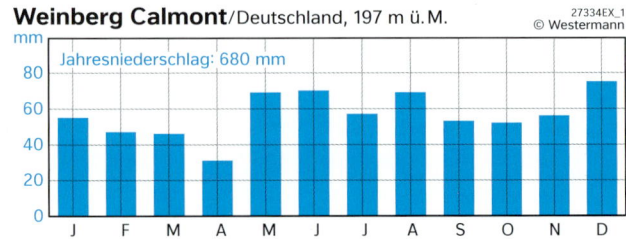

Die Weinberge am Calmont (links vorne im Bild) sind steiler als die meisten Berghänge in den Alpen. Jeder, der am Calmont arbeitet, muss schwindelfrei sein.

Flussschlinge

Bremm

**M6** **Traubenernte (Weinlese) am Calmont**

**M7** **Herr Franzen berichtet über seine Arbeit.**

„In den steilen Weinbergen am Calmont gibt es keine Wege. Wir können dort weder einen Traktor noch andere Maschinen einsetzen. Alle Arbeiten müssen von Hand erledigt werden. Das ist sehr anstrengend. Wir arbeiten im Jahr rund 1200 Stunden in einem steilen Weinberg, der so groß ist wie der Fußballplatz eines Bundesligavereins. In einem gleich großen, aber flachen Weinberg brauchen wir für alle Arbeiten nur 300 Stunden.
Die Arbeit schaffen meine Frau und ich nicht allein, vor allem im Herbst. Dann werden die reifen Weintrauben geerntet (Weinlese). Für die Lese brauchen wir zusätzlich 20 Arbeitskräfte. Aus dem Traubensaft machen wir Wein.
Der Anbau von Weintrauben ist mit viel Arbeit und Kosten verbunden. Deshalb ist der Wein eine **Sonderkultur**. Auch Obst, Spargel oder Erdbeeren sind Sonderkulturen."

**M5** **Kleines Klimalexikon**

**Temperatur:** Die Temperatur wird mit einem Thermometer an einem bestimmten Ort gemessen. Sie wird in Grad Celsius (°C) angegeben. Die **Durchschnittstemperatur** eines Monats wird aus den Durchschnittstemperaturen aller Tage des Monats berechnet. Die Jahresmitteltemperatur wird aus den Monatsmitteltemperaturen errechnet.

**Niederschlag:** An einem bestimmten Ort werden die Niederschläge eines Tages (z. B. Regen) in einem Regenmesser aufgefangen. Die Höhe der Niederschläge wird in Millimeter (mm) angegeben. 1 mm entspricht 1 Liter Niederschlag pro Quadratmeter. Der **Monatsniederschlag** ergibt sich aus den Niederschlagsmengen von allen Tagen eines Monats. Addiert man die Niederschläge aller Monate eines Jahres, erhalt man den Jahresniederschlag.

## Aufgaben

① Beschreibe das Tal der Mosel am Calmont (M2).

② Ⓦ Winzer Franzen baut Weintrauben am Calmont an.
A  Beschreibe seine Arbeit (M6, M7).
B  Erkläre, warum er am Calmont Wein anbaut (M1, M3, Text).

③ Begründe, warum Weintrauben vor allem an Südhängen angebaut werden (M4).

④ Erkläre, warum der Anbau von Weintrauben als Sonderkultur bezeichnet wird (M7, Info).

⑤ Ⓩ Liste vier Flusstäler in Deutschland mit der Sonderkultur Wein auf (Atlas).

*Formulierungshilfen zu Aufgabe 3:*
Die Weinpflanze stellt besondere Ansprüche an … / Sie benötigt …
Die Sonneneinstrahlung auf den Südhang ist besonders …

*Wenn du diese Aufgaben erfolgreich bearbeitet hast, kannst du …*
… beschreiben, wie im Tal der Mosel Wein angebaut wird.
… erklären, warum das Moseltal für den Anbau von Wein geeignet ist.
… die Fachbegriffe **Klima, Temperatur, Durchschnittstemperatur, Niederschlag, Monatsniederschlag** und **Sonderkultur** erklären.

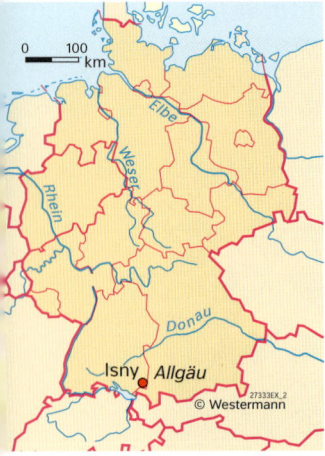

Das Allgäu ist eine Landschaft im Alpenvorland. Dort wird Landwirtschaft betrieben. Es gibt wenige Felder. Aber es gibt viele Wiesen und Weiden, auf denen Kühe grasen. Warum ist das so? Was geschieht mit der Kuhmilch?

**M2** Der Lerchenhof im Allgäu

Lerchenhof · Wiese · Weide

---

Bearbeitet die Fragen: Warum gibt es im Allgäu so viele Wiesen, Weiden und Milchkühe? Was wird mit der Milch gemacht? Stellt eure Ergebnisse mithilfe einer Wandzeitung vor (vgl. S. 94).

---

**M1** Das Klima – von der Donau bis in die Alpen

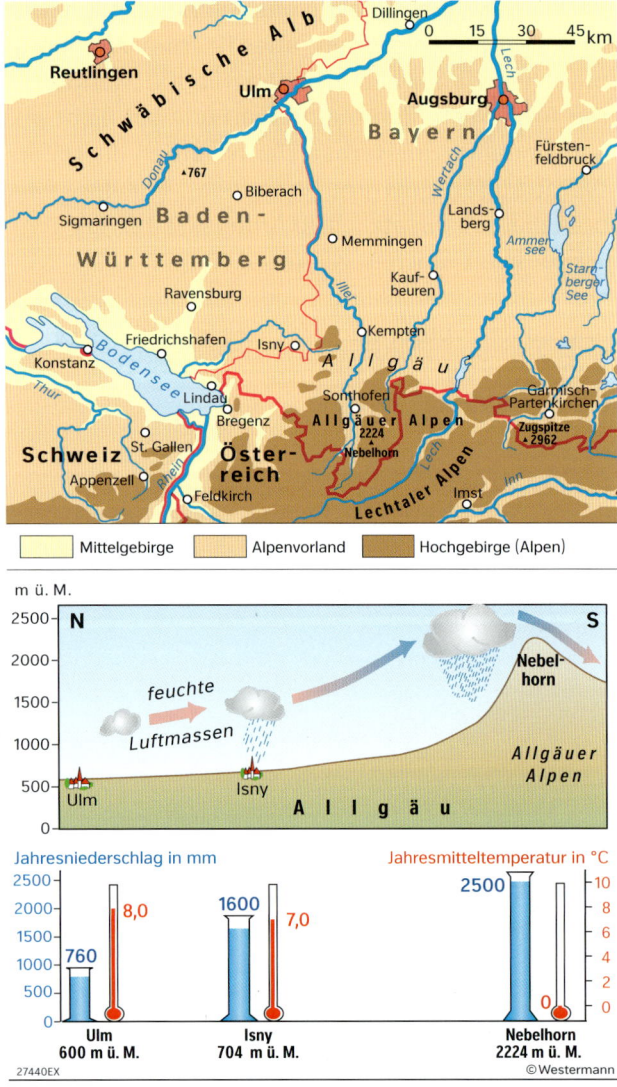

Mittelgebirge · Alpenvorland · Hochgebirge (Alpen)

m ü. M.

N · S

feuchte Luftmassen · Nebelhorn

Ulm · Isny · Allgäuer Alpen · Allgäu

Jahresniederschlag in mm · Jahresmitteltemperatur in °C

| | Ulm 600 m ü. M. | Isny 704 m ü. M. | Nebelhorn 2224 m ü. M. |
|---|---|---|---|
| Niederschlag | 760 | 1600 | 2500 |
| Temperatur | 8,0 | 7,0 | 0 |

27440EX © Westermann

Feuchte Luft staut sich an den Alpen. Sie steigt auf und kühlt sich dabei ab. Dann bilden sich Wolken und es regnet.

**Auf dem Lerchenhof bei Familie Schindele**

Theresa und Josef Schindele leben mit ihren zwei Kindern auf dem Lerchenhof. Das ist ein Bauernhof im Allgäu. Er liegt in der Nähe der Stadt Isny. Schindeles halten 60 Milchkühe. Sie haben sich auf die **Milchwirtschaft** mit **Grünlandwirtschaft** spezialisiert.

Frau Schindele erzählt: „Unsere Kühe bleiben im Sommer draußen auf der Weide. Sie fressen viel Gras und saftige Kräuter, die auf den Weiden wachsen. Die übrige Zeit des Jahres kommen sie in den Stall. Dann füttern wir die Milchkühe mit frischem Gras und Heu von unseren Wiesen. Das Heu machen wir selbst. Mein Mann mäht die Wiesen bis zu fünfmal im Jahr.

Gras wächst bei uns im Allgäu besonders gut, weil es hier viel regnet. Es ist das ganze Jahr über auch nicht so warm wie zum Beispiel in den Börden. Für den Anbau von Getreide wären die Niederschläge zu hoch und die Temperaturen zu niedrig."

**M3** Milchkühe werden gemolken.

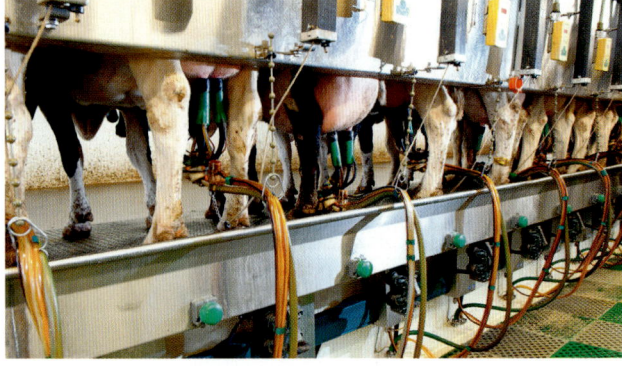

In einem Melkstand werden mehrere Milchkühe gleichzeitig automatisch gemolken. Früher wurden sie von Hand gemolken.

schueler.diercke.de | 100870-080-01, 100870-081-04

**M4** Milch – vom Bauernhof bis zum Verbraucher

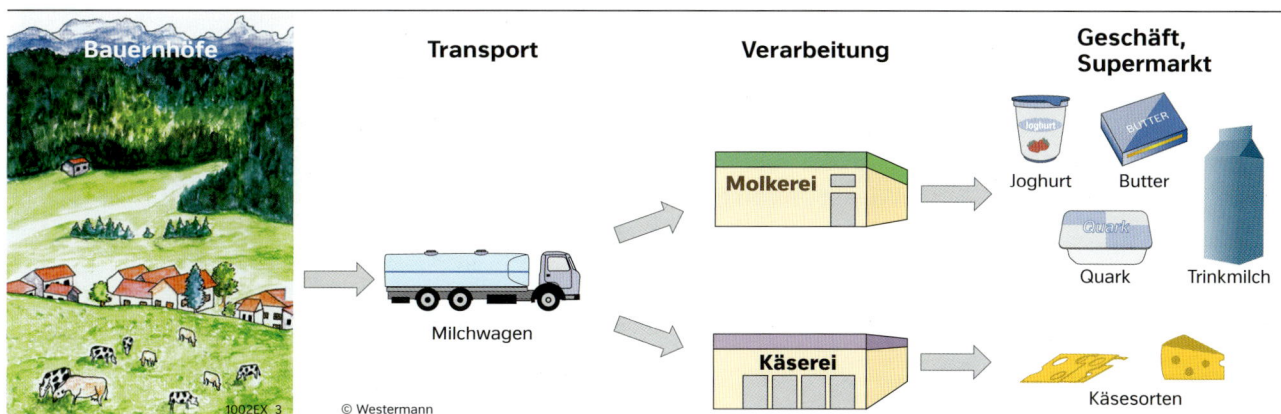

## Aus Kuhmilch wird Schulmilch

Herr und Frau Schindele melken die Milchkühe jeden Tag morgens und abends. Sie verkaufen die Kuhmilch an eine Molkerei. Das machen viele Bauern auch so. Andere wiederum verkaufen ihre Milch an eine Käserei.

Die Kuhmilch wird jeden Tag auf den Bauernhöfen von einem Milchwagen abgeholt. Sie wird zu den Molkereien und Käsereien transportiert. Dort wird sie so schnell wie möglich verarbeitet, sonst verdirbt die Milch.

Durch die Verarbeitung der Kuhmilch entsteht zum Beispiel Milch, die in Schulen verkauft wird. Dazu wird die Kuhmilch 15 bis 30 Sekunden lang auf 75 °C erhitzt (pasteurisiert) und sofort wieder abgekühlt. Die Milch ist dann länger haltbar. Aus der Milch der Allgäuer Bauern werden auch Käse und andere Produkte hergestellt.

**ERSTAUNLICH**

Im Allgäu gibt es rund 4 500 Bauernhöfe, auf denen etwa 190 000 Milchkühe gehalten werden. Deutschlandweit gibt eine Kuh im Durchschnitt 23 Liter Milch am Tag.

**M5** In einer Käserei

**M6** So viel Liter Kuhmilch braucht man zur Herstellung von Milchprodukten (Auswahl).

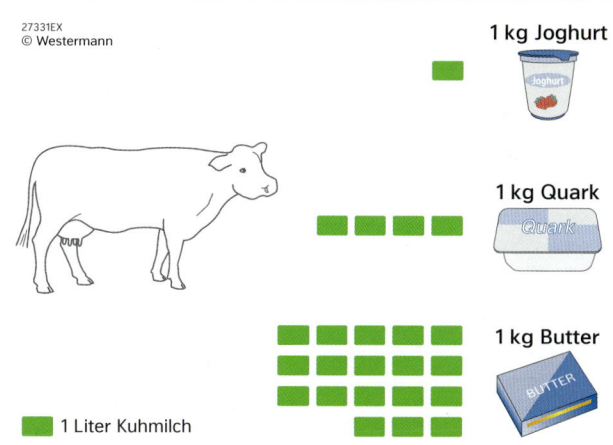

1 kg Joghurt

1 kg Quark

1 kg Butter

☐ 1 Liter Kuhmilch

## Tipps für die Erarbeitung

❶ Beschreibt die Landschaft um den Lerchenhof (M2).

❷ Beschreibt das Klima im Allgäu am Beispiel der Stadt Isny (M1).

❸ Erklärt, warum es so viel Grünland im Allgäu gibt und wie Familie Schindele das Grünland nutzt (Text, M1).

❹ Schreibt einen kleinen Bericht über den Lerchenhof (Text, M2, M3).

❺ Beschreibt den Weg der Kuhmilch vom Lerchenhof bis zur Milch im Supermarkt (M4).

❻ Listet Produkte aus Kuhmilch auf, die ihr in den letzten drei Tagen getrunken oder gegessen habt (M4 – M6).

❼ Stellt alle Informationen zu einer Wandzeitung zusammen (vergleicht mit Seite 94/95).

❽ Legt fest, wer welchen Teil der Präsentation vorträgt.

*Wenn du diese Aufgaben erfolgreich bearbeitet hast, kannst du ...*
... erklären, warum die Bauern im Allgäu Grünlandwirtschaft betreiben.
... beschreiben, was aus Kuhmilch hergestellt wird.
... die Fachbegriffe **Milchwirtschaft** und **Grünlandwirtschaft** erklären.

Herr Beier isst gerne Spargel. Er kauft den Spargel auf dem Wochenmarkt ein. Mitte April hat ein Kilo davon zehn Euro gekostet, Anfang Mai aber nur sieben Euro. Wie ist das zu erklären?

**M3** **Auf einem Wochenmarkt in Köln**

**Bearbeitet die Fragen: Wie ernten die Bauern den Spargel? Welche Probleme haben sie? Wie kommt der Spargelpreis zustande? Stellt eure Ergebnisse mithilfe einer Wandzeitung vor (vgl. S. 94).**

**M1** **Das Marktmodell**

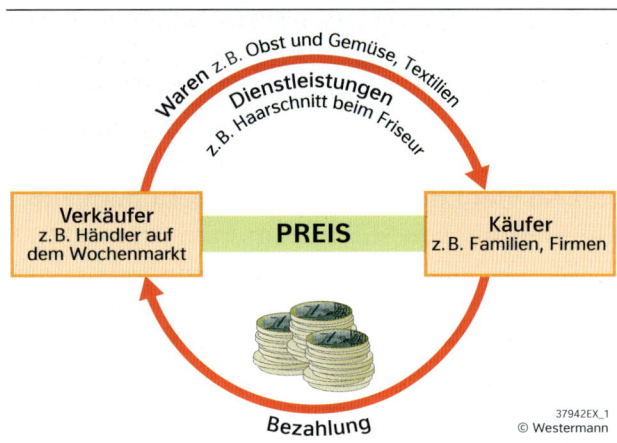

Auf einem Wochenmarkt, im Supermarkt oder in einem Schreibwarengeschäft kommen Verkäufer und Käufer zusammen. Dort werden Waren gegen Geld getauscht. Ähnlich ist es, wenn ein Mechaniker dein Fahrrad repariert oder ein Friseur deine Haare schneidet. Aber weder der Mechaniker noch der Friseur verkaufen dir etwas. Sie erbringen einen Dienst. Es werden also Dienstleistungen gegen Geld getauscht.

## Jeden Tag frischer Spargel für Kunden aus der Region

Bauer Johannes Saß hat einen Bauernhof in Bornheim. Auf dem Hof wohnen Herr Saß mit seiner Familie und seine Eltern. Er baut auf den Feldern Spargel an. Der Spargel wird frühmorgens auf den Feldern geerntet. Noch am gleichen Tag wird er verkauft.

Herr Saß verkauft seinen Spargel auf mehreren Wochenmärkten in Köln. Die Stadt ist nur rund 35 Kilometer von seinem Hof entfernt. Spargel kann man auch direkt auf dem Hof von Herrn Saß kaufen. Er ist **Selbstvermarkter**.

Landwirt Saß bietet den Käufern zum Beispiel unterschiedlich dicke Spargelstangen an. Er verkauft auch Spargelspitzen und dünnen Suppenspargel. Sein **Angebot** ist groß. „Die Kunden haben ganz unterschiedliche Wünsche", sagt Herr Saß. Sie schätzen die Qualität seiner Ware. Die **Nachfrage** ist besonders groß, wenn es den ersten Spargel gibt.

**M2** **So entstehen die Preise – Beispiel Spargel**

Spargel ist sehr beliebt. Wenn der erste Spargel auf den Markt kommt, drängen sich häufig die Käufer an den Ständen. Die Nachfrage kann so groß sein, dass die angebotene Menge nicht reicht. Also können die Händler den Preis etwas hochsetzen, da die Kunden bereit sind, mehr zu bezahlen.
Man sagt:
**Ist die Nachfrage größer als das Angebot, steigt der Preis.**

Drei Wochen später ändert sich die Lage. Die Spargelernte hat ihren Höhepunkt erreicht. Viele Stände bieten Spargel an. Die Kunden können sich aussuchen, wo sie Spargel kaufen wollen. Ihr Wunsch nach Spargel ist allerdings nicht mehr so groß wie zu Beginn der Saison. Manchen Kunden ist auch der Preis zu hoch. Die Händler müssen den Spargel preiswerter anbieten.
Man sagt:
**Ist das Angebot größer als die Nachfrage, sinkt der Preis.**

**M4** Bei der Spargelernte

**M6** So wird der Spargel geerntet.

## Erntezeit! Es gibt viel zu tun.

Spargel wird in Deutschland frühestens ab Mitte März und nur bis Ende Juni geerntet. Er ist ein saisonales Produkt.

Während der Erntezeit (Spargelsaison) sind viele Erntehelferinnen und Erntehelfer notwendig. Sie kommen zum Beispiel aus den Ländern Polen und Rumänien. Diese **Saisonarbeitskräfte** arbeiten nur zwei bis drei Monate bei den Spargelbauern in Deutschland. Dann fahren sie wieder zurück in ihre Heimat.

Die meisten Saisonarbeitskräfte aus dem Ausland arbeiten schon seit Jahren immer bei denselben Spargelbauern. In Deutschland verdienen sie mehr als zuhause. Sie bekommen einen Mindestlohn von 9,35 Euro pro Stunde (Stand 2020). Zusätzlich gibt es eine Prämie. Sie richtet sich nach der Menge an Spargel, die eine Arbeitskraft am Tag geerntet hat.

**M7** Weiße oder schwarze Folie?
**Das hängt von der Temperatur ab.**

Bodentemperaturen zwischen 18 und 20 °C sind ideal für den Spargel. Bei höheren Temperaturen wächst er zu schnell. Dann ist die Qualität der geernteten Spargelstangen nicht mehr ganz so hoch. Die Bauern „steuern" deshalb die Bodentemperatur. Dazu bedecken sie die Spargelreihen mit Folien. Sie sind auf einer Seite weiß und auf der anderen schwarz. Mit der weißen Seite nach oben erwärmt sich der Boden nicht so stark. Sie bremsen das Spargelwachstum. Ist die Temperatur im Boden zu niedrig, wächst der Spargel langsam. Dann werden die Folien mit der schwarzen Seite nach oben auf die Spargelreihen gelegt. Das beschleunigt das Spargelwachstum.

**M5** 2020 – ein schwieriges Jahr für die Spargelbauern

Wegen der Corona-Krise kamen weniger ausländische Saisonarbeitskräfte nach Deutschland. Die Bauern mussten unerfahrene Arbeitskräfte einstellen. Zum Teil konnte der Spargel auf den Feldern nicht geerntet werden. Während der Corona-Krise blieben Restaurants und Gaststätten wochenlang geschlossen. Dadurch fiel ein Teil des **Absatzmarktes** der Spargelbauern weg.

## Tipps für die Erarbeitung

❶ Beschreibt, wie und von wem der Spargel hauptsächlich geerntet wird (M4, M6, Text).

❷ Erklärt, warum die Spargelreihen mal mit weißer und mal mit schwarzer Folie bedeckt sind (M4, M7).

❸ Bauer Saß ist Selbstvermarkter. Erklärt, was das bedeutet (M3, Text).

❹ Erklärt das Marktmodell (M1).

❺ Erklärt, warum der Preis für Spargel unterschiedlich hoch ist (M2).

❻ Berichtet von den Problemen der Spargelbauern im Jahr 2020 (M5).

❼ Stellt alle Informationen zu einer Wandzeitung zusammen (Seite 94/95).

*Formulierungshilfen zu Aufgabe 2:*
Spargel wächst am besten …
Die Bodentemperatur kann man steuern, wenn man …
Scheint die Sonne auf weiße / schwarze Folie, dann …
Deshalb …

*Wenn du diese Aufgaben erfolgreich bearbeitet hast, kannst du …*
… beschreiben, wie Spargel geerntet und vermarktet wird.
… erklären, wovon der Preis landwirtschaftlicher Produkte abhängig ist.
… die Fachbegriffe **Selbstvermarkter**, **Angebot**, **Nachfrage**, **Saisonarbeitskraft** und **Absatzmarkt** erklären.

# Landwirtschaft in Deutschland

Die Landwirtschaft in Deutschland ist sehr vielfältig. Nicht überall wird Getreide angebaut und nicht überall wird Viehwirtschaft betrieben. Das liegt vorrangig an den unterschiedlichen Böden, Temperaturen und Niederschlägen. Wo findet man in Deutschland Ackerbau, wo Sonderkulturen und wo Viehhaltung?

**M3 Ackerbau**

**M1 Rinderhaltung**

**M4 Obstanbau**

**M2 Landwirtschaftliche Nutzung in Deutschland**

A
Die Böden sind hier für den Ackerbau zu nährstoffarm und zu feucht. Deshalb ist das Grünland weit verbreitet und die Landwirte betreiben überwiegend Viehwirtschaft.

10923E_3

B
Die Böden sind nährstoffreich. Es ist relativ warm und nicht zu feucht. Das macht den Anbau von Obst möglich. Häufig liegen auch große Städte in der Nähe, wo man das Obst gut verkaufen kann.

C
Wein wird zum Beispiel an den Hängen in Flusstälern angebaut. Hier ist es warm und nicht zu feucht.

10923E_3

D
Zu den fruchtbarsten Regionen Deutschlands zählen die Börden.
Anspruchsvolle Ackerfrüchte wie Weizen und Zuckerrüben werden hier angebaut.

10923E_3

10923

E
Waldgebiete sind häufig dort zu finden, wo die Temperaturen, der Niederschlag und der Boden nicht so gut für den Ackerbau geeignet sind. Das Holz von gefällten Bäumen wird verkauft und beispielsweise für die Herstellung von Möbeln genutzt.

10923E_3

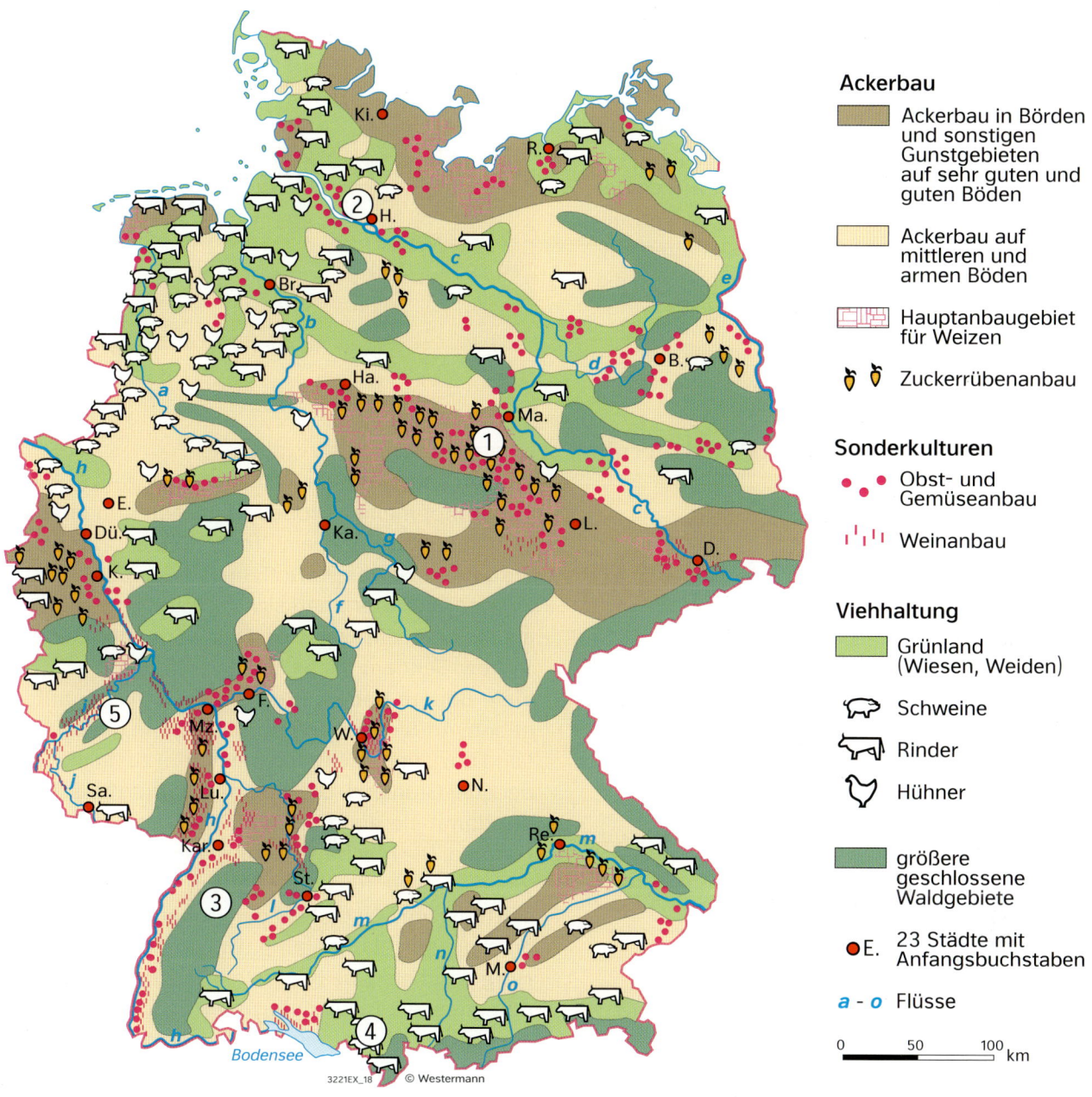

**Ackerbau**

Ackerbau in Börden und sonstigen Gunstgebieten auf sehr guten und guten Böden

Ackerbau auf mittleren und armen Böden

Hauptanbaugebiet für Weizen

Zuckerrübenanbau

**Sonderkulturen**

Obst- und Gemüseanbau

Weinanbau

**Viehhaltung**

Grünland (Wiesen, Weiden)

Schweine

Rinder

Hühner

größere geschlossene Waldgebiete

E. 23 Städte mit Anfangsbuchstaben

a - o Flüsse

0   50   100 km

Bodensee

3221EX_18    © Westermann

## Aufgaben

**1** Ⓦ Wähle aus: Bestimme in der Übungskarte M5

**A** die Namen der Städte (Atlas).

**B** die Namen der Flüsse (Atlas).

**2** Ergänze die folgenden Sätze (M5):

Bei Leipzig liegt ein Anbaugebiet von ...

Bei Bremen ...

Bei Hamburg gibt es ...

Westlich von Köln ist ein Anbaugebiet von ...

Im Mittelgebirge östlich von Köln gibt es ...

Westlich von Regensburg ...

**3** Ⓦ Wähle aus:

**A** Notiere drei Flüsse, an denen Weinbau betrieben wird (M5, Atlas).

**B** Notiere vier Mittelgebirge, die zu großen Teilen von Wald bedeckt sind (M5, Atlas).

**4** a) Ordne die Texte A – E (M2) den Ziffern ① – ⑤ in der Karte M5 zu.

b) Ordne die Abbildungen M1, M3, M4 den Texten (Auswahl aus A – E, M2) zu.

**5** Ⓩ Verfasse einen Kurzvortrag zur landwirtschaftlichen Nutzung in Deutschland, indem du M5 als Grundlage nimmst.

> *Wenn du diese Aufgaben erfolgreich bearbeitet hast, kannst du ...*
> ... beschreiben, wo es Gebiete mit Ackerbau gibt.
> ... beschreiben, wo es Gebiete mit Sonderkulturen gibt.
> ... beschreiben, wo es Gebiete mit Viehhaltung gibt.

# Veränderungen in der Landwirtschaft

Die Bauern haben früher ganz anders gewirtschaftet als heute. Der Bauer und die Bäuerin, Knechte (für die Arbeit auf den Feldern und im Stall) und Mägde (Hilfen im Haushalt) erledigten die Arbeit auf einem Bauernhof. Auch die Großeltern und die Kinder halfen mit. Wie und warum haben sich die Bauernhöfe verändert?

**M4** **Arbeitskräfte auf einem Bauernhof 1950**

**M1** **So viele Menschen ernährt ein Bauernhof**

1950 👤

2019 👤👤👤👤👤  👤👤👤👤👤  👤👤👤👤👤

👤 = 10 Menschen

© Westermann 27330EX

**M2** **Die Landwirtschaft in Deutschland**

|  | 1975 (früher) | 2016 (heute) |
|---|---|---|
| Betriebe insgesamt | 1 700 000 | 275 000 |
| Betriebsgröße in ha | 16 | 64 |
| Arbeitskräfte | 5 700 000 | 940 000 |

© Westermann 34002EX_3

**INTERNET**

Die Schülerin Franziska erklärt im Film „Kartoffeln ernten – Kids an die Knolle", wie Kartoffeln auf einem Feld ausgemacht werden.

## Landwirtschaft im Wandel

„In den Sommerferien war ich immer gern auf dem Bauernhof meiner Großeltern. Sie hatten ein paar Schweine und Kühe, ein Pferd, Hühner und Gänse. Sie bauten Weizen, Kartoffeln und Gemüse an." Else Klein (77 Jahre) erinnert sich gern zurück an die Zeit, als sie noch ein Kind war. Das war in den 1950er-Jahren. Seitdem hat sich viel verändert.

Viele Bauern haben ihre Höfe mittlerweile aufgegeben. Andere vergrößerten ihre Höfe. Sie kauften Land dazu und pachteten (mieteten) zusätzlich Felder oder Grünland. Die Bauern schafften Maschinen an, damit sie die großen Flächen bewirtschaften konnten. Die **Mechanisierung** war jedoch teuer. Sie lohnte sich nur für solche Bauern, die sich spezialisierten, zum Beispiel auf den Anbau von Kartoffeln oder die Milchkuhhaltung. Durch die **Spezialisierung** brauchten die Bauern nur bestimmte Maschinen. Auch die **Intensivierung** trägt dazu bei, dass ein Landwirt durch seine Arbeit viel mehr Menschen ernährt als früher. Auf den Feldern werden heute Kunstdünger und Pflanzenschutzmittel eingesetzt. Neue, ertragreichere Pflanzen werden angebaut.

**M3** **Kartoffelernte früher und heute**

Früher gab es in der Schule „Kartoffelferien". Die Kinder mussten im Herbst beim Kartoffel-Ausmachen mithelfen. Heute schafft ein Kartoffelvollernter in wenigen Stunden das, wofür früher bis zu 30 Helfer einen Tag lang brauchten.

## M5 Im Kuhstall von Bauer Brömmel in Raesfeld

Die Milchkühe können im Stall frei herumlaufen. Jede Kuh trägt ein Band mit einem Minicomputer um den Hals. Über eine App sieht Herr Brömmel zum Beispiel auf seinem Handy, welche Kuh noch nicht am Melkroboter war.

## M6 Wie sich die Landwirtschaft auf dem Hof Brömmel verändert hat

|  | früher (um 1975) | heute (2019) |
|---|---|---|
| Größe des Hofes | 20 Hektar | 70 Hektar |
| Tiere | 30 Kühe, 20 Bullen, 70 Schweine, 80 Hühner, 20 Enten | 150 Milchkühe, 110 Jungrinder, 30 Kälber, 1 Zuchtbulle |
| Nutzung der Felder | Grünland, Weizen, Kartoffeln, Gerste, Rüben | Grünland, Mais |
| Maschinen und Geräte | 2 kleine Traktoren, Egge, Sämaschine, Pflug, Miststreuer, Mähdrescher | 3 große Traktoren, Melkroboter, Futterroboter, Spaltenroboter, Düngerstreuer, Güllefass mit Schleppschläuchen, Mais-Sämaschine |
| Arbeitskräfte | Bauer, Bäuerin, Großeltern, Kinder, Knecht | Großvater, Bauer, Bäuerin (Beruf Erzieherin), 3–5 Erntehelfer |
| Absatzprodukte | Milch, Kartoffeln, Eier, Fleisch | Milch, Nebenprodukt: Rindfleisch |
| zusätzliche Einnahmen |  | Stromverkauf, Hofladen |

Eine Kuh gibt im Durchschnitt rund 8 400 Liter Milch im Jahr, das heißt 23 Liter am Tag (zum Vergleich 1975: 4 900 Liter im Jahr, 13 Liter am Tag). Hochleistungskühe geben sogar bis zu 30 000 Liter Milch pro Jahr oder 82 Liter am Tag.

## M7 Nordrhein-Westfalen: Milchviehhaltung früher und heute

|  | 1970 | 2019 |
|---|---|---|
| Zahl der Milchbauern | 86 600 | 5 500 |
| Zahl der Milchkühe | 726 000 | 406 000 |
| Milchkühe pro Hof | 8 | 74 |

## Aufgaben

❶ Ⓦ Wähle aus:

**A** Beschreibe, wie sich die Landwirtschaft in Deutschland verändert hat (M2).

**B** Vergleiche die Milchviehhaltung in Nordrhein-Westfalen früher und heute (M7).

❷ „Die Landwirtschaft hat sich stark verändert." Erkläre diese Aussage am Beispiel der Kartoffelernte (M3).

❸ a) Stelle die Viehhaltung (Tiere) früher und heute auf dem Hof Brömmel in einer Zeichnung dar (M5, M6).

b) Erkläre mithilfe deiner Zeichnung den Fachbegriff „Spezialisierung".

❹ Auf dem Hof Brömmel (M5, M6) gab es seit 1975 einige Veränderungen. Schreibe fünf auf. Nutze dabei die Fachbegriffe „Mechanisierung" und „Spezialisierung".

❺ Ⓩ Ein Bauer kann heute viel mehr Menschen ernähren als früher. Begründe (Text, M1).

*Wenn du diese Aufgaben erfolgreich bearbeitet hast, kannst du …*
… beschreiben, wie sich die Landwirtschaft in Deutschland verändert hat.
… die Landwirtschaft früher und heute vergleichen.
… die Fachbegriffe **Mechanisierung**, **Spezialisierung** und **Intensivierung** erklären.

# Die Landwirtschaft verändert Räume

**M1** Landwirtschaft in der Jungsteinzeit

**M2** Landwirtschaft im Mittelalter

In der Jungsteinzeit vor etwa 7 000 Jahren wurden die Menschen sesshaft. Vorher hatten sie als Jäger und Sammler gelebt. Nun fällten sie die Bäume, entfernten die Büsche und legten Felder an. Auf den Feldern bauten sie Getreide an. Sie züchteten Vieh. Das Getreide zerrieben sie auf einem Mahlstein zu Mehl. Sie verarbeiteten das Mehl zu Brot. Aus Getreide kochten sie Brei. Sie bauten einfache Häuser. Die Ställe der Tiere befanden sich mit im Haus. Die Arbeiten auf den Feldern erledigten die Menschen mit einfachen Hilfsmitteln. Mit der Sesshaftigkeit der Menschen begann bei uns in der Jungsteinzeit die Landwirtschaft.

Vor etwa 1 200 Jahren lernten die Menschen, den Boden besser zu bearbeiten. Vorher ließ man die Hälfte des Bodens brach liegen, damit er sich erholen konnte. Nun teilte man das Ackerland in drei Teile und bepflanzte zwei davon. Der dritte Teil blieb ohne Anbau. Hier wurde erst im nächsten Jahr wieder angebaut. Dann lag ein anderer der drei Teile brach. Durch diese **Dreifelderwirtschaft** konnte man mehr ernten. Eine große Hilfe war die Erfindung des Wendepflugs. Besseres Saatgut steigerte die Erträge. Da die Bevölkerungszahl wuchs, brauchten die Menschen neues Ackerland. Sie rodeten Waldgebiete, legten Sümpfe und Moore trocken.

Im Laufe der Jahrtausende hat sich die Landwirtschaft stark gewandelt. Wie hat sich das auf die Landschaft ausgewirkt?

---

**ERSTAUNLICH**

Auf einer Blumenwiese, wie es sie in der Jungsteinzeit gab, können 70 verschiedene wilde Blumenarten wachsen. Sie bieten Lebensraum und Nahrung für bis zu 3 500 verschiedenen Tierarten. Deshalb legt man heute zum Beispiel Blühstreifen an Feldrändern an.

## Vom hölzernen Pflug zum GPS-gesteuerten Pflug

Das Anlegen und Bearbeiten der Felder war früher eine schwierige Arbeit. Anfangs hatte man nur eine Hacke, dann einen hölzernen Hakenpflug, der von einem Rind gezogen wurde. Die Menschen waren aber erfinderisch. Die Arbeitsgeräte wurden immer besser, die Arbeit der Menschen wurde immer mehr durch Maschinen ersetzt. Heute kann ein Traktor sogar ohne einen Fahrer über das Feld fahren, und zwar GPS-gesteuert.

**M3** **Landwirtschaft im 19. Jahrhundert**    **M4** **Landwirtschaft heute**

Vor rund 200 Jahren gab es umwälzende Verbes-serungen in der Landwirtschaft. Durch die Erfin-dung des Mineraldüngers konnten die Felder jedes Jahr bestellt werden. Die Ernten wurden weiter ge-steigert. Neue Maschinen erleichterten die Arbeit. Aussaat, Bodenbearbeitung und Ernte konnten schneller erledigt werden. Die Dreschmaschine wurde zunächst per Hand oder Pferd, dann per Dampfmaschine, später mit Verbrennungs- und Elektromotoren angetrieben. Immer weniger Ar-beitskräfte wurden benötigt, denn die körperli-che Arbeitskraft der Menschen wurde zunehmend durch Maschinen ersetzt.

Die moderne Landwirtschaft ist digitalisiert. Man spricht von **Digital Farming**. Digitale Anwendun-gen helfen bei der Düngung, dem Pflanzenschutz und bei der Tierhaltung. Die Arbeitsprozesse sind automatisiert. GPS-Daten werden genutzt, um den Traktor und selbstfahrende Erntefahrzeu-ge optimal zu steuern und Treibstoff zu sparen. Wetter-Apps und Drohnen werden als Hilfe bei der Bodenbearbeitung und der Ernte eingesetzt. Fut-terroboter dienen der Arbeitserleichterung in der Tierhaltung. Allerdings ist durch den Einsatz von Mitteln zur Unkrautvernichtung die **Artenvielfalt** bei den Pflanzen und Tieren zurückgegangen.

## Aufgaben

**1** Ⓦ Arbeitet zu zweit und wählt aus. Stellt euch dann eure Ergeb-nisse vor.

**A** Beschreibe den Wandel in der Landwirtschaft. Notiere, was die Menschen tun und welche Werkzeuge und Maschinen sie benutzen (M1 – M4).

**B** Beschreibe, wie sich das Leben der Menschen verändert hat (M1 – M4).

**C** Beschreibe, wie sich die Land-schaft verändert hat. Achte auch auf die Artenvielfalt (M1 – M4).

**2** Fasse zusammen, inwiefern die Landschaft heute durch die Landwirtschaft entstanden ist.

**3** Vergleiche die Feldarbeit in der Jungsteinzeit mit der Feldarbeit heute (M1, M4).

*Formulierungshilfen zu Aufgabe 1:*
Besonders bei … zeigen sich die Unterschiede.
Anders als … / Im Gegensatz zu … / Im Unterschied zu …
Übereinstimmend mit …
Anders als im 19. Jahrhundert waren im Mittelalter …
Im Vergleich zeigt sich …

*Wenn du diese Aufgaben erfolgreich bearbeitet hast, kannst du …*
… den Wandel von Landwirtschaft und Landschaft erläutern.
… die Fachbegriffe **Dreifelderwirtschaft**, **Digital Farming** und **Artenvielfalt** erklären.

# Wir erkunden einen Bauernhof

Überall in Nordrhein-Westfalen gibt es Bauernhöfe, sicherlich auch in eurer Umgebung. Wäre es nicht interessant, einmal „hinter die Kulissen" eines Bauernhofs zu schauen?

## Drei Schritte zur Erkundung eines Bauernhofs

### 1. Schritt Vorbereitung

- Sucht nach der Adresse eines Bauernhofes in eurer Nähe. Fragt bei dem Hof an, ob ihr zu einer Erkundung kommen dürft.
- Sprecht Erkundungsthemen ab (M3).
- Bildet Expertenteams.
- Überlegt in den Expertenteams Fragen, die für euer Thema wichtig sind (M1, M3).
- Besorgt die Arbeitsmittel für die Befragung, zum Zeichnen eines Planes oder für sonstige Notizen.
- Bringt ein Handy für die Aufnahme eines Interviews oder das Fotografieren der Hofanlage mit.
- Legt fest, wer für das Fotografieren, wer für das Befragen und wer für Notizen zuständig ist.

### 2. Schritt Durchführung vor Ort

- Besichtigt die Hofanlage.
- Interviewt die Kontaktpersonen auf dem Bauernhof.
- Fertigt Fotos und Skizzen an, sodass ihr euer Thema später anschaulich präsentieren könnt.

### 3. Schritt Auswertung und Präsentation

- Besprecht die Ergebnisse eurer Erkundung.
- Für die Präsentation könnt ihr eine Wandzeitung erstellen.

**M2** **Beim Interview mit der Bäuerin und dem Bauern**

**M3** **Interessante Themen für Fragen**

- Lage des Betriebes
- Naturraum (z.B. Boden, Niederschlag, Temperatur)
- Art des Betriebes (Ackerbau, Viehhaltung, konventionell oder ökologisch wirtschaftender Betrieb, Energiegewinnung, Tourismus-Angebote)
- Größe des Betriebes (z.B. Fläche in Hektar, Anzahl der Arbeitskräfte)
- anfallende Arbeiten zu welchen Jahreszeiten
- Maschinen und ihre Verwendung
- Mittel, um Erträge zu steigern (z.B. Dünger, besondere Pflanzen, Kraftfutter)
- Entwicklung des Betriebes (z.B. Spezialisierung, Intensivierung)
- mögliche Belastung der Umwelt (z.B. Gülle)
- Verkauf der Erzeugnisse (z.B. Hofladen)

**M1** **Skizze einer Schülerin zur Biogas-Nutzung auf einem Bauernhof**

**M4** Im Gärtank entsteht Biogas.

**M6** Gülle wird unter den Spaltenböden gesammelt.

**M5** Betriebsspiegel eines Bauernhofs

BETRIEBSSPIEGEL

Ort: _____

Straße, Haus-Nr.: _____

Anzahl der Gebäude: _____

Nutzung der Gebäude: _____

Arbeitskräfte: _____

Größe des Betriebs in ha: _____

Nutzung der Ackerflächen: _____

Tierbestand: _____

Maschinenbestand: _____

Biogasproduktion pro Jahr: _____

Stromerzeugung pro Jahr: _____

Wärmeerzeugung pro Jahr: _____

**M7** Im Bio-Heizkraftwerk verbrennt man das Biogas. Dadurch werden Strom und Wärme erzeugt.

## Aufgaben

❶ Warst du schon einmal auf einem Bauernhof? Berichte.

❷ Notiere, was dich am meisten bei einer Erkundung auf dem Bauernhof interessieren würde.

❸ a) Werte M1 aus.
  b) Recherchiere im Internet, welche Umweltprobleme Biogasanlagen verursachen (Suchbegriff: Umweltbundesamt Biogasanlagen).
  c) Welche Fragen zu diesem Thema interessieren dich? Erstelle eine Themenmappe mit deinen Fragen und den recherchierten Antworten (Internet).

❹ Ordne die Fotos M4, M6 und M7 den Ziffern 1 – 3 in der Abbildung M1 zu.

❺ Plant eine Erkundung auf einem Bauernhof. Berücksichtigt dazu die Schritte zur Erkundung.

*Wenn du diese Aufgaben erfolgreich bearbeitet hast, kannst du …*
… beschreiben, wie in einer Biogasanlage Strom und Wärme gewonnen werden.
… digitale Texte auswerten.

# Eine Wandzeitung gestalten

**M1** **Schülerinnen und Schüler erstellen eine Wandzeitung.**

Die Ergebnisse einer Erkundung kann man zum Beispiel mithilfe einer Wandzeitung darstellen. Am besten arbeitet man in Gruppen und gestaltet gemeinsam die Wandzeitung. Danach können die Wandzeitungen verglichen werden. Wie kann man Wandzeitungen erstellen und vergleichen? Diskutiert und legt fest, wie eine gute Wandzeitung aussieht.

**M2** **Checkliste**

1. Die Wandzeitung macht einen ordentlichen und übersichtlichen Eindruck.
2. Die Überschrift ist groß genug und gut lesbar.
3. Die Texte und Bilder passen zum Thema.
4. Alle Materialien haben eine Unter- oder Überschrift.
5. Die Texte sind sauber und fehlerfrei geschrieben.
6. Die Materialien und Texte sind ordentlich angeordnet und fehlerfrei geschrieben.

## Drei Schritte zum Anfertigen einer Wandzeitung

**1. Schritt** **Material beschaffen und anfertigen**

- Wählt ein Thema für eure Wandzeitung aus. Ein solches Thema kann zum Beispiel das Ergebnis der Erkundung eines Bauernhofes sein.
- Bildet Gruppen, die jeweils eine Wandzeitung gestalten.
- Überlegt in eurer Gruppe, welche Materialien auf eurer Wandzeitung gezeigt werden sollen.
- Fertigt nun die einzelnen Abschnitte der Wandzeitung an. Teilt euch dazu die Arbeit auf.
  - Wählt interessante Fotos aus. Fehlt ein Bild, könnt ihr eins zeichnen.
  - Arbeitet Informationen aus Texten heraus.
  - Schreibt selbst kurze Texte.
  - Fertigt Tabellen an.
  - Schreibt überall Unterschriften dazu.
  - Schreibt das Thema ganz oben auf das Tonpapier. Die Überschrift muss auffallen (große Schrift).

**2. Schritt** **Beiträge erstellen**

- Besorgt euch einen großen Bogen Karton oder ein größeres Stück von einer Tapetenrolle.
- Legt die einzelnen Darstellungen probeweise darauf.
- Klebt die Materialien anschließend auf.
- Weitere Hinweise oder Verbindungslinien zwischen Texten und Bildern könnt ihr direkt einzeichnen.
- Kontrolliert anhand der Checkliste (M2), ob ihr alle wichtigen Punkte berücksichtigt habt.

**3. Schritt** **Die Wandzeitung präsentieren**

Schreibt eure Namen auf die Wandzeitung und hängt sie an einer freien Stelle im Klassenraum oder an einer Stellwand auf.
Präsentiert sie anderen Schülerinnen und Schülern.

**M3** Beispiel für eine Wandzeitung

# Erkundung des Bauernhofes Rassel

Familie Rassel

Bildunterschrift?

Größe des Betriebes: 40 ha
Anbau: Gemüse (z. B. Salat, Lauch) und Kräuter
(z. B. Petersilie, Bohnenkraut), Weizen und Mais
Vieh: 30 Schweine, 310 Hühner
Maschinen: 2 Traktoren, 8 Spezialmaschinen
(z. B. Sämaschine, Hackmaschine)
Arbeitskräfte: Herr und Frau Rassel, 2 Hilfskräfte

Angaben zum Bauernhof

Bildunterschrift?

Die Hofkatze

|  | |
|---|---|
| 04:00 Uhr: | Aufstehen, Frühstück |
| 05:00 Uhr: | Beladen des Lieferwagens mit Gemüsekisten, Kräutern und Eierkartons |
| 06:00 Uhr: | Fahrt zum Wochenmarkt mit zwei Helferinnen, Aufbau des Verkaufsstandes |
| 07:00 bis 14:00 Uhr: | Verkauf auf dem Wochenmarkt |
| 14:00 Uhr: | Abbau des Verkaufsstandes, Rückfahrt zum Bauernhof |
| 14:45 Uhr: | Mittagessen, Mittagspause |
| 15:15 Uhr: | Unkraut jäten im Gemüsegarten |
| 18:00 Uhr: | Treffen mit anderen Landwirtinnen aus dem Dorf. Vorbereitung eines Grillfestes |
| 20.00 Uhr: | Nachrichten im Fernsehen schauen |
| 20:30 Uhr: | Wäsche bügeln |

Tagesablauf der Landwirtin Rassel an einem Montag im April, einem Markttag

Bildunterschrift?

Allessandro, Elfie, Sumaika, Tina
Klasse ..., Datum ...

## Aufgaben

❶ Gebt den drei Fotos in M3 eine Bildunterschrift.

❷ Begründet, ob ihr mit der Anordnung der Materialien in M3 einverstanden seid. Wenn nicht, was würdet ihr anders machen?

❸ Stellt euch vor, ihr würdet den Bauernhof Rassel erkunden.

Danach sollt ihr zum Themenbereich „Felder und Pflanzen" eine Wandzeitung gestalten.

a) Von welchen Pflanzen hättet ihr Fotos gemacht?

b) Welche Fragen hättet ihr Herrn und Frau Rassel gestellt?

# Intensive Tierhaltung in großen Ställen

In Deutschland werden jedes Jahr ungefähr 59 Millionen Schweine geschlachtet. Fast jedes zweite Schwein davon wird in Niedersachsen gemästet. Viele Verbraucher wünschen heute eine artgerechte Haltung der Nutztiere. Wie sieht die Schweinehaltung auf einem konventionell wirtschaftenden Bauernhof aus?

**M2 Schweinehaltung auf dem Hof Winghus**

## Auf einem Bauernhof in Lingen

Geht Bäuerin Winghus in den Stall, quiekt und grunzt es um sie herum aus 2 000 Schweineschnauzen. Sie und ihr Mann mästen Schweine. Sie betreiben **intensive Tierhaltung**.

Jeweils 20 Mastschweine sind in einer Mastbox untergebracht. Jede einzelne Box ist 5 mal 4 Meter groß. Die Mastschweine stehen nicht mehr wie früher auf Stroh, sondern auf Betonplatten mit Schlitzen. Müssen die Schweine mal, fällt das Gemisch aus Kot und Urin, die **Gülle**, durch den Spaltenboden in eine Sammelgrube. Diese befindet sich direkt unter den Schweinebuchten. Deshalb muss der Stall nicht ausgemistet werden. Das spart viel Arbeit.

> **INFO**
>
> Bei der **intensiven Tierhaltung** hält ein Betrieb sehr viele Tiere (z. B. Schweine, Hühner) in großen Ställen.

Das Ehepaar Winghus füttert die Mastschweine auch nicht mehr selbst. Das übernimmt ein Futterautomat, denn jedes Mastschwein hat einen kleinen Chip im Ohr. Daran erkennt der Futterautomat jedes einzelne Tier. Es bekommt dann automatisch genau die richtige Menge Kraftfutter.

Jeden Tag nehmen die Schweine um ungefähr 800 Gramm zu, bis sie das Schlachtgewicht erreicht haben. Frischwasser bekommen die Tiere an einer Tränkestation.

Die Art, wie Frau und Herr Winghus und fast alle anderen Schweinemäster die Tiere halten, hat Vorteile: Sie schaffen die Arbeit auf dem Hof allein. Zusätzliche Arbeitskräfte sind nicht notwendig. Das spart Geld. Sie können in nur rund sechs Monaten viele Tiere mästen und dann verkaufen. So kann viel Schweinefleisch zu einem günstigen Preis angeboten werden. Danach werden die Schweinebuchten gründlich gereinigt und neue Ferkel gekauft.

**M1 Eine Schweinemästerin berichtet.**

Wiebke Winghus aus Lingen in Niedersachsen: „Mein Mann und ich verdienen nur genug Geld zum Leben, weil wir viele Schweine mästen.

Der Verkaufspreis für die Mastschweine muss höher sein als die Produktionskosten.

Die Kosten für das Viehfutter und den Strom beispielsweise sind angestiegen.

Erst vor zwei Jahren haben wir einen neuen Schweinestall gebaut. Dafür haben wir uns Geld bei einer Bank geliehen. Das Geld müssen wir noch bis zum Jahr 2045 zurückzahlen."

**M3 So viel Platz hat ein Mastschwein.**

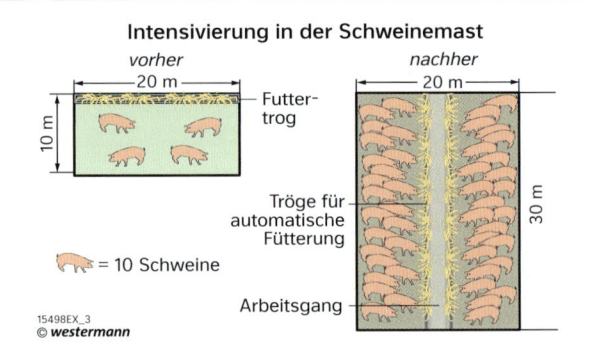

Laut Gesetz muss ein Mastschwein 0,75 Quadratmeter Platz haben. Das ist etwa die Fläche von zwölf DIN-A4-Blättern oder sechs aufgeschlagenen Gesellschaft-bewusst-Schulbüchern.

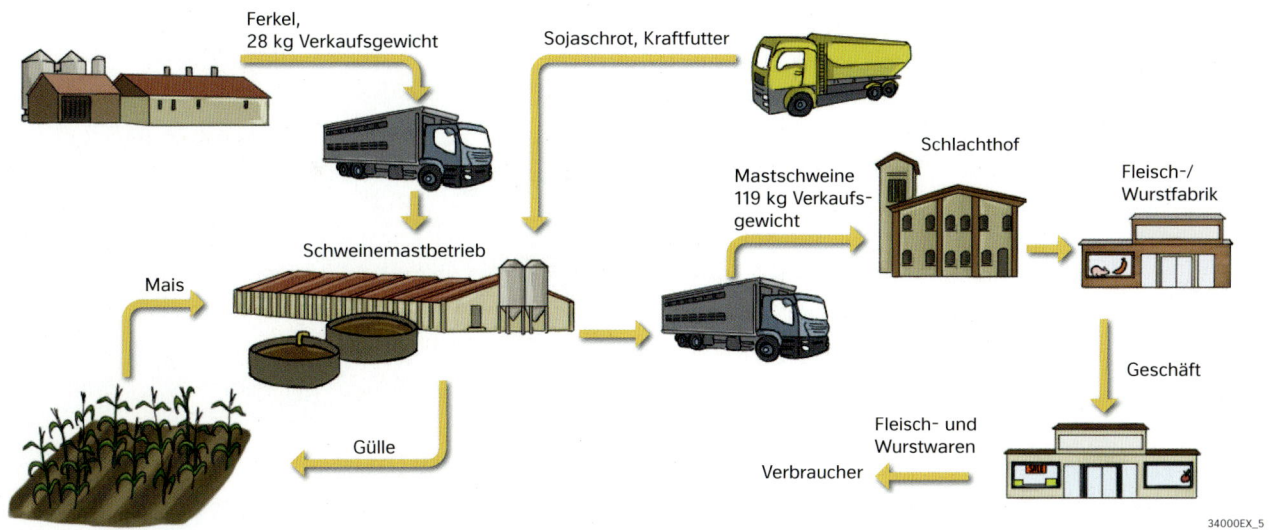

Ferkel,
28 kg Verkaufsgewicht

Sojaschrot, Kraftfutter

Schlachthof

Mastschweine
119 kg Verkaufs-
gewicht

Fleisch-/
Wurstfabrik

Schweinemastbetrieb

Mais

Gülle

Geschäft

Fleisch- und
Wurstwaren

Verbraucher

34000EX_5

M5 **So leben Schweine artgerecht.**

Schweine ...

... sind sehr neugierig. Mit ihren Rüsseln wühlen sie im Boden. Sie schieben Äste und Blätter beiseite, nehmen Grasbüschel oder Wurzeln ins Maul und kauen darauf herum.

... verbringen viel Zeit mit der Nahrungssuche.

... fressen alles. Sie ernähren sich von Laub, Gräsern, Samen, Würmern, Insekten und Aas (tote Tiere).

... suhlen sich gerne im Schlamm. Damit kühlen sie sich ab (Schweine können nicht schwitzen!) und entfernen Ungeziefer von der Haut. Später scheuern sie den angetrockneten Schlamm ab und pflegen so ihr Haut.

... sind reinliche Tiere. Sie setzen ihren Urin und Kot nicht dort ab, wo sie schlafen.

... schlafen nachts dicht beieinander.

M6 **Bei der intensiven Tierhaltung fällt Gülle in großen Mengen an.**

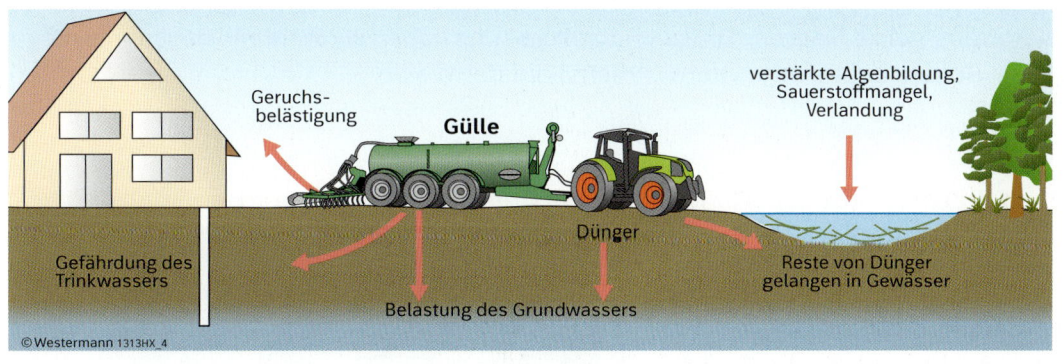

Geruchs-
belästigung

Gülle

verstärkte Algenbildung,
Sauerstoffmangel,
Verlandung

Dünger

Gefährdung des
Trinkwassers

Belastung des Grundwassers

Reste von Dünger
gelangen in Gewässer

© Westermann 1313HX_4

Moderne Güllewagen (wie hier dargestellt) verringern die Geruchsbelästigung, da sie die Gülle direkt in den Boden leiten. Sie sind allerdings teuer. Viele Bauern düngen daher noch mit alten Güllewagen und verstreuen die Gülle auf den Feldern.

## Aufgaben

**1** a) Beschreibe, wie das Ehepaar Winghus seine Schweine mästet (M2, Text).

b) Begründe, warum das Ehepaar Winghus so viele Mastschweine hält (M1, Text).

**2** Beschreibe den Weg vom Ferkel zum Verbraucher (M4).

**3** Die Gülle von Mastschweinen kann zu einem Problem werden. Erkläre (M6).

**4** Beurteile, ob die Schweine in Mastbetrieben wie dem Betrieb Winghus artgerecht gehalten werden (M1 – M3, M5, Text).

*Formulierungshilfe zu Aufgabe 3:*

Ein Problem ist, dass ...

Ein weiteres Problem ergibt sich, weil ...

Außerdem ...

*Wenn du diese Aufgaben erfolgreich bearbeitet hast, kannst du ...*
.... beschreiben, wie Schweine in der intensiven Tierhaltung gehalten werden.
... Vorteile und Nachteile der intensiven Tierhaltung nennen.
... die Fachbegriffe **intensive Tierhaltung** und **Gülle** erklären.

# Ökologische Landwirtschaft – eine Alternative?

Wir besuchen den Hof Icken in Geestland-Sievern (Landkreis Cuxhaven in Niedersachsen). Der Bauernhof ist ein Ökobetrieb. Er gehört der Familie Icken. Auch sie mästen Schweine. Der Betrieb sieht aber anders aus als der Betrieb Winghus in Lingen. Was macht Familie Icken anders als Familie Winghus?

**INFO**

Bei der **ökologischen Landwirtschaft** werden keine chemischen Pflanzenschutzmittel und kein Mineraldünger verwendet. Die Tiere werden an ihre natürlichen Lebensbedingungen angepasst gehalten. Das nennt man **artgerechte Tierhaltung**.

**M3** **Schweinehaltung auf dem Hof Icken**

**M1** **Ökolandwirt Icken im Gespräch**

*Herr Icken, Sie betreiben ökologische Landwirtschaft. Welche Tiere gibt es auf Ihrem Hof und wie halten Sie die Tiere?*
Wir haben Mastschweine und Milchkühe. Die Schweine sind das ganze Jahr über auf der Wiese. Dort haben wir Schutzhütten aufgestellt, in die sich die Tiere nachts oder bei schlechtem Wetter zurückziehen. Die Schweine finden auf der Weide das, was sie von Natur aus gerne fressen: Gras, Würmer und Samen im Boden. Zusätzlich füttern wir die Schweine mit grob gemahlenem Getreide und Ackerbohnen. Die Pflanzen bauen wir auf unseren Feldern an. In einem Jahr verkaufen wir etwa 80 bis 90 Schweine an einen Metzger in unserer Nähe.
*Können Sie von der Schweinemast allein leben?*
Nein. Deshalb halten wir noch 215 Milchkühe. Wir melken die Kühe jeden Tag morgens und abends. Auch die Kühe halten wir während des Jahres möglichst auf der Weide.

**M2** **Die Rinder leben meistens auf der Weide (A), ansonsten im offenen Stall (B).**

schueler.diercke.de | 100870-082-02, 100870-083-05

## Warum kostet ein Schweinekotelett im Hofladen so viel?

Herr Icken kauft von einem Ökobetrieb zwei- bis dreimal im Jahr 40 Ferkel, die er dann mästet. Ein Tier kostet ihn rund 160 Euro. Das ist mehr als doppelt so viel wie ein Ferkel aus einem konventionellen Ferkelzuchtbetrieb.

Es dauert ungefähr acht bis zehn Monate, bis die Tiere auf der Weide das Schlachtgewicht erreicht haben. Sie legen langsamer an Gewicht zu als konventionell gemästete Tiere, weil sie sich mehrere Stunden am Tag bewegen. Damit ein Schwein ein Kilogramm an Gewicht zunimmt, bekommt es vier Kilogramm Futter. Zum Vergleich: Bei der intensiven Tierhaltung und wenig Bewegung erhalten die Tiere nur 2,5 bis 3,0 Kilogramm Futter.

Herr Icken baut die Futterpflanzen, wie zum Beispiel Weizen oder Ackerbohnen, auf seinen eigenen Feldern an. Das ist sehr zeitaufwendig. Das Unkraut muss zum Beispiel mehrere Male mit einer Hackmaschine bekämpft werden. Mit chemischen Unkrautvernichtungsmitteln ginge das einfacher. Aber ein Ökolandwirt darf sie nicht verwenden. Ihm ist es auch verboten, die Felder mit Kunstdünger zu düngen. Auf einem Weizenfeld erntet er daher weniger als ein konventionell wirtschaftender Bauer.

### M6 Frau Icken im Hofladen

„Ich verkaufe das Fleisch und die Wurst unserer Schweine. Wir bieten aber zum Beispiel auch verschiedene Käsesorten an, die aus der Milch unserer Kühe gemacht werden. Den größten Teil unserer Milch verkaufen wir jedoch an eine Molkerei."

### M4 Wie teuer ist Schweinefleisch?

Was kostet Fleisch im Hofladen bei Familie Icken und konventionell erzeugtes Fleisch im Supermarkt? (Stand: 2020)

| Fleischsorte | Hof Icken (ökologisch erzeugt) | Supermarkt (konventionell erzeugt) |
|---|---|---|
| Kotelett | 18,90 €/kg | 4,30 – 5,70 €/kg |
| Schnitzel | 22,90 €/kg | 3,80 – 6,40 €/kg |
| Schweine- nacken | 20,90 €/kg | 3,80 – 6,00 €/kg |

### M5 Der Kreislauf der ökologischen Landwirtschaft

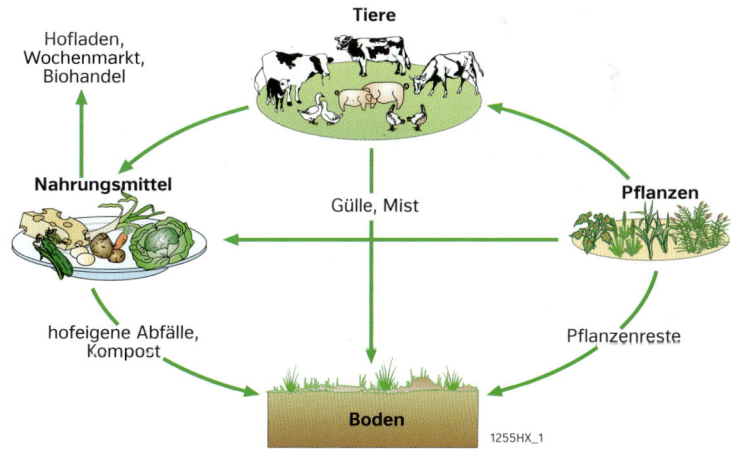

### Aufgaben

1 Beschreibe die Fotos in M2.

2 a) Vergleiche die Preise in M4.
   b) Nenne mögliche Gründe, warum Schweinefleisch im Hofladen Icken nicht zu einem niedrigeren Preis verkauft werden kann (Text, M1).

3 „Ich kaufe mein Fleisch im Hofladen Icken ein, weil die Tiere artgerecht gehalten werden." Was meinst du zu dieser Aussage einer Kundin (vgl. Seite 97 M5)?

4 Ⓦ Wähle aus:

A Erkläre den Kreislauf der ökologischen Landwirtschaft (M5).

B Zeichne mithilfe von M5 einen Kreislauf zum Hof Icken.

5 Fertige eine Wandzeitung zum Thema „Schweinehaltung auf einem herkömmlichen Hof und auf einem ökologisch wirtschaftenden Hof" an.

> *Wenn du diese Aufgaben erfolgreich bearbeitet hast, kannst du ...*
> ... beschreiben, wie ökologische Landwirtschaft betrieben wird.
> ... die Fachbegriffe **ökologische Landwirtschaft** und **artgerechte Tierhaltung** erklären.

# Gewusst? – Gekonnt!

Bewerte dich selbst mit dem Ampelsystem, das auf Seite 28 erklärt ist.

**M2** Zuckerrüben-Anbaugebiete in Deutschland

Legende:
- Hauptanbaugebiete für Zuckerrüben
- Löss
- Großlandschaften

2269EX_6
© Westermann

**M1** Getreidearten

Weizen

Roggen

Gerste

**1** Welche der drei Getreidearten kann von den folgenden Bauern angebaut werden? Erkläre, warum dies so ist.
a) Bauer Teichmanns Hof liegt in der Soester Börde.
b) Bauer Anders besitzt Ackerland in der Lüneburger Heide auf sandigen und wenig fruchtbaren Böden.
c) Bauer Birkenstock gehört Ackerland mit sandig-lehmigen Böden nördlich von Osnabrück.
*Schülerbuch, Seiten 78 – 79*

**2** a) Beschreibe die Lage der Hauptanbaugebiete für Zuckerrüben in Deutschland (M2).
b) Erkläre die Lage der Zuckerrübenanbaugebiete in Deutschland.
*Schülerbuch, Seiten 78 – 79, 87*

**M3** Buchstabensalat

URTATEPERM     NENSONSTREINAHLUNG
NEDBO     SCHIENDERGAL

**3** Hier geht es um die natürlichen Bedingungen für die landwirtschaftliche Nutzung. Die Buchstaben von vier Begriffen sind aber durcheinander geraten. Setze sie wieder richtig zusammen (M3).

**4** Ⓦ Arbeitet zu zweit.
**A** Begründe aus der Sicht eines Ökobauern, warum seine Produkte teurer sind als die Produkte eines Bauern, der konventionell wirtschaftet.
**B** Beurteile aus der Sicht eines Kunden, ob die Produkte aus der ökologischen Landwirtschaft gekauft werden.
*Schülerbuch, Seiten 98 – 99*

**M4** An der Mosel

**5** a) Beschreibe das Bild (M4).
  b) Erkläre, warum hier Wein angebaut wird.
  *Schülerbuch, Seiten 80 – 81*

**M5** Schemazeichnung des Moseltals

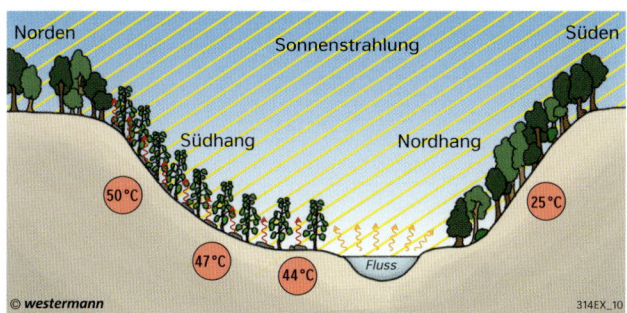

**6** Steile Hänge sind nicht immer ein Nachteil.
  Erkläre diese Aussage mithilfe von M5.
  *Schülerbuch, Seiten 80 – 81*

**7** a) Schreibe die Namen der Großlandschaften in
    Deutschland auf (M2).
  b) Ordne die Betriebe, die du in diesem Kapitel
    kennengelernt hast, den Großlandschaften zu.
  *Schülerbuch, Seiten 76 – 85, 96 – 99*

**M6** Grünlandwirtschaft in Norddeutschland

**8** Erkläre, welche natürlichen Voraussetzungen für die
  Grünlandwirtschaft gegeben sein müssen.
  *Schülerbuch, Seiten 82 – 83, 86*

**9** Richtig oder falsch?
  a) Entscheide, ob die Aussagen 1 – 8 richtig oder
    falsch sind. Die entsprechenden Buchstaben erge-
    ben ein Lösungswort.
  b) Korrigiere die falschen Aussagen.

| Aussagen | richtig | falsch |
|---|---|---|
| 1. Die Börden liegen in Süddeutsch-land. | B | A |
| 2. Lössboden entwickelte sich auf Gesteinsstaub, der in der Eiszeit angeweht wurde. | C | M |
| 3. Roggen hat einen geringen Nähr-stoff- und Wasserbedarf. | K | O |
| 4. Ein Winzer baut Zuckerrüben an. | F | E |
| 5. Der Raum um Köln ist ein Zentrum des Weinbaus. | B | R |
| 6. Spargel, Erdbeeren und Wein sind Sonderkulturen. | B | E |
| 7. An der Mosel wird Weizen ange-baut. | N | A |
| 8. Bei der intensiven Tierhaltung wird eine große Anzahl von Tieren auf engem Raum gehalten. | U | F |

## Fachbegriffe

| | | | |
|---|---|---|---|
| der Absatzmarkt | die Dreifelderwirtschaft | die intensive Tierhaltung | der Niederschlag |
| das Alpenvorland | die Düngung | die Intensivierung | die ökologische Landwirt-schaft |
| das Angebot | die Durchschnitts-temperatur | das Klima | die Saisonarbeitskraft |
| die Artenvielfalt | der Fruchtwechsel | der Löss | der Selbstvermarkter |
| die artgerechte Tier-haltung | die Großlandschaft | die Mechanisierung | die Sonderkultur |
| der Boden | die Grünlandwirtschaft | die Milchwirtschaft | die Spezialisierung |
| die Börde | die Gülle | das Mittelgebirge | die Temperatur |
| das Digital Farming | das Hochgebirge | der Monatsniederschlag | das Tiefland |
| | | die Nachfrage | |

WES-105332-101
westermann.de/webcode

# Ägypten – ein Geschenk des Nils

Was fällt dir ein, wenn du an Ägypten denkst? Wenn du ein Bild zu Ägypten zeichnen solltest, was würdest du zeichnen? Diskutiert in der Klasse, ob ihr dieselben Vorstellungen zu Ägypten habt. Warum habt ihr diese Vorstellungen?
In diesem Kapitel werdet ihr mehr über das alte Ägypten erfahren. Überdenkt eure Vorstellungen nach der Bearbeitung des Kapitels.
Ihr könnt einige Informationen über Ägypten aus dem Satellitenbild entnehmen. Was ist zu erkennen? Stellt euch gegenseitig Fragen und versucht sie zu beantworten.

rechts: Der Nil, von einem Satelliten aus betrachtet.
Der Nil hat zwei Quellflüsse, den Blauen und den Weißen Nil.
Der Blaue Nil entspringt im Gebirge in Äthiopien, der Weiße Nil
in den Gebirgen am Victoriasee in Uganda.

# Der Nil – Lebensader Ägyptens

Das Reich der Ägypter entstand vor 5 000 Jahren. Noch heute staunen wir über die riesigen Pyramiden und die geheimnisvollen Schriftzeichen, die die Ägypter hinterließen. Warum aber siedelten die Menschen nur entlang des Nils?

## M2 Ägyptische Schriftzeichen

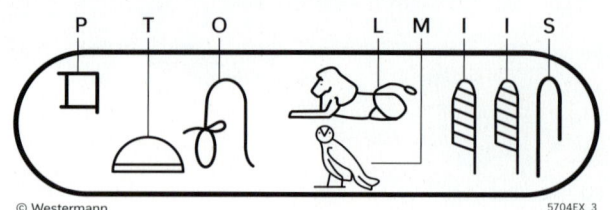

Dargestellt ist der Name des ägyptischen Pharaos Ptolemaios.

## Der Nil – ein besonderer Fluss

Der Nil ist über 6 600 km lang und gilt als der längste Fluss der Erde. Er hat zwei Quellflüsse: den Weißen Nil und den Blauen Nil.

Die Ägypter nannten die Wüste „rotes Land" und den schmalen Uferstreifen am Fluss „schwarzes Land". Der Name geht auf den dunklen und feuchten Nilschlamm zurück, der im Herbst nach dem jährlichen Hochwasser, der **Nilschwelle**, auf den Feldern zurückblieb. Im Gegensatz zum Sandboden der Wüste war der Nilschlamm fruchtbarer Ackerboden. Die Ägypter schöpften das Wasser des Nils mit Hebebäumen, den Schadufs, in Kanäle. Über die Kanäle gelangte das Wasser auf die Felder. Höher gelegene Felder waren mit Dämmen umgeben.

Die Höhe der Überschwemmung war nicht jedes Jahr gleich. War der Hochwasserstand zu niedrig, drohten Missernten und Hungersnot. War er zu hoch, bedrohte das Wasser die Siedlungen am Fluss.

Der Nilschlamm wurde auch dazu genutzt, Ziegel (Bausteine) herzustellen. Auf dem Nil wurden mit Schiffen Waren transportiert. Außerdem konnten die Ägypter am Nil Fischfang betreiben.

## M1 Der Flusslauf des Nils

fruchtbares Land

große Pyramiden

geschichtlich bedeutende Orte

## M3 „Jahreszeiten" am Nil

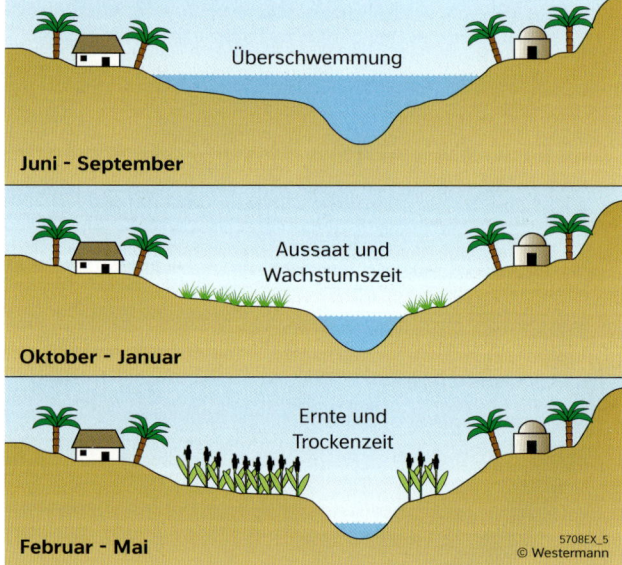

Früher richteten sich die Bauern bei der Arbeit auf den Feldern nach der Nilschwelle. Nach dem Rückgang des Hochwassers wurden die Felder neu vermessen. Mit Rindern und Hakenpflug bestellten die Ägypter nun ihre Felder und konnten das Saatgut aussäen. Bis zur Erntezeit im Frühjahr wurden die Felder bewässert. Die Bauern bauten die Getreidesorten Gerste und Weizen an.

Heute bearbeiten die meisten Bauern am Nil immer noch kleine Felder. Deshalb lohnt sich der Einsatz von Maschinen in der Regel nicht. Angebaut werden heute Dattelpalmen, Zuckerrohr, Linsen, Erbsen, Bananen und andere Früchte.

**M4** Assuan am Nil

Der Nil ist eine **Flussoase**. Nur auf dem schmalen Uferstreifen wachsen Pflanzen. In Ägypten reicht die Flussoase des Nils von Assuan bis zum Mittelmeer.

**M6** Quelle: Der griechische Geschichtsschreiber Herodot schrieb vor fast 2500 Jahren über Ägypten:

[Die Ägypter] bringen die Ernte mit weit geringerer Mühe vom Feld ein als alle anderen Menschen [...]. Wenn bei [ihnen] der Fluss von selbst kommt und die Felder bewässert und nach der Bewässerung wieder abfließt, dann besät ein jeder sein Feld und treibt die Schweine darauf. Wenn aber die Saat von diesen Schweinen eingestampft worden ist, wartet er bloß die Erntezeit ab, drischt sein Korn mit diesen Schweinen aus und fährt die Ernte ein.

Herodot: Historien – Buch II, Kapitel 14

**M5** Ackerbau mit Bewässerung

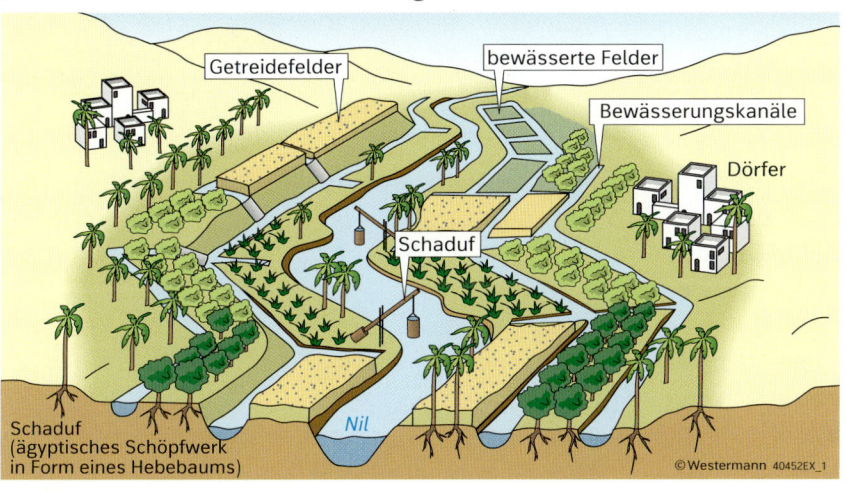

**M7** Heute befördern Motorpumpen das Wasser des Nils zu den höher gelegenen Bewässerungskanälen.

## Aufgaben

❶ Beschreibe das Bild (M4).

❷ a) Beschreibe die drei „Jahreszeiten" am Nil (M3).
b) Erkläre, wie die Bauern die drei „Jahreszeiten" nutzten.

❸ Beschreibe den Ackerbau am Nil früher und heute (M5, M7).

❹ Die Nilschwelle hatte Vor- und Nachteile (Text).

**A** Erstelle eine Tabelle mit den Vor- und Nachteilen.

**B** Erkläre die Vor- und Nachteile in einem Text.

❺ Erkläre, inwiefern der Nil eine Flussoase ist (M1, M4).

❻ Ⓩ Vergleiche die Aussagen des antiken Geschichtsschreibers Herodot (M6) mit den Informationen über den Ackerbau in den anderen Materialien.

*Formulierungshilfen zu Aufgabe 1:*
Im Vordergrund / im Mittelgrund / im Hintergrund sieht man ...
Es ist zu erkennen, dass ...
Auffällig ist, dass ...
Es wird deutlich, dass ...

*Wenn du diese Aufgaben erfolgreich bearbeitet hast, kannst du ...*
... den Ackerbau am Nil im alten Ägypten beschreiben.
... erklären, warum der Nil als Lebensader Ägyptens bezeichnet wird.
... die Fachbegriffe **Nilschwelle** und **Flussoase** erklären.

# Ein Schaubild erklären

In der ägyptischen Gesellschaft gab es große soziale Unterschiede. Diese kann man in einem Text erklären, man kann sie aber auch in einem Schaubild veranschaulichen. Wie erklärt man ein Schaubild? Wie ist ein Schaubild im Vergleich zu einem Text zu bewerten?

**M1** **Schaubild der ägyptischen Gesellschaft**

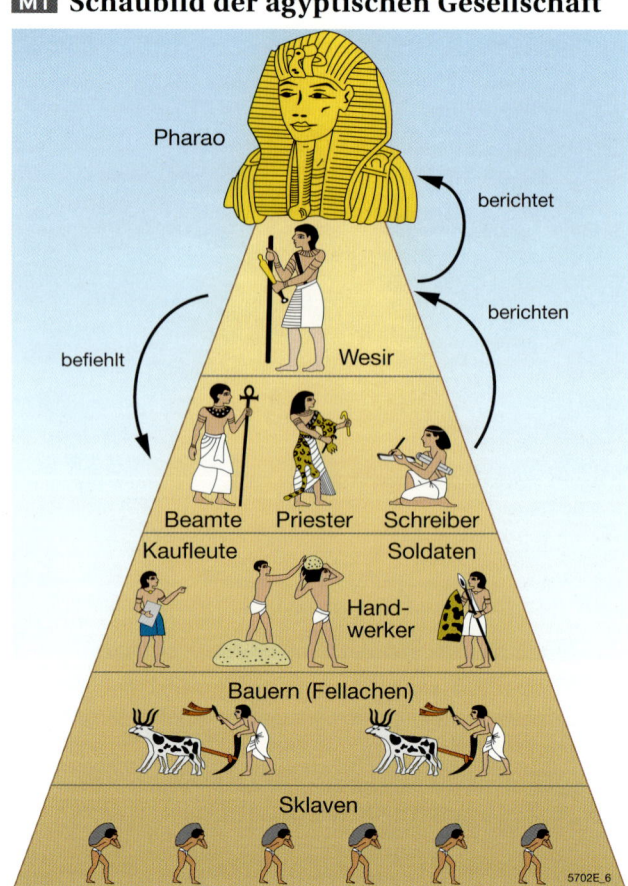

## Ein König an der Spitze der Gesellschaft

Der König, der später **Pharao** genannt wurde, war der Herrscher Ägyptens. Er war oberster Befehlshaber. Ihm gehörte das Land. In den Augen der Ägypter galt er als Vermittler zwischen den Göttern und den Menschen.

Der König war verantwortlich für die Ordnung in der Gesellschaft. Er musste die Versorgung der Menschen sicherstellen. Er musste Gefahren, Not und Chaos vom Land fernhalten. Er setzte die Steuern fest und ließ die Abgaben eintreiben, die die Bauern entrichten mussten. Ihm gegenüber waren alle zu Gehorsam verpflichtet.

## Beamte und Verwaltung

Der König brauchte eine straff organisierte Verwaltung, um das Land zu regieren. Sein oberster Stellvertreter war der Wesir. Er gab die Befehle des Königs an die vielen Beamten weiter. Er wachte über die Ausführung der Befehle.

Fähige Beamte konnten Karriere machen und in der Verwaltung aufsteigen. Die Ämter waren erblich und konnten vom Sohn übernommen werden.

## Das Volk führt Befehle aus

Bauern, Handwerker, Arbeiter und Kaufleute mussten die Befehle des Königs ausführen, ohne ein Mitspracherecht zu haben.

Allerdings hatten die Arbeiter ein Recht auf Arbeitsverträge. In ihnen wurden der Lohn und die Arbeitszeit festgelegt.

## Die Sklaven

Die meisten Sklaven waren Kriegsbeute aus den Kriegszügen der Ägypter. In allen großen Städten konnten die Ägypter aber auch Sklaven kaufen. Sklaven konnten als Soldaten, auf Baustellen oder in Bergwerken eingesetzt werden.

Die Sklavinnen arbeiteten als Dienerinnen in Privathaushalten.

## Fünf Schritte zur Auswertung eines Schaubildes

**1. Schritt:**
Nenne das Thema des Schaubildes (Über- oder Unterschrift).

**2. Schritt:**
Prüfe, ob eine Entwicklung oder ein Zustand dargestellt wird.

**3. Schritt:**
Ist das Schaubild in einer besonderen Form gestaltet? Falls ja, suche Gründe dafür.

**4. Schritt:**
Untersuche die Einzelheiten des Schaubildes. Vergleiche zum Beispiel die Größen der dargestellten Einzelheiten miteinander. Erkläre die Bedeutung von Pfeilen.

**5. Schritt:**
Fasse die Aussagen des Schaubildes in wenigen Sätzen zusammen.

**M2** **Auswertung des Schaubildes M1**

1. Das Thema des Schaubildes ist …

2. Das Schaubild gibt … wieder.

3. Die Form des Schaubildes ist …
   Diese Form verdeutlicht, dass …

4. Der Pharao …
   Es gibt … Figuren-Reihen.
   Die Zahl der Figuren in den Reihen …
   Die dargestellten Personen sind …
   Die Pfeile zeigen, wer …

5. Das Schaubild zeigt …
   Die Macht …

**M5** **Schriftzeichen der Ägypter: Hieroglyphen**

| Buchstabe | Zeichen | Buchstabe | Zeichen |
|---|---|---|---|
| a | | n | |
| b | | o | |
| c | | p | |
| d | | q | |
| e | | r | |
| f | | s, x, z | |
| g | | t | |
| h | | u, v, w | |
| i, j, y | | | |
| k | | Deutzeichen: | |
| l | | Pharao   Mann   Frau | |
| m | | | |

Das Wort „**Hieroglyphen**" bedeutet „heilige Schriftzeichen".

**M3** **Handwerker im alten Ägypten bei der Papierherstellung aus der Papyruspflanze**

22280EX_1
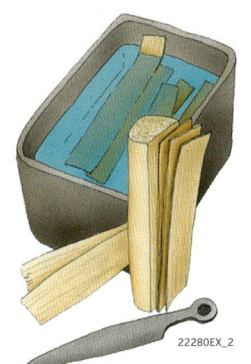
22280EX_2

22280EX_3

**M4** **Rolle aus Papyrus mit Schreibfeder**

Auf **Papyrus** war das Schreiben einfacher als auf Holz oder Ton. Außerdem ließen sich die Papyrusrollen besser transportieren.

Ein **Schaubild** ist eine Zeichnung, in der komplizierte Zusammenhänge vereinfacht dargestellt werden. Dabei spielen manchmal Begriffe, Farben, Pfeile und Größen eine Rolle.
Auch die äußere Form des Schaubildes kann zum Thema passen.

## Aufgaben

❶ Vergleiche das Schaubild (M1) mit den Informationen in den Texten.
   a) Welche Vorteile bietet das Schaubild?
   b) Welche Vorteile bieten die Texte?
   c) Beurteile, welche Bedeutung ein Schaubild als Informationsquelle haben kann.

❷ Werte die Schaubilder M1 (M2) und M3 mithilfe der fünf Schritte zur Auswertung eines Schaubildes aus.

❸ Beurteile die gesellschaftliche Ordnung im alten Ägypten im Vergleich zu unserer in Deutschland (M1).

> *Wenn du diese Aufgaben erfolgreich bearbeitet hast, kannst du …*
> … Schaubilder auswerten.
> … die gesellschaftliche Ordnung im alten Ägypten erklären.
> … die Fachbegriffe **Pharao**, **Papyrus** und **Hieroglyphen** erklären.

# Ägypten – eine Hochkultur am Nil

Lesen und schreiben zu können, ist für die meisten von uns heute selbstverständlich. Vor etwa 5 300 Jahren wurde im alten Ägypten eine Schrift erfunden. Die Schrift gilt als ein Merkmal einer Hochkultur. Welche weiteren Merkmale einer Hochkultur waren in Ägypten noch erfüllt?

**M2** **Die Pyramiden von Gizeh**

Monumentale Bauten sind ein Merkmal einer Hochkultur.

## Der Nil macht erfinderisch

Nach der alljährlichen Nilschwelle waren jedes Jahr die Grenzen der Felder verwischt. Aus diesem Grund mussten die Ägypter die Ackerflächen immer wieder neu vermessen. Diese Arbeit verrichteten Spezialisten, die sogenannten Seilspanner. Sie hießen so, weil sie mit Seilen die Äcker abgingen und die Grenzen der Felder festlegten. Ein Schreiber notierte dann die genauen Maße der Felder, denn daraus errechneten die Beamten die Höhe der Abgaben an den Pharao.

Auch für die Vorratshaltung des Pharaos war der Einsatz von schriftlichen Listen erforderlich. Die Erntemengen mussten notiert werden, damit der Pharao wusste, wie viel Getreide in den Speichern eingelagert werden konnte.

Der Pharao und seine höchsten Beamten nutzten die Schrift auch, um wichtige Befehle für den Bau von Kanälen und Deichen zu erteilen. Die Beamten vor Ort meldeten, ob die Befehle ausgeführt wurden. Das taten sie in schriftlicher Form.

## Ägypten, eine Hochkultur am Fluss

Ägypten zählt zu den Kulturen, die mit und von einem Fluss leben. Der fruchtbare Schlamm ermöglichte eine Landwirtschaft, die reiche Ernten brachte und viele Menschen ernähren konnte. Aber dafür mussten Bewässerungskanäle, Dämme und Deiche angelegt werden.

Für öffentliche Baumaßnahmen wurden Steuern erhoben. Diese mussten berechnet, eingetrieben und akzeptiert werden. Für Baumaßnahmen mussten viele fähige Arbeiter verfügbar sein.

Außerdem brauchte man Regeln, Recht und eine „Ordnung". Nur so war ein stabiles Zusammenleben möglich.

Die alten Ägypter entwickelten eine Gesellschaftsform mit einer hohen Arbeitsteilung. Das heißt, die Menschen spezialisierten sich in bestimmten Berufen.

Über allen jedoch stand der König, der später auch Pharao genannt wurde.

**M1** **Merkmale einer Hochkultur**

**Hochkulturen** waren Reiche, die wir für ihre Zeit als fortschrittlich beurteilen.

Zu einer Hochkultur gehören bestimmte Merkmale, wie zum Beispiel:
- Landwirtschaft, Handwerk und Arbeitsteilung,
- Entwicklung und Gebrauch einer Schrift,
- eine zentrale Verwaltung,
- eine gemeinsame Religion mit einer Priesterschaft,
- Kunst, Technik, Wissenschaft,
- und die Errichtung großer Bauwerke (Monumentalbauten).

**M3** **Der Gott Hapi**

Der Flussgott Hapi. Die Farbe Blau steht für das Wasser des Nils. Die Darstellung eines männlichen Gottes mit einer weiblichen Brust soll Fruchtbarkeit darstellen.

# Quellen und Darstellungen erschließen

Aus dem alten Ägypten sind bis heute Originalschriften erhalten. Sie sind wichtige **Quellen** für unsere Erkenntnisse über das Leben in der Vergangenheit. Forscherinnen und Forscher nutzen diese Quellen für ihre **Darstellungen** über das alte Ägypten. Um eine Quelle oder eine Darstellung richtig zu erschließen, solltest du schrittweise vorgehen.

**Quellen** stammen direkt aus der Vergangenheit. Mit ihrer Hilfe können wir wichtige Informationen über die Geschichte, zum Beispiel des alten Ägypten, erhalten. Zu den Quellen zählen zum Beispiel schriftliche Quellen wie Urkunden, Berichte, Briefe, religiöse Texte.
**Darstellungen** werden von modernen Forscherinnen und Forschern geschrieben. Im Gegensatz zu Quellen stammen Darstellungen also nicht aus der Vergangenheit, sondern sie berichten über die Vergangenheit.

## Vier Schritte zur Arbeit mit Quellen und Darstellungen

1. Schritt: Wer ist der Autor / die Autorin? Welche Informationen finden sich dazu im Text / in der Überschrift / in der Quellenangabe unter dem Text?
2. Schritt: Wann wurde der Text geschrieben und für wen?
3. Schritt: Was ist das Hauptthema? In welche inhaltlichen Schwerpunkte ist der Text unterteilt?
4. Schritt: Welche Absicht verfolgt der Autor oder die Autorin mit dem Text?

**M5** Auswertung der Quelle M4

1. Der Autor heißt … und war/ist …
2. Der Text stammt aus dem Jahr … und richtet sich an …
   Es handelt sich daher um eine Quelle/ Darstellung.
3. Der Text handelt von …
   Der Autor beschreibt …
4. Der Autor der Quelle / der Darstellung möchte mit seinem Text …

**M4** **Günter Burkard ist Professor für Ägyptologie an der Universität in München. Er schrieb 2008:**
Die zukünftigen Schreiber wurden als junge Männer in das „Haus der Lehre" gegeben, eine Schule. Dort lernten sie die Zeichen, lernten auch, in Briefen Beamte korrekt anzusprechen, ja lernten ganze Musterbriefe auswendig. Nach ihrer Ausbildung arbeiteten sie dann in der Verwaltung des Staates – und konnten dort Karriere machen, bis in höchste Positionen. […] [Man muss sich] Ägypten als ein Land vorstellen, in dem vor allem die Wände der Tempelgebäude über und über mit Hieroglyphen bedeckt waren – und fast niemand konnte es lesen.
GEO Epoche. Das Magazin für Geschichte: Das Alte Ägypten, Nr. 32. 2008, S. 46f.

**M6** **Der Schreiber Cheti belehrt seinen Sohn Pepi (um 1900 v. Chr.)**
Ich kann keinen Beruf erblicken, der dem des Schreibers ähnlich wäre; […] Der Beruf des Schreibers ist doch der höchste aller Berufe. […] Dagegen habe ich den Metallarbeiter bei seiner Arbeit gesehen, an der Öffnung seines Schmelzofens: seine Finger sind wie Krokodilleder, und er stinkt mehr als Fischlaich. […]
Merke: Es gibt keinen Beruf ohne einen Vorgesetzten, außer dem Schreiber – der ist der Vorgesetzte. Wenn du schreiben kannst, so wird das besser für dich sein als alle die Berufe, die ich dir vorgestellt habe.
Altägyptische Weisheit: Lehren für das Leben. Übersetzt von Hellmut Brunner. Artemis, Zürich/München 1988, S. 159ff.

## Aufgaben

❶ ⓦ Wähle aus:
A Liste Tätigkeiten in Ägypten auf, für die die Erfindung der Schrift eine große Hilfe war (Text).
B Erkläre, warum ein Staat wie das alte Ägypten eine Schrift brauchte (Text).
❷ Notiere, welche Merkmale einer Hochkultur auf Ägypten zutreffen (M1, M2, Text, S. 106 M1).
❸ Beurteile die kulturelle Leistung der Ägypter (M1, M2).

❹ Notiere Merkmale, die unsere heutige Kultur ausmachen (Internet: helles Köpfchen Kultur).
❺ Erschließe die Texte in M4 und M6 mithilfe von M5.
❻ ⓩ Befrage Menschen in deinem Umfeld, was sie an Ägypten besonders fasziniert.

*Wenn du diese Aufgaben erfolgreich bearbeitet hast, kannst du …*
… Merkmale einer Hochkultur nennen.
… erklären, inwiefern Ägypten eine Hochkultur war.
… Quellen und Darstellungen unterscheiden und auswerten.
… die Fachbegriffe **Hochkultur**, **Quelle** und **Darstellung** erklären.

# Alltagsleben im alten Ägypten

Sie soll besonders schön gewesen sein: Kleopatra. Sie badete in Esels- oder Stutenmilch und schminkte sich mit Lippenstift, Kajal und Lidschatten. Aber wie lebten ihre Untertanen?

**M1** Kleopatra

Kleopatra herrschte als letzte Königin des ägyptischen Reiches und gleichzeitig als letzter weiblicher Pharao von 51 v. Chr. bis 30 v. Chr.

**M3** Querschnitt durch das Haus eines reichen ägyptischen Ehepaares (um 1400 v. Chr.)

**Erarbeitet, wie die Menschen im alten Ägypten lebten. Entwickelt dazu eine Präsentation und stellt sie in der Klasse vor.**

## So lebten die Ägypter

In Ägypten gab es nur wenige große Städte. Dort wohnten der Pharao und seine reichen Beamten in ihren Palästen. Hier gab es auch riesige Tempelanlagen, in denen die Priester den Göttern dienten. Die meisten Menschen jedoch lebten als Bauern in den zahlreichen Dörfern entlang des Nils. Das Land, das sie beackerten, gehörte ihnen nicht. Es war das Eigentum des Pharaos und seiner königlichen Familie oder der Beamten oder Priester, denen er es geschenkt hatte.

Bildquellen zeigen, dass in der Familie die Kinder eine große Rolle spielten. Auf vielen Wandmalereien in den Gräbern finden sich Familienszenen. Die Söhne der reichen Familien erhielten Unterricht. Dadurch konnten sie später angesehene Berufe ausüben.
Die Kinder der Bauern mussten dagegen schon in jungen Jahren mitarbeiten: auf den Feldern oder bei der Versorgung der Tiere. Einige Töchter wurden auch Dienerinnen bei reichen Familien.

**M2** Ausgrabungsfunde

Brustschild mit Skarabäus, Sonnenscheibe und Halbmond

Ohrschmuck

Rasiermesser

Spiegel

Salbengefäß

Halsband mit Sonne, Skarabäen und Uräusschlange

Halskragen

### M4 Lehmziegelhaus einer reichen Familie

Papyrus, Totenbuch des Schreibers Nacht, ca. 1425 v. Chr.

### M6 Eine Dienerin schmückt drei Damen.

Wandmalerei, ca. 1400 v. Chr.

### M5 Wohnhäuser und Hütten

Die wohlhabenden Ägypter schmückten ihre Häuser prunkvoll und statteten sie mit teuren Möbeln aus. Die Wände waren farbig bemalt, die Böden waren mit bunten Fliesen belegt.

Die Wohnhäuser der Ägypter bestanden aus getrocknetem Nilschlamm, der zu Ziegeln verarbeitet wurde. Außen wurden die Ziegelwände mit Lehm bestrichen, um sie haltbar zu machen. Die Ziegel besaßen ein geringes Gewicht. Tagsüber speicherten sie die Wärme und gaben sie in den kühlen Nächten wieder nach innen ab.

Die Häuser der reichen Leute hatten einen schön gestalteten Garten und einen Keller. Dort befanden sich Vorratsräume für Lebensmittel und Arbeitsräume. Die Dächer hatten Windöffnungen für den kühlen Nordwind.

Die Bauern lebten in einfachen Hütten aus Schlammziegeln. In allen Häusern und Hütten waren die Fenster klein, damit nur wenig Sonne ins Haus scheinen konnte und es kühl in den Räumen blieb.

### M7 Kleidung und Schmuck

Kleidung und Schmuck zeigten, welcher Schicht eine Person angehörte. Die Bauern und Handwerker trugen grobes Leinen. Reiche Beamte kleideten sich kostbarer. Sie wollten den Göttern gefallen. Körperliche Reinheit und Hygiene waren den Ägyptern sehr wichtig. Jeder wusch sich täglich und entfernte die Haare auf dem Körper. Frauen und Männer trugen Make-up auf. Man schminkte sich vor allem die Augen und Augenbrauen. Anfangs geschah dies wahrscheinlich aus hygienischen Gründen und zum Schutz vor Insekten, später wegen der Schönheit. Man benutzte zum Schminken das Fett von Katzen, Nilpferden und Krokodilen. Es wurde vermischt mit zerriebenen Metallen oder Steinen. Bei festlichen Anlässen setzten Männer und Frauen Perücken auf. Sie färbten die Haare mit dem Blut von Tieren.

Schmuck war teuer und ein Zeichen von Reichtum. Manche Schmuckstücke wurden auch als Glücksbringer getragen, wie zum Beispiel der Skarabäus, die Darstellung eines Käfers.

### Tipps für die Erarbeitung

❶ Nennt Unterschiede zwischen verschiedenen Menschengruppen im alten Ägypten.

❷ Beschreibt die Wandmalerei (M6). Geht ein auf Kleidung, Schminke und Frisur (M7).

❸ Beschreibt das Leben im Haus eines reichen ägyptischen Ehepaares (M3).
   a) Beschreibt die Stockwerke.
   b) Schreibt die Gegenstände auf, die ihr erkennt.
   c) Schreibt die Tätigkeiten auf.

❹ Geht auf die sozialen Unterschiede ein (reiche und arme Bevölkerungsgruppen).
   Stellt euch dazu Fragen, wie zum Beispiel: Welche Kinder bekamen Unterricht? Wie wohnten die Menschen (M7)? Wer benutzte die Gegenstände in M2?

❺ Erstellt die Präsentation und legt fest, wie ihr euch das Präsentieren aufteilt.

*Wenn du diese Aufgaben erfolgreich bearbeitet hast, kannst du …*
… das Leben im alten Ägypten beschreiben.

# Die Bedeutung der Pyramiden

Vor 150 Jahren nahm ein Reisender eine **Mumie** als „Souvenir" aus Ägypten mit. Er öffnete sie und zerstörte sie dadurch. Warum faszinieren uns Mumien? Warum bauten die Ägypter mit einem solchen Aufwand Pyramiden? Wer baute die Pyramiden und waren es wirklich Sklaven, wie viele heute glauben?

Die Mumie wurde in einem Sarg beigesetzt.

**M2** **Der Eingang in die Cheops-Pyramide**

**Erarbeitet, wie und warum die Ägypter Pyramiden bauten. Entwickelt dazu eine Präsentation und stellt sie in der Klasse vor.**

**M1** **Die Cheops-Pyramide**

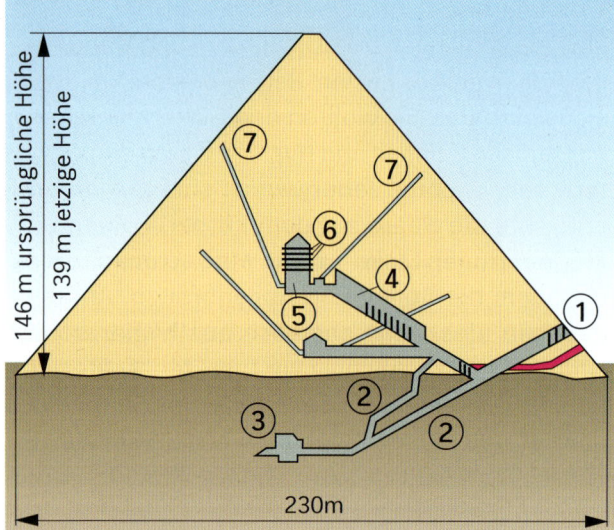

146 m ursprüngliche Höhe
139 m jetzige Höhe
230m

① Eingang mit Steinblöcken (gegen Grabräuber)
② Gang
③ unvollendete Grabkammer
④ große Halle
⑤ Grabkammer
⑥ Steindecke
⑦ sogenannter Luftschacht
roter Gang: Schacht der Grabräuber

Die Cheops-Pyramide ist die älteste und größte der drei Pyramiden von Gizeh und zählt zu den sieben Weltwundern der Antike. Sie wurde während der Regierungszeit von Cheops (2509 bis 2483 v. Chr.) gebaut.
Die Cheops-Pyramide besteht aus über 2 500 000 Kalksteinen. Die Grundfläche ist ein Quadrat. Jeder Stein wiegt etwa 2 500 Tonnen, so viel wie drei Kleinwagen. Die Steine waren so genau behauen, dass sie ohne Fugen aneinander- und aufeinanderpassten. Die Arbeiter waren täglich etwa zehn Stunden im Einsatz. Der Bau dauerte 30 Jahre.

## Zeugnisse der Hochkultur

Eindrucksvolle Zeugen der ägyptischen Hochkultur sind die Pyramiden, die gewaltigen Grabstätten der ägyptischen Königinnen und Könige. Die Ägypter verehrten die Pharaonen als Götter und glaubten an ein Weiterleben nach dem Tod. Durch die prächtige Ausstattung der Grabstätten und kostbare Grabbeigaben sollten die Pharaonen gnädig gestimmt werden und im Jenseits weiter für ihr Volk sorgen. Die Pyramiden liegen am Rand der Niloase. Dort enden die Felder und die Wüste beginnt. Über den Bau der Pyramiden gibt es keine zeitgenössischen Berichte. Daher weiß man nicht genau, wie sie gebaut wurden. Heute gibt es noch etwa 30 Pyramiden.

**M3** **Rätsel der Cheops-Pyramide**

Die Cheops-Pyramide gibt Forscherinnen und Forschern auch heute noch Rätsel auf. Sie „durchleuchteten" die Pyramide mit speziellen Strahlen und fanden einen mindestens 30 Meter langen Hohlraum. Es ist allerdings unklar, was sich darin verbirgt und wozu er angelegt wurde.
Dieser Hohlraum soll die Entdeckung des Jahrhunderts sein. Das meint der **Archäologe** Yukinori Kawae. Archäologen erforschen die Lebenswelten vergangener Zeiten. Sie haben sich auf bestimmte Phasen der Vergangenheit spezialisiert, so wie Kawae. Er untersucht die Pyramiden in Ägypten und hofft, auch das Rätsel des Hohlraums zu lösen.

**INTERNET**

Suchbegriffe: → nationalgeographic mysteriöser Hohlraum Cheops Pyramide

Die Ägypter bauten die Pyramiden ohne moderne Technik. Wie sie genau bauten, weiß bis heute niemand. So könnte es gewesen sein.

**M5** **Die Bedeutung der Pyramiden**

In den größten Pyramiden sind über 2,5 Millionen Steinblöcke mit einem Mindestgewicht von 2,5 Tonnen pro Block verbaut. Würde man heute mit den derzeitigen technischen Hilfsmitteln eine Pyramide bauen, wäre man mindestens fünf Jahre damit beschäftigt. Warum haben die alten Ägypter so einen Aufwand betrieben? Die Pyramiden waren mehr als ein Bauwerk. Sie waren die Grabstätten der Pharaonen. Der verstorbene Pharao lebte nach der Vorstellung der alten Ägypter als Gott weiter in der Pyramide.

Für den Bau der Pyramiden brauchte man Spezialisten. Es gibt keine schriftlichen Aufzeichnungen darüber, wie der Bau geplant und durchgeführt wurde. Der Bau war eine Art Gottesdienst für die Menschen und darüber berichtete man nicht. Das ist auch der Grund, warum man nicht Sklaven beschäftigte. Auf der Baustelle waren 5000 Arbeiter tätig, in den Steinbrüchen 10000, bei der Wartung der Werkzeuge 1000, beim Transport der Steinblöcke 5000 und 5000 (Bäcker, Köche) kümmerten sich um die Versorgung der Arbeiter.

Die Pyramiden sind eine bautechnische Meisterleistung. Die Steinblöcke sind millimetergenau geschlagen. Die Fundamente sind fast millimetergenau in der Waagerechten. Auch die rechten Winkel stimmen genau.

**INFO**

Die Bezeichnung „**Mumie**" leitet sich vom persischen Wort „mumia" ab (= Erdpech, Bitumen, Asphalt). Mumien sind die Überreste von menschlichen oder tierischen Körpern, die durch besondere Verfahren (Mumifizierung) nicht verwesen.

**Tipps für die Erarbeitung**

❶ Vergleicht die Maße der Cheops-Pyramide mit den Maßen eurer Schule.

❷ Beschreibt die Tätigkeiten der Pyramidenbauer und nennt ihre Hilfsmittel (M4, M5).

❸ Erklärt, warum und von wem die Pyramiden erbaut wurden (M5, Text).

❹ Berichtet über die Cheops-Pyramide (M1, M2, M3).

❺ Erstellt die Präsentation und legt fest, wie ihr euch das Präsentieren aufteilt.

*Wenn du diese Aufgaben erfolgreich bearbeitet hast, kannst du …*
… die Bedeutung der Pyramiden erklären.
… die Fachbegriffe **Mumie** und **Archäologe** erklären.

# Gewusst? – Gekonnt!

Bewerte dich selbst mit dem Ampelsystem, das auf Seite 28 erklärt ist.

**❶** a) Beschreibe das Bild (M3).

b) Ägypten – ein Geschenk des Nils. Nimm Stellung zu dieser Aussage.
*Schülerbuch, Seiten 104 – 105*

**M3** **Am Nil in Ägypten**

**M1** **Bewässerung der Felder am Nil im alten Ägypten**

**❷** Erkläre mithilfe von M1, wie die Menschen am Nil früher ihre Felder bewässerten.
*Schülerbuch, Seite 105*

**M2** **Die Mitglieder der ägyptischen Gesellschaft**

Handwerker    Bauern    Wesir    Pharao    Kaufleute    Beamte

4387E_1

**❸** Zeichne mithilfe von M2 den Aufbau der Gesellschaft im alten Ägypten.
*Schülerbuch, Seite 106*

**M4** **Quelle: Gesang an den Nil (Cheti, ca. 1500 v. Chr.)**

Sei gegrüßt, Nil, hervorgegangen aus der Erde, [...] gekommen, um Ägypten am Leben zu erhalten! Der auch die Bergländer sättigt, die fern vom Wasser sind. [...]
Herr der Fische, der die Zugvögel stromauf ziehen lässt. [...] Der Nahrung bringt, reich an Speisen, Schöpfer alles Gereiften.

Jan Assmann (Hrsg. und Übersetzer): Ägyptische Hymnen und Gebete, Göttingen 1999, S. 540f.

**❹** Erschließe die Textquelle (M4).
*Schülerbuch, Seite 109*

**M5** **Aus einem Prospekt?**

In einem Prospekt für eine Ägypten-Rundreise liest ein Kunde folgende Information: „Wir stellen Ihnen einen ausgezeichneten Reiseführer zur Verfügung, der auch einen Überblick über die ägyptische Hochkultur gibt." Der Kunde überfliegt den Text, runzelt die Stirn und wird stutzig. Er beschließt, die Reise nicht bei diesem Reiseveranstalter zu buchen.

„In Ägypten waren alle Menschen gleichgestellt. Am Pyramidenbau waren deshalb alle Ägypter gleichermaßen beteiligt. Die Asche der verstorbenen Pharaonen wurde auf die Äcker gestreut, um den Boden fruchtbarer zu machen. Alle Kinder gingen zur Schule und schrieben mit einem Griffel auf Schiefertafeln. Die übergroßen Fenster boten einen fantastischen Blick auf den Nil."

**❺** Lies den Text (M5) genau durch. Begründe, warum der Kunde die Reise nicht bei diesem Reiseveranstalter buchen möchte.

**M6** **Wandmalerei aus dem Grab des Schreibers Menna (um 1390 v. Chr.)**

❽ Beschreibe, was in der Wandmalerei in M6 zu sehen ist.
*Schülerbuch, Seiten 104 – 105*

**M7** **Wasser für den Nil und die Wasserstände des Nils im Jahresverlauf**

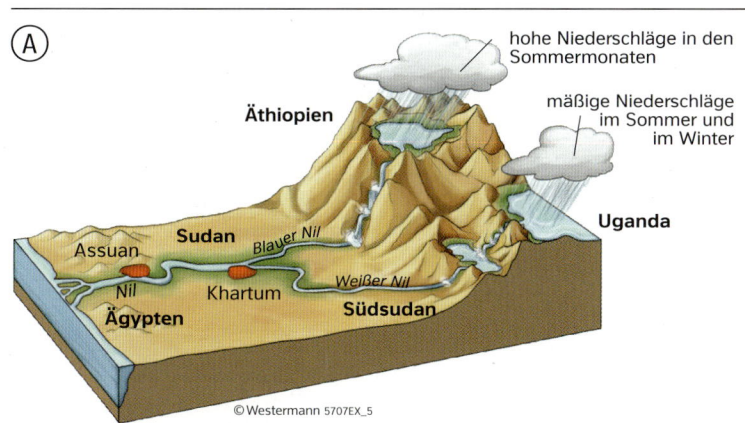

Ⓐ

hohe Niederschläge in den Sommermonaten

mäßige Niederschläge im Sommer und im Winter

Äthiopien

Uganda

Sudan
Assuan Blauer Nil
Nil Khartum Weißer Nil
Ägypten Südsudan

© Westermann 5707EX_5

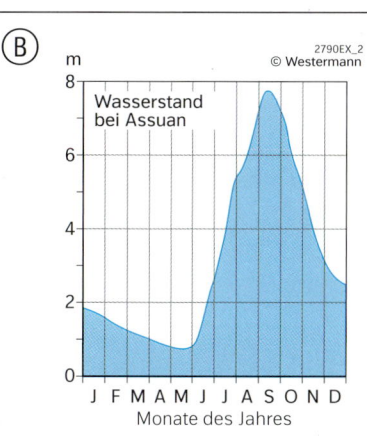

Ⓑ

m
2790EX_2
© Westermann

Wasserstand bei Assuan

J F M A M J J A S O N D
Monate des Jahres

❻ a) Lies den Wasserstand im Mai (M) und im September (S) ab (M7 Ⓑ). Berechne den Unterschied.
b) Erkläre, wodurch der Anstieg des Wasserstands in Assuan verursacht wird (M7 Ⓐ).
c) Erkläre, wie sich die Wasserstände auf die Landwirtschaft in Ägypten auswirkten.
d) Vergleiche die Jahreszeiten im alten Ägypten mit den Jahreszeiten bei uns.
*Schülerbuch, Seite 104*

**M8** **Papyrus**

Vom Wort „Papyrus" stammt das Wort „Papier" ab.

❼ a) Erläutere am Beispiel von Ägypten, was eine Hochkultur ist.
b) Begründe, inwiefern M8 ein Hinweis darauf ist, dass Ägypten eine Hochkultur war.
*Schülerbuch, Seite 108*

## Fachbegriffe

| | | | |
|---|---|---|---|
| der Archäologe | die Hieroglyphen | die Nilschwelle | die Quelle |
| die Darstellung | die Hochkultur | der Papyrus | |
| die Flussoase | die Mumie | der Pharao | |

WES-105332-115
westermann.de/webcode

# Leben im antiken Griechenland

Touristen fahren heute meistens aus
zwei Gründen nach Griechenland:
erstens, um einen Badeurlaub zu
genießen, und zweitens, um die antiken
Sehenswürdigkeiten zu besichtigen.
Die Akropolis in Athen ist wohl die
bekannteste Sehenswürdigkeit in
Griechenland.
Welche Fragen würdest du einem
Touristenführer stellen?
Und was vermutest du:
Warum beschäftigen wir uns heute noch
mit dem antiken Griechenland?

rechts: Der Parthenon-Tempel auf der Akropolis in Athen
(ab 447 v. Chr. errichtet)

# Griechische Stadtstaaten

Vielleicht warst du schon einmal in Griechenland oder hast Bilder von Tempeln und Statuen aus dem alten Griechenland gesehen. Wie lebten die Menschen dort, als diese Bauwerke entstanden?

**M2 Die griechischen Poleis**

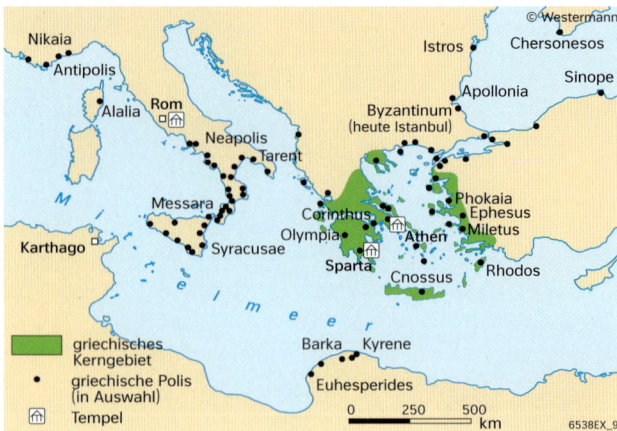

Der griechische Philosoph Platon sagte: „Wir sitzen wie Frösche um einen Teich."

## Die Polis – jede für sich und alle zusammen

Die Geschichte der griechischen **Polis** (Mehrzahl Poleis) beginnt schon im 8. Jahrhundert v. Chr. Der Begriff „Polis" bezeichnet die Stadt selbst, aber auch das ländliche Gebiet, das zu ihr gehörte. In den meisten Poleis lebten jedoch nur einige Hundert Menschen. In den Poleis gab es Tempelanlagen, Theater und Bäder. Jede Polis hatte eine Agora, einen großen Platz im Stadtzentrum. Auf der Agora fanden Märkte und wichtige politische Versammlungen statt. Im alten Griechenland gab es mehrere Hundert Poleis, die alle kleine Staaten mit ihren eigenen Regeln waren. Die Poleis lagen in den fruchtbaren Tälern Griechenlands, rund um das Meer. Wegen der vielen hohen Berge hatten sie untereinander vor allem auf dem Seeweg Kontakt. Auch wenn die Griechen in verschiedenen Poleis lebten, sahen sie sich dennoch als ein Volk an. Dafür gab es viele Gründe. Für alle Griechen war die Seefahrt von großer Bedeutung. Sie bauten Oliven und Wein an und hielten Tiere. Auch sprachen sie dieselbe Sprache, nämlich Griechisch, und benutzten dieselbe Schrift. Außerdem erzählten sie sich die gleichen Sagen und Heldengeschichten und verehrten dieselben Götter, zum Beispiel Zeus und Athene.

**M1 Die Polis Athen**

**M3** **Der Parthenon-Tempel**

Der Parthenon-Tempel auf der Akropolis in Athen war der Göttin Athene geweiht (ab 447 n. Chr. errichtet).

**M4** **Das Gebiet der Polis Sparta**

Die Spartanerinnen und Spartaner wanderten aus Gebieten im Nordwesten von Griechenland ein. Sie eroberten zuerst das Tal entlang des Flusses Eurotas, dann weitere Gebiete. Sie gründeten um 900 v. Chr. die Polis Sparta. Diese bestand aus fünf kleinen Dörfern.

▮ eroberte Gebiete

## Die Polis Athen

Athen ist auch heute noch die Hauptstadt Griechenlands und ihre Bedeutung reicht bis in die **Antike** zurück.

Als größte Polis umfasste Athen die Halbinsel Attika und die Insel Salamis. Besonders wegen seiner Flotte war Athen mächtig. Um das Jahr 466 v. Chr. gelang es den Athenern in der Schlacht von Salamis, einen Angriff der Perser abzuwehren. Seitdem hatte Athen die Vorherrschaft über Griechenland und konnte über andere Stadtstaaten bestimmen. Athen war auch ein bedeutendes Zentrum von Kunst und Kultur.

Konkurrenz hatte Athen jedoch auch: Auf der Halbinsel Peloponnes lag Sparta, das sich in einigen Dingen von Athen unterschied. Die spartanische Gesellschaft war sehr streng organisiert und das Leben der Spartaner war ganz auf den Krieg ausgerichtet. Sparta besiegte Athen im Peloponnesischen Krieg (431 – 404 v. Chr.). Nun war Sparta für einige Zeit die mächtigste griechische Polis.

**M5** **Athene, die Schutzgöttin von Athen**

So könnte es damals im Inneren des Tempels ausgesehen haben.

## Aufgaben

❶ Liste auf, was die Einwohner der verschiedenen Poleis miteinander verband (Text).

❷ Was wurde in der Polis Athen produziert? Schreibe einen Infotext (M1).

❸ Erkläre die Aussage des Philosophen Platon (M2).

❹ Ⓦ Arbeite mit M3 und M5.

A Beschreibe den Tempel und die Statue. Wie wird die Göttin dargestellt?

B Recherchiere im Internet und verfasse einen Lexikonartikel über den Parthenon-Tempel oder über die Göttin Athene.

❺ Ⓩ Das Wort „Politik" kommt von Polis. Recherchiere, wie diese Begriffe zusammenhängen könnten (Internet).

*Formulierungshilfen zu Aufgabe 5:*
Das Wort „Politik" bedeutet ursprünglich …
Es könnte mit dem Wort „Polis" zusammenhängen, weil …
Die Worte haben gemeinsam, dass …

*Wenn du diese Aufgaben erfolgreich bearbeitet hast, kannst du …*
… die griechische Polis beschreiben.
… erklären, weshalb sich die Griechen als ein Volk begriffen.
… die Fachbegriffe **Antike** und **Polis** erklären.

# Anfänge der Demokratie in Athen

**M1** So könnte die Volksversammlung in Athen stattgefunden haben.

Demokratie bedeutet „Herrschaft des Volkes" – sie wurde in Athen „erfunden". Wie kam es dazu? Und wer konnte in der antiken Demokratie mitbestimmen?

**M2** Quelle: Rede über Demokratie (Perikles, 431 v. Chr.)

Unsere Staatsform heißt Demokratie, weil bei uns nicht einer bestimmt, sondern die Mehrheit des Volkes entscheidet.
Bei uns nennt man jemanden, der nicht an der Volksversammlung teilnimmt, nicht untätig, sondern unnütz.

Nach: Thukydides. Geschichte des Peloponnesischen Krieges

**M3** Tonscherbe

In diese Tonscherbe ist der Name des griechischen Politikers Themisthokles (5. Jh. v. Chr.) eingeritzt.

**M4** Das Scherbengericht

Das von der Volksversammlung abgehaltene Scherbengericht verbannte schlechte Politiker für zehn Jahre, wenn mindestens 6000 Tonscherben mit dem Namen des Politikers abgegeben wurden.

## Die Mehrheit entscheidet

Auf dem Versammlungshügel treffen nach und nach Tausende von Männern ein. Ob Perikles sich in dieser **Volksversammlung** wieder durchsetzen wird? Er ist einer der berühmtesten Politiker Athens und einer der zehn militärischen Führer. Er will, dass ein von Feinden zerstörter Tempel mit Staatsgeldern wieder aufgebaut wird. Plötzlich verstummen die Gespräche. Alle blicken zur Rednertribüne. Der Vorsitzende eröffnet die Versammlung.

Sklaven mit rot eingeschmierten Seilen werden ausgeschickt, um Nachzügler herbeizutreiben. Wer einen roten Fleck auf der Kleidung hat, muss eine Strafe zahlen. Der Vorsitzende gibt Perikles das Wort. Dieser setzt den Myrtenkranz der Redner auf. Dann spricht er zur Versammlung.

Doch so leicht sind die Männer nicht zu überzeugen. Eine Gruppe hat einen besonders begabten Redner bezahlt, der jetzt gegen Perikles spricht. Eine hitzige Redeschlacht entwickelt sich. Jeder Redner hat nur eine bestimmte Redezeit. Sie wird mit einer Wasseruhr kontrolliert.

Schließlich ruft der Vorsitzende zur Abstimmung auf. Jeder Bürger wirft einen roten oder schwarzen Stein in eine Urne. Mit diesen Stimmsteinen wählen die Männer, wenn es auf jede Stimme ankommt. Normalerweise hebt man bei Abstimmungen nur den Arm, wenn man für eine Sache ist. Dann wird die Zahl der erhobenen Arme geschätzt.

**M5** **Mitbestimmung der Bürger in Athen im 5. Jahrhundert v. Chr.**

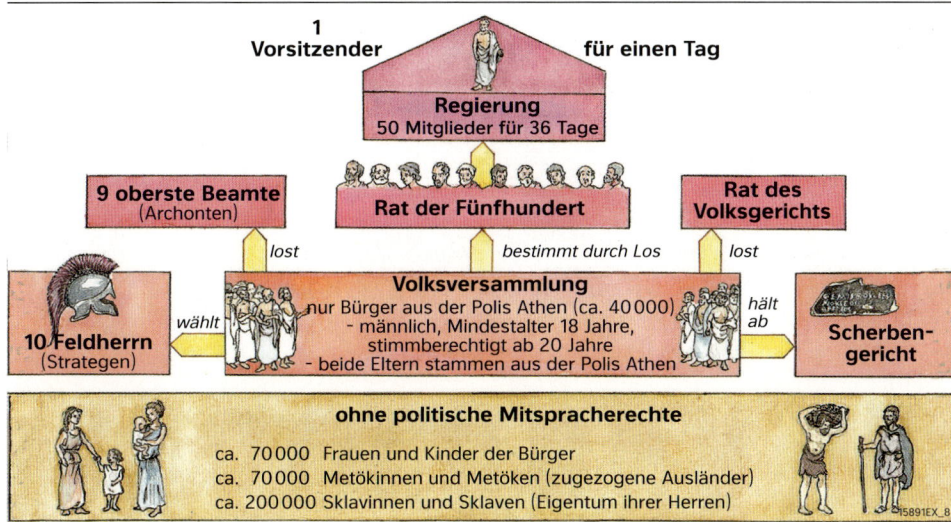

### Anfänge der Demokratie

Athen war nicht von Anfang an eine Demokratie. Erst im Jahr 507 v. Chr. beendete der adlige Politiker Kleisthenes die Machtkämpfe innerhalb der Polis. Er legte die Grundlage für die neue Ordnung der Gesellschaft. Von nun an bekamen die Bürger selbst die Macht, wichtige Entscheidungen für ihren Stadtstaat zu treffen. Diese Herrschaftsform nannten sie **Demokratie** (Volksherrschaft).

Jeder freie Bürger konnte an der Volksversammlung teilnehmen. Dort wurde über Krieg und Frieden entschieden, über Gesetze und über die Staatsausgaben. Die Beschlüsse der Volksversammlung wurden von der Regierung ausgeführt.

Die Männer für alle wichtigen Ämter wurden ausgelost oder gewählt. Sie mussten sich vor dem Volk für ihre Arbeit verantworten. Waren die Bürger mit der Arbeit eines Politikers nicht zufrieden, dann konnten sie ihn in die Verbannung schicken. Zu diesem Zweck gab es das **Scherbengericht**.

**M6** **Demokratie in Deutschland heute: Aus dem Grundgesetz der Bundesrepublik Deutschland**

**Artikel 3** Alle Menschen sind vor dem Gesetz gleich. Männer und Frauen sind gleichberechtigt. Niemand darf [...] benachteiligt oder bevorzugt werden.

**Artikel 20** (2) Die Staatsgewalt geht vom Volke aus. Sie wird vom Volke in Wahlen und Abstimmungen und durch besondere Organe der Gesetzgebung, der vollziehenden Gewalt und der Rechtsprechung ausgeübt.

**Artikel 38** (1) Die Abgeordneten des deutschen Bundestages [...] sind Vertreter des ganzen deutschen Volkes.

Am 23. Mai 1949 wurde das Grundgesetz der Bundesrepublik Deutschland verkündet und bildet seit über 70 Jahren das Fundament unserer Demokratie.

### Aufgaben

1. Stelle in Stichpunkten dar, wie eine Volksversammlung ablief (Text).
2. Ⓦ Wähle aus:
   A. Beschreibe in eigenen Worten das Scherbengericht (M4, Text).
   B. Beschreibe das Schaubild in M5. Wer galt als Bürger und durfte mitbestimmen, wer nicht?
3. Erläutere den Begriff „Demokratie" anhand des Beispiels Athen (M1, M5, Text).
4. Erkläre, warum Perikles jemanden, der nicht an der Volksversammlung teilnimmt, als unnütz bezeichnet (M2).
5. Ⓩ Liste Gemeinsamkeiten und Unterschiede zwischen der Demokratie im alten Griechenland und der Demokratie in Deutschland auf und stelle sie einander gegenüber (M5, M6, Text).
6. Ⓩ Beurteile, ob es sich bei der Demokratie von Athen um eine „Herrschaft des Volkes" handelte.

*Wenn du diese Aufgaben erfolgreich bearbeitet hast, kannst du ...*
... die Demokratie in Athen beschreiben.
... das Mitbestimmungsrecht verschiedener Gruppen in Athen beurteilen.
... die Begriffe **Volksversammlung**, **Demokratie** und **Scherbengericht** erklären.

**M1** **Der Marktplatz (Agora) von Athen (heutige Zeichnung)**

Der Marktplatz war mehr als ein Handelsplatz. Hier kamen die unterschiedlichsten Menschen zusammen.

Manches am Alltag der Griechen ähnelt unserem heutigen Leben. Die Menschen gingen unterschiedlichen Berufen nach und trieben Handel. Vieles war aber auch ganz anders, zum Beispiel gab es in Athen nicht nur freie Menschen, sondern auch Sklaven. Wie lebten die Menschen in der Polis Athen?

**M2** **Sklaven fördern und bearbeiten silberhaltiges Gestein.**

**Erarbeitet, wie die Menschen in der Polis Athen lebten.**
**Erstellt eine Präsentation, zum Beispiel eine Wandzeitung, und stellt sie in der Klasse vor (vgl. S 94).**

### Athen – ein lebendiges Handelszentrum

Die Bauern der Polis Athen bauten vor allem Getreide, Wein und Oliven an. Die Ernten reichten jedoch nicht aus, um alle 380 000 Menschen zu ernähren. Getreide und andere lebenswichtige Güter mussten importiert werden. Die selbstständigen Handwerker verkauften ihre Waren, wie Töpfe, Becher oder Schwerter, auf dem Markt (der Agora) oder an Großhändler. Diese handelten damit im ganzen Mittelmeerraum. Einige von ihnen wurden dabei sehr reich. Viele Athener aber waren arm. Sie arbeiteten als Tagelöhner. Sie waren als Lastenträger, als Hilfsarbeiter beim Bau oder als Ruderer auf den Schiffen beschäftigt.

### Menschen als Besitz

Die Mehrheit der Bevölkerung in Athen bestand aus **Sklavinnen** und **Sklaven**. Ihre Kinder wurden als Sklaven geboren. Sklaven waren Kriegsgefangene oder wurden gekauft und weiterverkauft. Zu den meisten Haushalten in Athen gehörten ein oder zwei Sklaven. Sklaven waren von ihren Besitzern vollkommen abhängig. Die Lage der Haussklaven war noch verhältnismäßig günstig.

Schlimmer lebten die Sklaven, die in den Silberminen südöstlich von Athen arbeiten mussten. Das Gestein wurde mit einem Hammer aus dem Fels geschlagen. Viele Sklaven erlitten schwere Unfälle oder starben.

**M3** Die Handelsbeziehungen der Athener

Athen führte die Erzeugnisse der Handwerker in andere Länder aus und erzielte hohe Gewinne. Dadurch wurde die Polis Athen reich und mächtig.

**M4** Quelle: Handelsbeziehungen

Rindsleder und Arzneisaft holen wir aus Kyrene, Makrelen und Salzfische besorgen wir uns vom Hellespont. Aus Syrakus bekommen wir Schweine und Käse, aus Naukratis Taue, Segel und Papyrus. Den Weihrauch beziehen wir aus Syrien, Zypressenholz von der Insel Kreta. Kyrene verkauft uns Feigen, Rhodos Rosinen und Feigen.

Birnen und Äpfel kommen aus Euböa und die Sklaven holen wir aus Phrygien. Paphlagonien führt Mandeln aus, Cypern Datteln und feinstes Mehl. Karthago schickt uns Teppiche und bunte Kissen.

Hermippos aus Smyma

**INTERNET**

Suchbegriffe:
→ Leben alte Griechen
→ Alltag alte Griechen
→ Alltagsleben Polis

**M5** Die Rolle der Männer und Söhne

Männlicher Nachwuchs war wichtig, denn nur der Mann konnte das Oberhaupt einer Familie werden. Der Sohn musste mit 30 Jahren heiraten. War er mit 35 Jahren immer noch nicht verheiratet, musste er eine Strafe an den Stadtstaat zahlen. Gab es keinen männlichen Nachwuchs, wurde ein Sohn adoptiert.

**M6** Malereien auf Schalen, 5. Jh. v. Chr.

Bergwerkssklave                    Haussklave

## Tipps für die Erarbeitung

❶ Beschreibt das Leben der Bauern, Handwerker, Händler und Tagelöhner in der Polis Athen (M1, Text).

❷ Stellt die Rolle der Männer dar (M5).

❸ Beschreibt die Situation der Sklaven (M2, M6, Text).

❹ Berichtet, wie Menschen zu Sklaven wurden (Text).

❺ Stellt die Versorgung der Bevölkerung mit Nahrungsmitteln dar (M3, M4).

❻ Recherchiert, ob es auch heute noch Beispiele für Sklaverei gibt (Internet, Suchbegriff: moderne Sklaverei Kindersache).

❼ Formuliert selbst Fragestellungen zum Leben in der Polis und versucht, diese zu beantworten (Internet).

❽ Erstellt eure Präsentation.

*Wenn du diese Aufgaben erfolgreich bearbeitet hast, kannst du …*
… das Leben in einer griechischen Polis beschreiben.
… den Begriff **Sklave/Sklavin** erklären.

# Frauenleben in der Polis

Frauen und Männer in Deutschland haben heute die gleichen Rechte. Sie dürfen frei über sich selbst bestimmen und am politischen Leben teilnehmen. Frauen sind gleichberechtigt. Sie können einen Beruf ausüben, sie dürfen wählen und sich wählen lassen. Eine Frau kann auch Bundeskanzlerin werden. Wie aber war das im antiken Griechenland?

**M2 Griechische Frauen beim Wasserholen**

Vasenmalerei, 5. Jh. v. Chr.

**Erarbeitet, wie Frauen im antiken Griechenland lebten.**
**Erstellt eine Präsentation, zum Beispiel eine Wandzeitung, und stellt sie in der Klasse vor (vgl. S 94).**

## Der Alltag der Frauen

Das Leben der Frauen im antiken Griechenland spielte sich vor allem im Haus ab. Hier mussten sie sich um die Erziehung der Kinder kümmern, kochen und den Haushalt führen. Die Ehemänner oder – wenn sie nicht verheiratet waren – ihre Väter oder Brüder bestimmten über sie und vertraten sie vor Gericht: Die Männer hatten die Vormundschaft über die Frauen. Frauen nahmen nur gelegentlich am öffentlichen Leben teil, zum Beispiel bei Festen. Reiche Familien hatten Sklaven, die bei der Hausarbeit halfen. Frauen aus armen Familien mussten alle Tätigkeiten im Haus selbst verrichten. Sie mussten auch das Wasser, das ein Haushalt benötigte, selbst vom Brunnen oder Fluss holen.

Frauen aus armen Familien mussten neben ihrer häuslichen Arbeit noch einer anderen Tätigkeit nachgehen, um Geld zu verdienen, zum Beispiel als Hebamme, Wäscherin, Händlerin oder Textilarbeiterin.

Frauen durften nicht am politischen Leben in der Polis teilnehmen. Sie sollten vor allem schön, fleißig und klug sein, außerdem sollten sie sich still verhalten und zurückgezogen leben. Manche Philosophen waren aber auch der Meinung, dass Frauen mehr Rechte haben und mitreden sollten.

Die Kinder wurden bis zum sechsten oder siebten Lebensjahr von ihrer Mutter betreut. Danach gingen die Jungen in die Schule. Kinder reicher Familien hatten auch Freizeit zum Spielen. Die Mütter brachten ihren Töchtern alles bei, was sie später als Hausfrau und Mutter können mussten. Die meisten Mädchen heirateten mit etwa 15 Jahren.

**M1 So kleideten sich Frauen.**

Frauen trugen zwei Kleidungsstücke übereinander, nämlich ein Unterkleid (Chiton oder Peplos) und einen Umhang (Himation oder Chlamys).

**M3 Agariste heiratet – so könnte es gewesen sein.**

Die Hochzeit der 13-jährigen Agariste und des 30-jährigen Lysias steht bevor. Der Hochzeitstag wird vorbereitet. Es wird Musik und Gesang, ein Festmahl und Opfer für die Götter geben. Agariste erzählt am Abend vor der Hochzeit der ägyptischen Sklavin Leona, wie sie sich ihr Leben als Ehefrau in Athen vorstellt: „Ich werde in den Frauenräumen leben, zu denen Männer keinen Zutritt haben. Genauso wie bisher werde ich nur ganz selten und dann in Lysias' Begleitung das Haus verlassen. Ich hoffe, dass mein Vater mit Lysias eine gute Wahl getroffen hat und er mich gut behandelt. Im Haus werde ich die Herrin sein und dafür sorgen, dass der Haushalt funktioniert. Ach weißt du, wenn die Kinder erst da sind, werde ich mich vor allem um sie kümmern."

**M4** **Griechische Frauen bei der Arbeit (Vasenmalerei, 5. Jh. v. Chr.)**

links: Wäscherin, rechts: Griechische Frauen stellen Garn und Stoffe her.

**M5** **Quelle 1: Aus dem Schauspiel „Medea"**

Dieser Text wird von der Hauptperson gesprochen. Von allem, was beseelt ist und Verstand besitzt, sind doch wir Frauen das erbärmlichste Geschöpf. Erst müssen durch ein Übermaß an Geld den Mann wir kaufen – und den Herrn gewinnen über Leben und Leib. [...] Ist er schlecht oder gut, den wir bekommen? Sich scheiden lassen bringt ja einer Frau nur Schande, und einen Mann abzulehnen ist nicht möglich. [...] Und fällt dem Manne lästig der Familienkreis, geht er hinaus und macht sein Herz von Kummer frei. [...] Sie sagen, ein gefahrloses Leben führten wir im Haus, sie dagegen kämpften mit der Waffe. Diese Dummköpfe! Dreimal möchte ich lieber in der Phalanx [Schlachtreihe] steh'n, als einmal nur ein Kind gebären.

Euripides: Medea, Vers 228-241. In:. Dietrich Ebener (Hrsg. u. Übers.): Euripides: Werke in drei Bänden, Bd. 1, Aufbau, Weimar/Berlin 1979, S. 54f.

**M6** **Quelle 2: Wozu eine Frau geeignet ist.**

Da beide Arten von Arbeit nötig sind, die draußen und die drinnen, schuf Gott die Natur des Weibes für die Arbeiten im Hause, die des Mannes für die Arbeiten außerhalb des Hauses. Der Körper der Frau ist weniger widerstandsfähig, deshalb ist sie besser für die Arbeiten im Hause geeignet. Da sie aber eher dazu befähigt ist, die kleinen Kinder aufzuziehen, gaben ihr die Götter die größere Liebe.

Xenophon [5. Jh. v. Chr.]. In: Ernst Bux (Hrsg.): Die Sokratischen Schriften. Kröner, Stuttgart 1956, S. 84

**M7** **Quelle 3: Was Frauen von Männern unterscheidet.**

Die Begabungen sind unter beiden Geschlechtern gleicherweise verteilt, und an allen Geschäften hat das Weib, an allen der Mann naturgemäß Anteil, bei allem aber ist das Weib schwächer als der Mann.

Platon: Politeia

## Tipps für die Erarbeitung

❶ Beschreibt, wie Frauen gekleidet waren (M1).

❷ Berichtet über das Leben und die Tätigkeiten der Frauen in ihren Familien. Unterscheidet zwischen reichen und armen Familien (M2, M4, Text).

❸ Stellt dar, wie Agariste verheiratet wird und wie sie sich ihr Leben als Ehefrau vorstellt (M3).

❹ Vergleicht die Ansichten von Medea, Platon und Xenophon (M5, M6, M7). Wie werden Frauen behandelt und welche Gründe werden dafür genannt? Nehmt Stellung dazu.

❺ Formuliert selbst Fragestellungen und versucht, diese zu beantworten (Internet).

❻ Erstellt eure Präsentation.

*Formulierungshilfen zu Aufgabe 4:*

... ist davon überzeugt, dass ...

... ist der Meinung, dass ...

Wenn es nach ... ginge, müsste ...

Frauen sind für ...

... sind im Grunde derselben Meinung.

... vertritt eine andere Meinung.

*Wenn du diese Aufgaben erfolgreich bearbeitet hast, kannst du ...*
... das Leben von Frauen im antiken Griechenland darstellen.
... unterschiedliche Quellentexte miteinander vergleichen.

# Die Olympischen Spiele

Als Pierre de Coubertin (1863 – 1937) von den Ausgrabungen des antiken Olympia erfuhr, war er so beeindruckt, dass er die Olympischen Spiele wiederbeleben wollte. Junge Menschen aus aller Welt sollten zu einem sportlichen Wettkampf zusammenkommen, um die Freundschaft und den Frieden unter den Nationen zu fördern. 1884 gründete er in Paris das Internationale Olympische Komitee (IOC). Die ersten modernen Spiele fanden 1896 in Athen statt und wurden ein großer Erfolg. Doch worauf geht die olympische Idee ursprünglich zurück?

**M2** 100-m-Lauf der Herren, Athen 1896

## Die Griechen und der Wettkampf

Die alten Griechen liebten den Wettkampf, und zwar in der Musik, in der Dichtung und im Sport. Es gab in den griechischen Städten weit mehr als 200 verschiedene sportliche Wettkämpfe. In einem Wettkampf zu siegen, bedeutete für einen Griechen, von den Göttern besonders begünstigt zu sein.

Der berühmteste Wettkampf fand in Olympia auf der Halbinsel Peloponnes statt. Alle vier Jahre kamen hier die Bewohner der Poleis für fünf Wettkampftage zusammen, um den Sportlern zuzusehen und die Sieger zu feiern. Diese mehrtägigen Wettkämpfe waren aber mehr als ein sportliches Ereignis. Sie dienten der Verehrung des Göttervaters Zeus.

Während der Wettkämpfe mussten alle kriegerischen Auseinandersetzungen eingestellt werden. Es galt der **Olympische Frieden.**

Die Spiele von Olympia sollen der antiken Überlieferung nach auf das Jahr 776 v. Chr. zurückgehen. Im Jahr 393 n. Chr. wurden sie vom römischen Kaiser verboten, da er Christ war und ihm die Verehrung der alten Götter nicht gefiel.

## Athleten und Sportarten

Am Anfang bestanden die Spiele nur aus einer Feier zu Ehren des Gottes Zeus und einem Wettlauf über eine Strecke von ungefähr 192 Meter. So lang war ein griechisches Stadion.

Im Laufe der Zeit kamen neue Sportarten hinzu: der doppelte Stadionlauf über ungefähr 400 Meter, Langlauf (20 Stadionbahnen), Fünfkampf (Stadionlauf, Speerwurf, Diskuswurf, Weitsprung, Ringkampf), Faustkampf, Pferderennen, Allkampf (eine Art Catchen ohne Regeln) und Waffenlauf (zwei Stadionbahnen mit Schild und Helm).

Den berühmten Marathon-Lauf gab es in der Antike als eigene Disziplin noch nicht. Beim Weitsprung sprangen die Athleten aus dem Stand. Auch der Diskus wurde aus dem Stand geworfen. Die Pferderennen gehörten bei den Zuschauern zu den beliebtesten Wettbewerben. Der Höhepunkt der Spiele war das große Opferfest für den Gott Zeus. Für Frauen gab es gesonderte Wettkämpfe. Sie wurden alle vier Jahre zu Ehren der Göttin Hera, der Gemahlin des Zeus, durchgeführt. Dort gab es nur eine Sportart, den Wettlauf.

**M1** Quelle 1: Ein antikes Spektakel

Ein Hexenkessel verschlingt die Athleten. 45 000 Gesichter starren auf sie herab. […] Da hebt der Signalgeber die Arme. „Apite!" [Lauft los!], schreit er, klatscht die Hände über dem Kopf zusammen und die Läufer schießen aus der Startschwelle. Sofort schwillt der Lärm wieder auf den höchsten Pegel an. […] 40 Beine rasen auf die Zielschwelle zu. Als der erste Fuß den kühlen Stein berührt, toben die Zuschauer wie die Barbaren. Olympia hat einen neuen Sieger.

Dirk Husemann: Spiele, Siege und Skandale. Campus, Frankfurt/M. 2007, S. 7 – 9

**M3** Olympischer Stadionlauf (Vasenmalerei)

Vasenmalerei, um 510 v. Chr.

**M4** **Die Anlagen des antiken Olympia**

1 Tempel des Zeus
2 Altar des Zeus
3 Stadion

4 Hippodrom für Pferderennen
5 Palästra, Übungsplatz der
  Ringer und Boxer

6 Gymnasion,
  Übungsplatz
  der Läufer

Die Zeus-Statue im Tempel bestand aus
Holz, Gold und Elfenbein und war fast
13 m hoch (Rekonstruktion).

**M5** **Quelle 2: Meinung des Xenophanes**

Nein, diese Wettkämpfe, in denen die körperliche
Kraft zu Unrecht über die des Geistes gestellt wird,
ergeben keinen Sinn. [...] Und auch der Nutzen
für die Allgemeinheit ist gering.

Xenophanes. In: Wolfgang Lautemann, Manfred Schlenke
(Hrsg): Geschichte in Quellen: Altertum, Band 1. München 1975,
S. 126. Übersetzt v. Fritz Taeger (verändert)

**M6** **Quelle 3: Meinung des Chrysostomos**

Was ist denn das für ein Wettkampf? [Hier] wird
weder um ein Königreich noch um eine Frau gekämpft, noch steht das Leben auf dem Spiel, sondern es ist ein Kampf [...], der nur um das nichts-
nutzige Geld geht.

Dion Chrysostomos [Philosph, 40 – 120 n. Chr.] In: Hans-Volk-
mar Herrmann: Olympia – Heiligtum und Wettkampfstätte.
München 1972, S. 18

**M7** **Das Olympische Feuer**

Heutzutage findet zur Erinnerung an den antiken
Ursprung der Olympischen Spiele ein Fackellauf
statt. Mehrere Monate vor der Eröffnungsfeier
wird das Olympische Feuer in Olympia mithilfe der
Sonne entfacht. An diesem Feuer wird eine Fackel
entzündet und bis ins Olympiastadion der jeweiligen Stadt getragen, in der die Spiele stattfinden.
Am Eröffnungstag der Spiele kommt der letzte
Fackelläufer im Stadion an. Sie oder er entzündet dort das Olympische Feuer. Es brennt bis zum
Ende der Spiele. Zwar gab es in der Antike keine
Fackelläufer, aber auch damals gab es Läufer, die
von Olympia in die anderen Poleis liefen und dort
den genauen Zeitpunkt der Spiele verkündeten.

## Aufgaben

❶ Nenne den ursprünglichen Zweck
der Wettkämpfe in Olympia (Text).

❷ Liste die Sportarten der antiken
Olympischen Spiele in einer
Tabelle auf (M3, Text).

❸ Erkläre, was man unter der
olympischen Idee versteht. Wie
hängt sie mit den ursprünglichen
Spielen zusammen?

❹ Ⓦ Wähle aus:

A Überprüfe, welche der Sportarten
der antiken Spiele es heute noch
gibt (Internet).

B Suche dir eine Sportart aus und
recherchiere, wie die Griechen sie
genau betrieben.

❺ Ⓩ a) Erkläre mit eigenen Worten
die Kritik der Philosophen
an den Olympischen Spie-
len (M5, M6).

b) Kannst du der Kritik zustimmen? Begründe deine
Meinung.

*Formulierungshilfen zu Aufgabe 5:*
Der Philosoph ... kritisiert, dass ...
Er ist (nicht) der Ansicht, dass ...
Dem kann man (nicht) zustimmen,
weil ...
Ein Grieche von damals könnte
widersprechen, weil ...

*Wenn du diese Aufgaben erfolgreich bearbeitet hast, kannst du ...*
... die antiken Olympischen Spiele beschreiben.
... die antiken und die modernen Spiele miteinander vergleichen.
... Kritik von Zeitgenossen erklären und beurteilen.
... den Fachbegriff **Olympischer Frieden** erklären.

# Wie die Archäologen arbeiten

Spuren der Menschen sind immer zu finden. Dabei kann es sich um weggeworfene, verlorene oder versteckte Gegenstände handeln oder um Spuren im Boden, wie sie zum Beispiel durch ein gegrabenes Loch oder eine Feuerstelle entstehen. Was kann man aus diesen Spuren über die Vergangenheit herauslesen?

## Der Beruf des Archäologen

**Archäologen** graben nach Spuren der Vergangenheit, untersuchen **Funde** und gewinnen so Wissen über vergangene Zeiten. Eine Ausgrabung bedeutet aber auch immer die Zerstörung des Fundzusammenhangs im Boden, den **Befund**. Deshalb müssen Archäologen sehr sorgfältig sein und alles genau aufzeichnen, aufschreiben und fotografieren. Am besten ist es, so wenig wie möglich auszugraben. Archäologen können heute mit speziellen Bodenmessungen arbeiten, mit denen man die Funde selbst im Boden sehen kann.

Wenn sie die Funde interpretieren, schauen sie sich die Objekte aus Ton, Metall, Stein oder anderen Materialien genau an, aber auch Reste von Holzkohle, Pflanzenspuren und Erdablagerungen können viel über die Vergangenheit verraten.

### M1  3D-Rekonstruktion

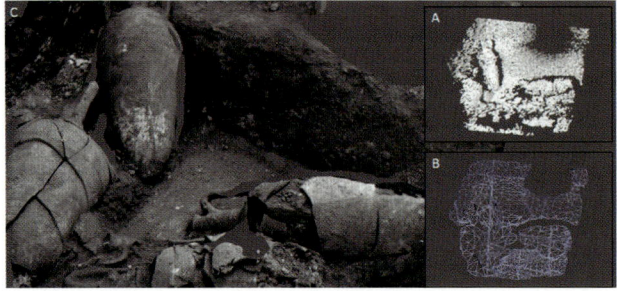

Situation der Grabung 1965 im Südostgebiet neben dem Stadion und der Echohalle (C: 3-D-Modell der Amphoren, A und B: Informationen im Modell)

### M2  Das Grabungsgelände

Blick nach Südosten über das Grabungsgelände
1 Leonidaion
2 Zeustempel
3 Heraion und Philipeion
4 Phidias' Werkstatt
5 Gymnasion
6 Stadion
7 Kronoshügel

## Interview mit einem Archäologen

In Olympia finden auch heute noch Ausgrabungen statt. Thomas Wolter vom Deutschen Archäologischen Institut Athen ist Mitglied des Grabungsteams und beantwortet folgende Fragen für euch.

*Wann hat man in Olympia angefangen zu graben?*
1806 und 1829 führten zuerst britische, dann französische Forscher die ersten Grabungen am Zeustempel durch. 1875 begannen systematische Grabungen, die bis heute andauern.

*Wusste man von Anfang an, wo Olympia liegt, oder musste man die Stelle erst wiederfinden?*
Aus alten Schriftquellen war bekannt, wo sich Olympia befindet. Der Forscher Richard Chandler war jedoch derjenige, der 1866 den Zeustempel wiederentdeckte.

*Es gibt doch viele Schriftquellen aus der Antike. Weiß man daraus nicht schon längst alles Wichtige über Olympia?*
Nein, die Stätte von Olympia ist über einen langen Zeitraum besucht worden und nur für wenige Ausschnitte davon gibt es Schriftquellen. Außerdem ist eine der Aufgaben der Archäologie auch, genau diese Schriftquellen zu überprüfen und zu korrigieren. Schriftquellen sind nämlich von der persönlichen Sichtweise des Verfasser beeinflusst. Wenn wir heute einen Reisebericht über unseren letzten Urlaub verfassen, würden wir vor allem über unsere eigene Sichtweise schreiben. Außerdem interessieren sich Archäologen auch für Dinge, die in den Schriftquellen gar nicht erwähnt werden, die man aber im Boden findet. Das können Schätze sein, aber auch Müll.

## M3 Situationsbild

2017 – Grabung im Südwesten der Stätte. Hier wird gerade ein Brunnen ausgegraben. Die Arbeiter zeigen einem Wissenschaftler die Funde aus dem Brunnenschacht.

## M4 Aus der Anfangszeit der Ausgrabung

Bereits im 19. Jahrhundert wurde mit der Erforschung begonnen. Auf dem Foto (um 1888 entstanden) sind die Überreste des Zeustempels zu sehen.

Was ist das Besondere an der Fundstätte in Olympia? Was kann man durch sie über die griechische Geschichte lernen?

Wichtig ist es, dass es in Olympia nicht nur die Olympischen Spiele gab. Auch das Heiligtum, das sich hier befand, war sehr bedeutend. Die Zeusstatue gehörte zu den Sieben Weltwundern und Griechen aus allen Poleis brachten Weihgaben in die Tempel und Schatzhäuser.

Außerdem finden wir Archäologen nur selten Orte, an denen regelmäßig so viele Menschen aus großen Entfernungen zusammenkamen und dort ihre Spuren hinterließen. Somit lassen sich von solch einem Ort wie Olympia Fäden in die ganze antike Welt spinnen.

Gibt es besonders bedeutende Funde, die in Olympia gemacht wurden?

Ein ganz besonderer Fund der letzten Jahre war ein Bauziegel mit einer Inschrift. Sie enthielt 13 Verse aus Homers Odyssee und stammt möglicherweise aus dem 3. Jahrhundert n. Chr. Damit wäre sie die älteste Inschrift dieses Werkes in Griechenland. Für mich persönlich ist die Nikestatue vor dem

Zeustempel besonders, aber auch die unglaubliche Masse an Funden aus Bronze und Metall, zum Beispiel Waffenteile, Rüstung, Kessel, Sportgeräte, kleine Tierstatuen, Schmuck und vieles mehr.

Welche Spuren haben die Wettkämpfe dort hinterlassen?

Es gibt zahlreiche Weihgaben und Skulpturen und unzählige Inschriften von den Spielen. Im Gelände selbst kann man gut erkennen, wie die Spiele im Laufe der Zeit immer größer wurden, zum Beispiel an den Ausbaustufen des Stadions. Auch die vielen Brunnen, die für die Teilnehmer angelegt wurden, konnten wir finden.

Welche Funde kann man in Olympia heute noch machen? Gibt es dort noch Neues zu entdecken?

Ja, dank der neuen Grabungstechnik kann man heute ganz neue Zusammenhänge erkennen. Auch gibt es Zeiträume, über die man noch nicht so viel weiß, zum Beispiel die römische Zeit ab 146 v. Chr. Aus dieser gibt es noch einiges zu erforschen. Wichtig ist uns Archäologen heutzutage, dass wir nicht nur Funde ausgraben und auswerten, sondern sie auch alle für die Nachwelt erhalten.

## Aufgaben

❶ Welche Funde und Befunde können die Archäologen in Olympia finden? Lege eine Tabelle an.

❷ Erkläre, wie Archäologen etwas über die Vergangenheit herausfinden.

❸ Warum ist die Archäologie wichtig für die Erforschung der Vergangenheit? Erläutere.

❹ Ⓦ Wähle aus:

A Suche im Internet nach einer weiteren antiken Ausgrabungsstätte. Erstelle eine Präsentation.

B Recherchiere im Internet, ob es in deiner Umgebung eine archäologische Stätte gibt. Erstelle eine Präsentation.

*Formulierungshilfen zu Aufgabe 3:*
Archäologie ist wichtig für die Erforschung der Vergangenheit, weil ...
Meiner Ansicht nach ...
Wenn es die Archäologie nicht gäbe, ...

*Wenn du diese Aufgaben erfolgreich bearbeitet hast, kannst du ...*
... beschreiben, wie Archäologen arbeiten.
... begründen, warum Archäologie wichtig ist.
... die Fachbegriffe **Archäologe/Archäologin**, **Fund** und **Befund** erklären.

# Gewusst? – Gekonnt!

**M1** Die Volksversammlung in Athen und eine Klassenversammlung

Bewerte dich selbst mit dem Ampelsystem, das auf Seite 28 erklärt ist.

**M3** Gegenstände, die bei einer Volksversammlung wichtig waren

**1** a) Beschreibe mithilfe der Bilder (M1 Ⓐ, M3), wie eine Volksversammlung in Athen ablief und welche Regeln es gab.

b) Welche Regeln habt ihr bei euch im Klassenrat und bei der Klassensprecherwahl (M1 Ⓑ)? Notiere.

c) Welche Regeln sind ähnlich, welche sind unterschiedlich? Erkläre.

*Schülerbuch, Seiten 120 – 121*

Mit einer Wasseruhr wurde die Redezeit der Redner gemessen. Sie dauerte 6 Minuten, dann war das obere Gefäß leer. Jeder Redner hatte die gleiche Redezeit.

**M2** Mitbestimmung der Bürger in Athen

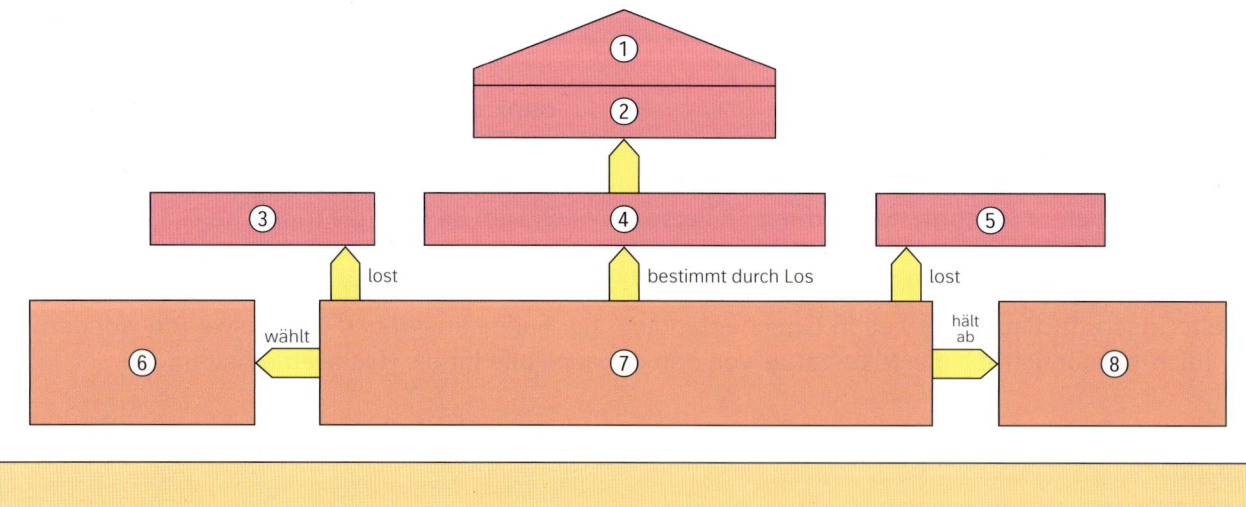

**2** a) Übertrage M2 in dein Heft und ersetze die Zahlen durch die richtige Beschriftung.

b) Erkläre, wer an der Volksversammlung teilnehmen durfte und ein Stimmrecht hatte.

c) Beurteile diese Volksherrschaft in Athen.

*Schülerbuch, Seiten 120 – 121*

**M4 Griechische Poleis**

griechisches Kerngebiet

● griechische Polis (in Auswahl)

⌂ Tempel

0    250    500 km

© Westermann 6538EX_10

❸ Zeichne mithilfe der abgebildeten Karte eine Kartenskizze, in der du die Handelsbeziehungen der Athener verdeutlichst.
*Schülerbuch, Seite 123*

**M5 Olympische Sportarten (Auswahl) und Ehrung des Siegers**

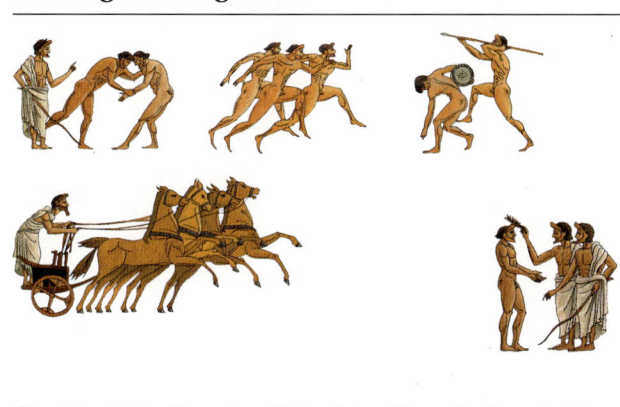

❹ a) Berichte über den Ablauf der Olympischen Spiele.
 b) Benenne die Sportarten in M5.
 c) Erkläre die Bedeutung der Olympischen Spiele in der Antike.
 d) Beurteile die Bedeutung der Olympischen Spiele heute.
*Schülerbuch, Seiten 126 – 127*

**M6 Quelle 1: Sklaven und Freie**
Die Natur hat die Körper der Sklaven und der Freien verschieden gestaltet: die einen kräftig für die schwere Handarbeit, die anderen aufgerichtet und ungeeignet für derartige Arbeiten, doch brauchbar für das politische Leben. Es gibt also von Natur aus Sklaven und Freie.

Aristoteles [Philosoph, 5. Jh. v. Chr.]. In: Ursula Wolf (Hrsg.): Politik. Reinbek bei Hamburg 1994, S. 53f.

**M7 Quelle 2: Sklaven und Freie**
Wie viel besser ist es doch, einen anständigen Herrn zu bekommen, als niedrig und schlecht als freier Mann zu leben.

Philemon [Dichter, um 360 v. Chr.], fr. 227 K.: Übersetzt v. Siegfried Lauffer: Die Sklaverei in der griechisch-römischen Welt. In: Rapports du XIe congrès international des sciences

❺ Erschließe die Textquellen (M6, M7).
*Schülerbuch, Seite 109*

❻ a) Männer und Frauen hatten im antiken Griechenland unterschiedliche Aufgaben. Erkläre.
 b) Beschreibe, wie Mädchen und wie Jungen auf das Leben als Erwachsene vorbereitet wurden.
*Schülerbuch, Seiten 124 – 125*

**Fachbegriffe**

| | | | |
|---|---|---|---|
| die Antike | der Befund | der Olympische Frieden | der Sklave / die Sklavin |
| der Archäologe / die Archäologin | die Demokratie | die Polis (Poleis) | die Volksversammlung |
| | der Fund | das Scherbengericht | |

WES-105332-131
westermann.de/webcode

# Mitwirkung in der Gemeinde

Die Welt verändern, das ist ein großes Ziel. Klein anfangen in der Gemeinde und den Wirkungskreis schrittweise vergrößern, das geht schon eher.
Was würdest du gerne in deinem Wohnort verändern? Welche Möglichkeiten gibt es für Kinder und Jugendliche in deinem Wohnort, etwas zu verändern?
Tauscht eure Erfahrungen zur Mitwirkung in eurem Wohnort aus.

rechts: Kinder und Jugendliche sprechen in einem Workshop über Mitwirkungsmöglichkeiten in der Gemeinde.

# In der Gemeinde – Wer kann mitwirken?

Leon hat erfahren, dass der Bolzplatz geschlossen werden soll. Er informiert sofort die anderen Mitglieder des Jugendparlaments. Eine Versammlung soll einberufen werden. Wie können die Jugendlichen Einfluss auf die Entscheidung im Gemeinderat nehmen?

**M2** Rathaus Münster

In einem Rathaus werden wichtige Entscheidungen getroffen.

## INFO

Dörfer und Städte werden in Deutschland als **Gemeinden** verwaltet. Jede Gemeinde hat eine eigene Gemeindeordnung.
Der **Bürgermeister** oder die **Bürgermeisterin** steht an der Spitze einer Gemeinde. Damit er oder sie nicht alle Entscheidungen allein treffen muss, wird er oder sie von den Mitgliedern des **Gemeinderates** oder Stadtrates unterstützt. Sie vertreten die Interessen aller Menschen in der Gemeinde.
Mehrere Gemeinden sind jeweils in einem Verband zusammengefasst, einem **Kreis** (**Landkreis**).
Die Bürgerinnen und Bürger wählen auch Vertreterinnen und Vertreter für den Kreistag und den Landrat oder die Landrätin.

## Bolzplatz geschlossen: Empörung

Etwa 40 interessierte Jugendliche waren gestern Nachmittag ins Rathaus zur Jugendversammlung gekommen. Auch einige Mitglieder des **Gemeinderates** und der Jugendbeauftragte Peter Bauer waren anwesend.
Nach einer kurzen Begrüßungsrede der **Bürgermeisterin** ging es gleich zur Sache. Im Mittelpunkt der zahlreichen Fragen, Wünsche und Beschwerden stand das Freizeitangebot der Gemeinde. Empört reagierten die Jugendlichen auf die Schließung des Bolzplatzes, der in einen Parkplatz umgewandelt werden soll. Leon fragte: „Wo sollen wir dann spielen? Die **Gemeinde** muss Ersatz anbieten."
Auf großes Interesse stießen die Pläne, eine Freifläche neben der Schule umzugestalten. „Bekommen wir dann endlich eine Halfpipe?", wollte ein Mädchen aus der Skatergruppe wissen.
Die Versammlung endete mit dem Vorschlag von Peter Bauer, bei einem weiteren Treffen die Wünsche ausführlich zu diskutieren.

**M1** Aufbau der Gemeinden in Nordrhein-Westfalen

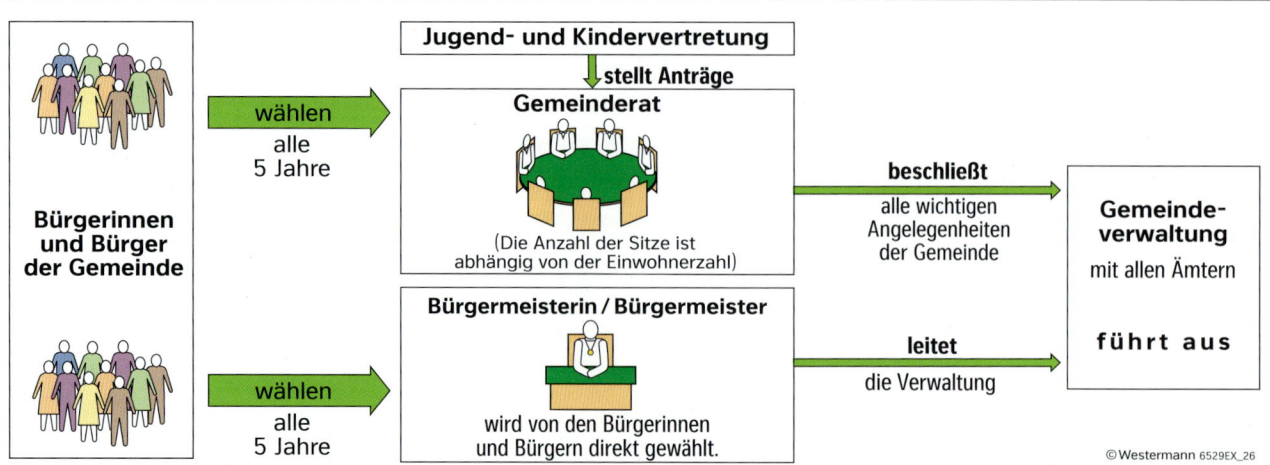

© Westermann 6529EX_26

## **M3** Eine Jugendversammlung bei der Arbeit

## Kinder und Jugendliche können mitbestimmen

In Nordrhein-Westfalen gibt es eine Vielzahl an Kinder- und Jugendgremien: regelmäßige Jugendforen, Jugendparlamente, Kinder- und Jugendräte und Jugendbeiräte. In über 100 Städten und Gemeinden können die Kinder und Jugendlichen bei Entscheidungen mitbestimmen, die sie betreffen.

### **M4** Möglichkeiten der Mitwirkung

**Agenda 21**
Die Arbeitskreise
• Umweltschutz
• Energieverbrauch
• Einkaufsverhalten
treffen sich jeden 1. Dienstag im Monat in der Vereinsgaststätte am Sportplatz.
Interessierte sind jederzeit herzlich willkommen.

**Jugendbeirat**
*Der Jugendbeirat ist eine Vertretung im Gemeinderat!*
Kommt zum nächsten Treffen am 23.9. in das Jugendzentrum.
Sagt uns, wo euch der Schuh drückt!

## **M5** Das Do-Forum in Dortmund

**„Mitreden, mitbestimmen, mitwirken!"**
Das Do-Forum ist ein Beispiel aus Dortmund, wie das Gemeindeleben von Jugendlichen mitgestaltet werden kann. Es wird vom Jugendamt und von freien Trägern der Jugendhilfe unterstützt.
Das Do-Forum ...
• vermittelt, wo die verschiedenen Lebenswelten der Erwachsenen und die der jungen Menschen aufeinandertreffen.
• vertritt aktiv die Interessen von Jugendlichen.
• fördert die Aussprache zwischen Jugendlichen und Politikerinnen und Politikern, um ein gutes Miteinander in der Gemeinde zu fördern.
• ist bürgernah und tätig im Interesse junger Menschen.

## Aufgaben

❶ Beschreibe den Aufbau einer Gemeinde (M1).

❷ Liste auf, welche Möglichkeiten es gibt, in der Gemeinde mitzuwirken (M4, Text).

❸ a) Notiere Gründe, warum Kinder und Jugendliche mitwirken sollten.
   b) Begründe, warum du in ein Kinder- und Jugendparlament (nicht) gewählt werden möchtest.

❹ Ⓩ Informiere dich darüber, welche Möglichkeiten Jugendliche in eurer Gemeinde/Stadt haben, sich zu engagieren und mitzugestalten. Frage im Rathaus nach.

*Formulierungshilfen zu Aufgabe 1:*
Die Bürgerinnen und Bürger der Gemeinde wählen ...
Der Gemeinderat ...
Die Gemeindeverwaltung führt ... aus.
Der Bürgermeister/die Bürgermeisterin ...

*Wenn du diese Aufgaben erfolgreich bearbeitet hast, kannst du ...*
... den Aufbau einer Gemeinde beschreiben.
... Möglichkeiten nennen, wie Kinder und Jugendliche in der Gemeinde mitbestimmen können.
... die Fachbegriffe **Kreis (Landkreis)**, **Gemeinderat**, **Bürgermeister/Bürgermeisterin** und **Gemeinde** erklären.

# Aufgaben einer Gemeinde

**M1** Die Gemeinde hat viele Aufgaben.

Du nutzt jeden Tag, was die Gemeinde zur Verfügung stellt, zum Beispiel die Schule, den Sportplatz, die Straße. Welche Aufgaben muss eine Gemeinde eigentlich erfüllen?

**M2** Die Aufgaben einer Gemeinde

**Pflichtaufgaben der Gemeinde**

- Trinkwasserversorgung
- Müll- und Abwasserentsorgung
- Energieversorgung
- Verwaltung von Kindergärten, Jugendämtern und Schulen
- Unterhalt der Straßen
- Öffentlicher Personennahverkehr
- Feuerwehr und Katastrophenschutz
- Durchführung von Wahlen
- Ausstellen von Personalausweisen, Reisepässen
- Ausstellen von Geburts- und Sterbeurkunden
- Friedhöfe

**Freiwillige Aufgaben der Gemeinde**

- Schwimmbäder
- Theater
- Museen
- Büchereien
- Jugendzentren
- Sportplätze
- Grünanlagen
- Spielplätze
- Konzerthallen
- …

## Eine Gemeinde hat viele Aufgaben

Die Ämter in der Gemeindeverwaltung haben unterschiedliche Aufgaben zu erfüllen. Diese Aufgaben werden nach **Pflichtaufgaben** und **freiwilligen Aufgaben** unterschieden.

Die Pflichtaufgaben regeln größtenteils die Grundversorgung der Bewohner. So sind die Trinkwasserversorgung und die Entsorgung des Mülls wichtig für die Menschen in der Gemeinde. Die Gemeinden sind auch für die Ausstellung von Personalausweisen und Geburtsurkunden zuständig. Diese Aufgaben sind den Gemeinden vom Staat übertragen worden und ersparen den Menschen die Fahrt in die Bundeshauptstadt Berlin.

Unter freiwillige Aufgaben fallen die Freizeitangebote für die Einwohner der Gemeinde. Die Gemeinde kümmert sich zum Beispiel um Theater, Museen und Spielplätze.

## Woher nehmen die Gemeinden das Geld für alle diese Aufgaben?

Jedes Jahr wird in der Gemeinde ein **Haushaltsplan** erstellt. Darin werden die Einnahmen und Ausgaben aufgelistet. Der Bürgermeister oder die Bürgermeisterin und der Gemeinderat müssen diesen **öffentlichen Haushalt** beschließen.

Ein Haushalt ist ausgeglichen, wenn die Einnahmen so hoch wie die Ausgaben sind. Ist dies nicht der Fall, wird überlegt, wie man die Einnahmen erhöhen oder die Ausgaben senken könnte.

**M3** **Der Gemeinderat diskutiert, bevor abgestimmt wird.**

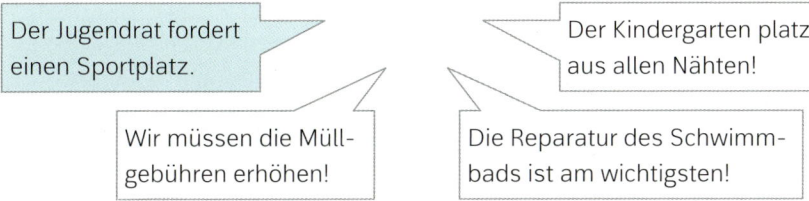

> Der Jugendrat fordert einen Sportplatz.

> Der Kindergarten platzt aus allen Nähten!

> Wir müssen die Müllgebühren erhöhen!

> Die Reparatur des Schwimmbads ist am wichtigsten!

**M4** **Die Pflichtaufgaben der Kreise**

Den Gemeinden übergeordnet sind die Kreise. Auch sie erfüllen Pflichtaufgaben, die möglichst gleichwertige Lebensverhältnisse im Kreis schaffen sollen. Die Übernahme dieser Aufgaben entlastet die einzelnen Gemeinden, weil diese nicht alles leisten und finanzieren können. Jeder Kreis hat ein Landratsamt mit der Verwaltung und einen Landrat, der die allgemeine Aufsicht führt.
Zu den Pflichtaufgaben der Kreise gehören zum Beispiel die Sozial-, Alten- und Jugendhilfe, die Bauaufsicht, der Unterhalt der Kreisstraßen, die Zulassung von Kraftfahrzeugen oder der Rettungsdienst.

**M5** **Der öffentliche Haushalt in der Gemeinde besteht aus Einnahmen und Ausgaben in einem Jahr (Auswahl).**

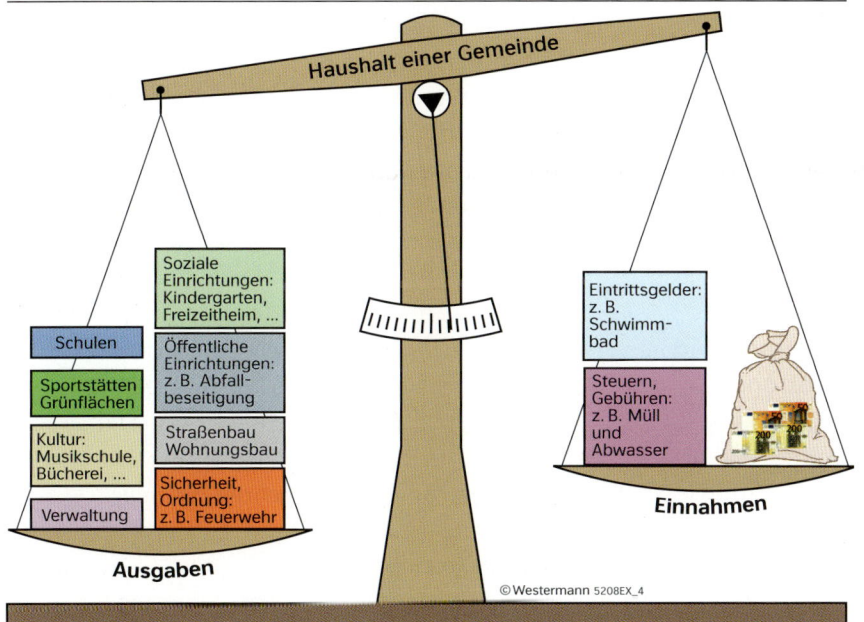

Haushalt einer Gemeinde

Schulen
Sportstätten Grünflächen
Kultur: Musikschule, Bücherei, ...
Verwaltung
Soziale Einrichtungen: Kindergarten, Freizeitheim, ...
Öffentliche Einrichtungen: z. B. Abfallbeseitigung
Straßenbau Wohnungsbau
Sicherheit, Ordnung: z. B. Feuerwehr

**Ausgaben**

Eintrittsgelder: z. B. Schwimmbad
Steuern, Gebühren: z. B. Müll und Abwasser

**Einnahmen**

© Westermann 5208EX_4

**M6** **In der Bücherei**

**M7** **Einsatz der Feuerwehr**

**M8** **Im Schwimmbad**

## Aufgaben

❶ a) Ordne die Abbildungen M6 – M8 nach Pflichtaufgaben und freiwilligen Aufgaben der Gemeinde (M2).
 b) Erkläre, warum auch die Kreise Pflichtaufgaben haben (M4).

❷ Ⓦ Im Wimmelbild (M1) kann man viele Aufgaben der Gemeinde finden.

A Notiere alle Pflichtaufgaben einer Gemeinde (M2).

B Notiere alle freiwilligen Aufgaben (M2).

❸ a) Die Waage in M5 ist nicht im Gleichgewicht. Erkläre, warum dies so ist.
 b) Überlegt zusammen, welche weiteren Einnahmemöglichkeiten eine Gemeinde hat oder haben könnte.

❹ Der Antrag des Jugendrates wird abgelehnt. Formuliere eine mögliche Begründung des Gemeinderates (M3).

> *Wenn du diese Aufgaben erfolgreich bearbeitet hast, kannst du ...*
> ... Pflichtaufgaben und freiwillige Aufgaben einer Gemeinde nennen.
> ... erklären, woraus der öffentliche Haushalt einer Gemeinde besteht.
> ... die Fachbegriffe **Pflichtaufgabe, freiwillige Aufgabe, Haushaltsplan** und **öffentlicher Haushalt** erklären.

# Wahlen in der Gemeinde

Der Gemeinderat diskutiert über die Ausgaben der Gemeinde. Dabei werden unterschiedliche Interessen der Mitglieder des Gemeinderates deutlich. Inwiefern vertreten die Mitglieder dabei auch die Interessen der Bürgerinnen und Bürger? Wie wurden sie in den Gemeinderat gewählt?

**M3** **Die Kommunalwahlen finden in Nordrhein-Westfalen alle fünf Jahre statt.**

Sonntag
13. September
2020

NRW KOMMUNAL WAHL 2020

## M1 Aus dem Grundgesetz für die Bundesrepublik Deutschland

**Artikel 20 GG:**
(1) Die Bundesrepublik Deutschland ist ein demokratischer und sozialer Bundesstaat.
(2) Alle Staatsgewalt geht vom Volke aus. ...

## Warum wählen wir?

Als wichtigstes Merkmal einer Demokratie gilt, dass die Menschen mitbestimmen dürfen. So steht es im Grundgesetz der Bundesrepublik Deutschland. Damit die Meinungen und Wünsche der Einwohner einer Gemeinde berücksichtigt werden, gibt es zwei Möglichkeiten: die **direkte Demokratie** und die **repräsentative Demokratie**.
Bei einem **Bürgerbegehren** oder **Bürgerentscheid** können alle wahlberechtigten Bürgerinnen und Bürger abstimmen. Das nennt man direkte Demokratie. Repräsentative Demokratie liegt vor, wenn gewählte Vertreterinnen und Vertreter (Repräsentanten) in den Gemeinderäten für die Einwohner der Gemeinde Entscheidungen treffen. Dafür gibt es Wahlen.

## Wahlen in den Gemeinden

Jede wahlberechtigte Bürgerin und jeder wahlberechtigte Bürger einer Gemeinde in Nordrhein-Westfalen darf wählen gehen. Das **Wahlrecht** ist im Grundgesetz verankert. Wahlberechtigt ist, wer mindestens 16 Jahre alt und deutscher Staatsbürger oder Bürger eines EU-Mitgliedslandes ist. Wer in den Gemeinderat gewählt werden möchte, muss mindestens 18 Jahre alt sein.
Es steht jedem frei, wählen zu gehen. Es besteht keine Wahlpflicht. Oft ist die Wahlbeteiligung allerdings niedrig. Das politische Recht wird also nicht von allen wahrgenommen. Die Stimmen dieser Bürgerinnen und Bürger werden bei politischen Entscheidungen dann nicht berücksichtigt.

## M2 Ablauf einer Wahl in der Gemeinde

① Kabine im Wahllokal: Hier wird der Stimmzettel ausgefüllt.

② Der Stimmzettel wird in die Wahlurne geworfen.

③ Die Stimmen werden ausgezählt.

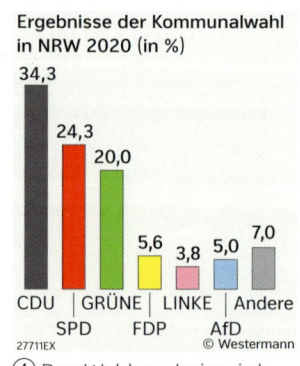

Ergebnisse der Kommunalwahl in NRW 2020 (in %)

34,3 — CDU
24,3 — SPD
20,0 — GRÜNE
5,6 — FDP
3,8 — LINKE
5,0 — AfD
7,0 — Andere

27711EX
© Westermann

④ Das Wahlergebnis wird bekanntgegeben.

**M4** **Kommunalwahl 2020 in Nordrhein-Westfalen**

## Wie wird man Bürgermeister?

Leon möchte Bürgermeister werden. „Das ist ein langer Weg", meint Peter Bauer, der Jugendbeauftragte. „Du musst erst 18 Jahre alt werden. Dann kannst du dich in den Gemeinderat wählen lassen. Aber am besten suchst du dir jetzt schon eine **Partei** aus, die zu dir passt. Im Ortsverein der Partei kannst du dich engagieren. Den Ortsverein musst du dann davon überzeugen, dass du in den Gemeinderat gehörst. Er entscheidet nämlich, wer zur Wahl gestellt wird. Und dann kommt der Wahlkampf. Wenn du die Wählerinnen und Wähler überzeugt hast und gewählt bist, dann musst du zeigen, dass du auch ein guter Bürgermeister sein kannst.

Um Bürgermeister zu werden, musst du in Nordrhein-Westfalen mindestens 23 Jahre alt sein. Wenn du kein Mitglied einer Partei bist, musst du eine bestimmte Anzahl an Unterschriften von Unterstützern sammeln. Einfacher ist es also als Parteimitglied."

„Puh", sagt Leon, „gibt es denn überhaupt junge Bürgermeister oder Bürgermeisterinnen in Deutschland? „Ja klar, 2020 trat Kristan von Waldenfels das Amt als Bürgermeister in Lichtenberg (Bayern) an. Da war er 19 Jahre alt. In Bayern geht das."

**M5** **Die jüngste Bürgermeisterin**

Die Studentin Tina Jelveh wurde im Oktober 2009 Bürgermeisterin von Herne. Mit 24 Jahren war sie die jüngste Bürgermeisterin in Nordrhein-Westfalen.

## Aufgaben

❶ Liste auf, wer bei den Kommunalwahlen in Nordrhein-Westfalen wahlberechtigt ist (Text).

❷ Warum ist es wichtig, zur Wahl zu gehen, wenn man wahlberechtigt ist (Text)?

❸ Erkläre, warum man in einer repräsentativen Demokratie Wahlen braucht (Text).

❹ Begründe mithilfe der Bilder M2 und M4, dass die Kommunalwahlen in Nordrhein-Westfalen demokratische Wahlen sind (S. 20, M1).

❺ Bürgermeister werden, ist nicht schwer. Nimm Stellung zu dieser Aussage (M5, Text).

❻ Begründe, warum Regeln und Rechte in der Gemeinde wichtig sind (M1).

❼ ⓩ a) Ermittle, wie die Bürgermeisterin bzw. der Bürgermeister eurer Gemeinde heißt.
   b) Welcher Partei gehört sie bzw. er an?

*Wenn du diese Aufgaben erfolgreich bearbeitet hast, kannst du ...*
... die Merkmale einer demokratischen Wahl nennen.
... die Bedeutung von Kommunalwahlen beschreiben.
... die Berücksichtigung unterschiedlicher Interessen in einer Gemeinde beurteilen.
... die Fachbegriffe **direkte Demokratie**, **repräsentative Demokratie**, **Bürgerbegehren**, **Bürgerentscheid**, **Wahlrecht**, **Partei** und **Kommunalwahl** erklären.

# Ein Wahlplakat untersuchen

**M1** **Wahlplakate zur Kommunalwahl 2020**

Es ist mal wieder soweit! Wahlen stehen an. Das ist nicht zu übersehen: Wahlplakate überall. Was soll mit den Wahlplakaten erreicht werden? Wie untersuche ich ein Wahlplakat?

## Wahlkampf vor den Wahlen

Das Ziel jeder Partei ist es, bei den Wahlen möglichst viele Wählerstimmen zu gewinnen. In den Wochen vor der Wahl stellen sich die Parteien mit ihren Kandidatinnen und Kandidaten den Fragen von Journalisten und Bürgerinnen und Bürgern. Auf Plätzen und vor Supermärkten bauen die Parteien Stände auf. Dort werden den Bürgerinnen und Bürgern Informationsmaterial und kleine Wahlgeschenke angeboten.

An fast jeder Straßenlaterne hängt ein Wahlplakat. Große Plakatwände werden auf Plätzen aufgestellt. Sie sind voll mit Plakaten beklebt. Bei dieser Fülle muss ein Plakat schon wirkungsvoll gestaltet sein, damit es das Interesse der Wählerinnen und Wähler weckt.

## Wahlplakate sollen wirken

Der erste Eindruck ist bei einem Wahlplakat besonders wichtig. Das Plakat soll sich einprägen und mit der Partei in Verbindung gebracht werden. Auf einem Plakat wird die Aufmerksamkeit häufig auf ein Thema gerichtet.

Werbeagenturen gestalten die Wahlplakate. Sie überlegen sich, durch welches Thema man die Wählerinnen und Wähler erreicht (Botschaft) und wie das Plakat auffällt. Im Vordergrund können Personen, Bilder oder eine grafische Darstellung stehen. Der Schriftzug sollte sich einprägen. Wahlplakate richten sich mit ihren Aussagen häufig an eine bestimmte Gruppe in der Gesellschaft, die Zielgruppe.

## Aufgaben

Arbeitet in Gruppen und tauscht euch in den Gruppen aus. Berichtet anschließend in der Klasse.

❶ Betrachtet die Plakate in M1.
   a) Was fällt euch auf?
   b) Welches Plakat findet ihr am besten, welches am schlechtesten? Begründet.

---

## Drei Schritte zur Untersuchung eines Wahlplakates

**Schritt 1** Gesamteindruck

Wähle spontan eines der abgebildeten Wahlplakate (M2) aus und schließe
für einen Moment deine Augen:
Woran erinnerst du dich? Warum hast du dieses Plakat ausgewählt?
Findet es deine Zustimmung oder deine Ablehnung?

**Schritt 2** Die Gestaltung des Wahlplakates

Betrachte das Wahlplakat genauer:
Welches Thema oder welche Themen werden auf dem Plakat herausgestellt?
Hat das Plakat einen wirkungsvollen, einprägsamen Spruch?
Fallen Personen, Bilder oder die Schrift als Erstes ins Auge?
Welche Farbgestaltung wird gewählt?
Welche Botschaft hat das Plakat?

**Schritt 3** Die Zielgruppe

Untersuche das Plakat:
Richtet es sich an eine bestimmte Zielgruppe?

**M3 Wahlbeeinflus-
sung mithilfe digi-
taler Medien und
sozialer Netzwerke**

Sieben von zehn Deut-
schen glauben, dass
eine Wahl mithilfe von
digitalen Medien be-
einflusst werden kann.
Big-Data-Firmen wer-
ten große Datenmen-
gen aus und können
Tipps geben, wie der
Einzelne durch ge-
zielte Werbung mani-
puliert werden kann.

---

c) Was würdet ihr den Werbeagenturen raten, die
   diese Plakate gestaltet haben?

❷ Untersuche ein Wahlplakat aus M2. Gehe dabei in
   Schritten vor.

❸ Beurteile, inwiefern Wahlplakate durch die angespro-
   chenen Themen die Meinungsbildung beeinflussen.

❹ Ⓩ Wahlen können besonders gut mithilfe digitaler
Medien und sozialer Netzwerke beeinflusst werden.
Begründe (M3).

*Wenn du diese Aufgaben erfolgreich bearbeitet hast, kannst du …*
… beschreiben, wie die Wählerinnen und Wähler mithilfe von Plakaten beeinflusst werden sollen.
… den Fachbegriff **Wahlkampf** erklären.

# Mitreden und Mitentscheiden in der Gemeinde

Gerrit und Nadja erkundigen sich in ihrer Gemeinde, ob es einen Jugendrat gibt. Sie wollen sich politisch engagieren und bei wichtigen Entscheidungen mitreden, die Kinder und Jugendliche betreffen. Wie können sie Mitglied des Jugendrates werden?

## Aufgaben und Ziele des Jugendrates

In vielen Gemeinden in Nordrhein-Westfalen gibt es einen **Jugendrat**. Der Jugendrat besteht in der Regel aus Kindern und Jugendlichen im Alter von 10 bis 18 Jahren. Gewählt wird der Jugendrat von jugendlichen Einwohnern einer Gemeinde. Die Mitglieder des Jugendrates sollen die Interessen aller Kinder und Jugendlichen in der Gemeinde vertreten. Der Jugendrat hat viele Aufgaben und beschäftigt sich zum Beispiel mit Fragen der Schulhofgestaltung, dem Bau von Radwegen oder Sportplätzen. In einigen Gemeinden hat der Jugendrat sogar einen öffentlichen Haushalt zu verwalten.

Die gewählten Mitglieder des Jugendrates sammeln die Anliegen und Ideen der Kinder und Jugendlichen in der Gemeinde. Sie diskutieren die Probleme, Ideen und Vorschläge in ihren Sitzungen und leiten diese dann an die verantwortlichen Politikerinnen und Politiker weiter.

Der Jugendrat berät die Gemeinde auch bei Kinder- und Jugendfragen. Durch die Arbeit bekommen die Kinder und Jugendlichen viele Einblicke in politische Entscheidungen der Gemeinde.

Damit die Wahl des Jugendrates geregelt abläuft, gibt es eine **Wahlordnung**. Darin ist genau festgelegt, wer wahlberechtigt und wer wählbar ist, wie man sich für den Jugendrat bewerben kann und wie die Wahl durchgeführt wird. Jeder Jugendrat hat ein wichtiges Ziel vor Augen: ein kinder- und jugendfreundliches Zusammenleben in der Gemeinde.

**M2** **Beispiel einer Wahlordnung**

### Wahlberechtigung und Wählbarkeit

a) Der Jugendrat der Gemeinde Wachtberg wird für die Dauer von drei Jahren gewählt.

b) Wahlberechtigt sind alle Kinder und Jugendlichen im Alter von 10 bis 21 Jahren, die im Gemeindegebiet wohnhaft sind.

c) Jede/r Wahlberechtigte hat zwei Stimmen, die er/sie in einer allgemeinen, unmittelbaren, freien, gleichen und geheimen Wahl an zwei verschiedene Kandidaten/Kandidatinnen oder aber auch nur an eine Person abgeben kann.

d) Gewählt werden kann jede/r Jugendliche im Alter von 13 bis 21 Jahren, der/die in der jeweiligen Ortschaft wohnhaft ist und sich bei der Jugendfachkraft zur Wahl aufgestellt hat.

e) Wiederwahl ist möglich.

### Wahlvorschläge

Es kann eine unbegrenzte Anzahl von Kandidaten/Kandidatinnen für die Wahl [...] aufgestellt werden. [...]. Alle Kandidaturen müssen mindestens zwei Monate vor der Wahl bei der Gemeinde eingegangen sein.

### Durchführung der Wahl

a) Die Wahlbenachrichtigung und der amtliche Stimmzettel werden postalisch durch die Gemeinde Wachtberg versandt. Die Wahlberechtigten haben die Möglichkeit, ihre Stimmen per Post oder in einem der Wahllokale abzugeben. Als Wahllokal dient in jeder Ortschaft der Raum, in dem die Ortsvertretung ihre Sitzung abhält.

[...]

d) Briefwahlen müssen mindestens eine Woche vor der Wahl innerhalb der Ortsvertretung bei der Gemeinde eingegangen sein, um mit berücksichtigt zu werden.

Auszüge aus der Wahlordnung zum Jugendrat [Stand 09/2020] Gemeinde Wachtberg, 09.03.2016

**M1** **Sitzung eines Jugendrates**

## Aufgaben

**1** Notiere die Aufgaben des Jugendrates (Text).

**2** Lies M2 und stelle fest,

    a) wer sich für den Jugendrat in Wachtberg bewerben kann.

    b) wer wahlberechtigt ist.

    c) wie und wo die Wahlberechtigten ihre Stimme abgeben können.

    d) wie viele Stimmen jeder Wahlberechtigte hat.

**3** Überprüfe, ob die Wahl zum Jugendrat in Wachtberg eine demokratische Wahl ist (M2; S. 20 M1).

**4** Du möchtest in den Jugendrat gewählt werden.

    a) Formuliere deinen Wahlspruch (M3).

    b) Erstelle Pläne für drei Projekte für Kinder und Jugendliche, die du in deiner Gemeinde umsetzen möchtest.

    c) Entwirf ein Wahlplakat für dich.

**5** ⓩ Lies die Aussagen der Kandidaten in M3 durch. Wen würdest du wählen? Begründe deine Wahl.

**6** ⓩ Ein neuer Mitschüler, der mit seinen Eltern aus einem anderen Bundesland in eure Gemeinde gezogen ist, möchte sich engagieren. Beschreibe ihm Möglichkeiten, wo er Informationen darüber finden kann.

> *Wenn du diese Aufgaben erfolgreich bearbeitet hast, kannst du …*
> … deine Mitwirkungsmöglichkeiten in der Gemeinde beurteilen.
> … eine begründete Entscheidung treffen, ob du in der Gemeinde mitwirken möchtest.
> … die Fachbegriffe **Jugendrat** und **Wahlordnung** erklären.

# Gewusst? – Gekonnt!

## M2 Unterschiedliche Interessen in der Gemeinde

❶ a) In der Gemeinde müssen unterschiedliche Interessen berücksichtigt werden. Erläutere mithilfe von M2.

b) Begründe, warum es in einer Gemeinde Regeln geben muss (M2).

c) Der Jugendrat diskutiert die Probleme der Jugendlichen. Beschreibe die Probleme, die in der Abbildung zu erkennen sind (M2).

d) Nach der Diskussion möchte der Jugendrat einen Antrag an die Gemeinde stellen. Formuliere diesen Antrag.

*Schülerbuch, Seiten 134 – 135 und 142*

## M1 Aufbau der Gemeinden in Nordrhein-Westfalen

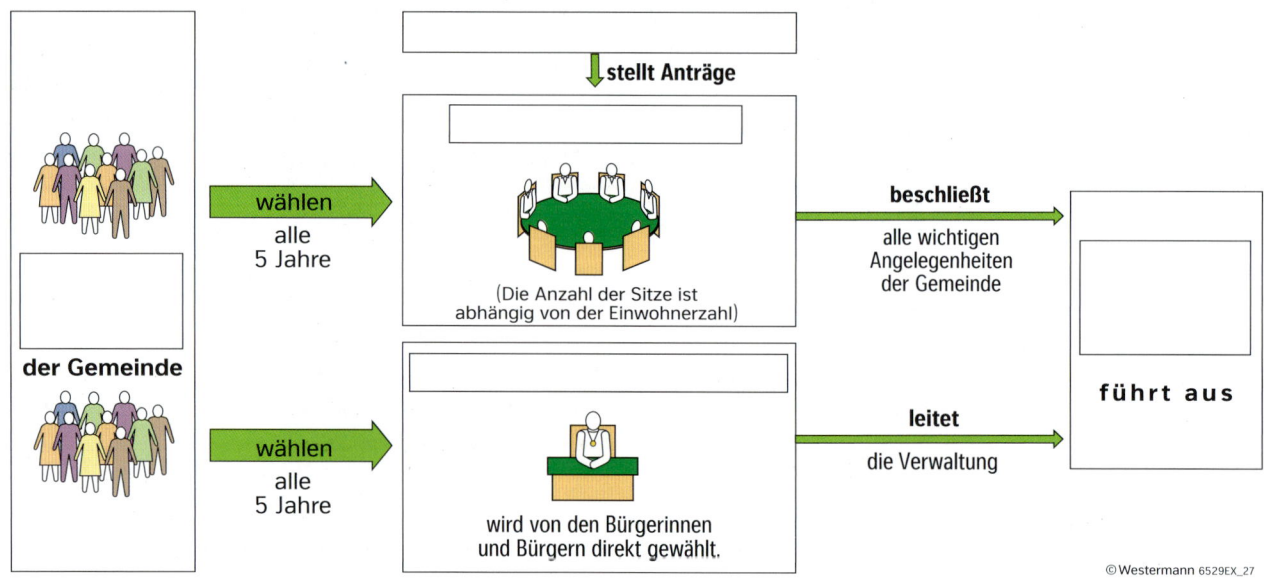

stellt Anträge

wählen
alle
5 Jahre

(Die Anzahl der Sitze ist abhängig von der Einwohnerzahl)

der Gemeinde

wählen
alle
5 Jahre

wird von den Bürgerinnen und Bürgern direkt gewählt.

beschließt

alle wichtigen Angelegenheiten der Gemeinde

leitet

die Verwaltung

führt aus

© Westermann 6529EX_27

❷ Übertrage M1 in dein Heft und ergänze die fehlende Beschriftung.
*Schülerbuch, Seite 134*

Ich gehe nicht zur Wahl.

Aber ...

?

❸ Was könnte die Frau erwidern? Formuliere die Antwort. Begründe, warum es wichtig ist, zur Wahl zu gehen, wenn man wahlberechtigt ist.
*Schülerbuch, Seiten 138 – 139*

**M3** **Aufgaben der Gemeinde**

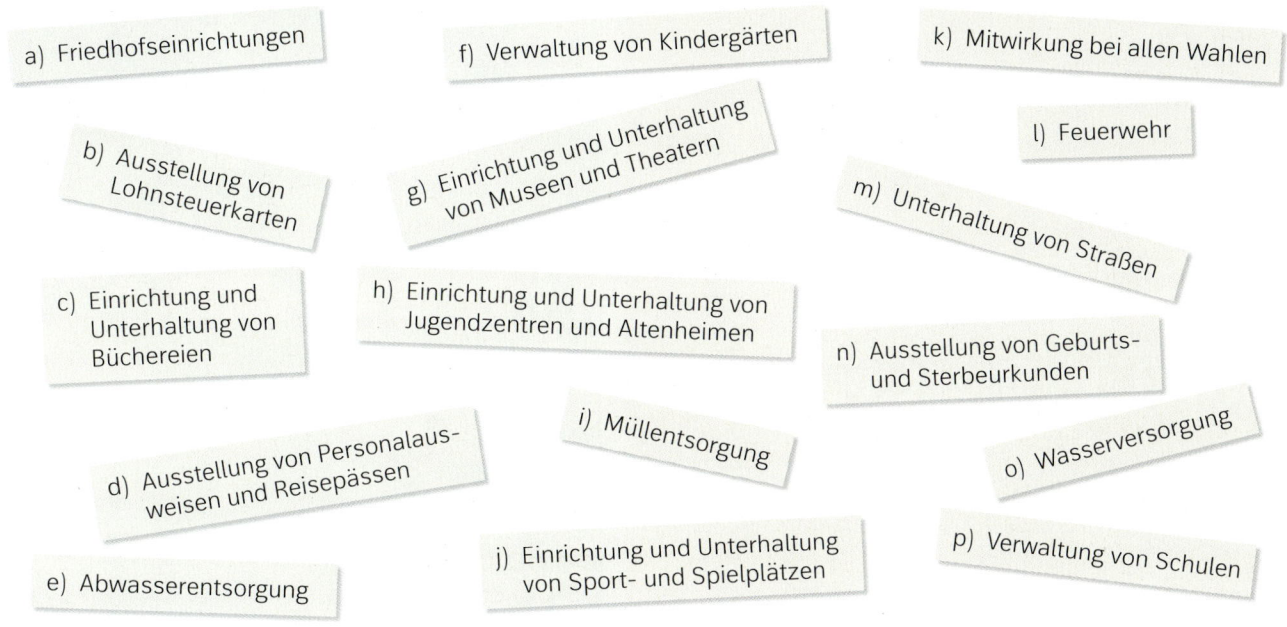

a) Friedhofseinrichtungen

f) Verwaltung von Kindergärten

k) Mitwirkung bei allen Wahlen

b) Ausstellung von Lohnsteuerkarten

g) Einrichtung und Unterhaltung von Museen und Theatern

l) Feuerwehr

m) Unterhaltung von Straßen

c) Einrichtung und Unterhaltung von Büchereien

h) Einrichtung und Unterhaltung von Jugendzentren und Altenheimen

n) Ausstellung von Geburts- und Sterbeurkunden

d) Ausstellung von Personalaus- weisen und Reisepässen

i) Müllentsorgung

o) Wasserversorgung

e) Abwasserentsorgung

j) Einrichtung und Unterhaltung von Sport- und Spielplätzen

p) Verwaltung von Schulen

**4** In M3 sind die Aufgaben der Gemeinde durcheinandergeraten. Ordne sie nach Pflichtaufgaben und
freiwilligen Aufgaben.
*Schülerbuch, Seite 136*

**M4** **Gemeindebeschlüsse in der Kritik –
Leserbrief**

Unsere Gemeinde soll für 30 Mio. Euro (!) eine
Umgehungsstraße erhalten, aber niemand von
uns ist für die Straße an dieser Stelle. Nur weil die
Ratsherren zwei Minuten schneller zu Hause sein
wollen, müssen Dutzende Anwohner leiden. Am
schlimmsten ist die Lebensgefahr für die Schüle-
rinnen und Schüler der Gesamtschule. Diese neue
Rennstrecke wird hier am Rand des Naturschutz-
gebietes Lärm und Gestank bringen. So werden
auch viele Kinder keinen Spielplatz mehr haben.
Kurz und gut: Wir wollen einen ungefährlichen
Schulweg für die Kinder, Ruhe, frische Luft und
Spielmöglichkeiten. Darum muss der Plan des
Gemeinderates vom Tisch.

**5** a) Beurteile den Leserbrief (M4) unter dem Gesichts-
punkt, ob er eher von Sachargumenten oder eher
von Gefühlen bestimmt ist.
b) Verfasse selbst einen Leserbrief über einen
Beschluss in deiner Gemeinde, mit dem du nicht
zufrieden bist.

**6** Vergleiche die Möglichkeiten der Mitwirkung in der
griechischen Polis und heute bei uns.
*Schülerbuch, Seiten 120 – 121, 138 – 139*

**7** Wähle im Internet ein Wahlplakat, das dir gefällt, aus
und erkläre, warum du es als gut gelungen beurteilst
(Internet).

## Fachbegriffe

| | | | |
|---|---|---|---|
| das Bürgerbegehren | die freiwillige Aufgabe | die Kommunalwahl | die repräsentative |
| der Bürgerentscheid | die Gemeinde | der Kreis (Landkreis) | Demokratie |
| der Bürgermeister | der Gemeinderat | der öffentliche Haushalt | der Wahlkampf |
| die Bürgermeisterin | der Haushaltsplan | die Partei | die Wahlordnung |
| die direkte Demokratie | der Jugendrat | die Pflichtaufgabe | das Wahlrecht |

WES-105332-145
westermann.de/webcode

# Rom – vom Dorf zum Weltreich

„Alle Wege führen nach Rom" – seinen Ursprung hat dieses Sprichwort in der römischen Antike.
Vor ca. 2000 Jahren herrschten die Römer über ein Weltreich und bauten ein dichtes Straßennetz mit Rom als Zentrum.
Auch heute noch führen viele Wege nach Rom, ihren Rang als Welthauptstadt hat die „ewige Stadt" allerdings verloren.
Wie wurde aus einem kleinen Dorf am Tiber ein Weltreich? Wie gelang es den Römern, ein so riesiges Reich zu regieren? Wie lebten die Menschen im alten Rom? Welche Spuren haben die Römer bei uns hinterlassen?

rechts: Ausgrabungsstätte des Forum Romanum in Rom, des Römischen Marktplatzes. Im Vordergrund sind die Überreste des Saturntempels mit den aufrecht stehenden Säulen zu sehen. Er wurde 498 v. Chr. eingeweiht. Links davon befindet sich der Triumphbogen des Septimius Severus, der im Jahre 203 n. Chr. zu Ehren des Imperators erbaut wurde. Rechts – hinter dem Saturntempel und etwas tiefer gelegen – liegt die nach Julius Caesar benannte Basilica Iulia, die erst unter Augustus fertiggestellt wurde. Ganz hinten sieht man noch einen Teil des Colosseums.

# Auf den Spuren der Römer

Das Rheinland war vor 2000 Jahren ein kleiner Teil eines Weltreiches, das die Gebiete um das Mittelmeer und weite Teile Europas bis nach England umfasste, dem Römischen Reich. Noch heute gibt es viele Hinweise auf diese Zeit. Trier, Köln, Bonn und Xanten waren Römerstädte. Die Hohe Straße in Köln war ein Teil der wichtigen Römerstraße von Bonn nach Xanten.
Welche Spuren haben die Römer hinterlassen?

**M3** **Ein Straßenschild erinnert an die Römer.**

## Mit dem Fahrstuhl in die Römerzeit

In Köln kann man tatsächlich mit dem Fahrstuhl in die Römerzeit fahren, und zwar im neuen Rathaus der Stadt. Man gelangt dann direkt in die „Unterwelt" unter dem Rathaus. Dort sieht man die Reste der Gebäude, die hier während der Römerzeit standen, nämlich das Prätorium (römischer Statthalterpalast). Neben vielen Bauwerken aus der Römerzeit finden wir das „Erbe der Römer" in vielen Gegenständen wie Münzen, Tonkrügen oder Waffen. Bei Besichtigungen vor Ort und in Museen kann man sich dieses Erbe anschauen.

Jeder kennt aber auch die römischen Zahlen. Sie stehen oft auf den Zifferblättern von Uhren. Auch die Namen der Monate gehen auf die Römer zurück.

**M1** **Die Römer bauten Straßen aus mehreren Schotterschichten und einem Steinpflaster.**

Für die Römer waren Straßen sehr wichtig. In dem riesigen Römischen Reich mussten Soldaten schnell an einen möglichen Einsatzort gelangen, wenn es dort Aufstände gegen die Römer gab. Die militärischen Stützpunkte (Kastelle) mussten versorgt werden. Deshalb bauten die Römer ein gepflastertes Straßennetz.
Spuren dieser Straßen sind noch heute in ganz Europa sichtbar. Die Straßen waren auch wichtig, weil die Römer Bodenschätze auf ihnen transportierten: auf der Via Agrippa zum Beispiel Blei aus Mechernich, Eisen aus der Nähe von Nettersheim und Kalk aus Münstereifel.

**M2** **Aquädukt (Wasserbrücke) bei Nettersheim**

Köln hieß zur Zeit der Römer Colonia Claudia Ara Agrippinensium, kurz auch Colonia Agrippina. Die Stadt war die Hauptstadt einer römischen Provinz. Hier lebten etwa 20000 Menschen. Die Stadt musste mit Frischwasser versorgt werden. Dazu leiteten die Römer das Wasser aus der Eifel über 95 Kilometer bis nach Köln. Sie bauten Kanäle, Tunnel und Brücken. Über die gesamte Distanz hatte die Wasserleitung ein gleichmäßiges Gefälle. Sie war eine technische Meisterleistung. Die Eifel-Wasserleitung wurde 190 Jahre lang genutzt, bis sie ungefähr 260 n. Chr. bei einem Angriff der Franken zerstört wurde und verfiel. Heute kann man auf dem Römerkanal-Wanderweg von Nettersheim nach Köln wandern.

schueler.diercke.de | 100870-056-01, 100870-062-01

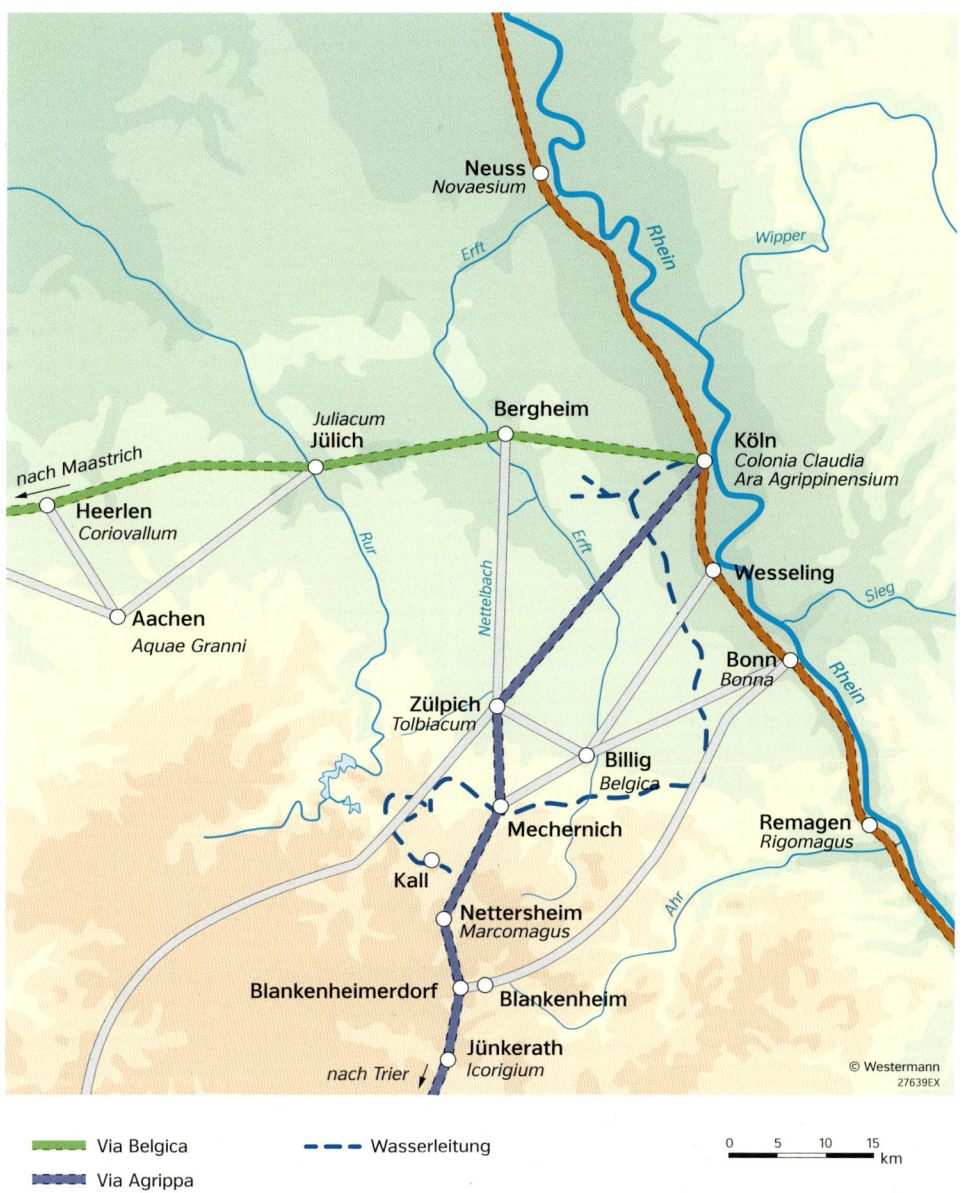

Via Belgica
Via Agrippa
Limes-Straße
– – – Wasserleitung

0    5    10    15
km

© Westermann
27639EX

| I | = | 1 | XX | = | 20 |
|---|---|---|---|---|---|
| II | = | 2 | XXX | = | 30 |
| III | = | 3 | XL | = | 40 |
| IV | = | 4 | L | = | 50 |
| V | = | 5 | LX | = | 60 |
| VI | = | 6 | LXX | = | 70 |
| VII | = | 7 | LXXX | = | 80 |
| VIII | = | 8 | XC | = | 90 |
| IX | = | 9 | XCIX | = | 99 |
| X | = | 10 | C | = | 100 |

| | | | | | |
|---|---|---|---|---|---|
| CC | = 200 | | DCC | = | 700 |
| CCC | = 300 | | DCCC | = | 800 |
| CD | = 400 | | CM | = | 900 |
| D | = 500 | | CMXC | = | 990 |
| DC | = 600 | | M | = | 1000 |

**INTERNET**

Google maps
→ römische Wasser-
leitung

Suchbegriffe:
→ Eifel-Info Römer-
kanal-Wanderweg
→ Römerstraßen Köln
Museen
→ NRW Stiftung römi-
sche Wasserleitung

## Aufgaben

❶ Stelle folgende Zahlen als römische Zahlen dar:
12, 37, 74, 169, 333, 1582, 2014
(M5).

❷ Beschreibe die Lage von Köln im
Straßennetz zur Römerzeit (M4).

❸ Erkläre, warum die Römer im
Rheinland so aufwändige Bau-
maßnahmen durchführten (M1,
M2).

❹ Ⓦ Wähle aus:

A Ergänze die Informationen in M2
zur römischen Wasserleitung
(Internet).

B Ergänze die Informationen in M2
zum römischen Köln (Internet).

❺ Wie schätzt du den Einfluss der
Römer auf das Rheinland ein?

*Formulierungshilfen zu Aufgabe 5:*
Ich meine, dass die Römer einen
großen/kleinen Einfluss auf das
Rheinland hatten, da sie ...
Sie veränderten ...
Sie erschufen ...
Die Bedeutung des Rheinlands
nahm zu/ab, weil ...

*Wenn du diese Aufgaben erfolgreich bearbeitet hast, kannst du ...*
... über die Bedeutung der Römer für das Rheinland berichten.
... die Bedeutung der Römer für das Rheinland beurteilen.

# Vom römischen Stadtstaat zum Weltreich

Ganz Gallien ist von Römern besetzt – nein! Ein Dorf mit unbeugsamen Galliern leistet den Römern Widerstand. Asterix und Obelix verhauen die Römer. So kann man es in der Comicserie „Asterix" nachlesen. Wie war es aber tatsächlich? Wie konnten die Römer ein Weltreich aufbauen?

**M3** **Rom: Vom Stadtstaat zum Weltreich**

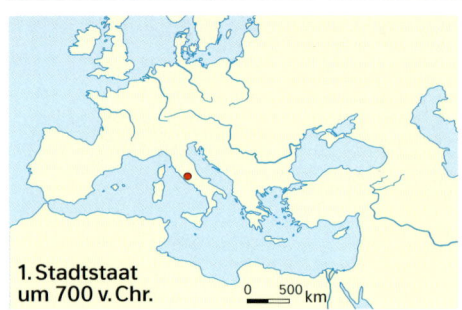

1. Stadtstaat um 700 v. Chr.

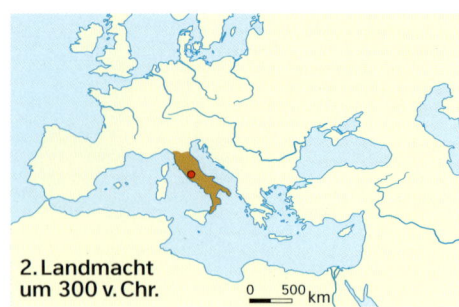

2. Landmacht um 300 v. Chr.

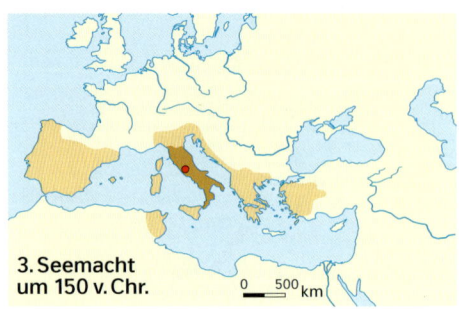

3. Seemacht um 150 v. Chr.

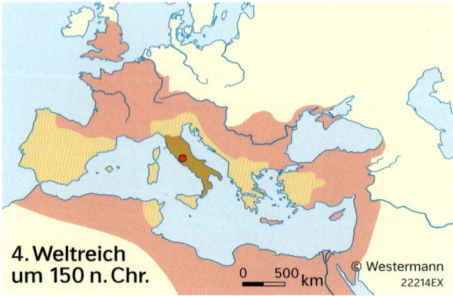

4. Weltreich um 150 n. Chr.

© Westermann 22214EX

## M1 Die Sage von der Entstehung Roms

Romulus und Remus entstammten einer Königsfamilie. Ihr Onkel wollte sie töten und setzte sie in einem Korb auf dem Fluss Tiber aus. Doch eine Wölfin rettete die beiden. Viele Jahre später erfuhren sie von ihrer Herkunft, verjagten den Onkel und begannen, am Tiber eine neue Stadt zu gründen – der Sage nach im Jahr 753 v. Chr. Bei einem Streit erschlug Romulus seinen Bruder. Er wurde König über die neugegründete Stadt Rom.

## M2 Rom und Karthago streiten um die Vorherrschaft

Karthago liegt im heutigen Tunesien. In der Antike war Karthago die Hauptstadt einer See- und Handelsmacht. Rom und Karthago stritten sich um die Vorherrschaft im Mittelmeerraum. Der karthagische Feldherr Hannibal wollte Rom erobern. Er zog mit 40 000 Soldaten, 10 000 Reitern und 37 Kriegselefanten durch das heutige Spanien und über die Alpen nach Rom. Die Angaben der Soldaten und Reiter weichen in den Quellen allerdings voneinander ab. In mehreren Schlachten besiegte Hannibal das römische Heer, obwohl die Römer immer wieder ein neues Heer aufstellten.
Jahre später landeten die Römer an der Küste vor Karthago und besiegten die Karthager. Die Römer ermordeten viele Bewohner der Stadt, steckten die Stadt in Brand und versklavten die Überlebenden.

## Der sagenhafte Aufstieg Roms

Rom wurde um das Jahr 1000 v. Chr. von den Volksstämmen der Etrusker und Latiner gegründet. Eine kleine Siedlung am Fluss Tiber entwickelte sich zur Hauptstadt eines riesigen Weltreiches. Grundlage des Erfolgs war eine gut organisierte Armee. Diese war in Legionen zwischen 4 000 und 6 000 Soldaten eingeteilt. Die **Legionäre**, also die römischen Soldaten rückten in drei Reihen gegen den Feind vor und verstanden es, das jeweilige Gelände geschickt für ihre Kriegsführung und Bewaffnung zu nutzen. Die eroberten Gebiete wurden unter römische Verwaltung gestellt und mit Grenzanlagen befestigt, dem **Limes**. Die besiegten Völker durften teilweise selbstständig bleiben. Viele der ehemaligen Gegner wurden so allmählich zu Verbündeten. Im Kriegsfall mussten sie Rom mit Soldaten und Material unterstützen.
Die Römer unterwarfen nicht nur Gebiete in Europa, sondern auch in Afrika und Asien. So entstanden immer mehr Provinzen, bis schließlich das **Römische Reich** so groß geworden war, dass nicht mehr alle Grenzen gesichert werden konnten.
Viele Jahrhunderte lang war Rom die reichste, mächtigste und größte Stadt im Mittelmeerraum. Die römische Herrschaft prägte ganz Europa. Die Römer bauten Häuser, Straßen und Brücken. Die Sprache der Römer war Latein. In den eroberten Gebieten wurden viele lateinische Wörter in die Sprachen der Eroberten übernommen, insbesondere für Dinge, die bis dahin unbekannt waren. Man nennt solche Wörter **Lehnwörter**. Dazu gehören zum Beispiel Fenster, Schule und Mauer.

**M4** Das Römische Weltreich

Römisches Reich 264 v. Chr.

Römische Erwerbungen

bis 133 v. Chr.

bis 117 n. Chr.

Grenz-befestigung (Limes)

Raetia römische Provinzen (in Auswahl)

• römische Stadt (in Klammern heutiger Name)

*Methode: Eine Geschichtskarte auswerten (vgl. S. 254)*

0 — 500 km

4878EX_8
© westermann

**M5** Quelle 1: Ein tapferes Volk

Die Römer errichteten ihre Weltherrschaft durch die Tapferkeit ihrer Heere und […] anständige Behandlung der Unterworfenen. Und sie blieben so sehr frei von aller Grausamkeit und Rachsucht den Unterworfenen gegenüber, dass man hätte glauben können, sie kämen zu […] zu Freunden.

Diodorus 32, 4, 4 [griechischer Geschichtsschreiber, 50 v. Chr.]

**M6** Quelle 2: Die Räuber der Welt

Stehlen, Morden, Rauben nennen sie […] Herr-schaft; und Frieden, wo sie eine Wüste schaffen. Kinder […] werden […] davongeschleppt, um anderswo zu dienen. […] die Körper selber und Hände, um Wälder und Sümpfe gangbar zu machen, unter Schlägen und Kränkungen aufgerieben.

Rede des Calgacus [Führer der nördlichen Britannier, vor einer Schlacht gegen die Römer, um 84 n. Chr.] In: Tacitus: Agricola 30f.

**M7** Aussagen über Rom

Ⓐ Die Römer hörten nicht auf zu kämpfen. Sie drangen bis nach Germanien und Britannien vor. Sie wurden eine Weltmacht.

Ⓒ Auf sieben Hügeln in einem Sumpfgebiet am Fluss Tiber siedelten sich die Menschen an. Sie errichteten Dörfer und wurden Bauern. Später zogen sie eine Steinmauer um die Dörfer. So gründeten sie die Stadt Rom.

Ⓓ Die Römer eroberten Gebiete im heutigen Italien. Schließlich beherrschten sie den gesamten „Stiefel". Sie unterwarfen auch Sizilien.

Ⓑ Die Römer lernten den Bau von Kriegsschiffen. Sie eroberten viele Gebiete rund ums Mittelmeer.

**M8** Bronzestatue

Romulus und Remus werden von einer Wölfin gesäugt.

**Aufgaben**

❶ Ordne die Texte in M7 den Karten in M3 zu.

❷ Erkläre, warum das Wahrzeichen Roms eine Wölfin ist (M1, M8).

❸ Überprüfe, ob Nordrhein-Westfalen zum Römischen Weltreich gehörte (M4).

❹ Erkläre, wie Rom die Machtprobe gegen Karthago gewann (M2).

❺ Ⓦ Diodor und Tacitus beurteilen die Römer unter-schiedlich.

Ⓐ Stelle die unterschiedlichen Sichtweisen in einer Tabelle dar (M5, M6).

Ⓑ Begründe die unterschiedlichen Sichtweisen, indem du berücksichtigst, wer Diodor und Calgacus waren (M5, M6).

❻ Benenne die Probleme, die durch das Wachstum des Römischen Reiches entstanden (Text, M4).

*Wenn du diese Aufgaben erfolgreich bearbeitet hast, kannst du …*
… die Entwicklung Roms vom Stadtstaat zum Weltreich beschreiben.
… die Fachbegriffe **Legionär, Limes, Römisches Reich** und **Lehn-wort** erklären.

# Der Limes und andere Grenzanlagen

**M1** **Römerkastell am Limes – so könnte es ausgesehen haben.**

① Haupttor
② Verteidigungsgraben
③ Wachturm
④ Krankenhaus
⑤ Kornspeicher
⑥ Wohnhaus des Leiters des Kastells
⑦ Leitung des Kastells
⑧ Badehaus
⑨ Unterkünfte für Soldaten
⑩ Ställe
⑪ Werkstatt
⑫ Limes
⑬ Wachturm am Limes
⑭ Germanische Händler

Die Saalburg ist das einzige römische Militärlager, das einschließlich seiner festen Gebäude vollständig wiederaufgebaut worden ist. Hier kann man sich anschauen, wie die Legionäre lebten. Wie sah ein Kastell aus? Wie sah das Leben der Legionäre aus?

**M2** **Römischer Soldat mit Ausrüstung (etwa 29 kg) und Marschgepäck (etwa 18 kg)**

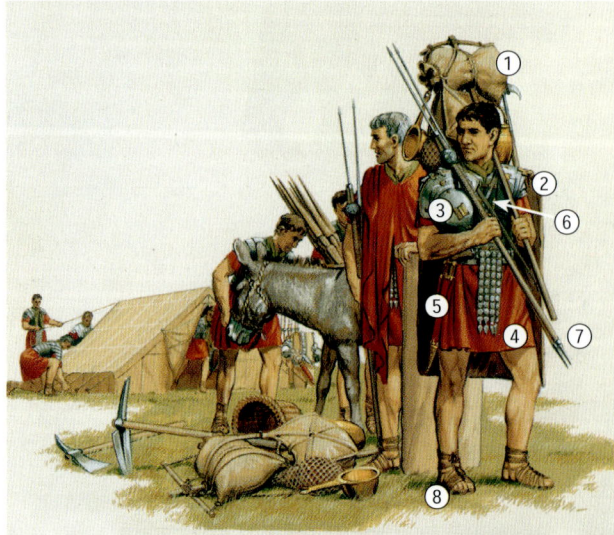

① Marschgepäck
② Schutzschild
③ Helm
④ Tunika
⑤ Gladius (Kurzschwert)
⑥ Kettenhemd mit Brustpanzer
⑦ Pilum (Wurflanze)
⑧ Schnürsandalen

## Der Limes – die Grenze der römischen Macht

Im 1. Jahrhundert n. Chr. griffen Germanen immer wieder das Römische Reich an. Deshalb schützten die Römer vor allem ihre Nordgrenze. Berge und Flüsse bildeten dabei eine natürliche Grenze. In den offenen Gebieten zwischen dem Rhein und der Donau bauten sie eine bewachte Grenzbefestigung, den Limes. Der Limes war 550 Kilometer lang und etwa drei Meter hoch. Er bestand teilweise aus Stein, teilweise aus Holz. Auf Sichtweite waren Wachtürme eingebaut. Von den Türmen aus kontrollierten Wachposten die Grenze. Um bei Gefahr Nachrichten von Turm zu Turm weitergeben zu können, benutzten die Wachposten Feuer- oder Rauchsignale.

Der Limes wurde zusätzlich durch **Kastelle** gesichert, die in gewissen Abständen am Limes errichtet wurden. In den kleinen Kastellen waren nur wenige Legionäre untergebracht, in den großen Kastellen waren es mehrere Tausend. Für die Bevölkerung war der Limes in beide Richtungen offen. So konnte intensiv Handel betrieben werden. Der Limes selbst konnte keinem größeren Angriffen Stand halten. Jenseits des Limes lebten unterschiedliche germanische Stämme, die häufig auch gegeneinander kämpften. Die Römer nutzten diese Uneinigkeit. Sie unterstützten gezielt Stämme und gewannen so auch Kontrolle auf der anderen Seite.

Der Limes schützte das Römische Reich von 80 bis 260 n. Chr.

schueler.diercke.de | 100870-062-01

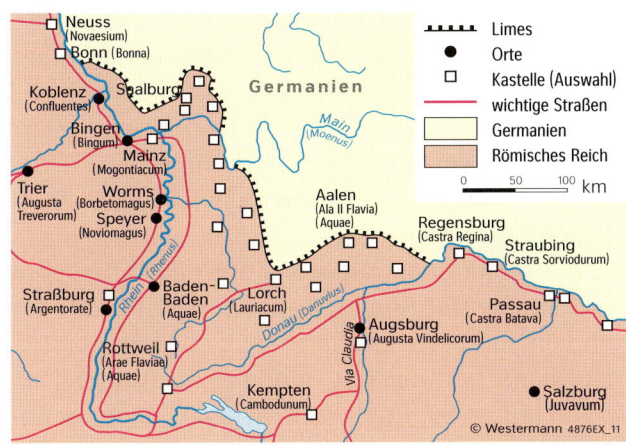

## M4 Die Saalburg, ein Kastell am Limes

## M5 Tagesablauf eines römischen Soldaten im Militärlager

6.00 Uhr: Aufstehen
6.30 Uhr: Appell, Verteilung der Aufgaben
7.00 Uhr: Frühstück
7.30 Uhr: Wachdienste, Arbeitsdienste
12.00 Uhr: Mittagessen
12.30 Uhr: Waffenübungen, Übungsmärsche
18.00 Uhr: Abendessen, Freizeit (Besuch einer nahe gelegenen Stadt, Pferderennen, Kampfspiele, Jagd)
21.30 Uhr: Zapfenstreich, Nachtruhe
22.00 Uhr: absolute Ruhe

Christa Kotitschke: Auf die Plätze … Römer los! Gemeinde Köngen (Hrsg.), Plochingen 1993, S. 12f. (verändert)

## M3 Verlauf des Limes und Kastelle

INTERNET

Suchbegriffe: → Limes, römische Legion, Germanen, Saalburgmuseum

### INFO

Ein **Kastell** war ein römisches Militärlager. Die römischen Legionen waren für die damalige Zeit die modernste Armee. Zunächst bestanden die Kastelle aus Holzgebäuden und Erdwällen als Schutz vor Feinden. Später wurden in vielen Kastellen die Holzgebäude durch Steingebäude ersetzt und Mauern errichtet.

## Aufgaben

1 Beschreibe, wie ein Kastell aussah (M1).

2 Erkläre, warum die Gegner der Römer große Furcht vor der römischen Armee hatten (M2, Text).

3 Versetze dich in die Rolle eines römischen Soldaten. Berichte über deinen Alltag (M2, M5).

4 Ⓦ Wähle aus:

A Beschreibe den Verlauf des Limes (M3, Text, Atlas).

B Beschreibe die Lage der Kastelle (M3).

5 Der Limes als offene Grenze – ein Vorbild für heute? Nimm Stellung.

6 Ⓩ Vergleiche den Alltag eines römischen Soldaten in einem Kastell am Limes mit deinem eigenen Alltag (M5).

*Formulierungshilfen zu Aufgabe 3:*
Mein Tag im Kastell am Limes beginnt mit …
Essen gibt es …
In meiner Freizeit …
An meinem Leben im Kastell am Limes gefällt mir / gefällt mir nicht, dass …

*Wenn du diese Aufgaben erfolgreich bearbeitet hast, kannst du …*
… beschreiben, wie ein römisches Militärlager aussah.
… erklären, warum die Römer den Limes bauten.
… den Fachbegriff **Kastell** erklären.

# Begegnungen am Limes

## M1 Handel am Limes

Titus, einem römischen Soldaten, ist die Verpflegung im Kastell zu eintönig. Er möchte Seidentücher gegen Obst eintauschen. Aldemar, ein Germane, braucht dringend Töpfe und Krüge für seine Frau. Er kann Felle anbieten. Wie fand der Handel am Limes statt? Wie wirkte sich das Zusammentreffen von Römern und Germanen aus?

## M2 Quelle 1: Germanen passen sich an.

Die Römer errichteten in Germanien einige Städte. Dort nahmen die Germanen allmählich römische Sitten an, besuchten die Märkte und lebten in friedlichem Verkehr mit den Römern. Früher hatten die Germanen ein ungebundeneres Leben geführt. Aber solange sie mit der großen Behutsamkeit an das Neue gewöhnt wurden, empfanden sie das nicht als Last und merkten nicht, wie sie sich veränderten.

Cassius Dio [230 n. Chr.]. In: Hans Reichardt: Was ist was. Band 62: Die Germanen. Nürnberg 1978, S. 46

## M3 Quelle 2: Wirtschaftsfaktor Soldaten

Hohe Kaufkraft und ebenso hohe Bedürfnisse der Soldaten veranlassten [...], dass sich immer mehr Handwerker, Händler und andere Gewerbetreibende in der Nähe der Truppenstandorte niederließen. Angetrieben von den weit überdurchschnittlichen wirtschaftlichen Möglichkeiten [...] wurde das Rheingebiet zu einer Zone besonderer wirtschaftlicher und gesellschaftlicher Dynamik.

Reinhard Wolters: Die Römer in Germanien. München 2004, S. 76 – 77

## Warenaustausch am Limes

Am Limes begegneten sich germanische Händler und römische Soldaten. Römische Kaufleute brachten Schmuck, Töpfe, Glasbecher und Silbergeschirr nach Germanien und erhielten dafür Honig, Wachs und Felle von den **Germanen**. Es gab also einen **Tauschhandel** am Limes.

Vorteilhaft für den Handel war das dicht angelegte Straßennetz der Römer. Dadurch konnten sie mit den verschiedensten Waren aus allen Gegenden des Römischen Reiches handeln. Personenreisewagen legten zur Römerzeit etwa 40 Kilometer am Tag zurück. Die Straßen waren geschottert oder gepflastert. Mithilfe von Brücken wurde hügeliges Gelände auf geradem Weg überwunden. Vor allem waren die Straßen für die Sicherung des Römischen Reiches wichtig. So kamen Soldaten und Boten schnell voran, auch bei schlechtem Wetter.

Häufig gingen römische Soldaten nach dem Militärdienst nicht nach Rom zurück, sondern blieben in Germanien. Sie bekamen dort ein Stück Land und heirateten germanische Frauen. Die römische und die germanische Lebensweise mischten sich. Die Germanen konnten Soldaten in römischen Hilfstruppen werden und mussten dann den Limes gegen andere Germanen verteidigen. Einige Germanen passten sich der römischen Kultur an und lernten zum Beispiel Latein. Im 2. und 3. Jahrhundert n. Chr. besaßen auch Germanen hohe öffentliche Ämter und hatten viel Einfluss. An der offenen Grenze des Limes entwickelte sich aus den Römern und den germanischen „Barbaren" eine Art multikulturelle Gesellschaft.

# Rekonstruktionszeichnungen untersuchen

**M4** **Bau einer Römerstraße**

INFO

Zur Zeit der Römer war die Fotografie noch nicht erfunden. Es gab allerdings schriftliche Berichte von Geschichtsschreibern. Mithilfe dieser Berichte kann man **Rekonstruktionszeichnungen** anfertigen. Rekonstruktion bedeutet, dass man eine Situation oder einen Gegenstand nachvollzieht und nachbildet.

Die Römerstraßen galten als technische Meisterleistung. Sie waren genau vermessen und verliefen schnurgerade.

## Vier Schritte zur Auswertung von Rekonstruktionszeichnungen

**1. Schritt:** Thema benennen

Worum geht es in der abgebildeten Situation? Wann und wo soll sie stattgefunden haben?

**2. Schritt:** Beschreiben

Was ist dargestellt? Beschreibe möglichst genau, welche Personen zu erkennen sind, welche Tätigkeiten sie ausüben, welche Gegenstände und Gebäude abgebildet sind.

**3. Schritt:** Untersuchen

Was sagt die Rekonstruktionszeichnung über das Thema aus? Welche Einzelheiten sind besonders deutlich gezeichnet? Welche Gründe kann es dafür geben? Welcher Eindruck soll beim Betrachter entstehen? Woran erkennst du das?

**4. Schritt:** Deuten

Wie nah an der Realität ist die Rekonstruktionszeichnung? Können dargestellte Einzelheiten belegt werden?

**M5** **Beispielauswertung der Rekonstruktionszeichnung in M4**

1. Schritt:
Aus der Bildüberschrift geht hervor, dass in der Zeichnung der Bau einer Römerstraße dargestellt wird. Genaue Orts- und Zeitangaben sind nicht genannt.

2. Schritt:
In der Rekonstruktionszeichnung sieht man viele Arbeiter beim Bau einer Straße. Sie … mit …
Zwei Männer halten Stäbe. Sie …
Im Hintergrund ist eine Brücke zu erkennen.
Ein Soldat …

3. Schritt:
Die Zeichnung verdeutlicht, dass der römische Straßenbau eine Meisterleistung war, denn …

4. Schritt:
Die Rekonstruktionszeichnung stellt realistisch/nicht realistisch dar, wie die Römer ihre Straßen bauten, weil …

## Aufgaben

❶ Ergänze die Auswertung der Rekonstruktionszeichnung (M4, M5).

❷ Beschreibe den Handel am Limes. Werte dazu die Rekonstruktionszeichnung in Schritten aus (M1).

❸ a) Begründe, warum ein leistungsfähiges Straßennetz für das Römische Reich wichtig war (Text; S. 148 M1).
b) Erkläre, inwiefern heute digitale Netze wichtig sind.

❹ a) Beschreibe, wie sich das Leben der Germanen durch den Einfluss der Römer veränderte (M2, M3).
b) Beurteile, ob sich der Einfluss der Römer ausschließlich positiv auswirkte.

*Wenn du diese Aufgaben erfolgreich bearbeitet hast, kannst du …*
… den Handel am Limes beschreiben.
… Rekonstruktionszeichnungen untersuchen.
… die Fachbegriffe **Germane, Tauschhandel** und **Rekonstruktionszeichnung** erklären.

# Das politische und soziale Leben in Rom

Das Römische Reich wurde immer größer, bis es schließlich bis an die Grenzen der damals bekannten Welt stieß. Wie wirkte sich diese Expansion auf die politischen und sozialen Verhältnisse in Rom aus?

## M1 Politische und soziale Auswirkungen der römischen Expansion

Roms Aufstieg zur Weltmacht wirkte sich auf das Leben in Rom aus. Durch den Handel mit den eroberten Gebieten kamen Güter und Sklaven nach Rom. Davon profitierten die reichen Familien in Rom.

Die sozialen Unterschiede in Rom vergrößerten sich allerdings. Die römische Armee bestand zunächst überwiegend aus Bauern. Römische Soldaten waren oft monate- oder sogar jahrelang im Krieg. Während dieser Zeit konnten sie ihre Äcker nicht bestellen. Ihre Familien verarmten. Viele heimkehrende Bauern sahen sich gezwungen, ihre Höfe aufzugeben. Sie zogen mit ihrer Familie nach Rom und wurden Tagelöhner.

Adlige Grundbesitzer, die die Höfe aufkauften, konnten ihren Grundbesitz vergrößern. Verwalter bewirtschafteten mit Sklaven und Tagelöhnern diese Güter. Die Grundbesitzer selbst nahmen am politischen Leben in Rom teil.

Nachdem die römische Armee zu einem Heer aus Berufssoldaten geworden war, konnten siegreiche Feldherren politische Vorteile aus ihrer Stellung ziehen. Wer seine Legionäre durch Landschenkungen an sich band, konnte auf ihre Unterstützung zählen. So gewannen sie als Senatoren eine Macht, die gefährlich für das politische System werden konnte.

### INFO

Wenn einzelne Personen, zum Beispiel Könige oder Kaiser, in einem Staat herrschen, spricht man von einer **Monarchie**.
Nach der Vertreibung der Könige nannten die Römer ihren Staat „res publica". Das heißt „öffentliche Sache". Die Macht lag beim Senat, der Volksversammlung und den Beamten. Heute versteht man unter einer **Republik** einen Staat, in dem das Volk die Politik bestimmt. Es wählt das Parlament, das die Gesetze beschließt.

Standbild des Kaisers Gaius Octavius Augustus

## Monarchie – Republik – Monarchie

Zu Beginn seiner Entwicklung war das Römische Reich eine **Monarchie**, das heißt, es wurde von Königen regiert. Um das Jahr 510 v. Chr. vertrieben die Römer den letzten König. Sie wollten aus der Herrschaft eines Einzelnen die gemeinsame Sache aller (= res publica) machen. Die Leitung des Staates und der Oberbefehl über das Heer wurde für ein Jahr an zunächst einen, später zwei Adlige (**Patrizier**) übertragen. Diese beiden höchsten Beamten wurden Konsuln genannt. Eine Gruppe angesehener Männer bildete den Senat. Die Senatoren berieten in regelmäßigen Sitzungen über wichtige politische Entscheidungen.

Außer den Patriziern lebten in Rom auch Bauern, Handwerker, Tagelöhner und Kaufleute. Sie bildeten den Stand der **Plebejer**. Erst durch Ständekämpfe bekamen auch die Plebejer einen Fürsprecher – den Volkstribun. Aus dem Reich wurde eine **Republik**, in der alle Bürger ein Mitspracherecht hatten. Es regierten Politiker, die von den Männern mit römischem Bürgerrecht in der Volksversammlung gewählt wurden. Frauen durften nicht wählen. In Rom gab es viele politische Krisen und Bürgerkriege. Julius Cäsar, ein sehr erfolgreicher Feldherr, kam in einer solchen Zeit an die Macht und wollte um 45 v. Chr. zum Alleinherrscher werden. Um die Republik zu retten, verschworen sich einige adlige Senatoren und ermordeten Cäsar. Aus dem folgenden Bürgerkrieg ging Gaius Octavian als Sieger hervor. Er erhielt am 16. Januar 27 v. Chr. vom Senat der Republik den Ehrennamen Augustus (lat. „der Erhabene"). Augustus ließ die Republik der Form nach bestehen, war aber praktisch Alleinherrscher. Er war Oberbefehlshaber des Militärs, er hatte die Staatskasse unter sich, seine Beamten setzten seine Gesetze im ganzen Reich durch. Mit ihm begann die römische Kaiserzeit. Das Römische Reich war wieder eine Monarchie. Unter seiner Herrschaft gab es eine langanhaltende Zeit inneren Friedens im Römischen Reich. Augustus starb im Jahr 14 n. Chr.

Ich heiße Octavian. Man nennt mich Kaiser Augustus. Ich bin der alleinige Herrscher. Die Soldaten hören auf meine Befehle. Ich verwalte die Steuereinnahmen und ernenne Senatoren. Ich wohne in den Kaiserpalästen, die sehr groß und luxuriös ausgestattet sind. Hier fehlt es mir an nichts!

Ich heiße Gaius und komme aus einer angesehenen Familie, die in der Nähe des Kaiserpalastes lebt. Seit zwei Jahren bin ich Heerführer an der Ostgrenze des Römischen Reiches. Ich achte mit meinen Soldaten darauf, dass auch in weit entfernten Provinzen Frieden herrscht. Meine Befehle erhalte ich vom Kaiser.

Mein Name ist Livius. Ich bin ein Senator und berate den Kaiser. Außerdem kümmere ich mich um eine Provinz am Limes. Ich wohne in einer Villa mit eigenen Toiletten und einem Anschluss an die Wasserleitung. Zu meinem Haushalt gehören ungefähr 50 Sklaven. Ich gehöre zu den Patriziern.

Man nennt mich Marcus. Ich gehöre zu den Plebejern. Ich betreibe mit meiner Frau einen kleinen Metzgerladen. Von den Einnahmen können wir unsere Miete und das Schulgeld für unsere vier Söhne bezahlen. Wir leben in einem einzigen Zimmer zusammen. Toiletten sind auf der Straße. Wasser holen wir aus einem Brunnen. Der Besuch von Gladiatorenkämpfen bringt Abwechslung in mein Leben. Ich bin frei und damit römischer Bürger.

Ich bin eine Sklavin und komme aus Germanien. Nach einem Kampf gegen die Römer wurde ich gefangen genommen und auf einem Sklavenmarkt in Rom an einen reichen Bürger verkauft. Ich bin unfrei und habe keine Rechte. Das Töten einer Sklavin oder eines Sklaven gilt dem Gesetz nach als Sachbeschädigung. Ich helfe meiner Herrin beim Ankleiden und im Haushalt. Sie ist freundlich zu mir, sodass es mir gut geht. Andere Sklaven werden in Bergwerken zu Tode geschunden oder müssen als Gladiatoren zum Vergnügen der Römer um Leben und Tod kämpfen. Ich wünsche mir, ich würde einmal freigelassen wie Odoaker. Das ist ein Freund von mir. Er hat jetzt eine kleine Schuhmacherwerkstatt in Rom.

**Kaiser,** kaiserliche Familie

**Patrizier** Senatoren, Heerführer reiche, angesehene Bürger

**Plebejer** Freigeborene: römische Bürgerinnen und Bürger (Handwerker, Lehrer, Händler, Wagenlenker, Ärzte, Schauspieler)

Freigelassene: ehemalige Sklavinnen und Sklaven

Sklavinnen und Sklaven

## Aufgaben

❶ Erkläre, wer das Römische Reich regierte (Text).

❷ Ⓦ Wähle aus:

**A** Beschreibe die römische Gesellschaft zur Kaiserzeit (M2).

**B** Stelle die Personen in M2 vor. Fertige dazu Steckbriefe an.

❸ Stelle dar, wie sich die römische Expansion auf die sozialen Verhältnisse in Rom auswirkte (Text, M1).

❹ Betrachte das Standbild von Augustus. Es ist 2,04 m hoch.

a) Beschreibe die Statue.

b) Untersuche die Statue genauer mithilfe des Internets (Suchbegriff: Augustus von Primaporta eine Statue untersuchen).

c) Welchen Eindruck sollten die Römer von Augustus bekommen?

❺ Ⓩ Die römische Expansion führte zu politischen Machtkämpfen in Rom. Begründe (Text, M1).

> *Wenn du diese Aufgaben erfolgreich bearbeitet hast, kannst du …*
> … die Wechsel in der Regierungsform in Rom beschreiben.
> … den Aufbau der römischen Gesellschaft beschreiben.
> … die politischen und sozialen Auswirkungen der römischen Expansion beschreiben.
> … die Fachbegriffe **Monarchie, Republik, Plebejer** und **Patrizier** erklären.

# Familienleben in Rom

**M1** **Villa einer vornehmen römischen Familie**

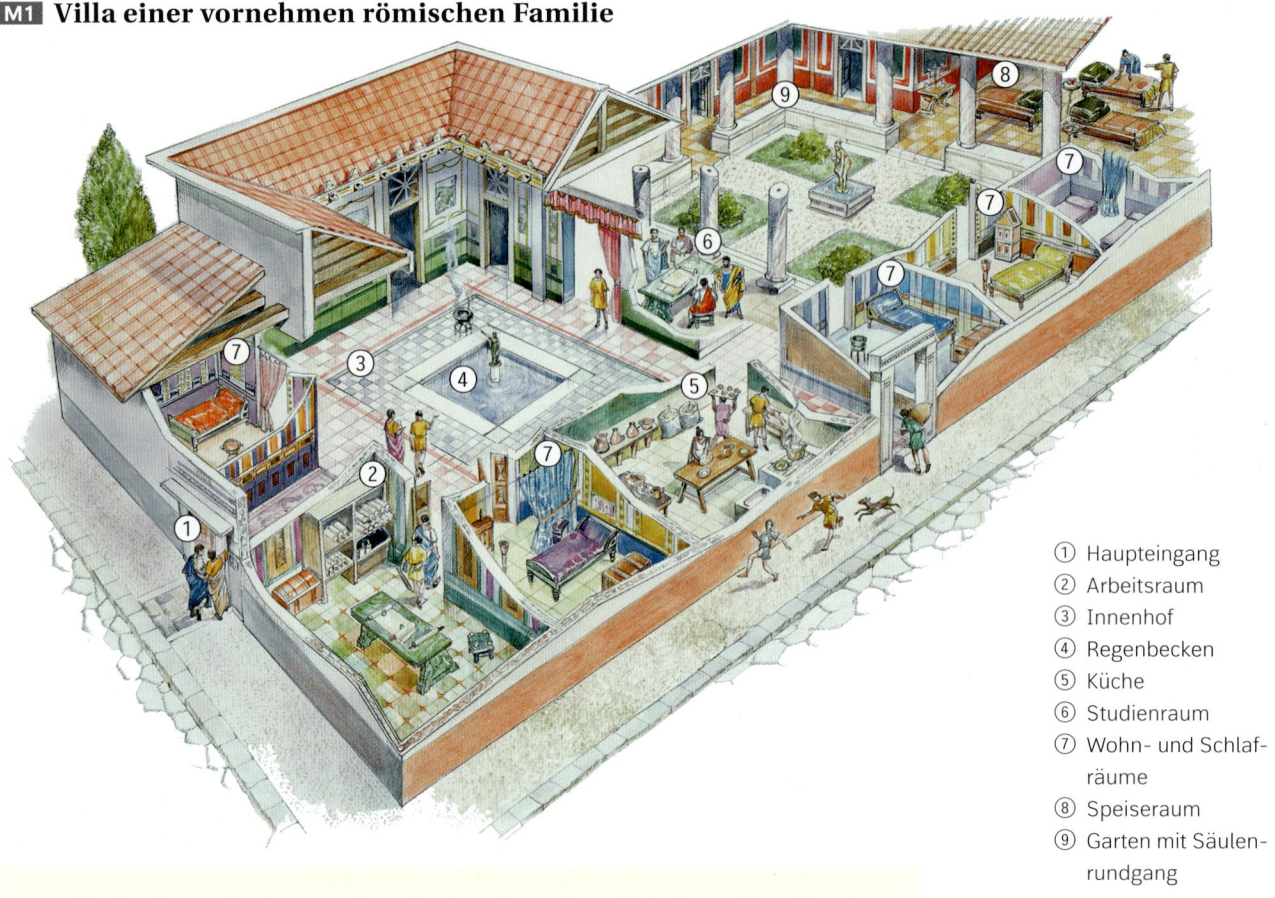

① Haupteingang
② Arbeitsraum
③ Innenhof
④ Regenbecken
⑤ Küche
⑥ Studienraum
⑦ Wohn- und Schlaf-
   räume
⑧ Speiseraum
⑨ Garten mit Säulen-
   rundgang

In Köln fand man bei Ausgrabungen am Dom den Mosaik-Fußboden eines römischen Hauses. Es muss ein herrliches und luxuriöses Haus gewesen sein. War dies ein typisch römisches Haus? Wie lebten die Römer in Rom?

**Erarbeitet, wie die Römer in der Stadt Rom lebten.**
**Präsentiert der Klasse eure Ergebnisse mithilfe einer Wandzeitung (vgl. S. 94).**

## Wohnen in der Stadt Rom – Armut und Reichtum

Die ersten Häuser in Rom waren einfache, aus Flechtwerk und Lehm erbaute Hütten. Als Rom sich zur Stadt und schließlich zur Millionenstadt entwickelte, brauchte man mehr Wohnraum. Man baute Häuser. Die meisten Römerinnen und Römer lebten in Mietshäusern. Diese waren meistens drei- bis fünfgeschossige Gebäude, in denen bis zu 400 Menschen wohnten. Wenn der Platz nicht mehr reichte, wurde einfach ein weiteres Geschoss aufgebaut. Einige Gebäude stürzten ein, andere bekamen so große Risse in den Wänden, dass man durchsehen konnte.

Die Mieten waren so hoch, dass sich mehrere Familien eine Wohnung teilten. Oft lebte eine römische Familie in nur einem dunklen Raum ohne Frischluft, Küche, Heizung oder Toilette. Das Wasser holte man vom Brunnen auf der Straße. Einige wenige Familien wohnten in luxuriösen Einfamilienhäusern, in

Villen. In einer **Villa** gab es fließendes Wasser und eine Fußboden- oder Wandheizung. Mittelpunkt des Hauses war ein offener Innenhof. Die Villa war mit wertvollen Möbeln ausgestattet und mit kunstvollen Wandmalereien sowie Einlegearbeiten (Mosaiken) geschmückt.

**M2** **Woher wissen wir, wie die Römer lebten?**

Im Jahr 79 n. Chr. brach der Vulkan Vesuv bei Neapel aus. Die umliegenden Städte Pompeji und Herculaneum wurden unter Asche und Lava begraben. Sie blieben dadurch vollständig erhalten. Später legten Archäologen viele Gebäude frei, zum Beispiel auch Villen und Mietshäuser. Dieser Ausbruch des Vesuvs ermöglicht uns heute einen Einblick in das Leben vor fast 2000 Jahren.

**M3** **Im Liegen nahm man auch das Essen ein.**

Männer und Frauen liegen um einen kleinen Tisch und spielen. Diese Art des Zusammenseins kam im 1. Jahrhundert v. Chr. in Mode. Vorher saßen die Leute auf Stühlen, die Frauen meistens neben ihren Ehemännern.

## Die römische Familie

Die Familie war für die Römer der Kern der Gesellschaft. Der Vater war das Oberhaupt. Zur Familie zählten alle, die im Haus lebten: Ehefrau, Kinder, die angeheirateten Frauen der Söhne, Enkel und Sklaven. Der Vater bestimmte über das Geld. Ihm mussten alle gehorchen. Nach römischem Recht konnte der Vater jedes Familienmitglied bestrafen, verkaufen oder sogar töten. Er war die meiste Zeit des Tages außer Haus, kam aber zum Abendessen zurück. Dies war die wichtigste Mahlzeit des Tages. Die Frauen verließen nur selten das Haus. Sie führten den Haushalt. Die Mädchen standen unter der Aufsicht ihrer Mutter. So wurden sie auf ihre spätere Rolle vorbereitet, für ihren Mann den Haushalt zu führen. Normalerweise wurden sie zwischen dem 12. und 17. Lebensjahr verheiratet.

Für die römische Familie war die Verehrung der Vorfahren sehr wichtig. Die Eltern, Großeltern und Urgroßeltern dienten den Nachkommen als Vorbild. Schlichtheit und Frömmigkeit waren erstrebenswerte Eigenschaften.

**M4** **Essgewohnheiten der Römer**

Das Abendessen der reichen Römer begann mit Eiern, Oliven und Datteln und es endete mit Früchten. Dazwischen gab es gefülltes Huhn, in Milch gekochten Hasen, einen Thunfisch oder auch ein gebratenes Rehkitz.

Die ärmeren Römer mussten sich mit viel weniger begnügen: Neben Brot und Wasser und ab und zu etwas Wein war das Hauptnahrungsmittel ein Mehlbrei. Dieser war mit Öl angerührt und mit Kräutern gewürzt.

**M5** **Rezept für eine typische Speise der Römer**

## Tipps zur Erarbeitung

❶ Stellt das Leben der vornehmen Römer dar (M1, M3, M4, Text).

❷ Stellt das Leben der armen Bevölkerung in der Stadt und auf dem Land dar (Text).

❸ a) Berichtet über die Rollen der einzelnen Familienmitglieder (Text).

b) Diskutiert, warum die Struktur der römischen Familie für das Funktionieren der römischen Gesellschaft wichtig war.

❹ Erstellt die Wandzeitung und legt fest, wer welchen Teil der Wandzeitung erklärt.

*Wenn du diese Aufgaben erfolgreich bearbeitet hast, kannst du …*
… beschreiben, wie die Menschen in Rom lebten.
… den Fachbegriff **Villa** erklären.

Mädchen oder Junge, arm oder reich, das war entscheidend für das Leben der Kinder in Rom. Davon hing es ab, ob man zur Schule ging und wie man lebte. Für alle Kinder galt aber, dass sie wie kleine Erwachsene behandelt wurden. Sie trugen zum Beispiel die gleiche Kleidung wie Erwachsene. Sie spielten mit Holz- und Stoffpuppen, kleinen Wagen, Kreiseln, Jo-jos, Reifen, Brettspielen, Würfeln, Astragalen (Spielknochen) oder Schaukelpferden. Welche Unterschiede gab es aber zwischen Jungen und Mädchen und zwischen Kindern aus reichen und aus armen Familien?

**M2** **Ein Vater mit seiner kleinen Tochter (Relief, 2. Jh. n. Chr.)**

**Erarbeitet, wie Kinder im alten Rom lebten.**
**Präsentiert der Klasse eure Ergebnisse mithilfe einer Wandzeitung (vgl. S. 94).**

### Schulunterricht im alten Rom

Kinder aus wohlhabenden Familien gingen zur Schule. Kinder von Sklaven oder armen Familien durften nicht zur Schule gehen, weil sie bei der Arbeit helfen mussten. Einige reiche Familien beschäftigten auch Privatlehrer. Dann fand der Unterricht zu Hause statt. Hauslehrer waren oft gebildete griechische Sklaven.

Im Alter zwischen 7 und 11 Jahren gingen die Kinder zur Grundschule. Die Lehrer behandelten die Kinder streng. Bei Fehlern oder falschem Verhalten bekamen sie Schläge mit der Zuchtrute. Der Unterricht fand in einem halboffenen Raum statt. Sitzend, ohne Tische, lernten die Kinder, mit einem Griffel auf einer Wachstafel zu schreiben. Das Auswendiglernen spielte eine große Rolle.

Mit ungefähr 13 Jahren konnten die Jungen in die Grammatikschule gehen. Dort lasen sie die Werke römischer Dichter und schrieben Aufsätze. Sie lernten Griechisch, Geometrie und Astronomie.

Nur wenige Mädchen gingen zur Schule. Sie lernten Musizieren, Spinnen und Weben. Mädchen verließen die Schule mit 11 Jahren. Sie wurden dann auf ihre Rolle als Hausfrau und Mutter vorbereitet. Mädchen aus armen Familien gingen gar nicht zur Schule.

**M1** **Unterricht im alten Rom (Relief, 3. Jh. n. Chr.)**

Der Lehrer lässt einen Schüler lesen. Ein anderer Schüler hebt die Hand, um sich für seine Verspätung zu entschuldigen. Er trägt seine Schreibgeräte in der Hand.

**M3 Römischer Junge, Statue**

Die Statue des Jungen wurde aus Marmor gefertigt. Sie ist 1,50 Meter hoch. Der Junge trägt eine Toga, das Gewand eines freien römischen Bürgers, und ein Goldamulett am Hals. Die Römer glaubten an die magischen Kräfte eines Amuletts.

**M5 Ein römischer Schüler (um 100 n. Chr.)**

Bei Tagesanbruch bitte ich um Socken und Schuhe. Man bringt mir Wasser in einem Topf zum Waschen. Ich ziehe mich an und verlasse das Zimmer mit meinem Sklaven und meiner Amme, um Papa und Mama zu begrüßen. Ich suche mein Schreibzeug und gebe es dem Sklaven. Dann mache ich mich, von meinem Sklaven gefolgt, auf den Weg in die Schule. Ich trete in das Zimmer ein und sage: „Ich grüße euch, mein Lehrer." Er umarmt mich und grüßt mich wieder. Der Sklave reicht mir Täfelchen, Schreibzeug und Lineal. Ich setze mich hin und arbeite. Ich bin mit dem Lernen fertig und bitte den Lehrer, mich nach Hause gehen zu lassen, um zu essen. Er lässt mich gehen.

**M4 Carilla, die Tochter eines Weinhändlers**

Carilla ist gerade aufgestanden. Jetzt kommt die Dienerin Servilla, um ihr die Haare zu kämmen. Das dauert und dauert. Endlich ist der Haarknoten fertig. Aber Carillas Mutter ist unnachgiebig: Ihre Tochter soll untadelig frisiert sein. Man muss auf seine Stellung achten, wenn man das Glück hat, einen Weinhändler zum Vater zu haben. Er hat sich zu einem reichen und einflussreichen Mann in der Stadt emporgearbeitet. Wenn seine Tochter mit aufgelöstem Haarknoten herumliefe, würde das Folgen haben. Man würde darüber reden in den Thermen, den gut geheizten römischen Badehäusern.

Carilla lernt Flöte spielen und das Haus zu führen. Sie braucht keine lange Schulausbildung. Sie muss eine untadelige Ehefrau werden, ihre Kinder ordentlich erziehen, die Dienerschaft leiten und Wolle spinnen. In ein bis zwei Jahren wird Carillas Vater einen Ehemann für sie auswählen, der sich über die gute Erziehung seiner Frau freuen wird.

*Gérard Coulon: Das Leben der Kinder im alten Rom. München 2006, S. 27*

**M6 Kindheit und Erwachsenwerden im alten Rom**

Jungen bekamen bei ihrer Geburt ein Amulett um den Hals gelegt. Dieses legten sie ab, wenn sie erwachsen waren. Jungen galten mit 14 Jahren als erwachsen. Sie legten dann auch ihr Spielzeug auf den Hausaltar.

Mädchen konnten schon im Alter von 7 Jahren verlobt werden. Ihre Kindheit endete mit ihrer Heirat. Manche Mädchen heirateten schon mit 12 Jahren. Nach der Hochzeit gehörte das Mädchen zum Haushalt des Ehemannes.

**INTERNET**

Suchbegriffe:
→ Kinderzeitmaschine Rom Kinder
→ Astragal

## Tipps für die Erarbeitung

❶ Beschreibt die Kleidung und Frisuren der Kinder in den Abbildungen sowie ihre Unterrichtsmaterialien (M1, M2, M3).

❷ a) Beschreibt das Leben eines Jungen aus einer reichen Familie.
b) Vergleicht sein Leben mit dem Leben eines Jungen aus einer armen Familie.

❸ a) Beschreibt das Leben eines Mädchens aus einer reichen Familie.
b) Vergleicht ihr Leben mit dem Leben eines Mädchens aus einer armen Familie.

❹ Diskutiert, warum die unterschiedliche Erziehung von Jungen und Mädchen für das Funktionieren der römischen Gesellschaft wichtig war.

❺ Stellt eure Ergebnisse zu einer Wandzeitung zusammen und legt fest, wer welchen Teil der Wandzeitung vorträgt.

*Wenn du diese Aufgaben erfolgreich bearbeitet hast, kannst du ...*
... beschreiben, wie Kinder im alten Rom lebten.

## Drei Schritte, um ein Museum zu besuchen

Sucht euch ein Museum in der Nähe eures Heimatortes aus, das ihr besuchen wollt (M2).

### 1. Schritt: Vorbereitung

- Besucht die Internetseite des Museums und informiert euch, was es dort alles gibt.
- Überlegt, was ihr herausfinden wollt. Das können allgemeine oder spezielle Themen sein, zum Beispiel zur Lebensweise der Römer, zum Bau des Limes oder zu den Kontakten mit den Germanen.
- Notiert euch konkrete Fragen und Beobachtungsaufträge. Bei Bedarf bildet Gruppen.
- Erkundigt euch nach Öffnungszeiten, Eintrittspreisen, Führungen für Schulklassen und dem Anfahrtsweg.

### 2. Schritt: Im Museum

- Oft gibt es Flyer mit zusätzlichen Informationen.
- Versucht, die Fragen und Beobachtungsaufträge zu beantworten. Informationstafeln zu den Gegenständen, Filme oder der Museumsführer können euch helfen.
- Ihr könnt euch Notizen machen, Skizzen anfertigen oder – wenn es erlaubt ist – fotografieren.

### 3. Schritt: Nach dem Besuch

- Vergleicht und besprecht eure gesammelten Materialien und Antworten. Konntet ihr alle Beobachtungsaufträge erfüllen?
- Eure Ergebnisse könnt ihr in Form einer Wandzeitung oder einer Ausstellung zusammenfassen.
- Präsentiert eure Ergebnisse anderen Gruppen oder Klassen.

**M2** **Museen mit römischen Fundstücken**

## Museumserkundung

In vielen Museen sind Funde aus der Vergangenheit ausgestellt. Nimm dir Zeit, wenn du dir solche Funde ansiehst. Das Museum hilft dir, wenn du mehr über eine bestimmte Zeit und einzelne Funde wissen möchtest: Tafeln mit Texten geben Hinweise über das Leben in dieser Zeit. Auch Zeichnungen, Fotos und Tonbilder informieren dich.

Bei den einzelnen Funden befinden sich Hinweise, die die Gegenstände benennen und einordnen. Das Museum benutzt dabei oft Fachausdrücke. Deren Bedeutung kannst du mithilfe eines Lexikons ermitteln. In vielen Museen erhältst du auch kleine Hefte, die dir deine „Spurensuche" erleichtern, oder Führungen durch das Museum mithilfe von Audiobeiträgen.

Einige Museen bieten auch Workshops für Kinder und Jugendliche an, zum Beispiel das Römisch-Germanische Museum in Köln. Hier gibt es die Angebote „Spielen wie die Römer", „Römisches Mosaik" und „Überall Tiere".

**M1** **Sechs Fragen an ein Ausstellungsstück**
Beispiel: Fundstück aus römischer Zeit, das 2019 bei Haltern am See gefunden wurde

| | | |
|---|---|---|
| 1. Was? | Gegenstand | Dolch mit Gürtel |
| 2. Woraus? | Material | verschiedene Metalle, Email (Glasfluss), Leder |
| 3. Wie? | Verarbeitung | Waffe und Gürtel sind aufwendig und kunstvoll verziert; Gebrauchsspuren deuten auf Nutzung im Kampf hin |
| 4. Wann? | Zeit | 1. Jahrhundert n. Chr. |
| 5. Wo? | Fundort | Haltern am See |
| 6. Wozu? | Verwendung | Waffe eines römischen Fußsoldaten für den Nahkampf |

**M3** **Fundstück aus Haltern am See**

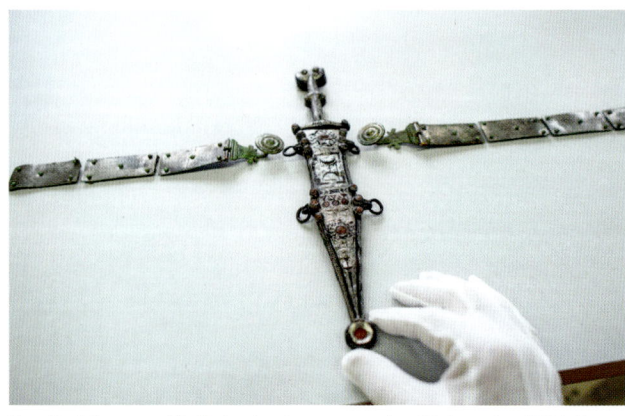

Der Dolch war mittels Lederriemen an den Haken des Gürtels befestigt.

Wenn wir geschichtliche Ereignisse und Handlungen von Menschen aus der Vergangenheit beschreiben oder nacherzählen, dann beurteilen und bewerten wir sie häufig auch. Welche Unterschiede gibt es dabei?

## M4 Beispiel für ein Sachurteil über die griechische Demokratie in der Antike

Die griechische Demokratie war für damalige Verhältnisse fortschrittlich. Eine vergleichbare Staatsordnung hatte es bis dahin nicht gegeben. Dass Frauen nicht wählen durften, ist vor dem Hintergrund zu verstehen, dass die Mehrheit der Menschen damals dachte, Frauen hätten keine Entscheidungskraft.

## M5 Beispiel für ein Werturteil über die griechische Demokratie in der Antike

Die antike griechische Demokratie war nach heutigen Maßstäben keine wirkliche Demokratie. Nur ein kleiner Teil des Volkes durfte mitbestimmen. Frauen zum Beispiel durften nicht wählen. Dies widerspricht dem heutigen Wertmaßstab der Gleichberechtigung der Frau.

**INFO**

Mithilfe von geschichtlichen Quellen aus der Vergangenheit können wir die Lebensverhältnisse von Menschen in der Vergangenheit rekonstruieren und beschreiben. Wir versuchen also, das Handeln und das Denken der damaligen Menschen aus ihrer eigenen Zeit heraus zu verstehen. Wir sind dann in der Lage zu beurteilen, aus welchen Gründen und mit welchen Absichten die Menschen in der Vergangenheit vermutlich so gehandelt haben, wie sie gehandelt haben. In diesem Fall sprechen wir von einem **Sachurteil**.

Manchmal bewerten wir auch noch die vergangenen Handlungen der Menschen vom heutigen Standpunkt aus. Dann legen wir unsere heutigen Werte und Normen als Wertmaßstäbe an diese vergangenen Handlungen an: zum Beispiel, ob eine Handlung demokratisch war oder ob sie unseren heutigen Wertvorstellungen von Freiheit, Gleichheit, Gleichberechtigung oder Menschenwürde entspricht. In diesem Fall sprechen wir von einem **Werturteil**.

## M6 Die antike Sklaverei – ein Historiker fällt ein „... -urteil"

[Es] ist ein Grundelement der griechischen [und römischen] Geschichte, dass man von der Ungleichheit der Menschen ausging, [...] Aus unserer Sicht liegt in der Freiheit des einen und der Versklavung des anderen ein krasser Widerspruch. Aber die Griechen [und auch die Römer] sahen das ganz anders: die Freiheit des einen war ohne die Versklavung des anderen gar nicht vorstellbar, [...].

Michel Austin, Pierre Vidal-Naquet: Gesellschaft und Wirtschaft im alten Griechenland. München 1984, S. 17

## M7 Die antike Sklaverei – ein Historiker fällt ein „... -urteil"

Sklaven wurden in Rom – wie auch in Griechenland – als Sache (lateinisch res) angesehen und waren das Eigentum anderer Menschen. Ihnen war es verwehrt [= verboten], eine rechtmäßige Ehe zu schließen. [...] Die Einrichtung der Sklaverei wurde zu keiner Zeit in Frage gestellt. [...] Sklavinnen (servae) und Sklaven (servi) waren in fast allen Bereichen des römischen Arbeitslebens anzutreffen. [...]

Stefan Rebenich: Die 101 wichtigsten Fragen: Antike. München 2006, S. 42f.

## Aufgaben

1. Erkläre den Unterschied zwischen einem Sach- und einem Werturteil (Info).
2. Erläutere den Unterschied zwischen einem Sach- und einem Werturteil mithilfe von M4 und M5.
3. Untersuche die beiden Darstellungen in M6 und M7: Liegt ein Sach- oder Werturteil vor? Begründe.
4. (Z) Fälle ein eigenes Werturteil über die athenische Demokratie (S. 120 – 121). Begründe dein Werturteil.

*Formulierungshilfen zu Aufgabe 3*
Bei der Darstellung M6/M7 ... handelt es sich um ein ...-urteil.
Das erkenne ich daran, dass ...

*Wenn du diese Aufgaben erfolgreich bearbeitet hast, kannst du ...*
... den Unterschied zwischen einem Sach- und einem Werturteil erklären.
... Darstellungen von Historikerinnen und Historikern auf Sach- und Werturteile hin untersuchen.

# Gewusst? – Gekonnt!

Bewerte dich selbst mit dem Ampelsystem, das auf Seite 28 erklärt ist.

**M2** **Die Entwicklung des Römischen Reiches**

| | |
|---|---|
| Italien (Rom) 264 v. Chr. | |

**Römische Erwerbungen**
bis 133 v. Chr.
bis 117 n. Chr

······· Grenzbefestigungen

Raetia römische Provinzen (in Auswahl)
• römische Stadt (heutiger Name)

© Westermann
4878EX_10

---

**M1** **Aufbau der Gesellschaft im Römischen Reich**

① 
② 
③ 
④ 
⑤ 

❶ a) Übertrage die Abbildung M1 in dein Heft und ersetze die Zahlen durch die richtigen Begriffe.
  b) Beschreibe das Leben in Rom aus dem Blickwinkel der verschiedenen Gruppen der Gesellschaft (M1).
  *Schülerbuch, Seiten 156 – 157*

❷ Ⓦ Wähle aus:
**A** Erkläre mithilfe der Karte M2 die Entwicklung des Römischen Reiches.
**B** Zeichne eine Skizze oder Skizzen zur Entwicklung des Römischen Reiches.
  *Schülerbuch, Seiten 150 – 151*

**M3** **Aussagen zum Römischen Reich**

① Rom wurde von Julius Cäsar gegründet.

⑤ Die Römer sprachen Deutsch.

② Der Limes erstreckte sich vom Rhein bis zur Elbe.

⑥ In Rom herrschten immer Könige.

③ Durch Bayern führten Römerstraßen.

⑦ Das Römische Reich erstreckte sich bis Nordafrika.

④ Das Römische Heer wurde von Hannibal besiegt.

❸ a) Entscheide, ob die Aussagen in M3 richtig oder falsch sind.
  b) Korrigiere die falschen Aussagen und schreibe sie richtig in dein Heft.
  *Schülerbuch, Seiten 148 – 157*

**M4** **Römische Wörter**

⑦ Betrachte die Zeichnungen in M4 und übersetze die lateinischen Begriffe.
*Schülerbuch, Seite 150*

**M5** **Der Limes teilte Germanien in freie und besetzte Gebiete.**

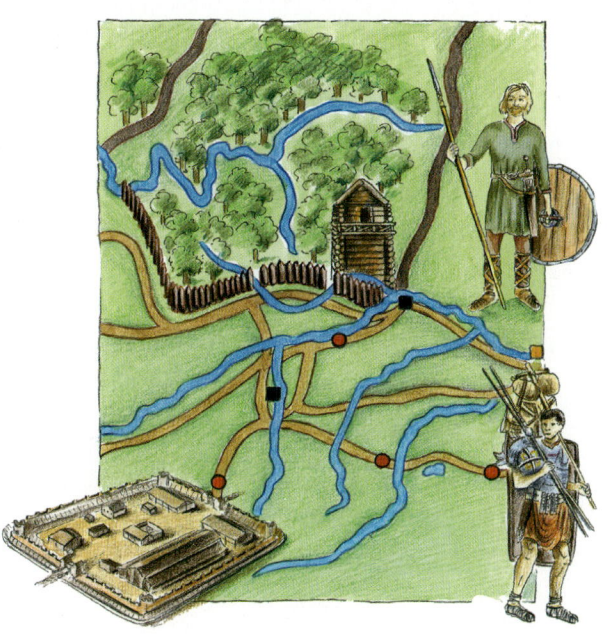

④ a) Nenne Gründe für den Bau des Limes.
   b) Beschreibe das Leben am Limes. Erläutere dabei auch den Straßenbau und den Handel.
   *Schülerbuch, Seiten 154 – 155*

⑤ a) Notiere zwei Herrschaftsformen, die es im Römischen Reich gab.
   b) Beschreibe die Merkmale dieser Herrschaftsformen.
   *Schülerbuch, Seiten 156 – 157*

**M6** **Quelle: Aus einem Brief des Philosophen Seneca (4 v. Chr. bis 65 n. Chr.) an seinen Freund Lucilius**

Zu meiner Freude erfuhr ich von Leuten, die dich besucht haben, dass du freundlich mit deinen Sklaven umgehst. Das entspricht deiner Einsicht und deiner Bildung. „Es sind nur Sklaven." Nein, vielmehr Menschen. [...] „Es sind nur Sklaven." Nein, vielmehr Hausgenossen. „Es sind nur Sklaven." Nein, vielmehr Mitsklaven, wenn du bedenkst, dass das Schicksal über euch beide die gleiche Macht hat. Daher lache ich nur über die Leute, die es für eine Schande halten, zusammen mit ihren Sklaven zu speisen. [...]
Jener [der Herr] isst mehr, als sein Bauch fassen kann, und belädt mit ungeheurer Gier seinen aufgetriebenen Bauch, der seiner eigentlichen Arbeit schon entwöhnt ist, [...] aber die unglücklichen Sklaven dürfen [...] nicht nicht einmal zum Sprechen die Lippen bewegen. [...] Die ganze Nacht müssen sie mit leerem Magen stumm dabeistehen [...].

Lucius Annaeus Seneca: Moralische Briefe.
In: Wolfgang Lautemann, Manfred Schlenke (Hrsg.): Geschichte in Quellen, Bd. 1. München 1978, S. 629

⑥ a) Beschreibe, wie nach Seneca die in Rom vorherrschende Beziehung zwischen Herren und Sklaven war (M6).
   b) Erläutere Senecas Einstellung zur Sklaverei (M6).
   c) Arbeitet zu zweit: Verfasst ein Streitgespräch über die Sklaverei und spielt es in der Klasse vor.
   *Schülerbuch, Seiten 157 und 159*

## Fachbegriffe

| | | | |
|---|---|---|---|
| der Germane / | das Lehnwort | der Plebejer | das Römische Reich |
| die Germanin | der Limes | die Rekonstruktions- | der Tauschhandel |
| das Kastell | die Monarchie | zeichnung | die Villa |
| der Legionär | der Patrizier | die Republik | |

WES-105332-165
westermann.de/webcode

# Viele Wünsche – Brauche ich alles?

Die Gedanken sind frei und die Träume auch. Wovon träumen wir? Was wünschen wir uns? Zeichnet eure Wünsche und vergleicht mit der Abbildung. Könnt ihr alle Wünsche zeichnen oder gibt es Wünsche, die man eigentlich gar nicht zeichnen kann?

rechts: Offenes Buch mit handgezeichneter Vorstellung von einer schönen Welt und einem schönen Leben

# Taschengeld – Muss das sein?

Tim (11) hat gerade das Taschengeld für diesen Monat bekommen. Es sind 20 Euro. Er wurde von seinen Eltern ermahnt, nicht gleich alles auszugeben. Nun überlegt er, was er sich davon kaufen könnte. Im Kino läuft ein toller Film. Süßigkeiten isst er auch sehr gerne. Da fällt ihm ein, dass er seinen Eltern noch das Geld für den Handy-Vertrag geben muss. Außerdem wünscht er sich ein neues Fahrrad. Tim wird bei seinen Überlegungen eines deutlich: Er braucht eigentlich mehr Taschengeld! Kennst du Tims Sorgen? Wie gehst du mit deinem Taschengeld um? Warum sollen Kinder Taschengeld bekommen?

## M3 Karikatur

Wenn du eine Eins schreibst, bekommst du von mir fünf Euro.

Lass uns lieber klein anfangen. Gib mir 'nen Euro für jede Fünf.

## M1 Wofür geben Kinder ihr Taschengeld aus?

Von 100 Kindern (6- bis 13-Jährige) geben ihr Taschengeld aus ...

für Süßigkeiten
**72**

für Zeitschriften, Magazine, Comics
**56**

für Eis
**49**

für Getränke
**47**

für Fast Food
**37**

für Sticker und Sammelkarten
**17**

für salzige Knabbersachen z. B. Chips
**35**

Quelle: Kinder Medien Studie 2019    40672EX

## Taschengeld und Geldgeschenke

Die meisten Kinder und Jugendlichen in Deutschland bekommen Taschengeld: Nach einer Studie aus dem Jahr 2019 erhalten 95 von 100 Kindern zwischen 6 und 13 Jahren regelmäßig Taschengeld. Hinzu kommen Geldgeschenke. Zu Weihnachten, zum Geburtstag und zu Ostern betragen diese Geldgeschenke zusammen fast 160 Euro je Kind oder Jugendlichen. Durch Taschengeld und Geldgeschenke haben alle Kinder zusammen im Jahr knapp drei Milliarden Euro zur Verfügung. Das ist eine riesige Summe – eine 3 mit 9 Nullen.

Dennoch haben viele Kinder und Jugendliche das Gefühl, dass ihr Taschengeld nicht ausreicht. Eltern sind oft unsicher, wie viel Taschengeld sie ihren Kindern geben sollen. Und nicht immer können sie das geben, was sie gerne geben würden.

## M2 Wie viel Taschengeld sollen Kinder bekommen?

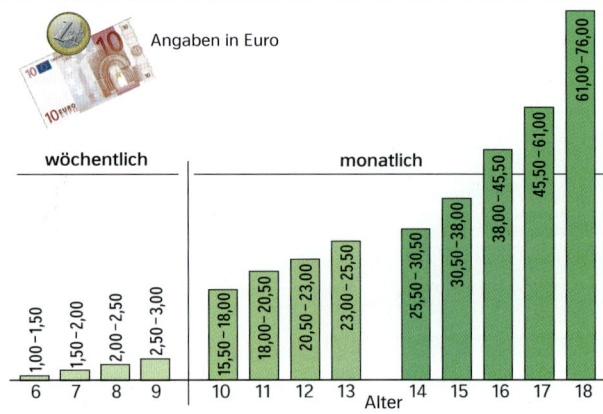

Angaben in Euro

wöchentlich: 
6: 1,00–1,50
7: 1,50–2,00
8: 2,00–2,50
9: 2,50–3,00

monatlich:
10: 15,50–18,00
11: 18,00–20,50
12: 20,50–23,00
13: 23,00–25,50
14: 25,50–30,50
15: 30,50–38,00
16: 38,00–45,50
17: 45,50–61,00
18: 61,00–76,00

Alter

zusätzlich pro Monat, ab 14 Jahren

| Kleidung/Schuhe | Bus und Bahn | Schulmaterial |
|---|---|---|
| 30,00–50,00 | 15,00–20,00 | 5,00–10,00 |
| Essen außer Haus | Handy/Internet | Kosmetik/Pflege |
| 20,00–30,00 | 10,00–20,00 | 5,00–10,00 |

© Westermann 27419EX    Quelle: Sparkasse 2018, Deutsches Jugendinstitut e.V. 2014

## M4 Kinder sollen Taschengeld erhalten.

Die meisten Fachleute sind davon überzeugt, dass es wichtig ist, Kindern regelmäßig Taschengeld zu geben. Sie sollen lernen, mit Geld sorgfältig umzugehen. Als Gründe für Taschengeld werden genannt:

- Kinder fühlen sich ernst genommen, wenn ihnen zugetraut wird, dass sie das Geld für sinnvolle Dinge verwenden.
- Kinder lernen, was Geld wert ist.
- Kinder lernen, sich zu entscheiden, was sie haben möchten und worauf sie verzichten können.
- Kinder lernen, ihre Ausgaben selbst zu planen.

**Niklas (12 Jahre)**
Taschengeld: 50 Euro im Monat,
davon gehen 20 Euro auf sein Konto.
*Eigentlich bekomme ich nur 30 Euro
Taschengeld monatlich. An das andere
Geld komme ich ohnehin nicht ran.*

**Laura (13 Jahre)**
Taschengeld: 20 Euro.
Wenn sie das Geld ausgegeben hat,
bekommt sie neues Taschengeld.
*Manchmal komme ich zwei Wochen mit dem
Taschengeld aus, manchmal auch länger.*

**Umit (12 Jahre)**
Taschengeld: 20 Euro im Monat.
*Ich gebe ganz selten etwas aus und spare
mein Taschengeld, um mir später etwas
Größeres davon kaufen zu können.*

**M6** **Das sagte Seneca, ein römischer Denker
und Politiker.**

Nicht wer wenig hat, sondern
wer viel wünscht, ist arm.

Zitat: Lucius Annaeus Seneca (vermutlich 62 n. Chr.)

**Ann-Sophie (12 Jahre)**
Taschengeld: 30 Euro im Monat.
Das Geld wird auf ihr Konto überwiesen.
*Ich muss mir das Geld gut einteilen,
damit es bis zum Monatsende reicht.*

## Viele Kinder müssen mit ganz wenig Geld auskommen

Im Durchschnitt haben Kinder und Jugendliche heute mehr Geld zur Verfügung als früher. Das sollte aber nicht darüber hinwegtäuschen, dass in diesem Durchschnittswert auch der Anteil der Kinder und Jugendlichen mit ganz wenig Taschengeld enthalten ist. Jedes fünfte Kind in Nordrhein-Westfalen unter 18 Jahren lebte 2019 in einer Familie, die auf Grundsicherung (Hartz IV) angewiesen war. Der Hauptgrund für Armut in Deutschland ist Arbeitslosigkeit. Die Eltern haben gar keine Arbeit oder sie haben Arbeitsstellen, die sehr schlecht bezahlt werden. Viele alleinerziehende Mütter können nicht oder nur in Teilzeit arbeiten. Sie verdienen wenig. Ihre Kinder können sich viele Dinge nicht leisten. Für diese Kinder ist es schwer in einer Umgebung aufzuwachsen, in der sich viele um sie herum viel mehr leisten können.

**M7** **Schlagzeilen zum Taschengeld**

Taschengeld gehört nicht in die Spardose, sondern in die Tasche des Kindes.

Kinder sollten einen Teil ihres Taschengeldes sparen.

Bei schlechten Noten sollte das Taschengeld nicht als Strafe gekürzt oder entzogen werden.

Kinder sollten selbst entscheiden dürfen, wofür sie ihr Taschengeld ausgeben möchten.

Zu schnell ausgegebenes Taschengeld sollte von Eltern nicht ersetzt werden.

Kinder und Eltern sollten sich gemeinsam auf einen Taschengeldbetrag einigen.

Taschengeld sollte regelmäßig, pünktlich und in fester Höhe gezahlt werden.

Die Höhe des Taschengeldes sollte sich nach der finanziellen Situation der Eltern und dem Alter der Kinder richten.

## Aufgaben

❶ Sollte Tim mehr Taschengeld bekommen? Begründe deine Entscheidung (M2).

❷ a) Liste die Ausgaben von Kindern der Höhe nach auf (M1). Vergleiche mit deinen eigenen.

b) Führt eine Befragung zur Verwendung des Taschengeldes durch (siehe S. 66/67).

❸ Beurteile die Taschengeldsituation der Kinder in M5 mithilfe von M2 und M4.

❹ Stelle dar, weshalb Kinder Taschengeld bekommen sollten. Fallen dir auch Argumente ein, die gegen Taschengeld sprechen? Erörtere (M4).

❺ Einen Überblick über deine Ausgaben bekommst du, wenn du sie jedes Mal aufschreibst. Notiere sie einen Monat lang und vergleiche sie mit anderen.

❻ Begründe deine Meinung zu den Schlagzeilen in M7.

❼ Ⓩ Was hat Seneca mit seiner Aussage gemeint (M6)?

*Formulierungshilfen zu Aufgabe 6:*
Ich stimme … (nicht) zu, weil …
Meiner Meinung nach sollte …
Das finde ich (nicht) richtig, denn …
Taschengeld soll …
Deshalb …

*Wenn du diese Aufgaben erfolgreich bearbeitet hast, kannst du …*
… begründen, warum Kinder Taschengeld erhalten sollen.
… erklären, warum Kinder unterschiedlich hohes Taschengeld erhalten.
… deine Verwendung des Taschengeldes überdenken.

# Kinder als Kunden

Hand aufs Herz. Wer hat nicht schon mal überflüssige Dinge gekauft? Manchmal spart man sogar ganz lange auf etwas und dann findet man es gar nicht mehr so toll.
Wenn man das Geld aller Kinder in Deutschland zusammenrechnet, kommt eine beträchtliche Summe heraus.
Welche Bedeutung haben Kinder als Kunden? Welche Regeln gelten für Kinder und Jugendliche?

## M3 Warum wollen wir Geld und bestimmte Dinge haben?

... neue Dinge tun und erleben.

... zeigen, wie ich wirklich bin.

... schöne Dinge besitzen.

... andere beeindrucken.

... neue Möglichkeiten haben.

... meine Wünsche erfüllen.

... tun, was alle tun und möchten.

... meinen Geschmack zeigen.

... meinen Interessen nachgehen.

... mir und anderen etwas gönnen.

## M1 Planung meiner Ausgaben

| Was ich mir wünsche | bis wann | voraussichtlicher Preis |
|---|---|---|
|  |  |  |
|  |  |  |
|  |  |  |

## M2 Aus dem Bürgerlichen Gesetzbuch

- **§ 1 Beginn der Rechtsfähigkeit**
  Die Rechtsfähigkeit des Menschen beginnt mit der Geburt.
- **§ 2 Eintritt der Volljährigkeit**
  Die Volljährigkeit tritt mit der Vollendung des 18. Lebensjahres ein.
- **§ 106 Beschränkte Geschäftsfähigkeit Minderjähriger**
  Ein Minderjähriger, der das siebente Lebensjahr vollendet hat, ist nach Maßgabe der §§ 107 bis 113 in der Geschäftsfähigkeit beschränkt.

## Geld haben, Geld ausgeben

Taschengeld ist zur freien Verfügung gedacht. In der Regel kannst du selbst bestimmen, wofür du es ausgeben möchtest. Allerdings schränkt der **Taschengeldparagraf** ein, was du dir ohne Zustimmung deiner Eltern kaufen darfst. Der Preis der Ware ist entscheidend.
Bei Geldgeschenken zum Geburtstag können deine Eltern grundsätzlich mit darüber entscheiden, was mit dem Geld passieren soll. Sie können auch Kaufverträge, mit denen sie nicht einverstanden sind, rückgängig machen. Du bist bis zur Volljährigkeit nur beschränkt geschäftsfähig. Die beschränkte **Geschäftsfähigkeit** beginnt, wenn Kinder sieben Jahre alt sind.
Kinder und Jugendliche dürfen sich nicht verschulden. Sie dürfen sich also kein Geld leihen, um sich etwas zu kaufen. Sie dürfen keine Verträge abschließen, mit denen sie sich dauerhaft verschulden, also zum Beispiel einen Handyvertrag.
Wenn Kinder im Internet einkaufen, gilt der Taschengeldparagraf. Kinder und Jugendliche können sogar online überweisen, wenn sie ein Konto haben. Sie sind aber verpflichtet, ihr richtiges Alter anzugeben.

---

**INFO**

Die §§ 107 bis 113 beinhalten auch § 110, der als **Taschengeldparagraf** bezeichnet wird.
Der Paragraf lautet sinngemäß: Ein Jugendlicher unter 18 Jahren kann nur dann ohne Zustimmung der Eltern selbstständig einkaufen, wenn sich der Preis der Ware im Rahmen des Taschengeldes bewegt, das in seinem Alter üblich ist.

**INFO**

**Rechtsfähigkeit** bedeutet, dass man Träger von Rechten und Pflichten ist. Rechtsfähig ist man von Geburt an bis zum Tod.
**Geschäftsfähigkeit** bedeutet, dass man fähig ist, Rechtsgeschäfte (z. B. Verträge) selbstständig wirksam abzuschließen. Die volle Geschäftsfähigkeit erlangt man mit Vollendung des 18. Lebensjahres.

**M4** **Was Glücksforscher raten**

Glücksforscher haben untersucht, wie Geldausgeben und Zufriedenheit zusammenhängen. Daraus haben sie Vorschläge abgeleitet. Hier die wichtigsten:

- **Gib dein Geld eher für Erlebnisse und Erfahrungen aus als für Gegenstände:**
  Während wir uns an die Dinge, die wir besitzen, oft schnell gewöhnen, wird man sich an echte Erlebnisse immer wieder gerne erinnern.
- **Gib dein Geld (auch) für andere aus:**
  Soziale Beziehungen sind sehr wichtig für uns. Deshalb macht es uns zufrieden, anderen zu helfen oder ihnen eine Freude zu bereiten.

- **Gönne dir lieber viele kleine Dinge als wenige große Gegenstände:**
  An Dinge, die wir uns gekauft haben, gewöhnen wir uns in der Regel schnell. Daher ist es schlauer, sich regelmäßig kleine Freuden zu machen.
- **Bezahle besser vor dem Konsum als hinterher:**
  „Jetzt kaufen, später zahlen!" kann zum Schuldenmachen verführen. Zudem entgeht uns die Vorfreude auf etwas, wenn wir es sofort kaufen.

Elizabeth Dunn, Daniel T. Gilbert, Timothy D. Wilson: Journal of Consumer Psychology 21/2011, S. 115–121, Wiley & Sons, New Jersey. Übersetzer: Guido Weber (verändert)

**M5** **Lucia versucht, sich ein neues Smartphone zu kaufen.**

Lucia stürmt ins Haus und wirft ihren Rucksack in die Ecke: „Das verstehe ich nicht! Gerade war ich in dem Elektronikmarkt am Bahnhof und wollte mir ein neues Smartphone kaufen. Die Leute im Laden haben es mir nicht verkauft."

Die Mutter kommt dazu: „Was ist passiert? Worüber regst du dich so auf, Lucia?"

„Seit Monaten habe ich Flyer ausgetragen, um mir endlich mal das zu kaufen, was ich will. Und heute will mir die Verkäuferin das Smartphone nicht verkaufen. Sie meinte, ich sei noch nicht volljährig."

„Die Verkäuferin hat sich richtig verhalten", erklärt die Mutter, „du bist doch erst dreizehn, da kannst du nicht so einfach machen, was du willst. Bis du 18 bist, brauchst du für solche Käufe unsere Einwilligung."

„Aber es ist doch mein gespartes Geld", beharrt Lucia …

**M6** **Lucia versucht, sich ein … zu kaufen.**

Darf ich mir alleine ein Smartphone oder zum Beispiel einen Laptop kaufen?

Darf ich einen Handyvertrag abschließen?

Darf ich ein Buch im Internet bestellen?

Darf ich mir Geld leihen? Darf ich Schulden machen?

Darf ich ein Abo zum Beispiel für ein Fitnessstudio oder eine Zeitschrift abschließen?

Darf ich eine Ratenzahlung (Kredit) abschließen, wenn ich mir ein Fahrrad kaufen möchte?

## Aufgaben

❶ a) Erkläre den Taschengeldparagrafen in eigenen Worten (Info).
  b) Erkläre den Sinn des Taschengeldparagrafen.
❷ Ⓦ Wähle aus:
**A** Stelle dar, worum es im Streitgespräch zwischen Lucia und ihrer Mutter geht (M5).
**B** Erkläre, was Lucia darf (M6).
❸ Arbeitet zu zweit. Nur für manche der in M3 genannten Wünsche und Ziele braucht man Geld. Sammelt Beispiele.

❹ Arbeitet in einer Kleingruppe. Beurteilt die Vorschläge der Glücksforscher (M4).
❺ Plane deine nächsten Einkäufe.
  a) Lege eine Tabelle wie in M1 an.
  b) Was beeinflusst dich, wenn du überlegst, was du dir kaufen willst?

> *Wenn du diese Aufgaben erfolgreich bearbeitet hast, kannst du …*
> … den Taschengeldparagrafen auf Beispiele anwenden.
> … über die Geschäftsfähigkeit von Kindern berichten.
> … die Fachbegriffe **Taschengeldparagraf**, **Geschäftsfähigkeit** und **Rechtsfähigkeit** erklären.

Menschen haben unterschiedliche Wünsche. Diese hängen von vielen Umständen ab, zum Beispiel ob Menschen in einem reichen oder armen Land leben. Kinder haben andere Wünsche als Erwachsene. Manche Wünsche können erfüllt werden, andere nicht.

Worin unterscheiden sich unsere Wünsche? Wie können Wünsche beeinflusst werden?

**M3** **Vor allem bei Süßigkeiten richten Unternehmen ihre Werbung direkt an Kinder.**

Schokolade mit Kindergesichtern aktueller und ehemaliger Fußballspieler der deutschen Nationalmannschaft

**Bearbeitet diese Fragen. Erstellt eine Präsentation am Computer. Präsentiert eure Ergebnisse in einem Vortrag (vgl. S. 179).**

**INFO**

Ein **Bedürfnis** entsteht bei Menschen immer dann, wenn sie das Gefühl haben, dass ihnen etwas fehlt. Daraus entwickelt sich der Wunsch, diesen Mangel – manchmal mit Geld – zu beheben.

**M1** **Zu welchem Bedürfnis gehört der Begriff?**

**M2** **Karikatur: Zu große Wünsche?**

„Ein Cabrio, Papa, ich wollte ein Cabrio!"

## Verschiedene Arten von Bedürfnissen

Wünsche, die man sich erfüllen möchte, entstehen aus einem **Bedürfnis**. Alle Menschen haben einige wichtige Bedürfnisse, damit sie überleben können. Sie brauchen ausreichend Nahrung, Flüssigkeit, Kleidung, Wohnraum und Schutz vor Gefahren und Krankheiten. Diese notwendigen Bedürfnisse nennt man **Grundbedürfnisse**. Außerdem gibt es Bedürfnisse, die dazu dienen, das Leben angenehmer und bequemer zu machen. Man bezeichnet sie als **Luxusbedürfnisse**. Beispiele dafür sind die Tafel Schokolade, die Markenjeans, das Smartphone und das Computerspiel.

Es gibt auch Bedürfnisse, die mit Geld nicht zu erfüllen sind, zum Beispiel Zuneigung, Freundschaft, Liebe, Erfolg, Glück, Anerkennung. Diese Bedürfnisse bezeichnet man als **soziale Bedürfnisse** (sozial: auf das Zusammenleben oder die Gemeinschaft bezogen).

Viele von euch haben auch häufig das Bedürfnis, Musik zu hören, einen Film anzusehen oder ein Buch zu lesen. Dies sind Bedürfnisse nach Unterhaltung und Bildung. Man nennt sie **Kulturbedürfnisse**.

Bedürfnisse können auch künstlich erzeugt werden. Manchmal stellen Unternehmen ein Produkt her, das es bislang noch nicht gab. Mit viel Werbung versuchen sie dann, die Menschen davon zu überzeugen, dass ihnen das Produkt fehlt. So wecken sie ein Bedürfnis. Vor einigen Jahren gab es noch keine Smartphones. Als die ersten davon für sehr viel Geld verkauft wurden, wollten plötzlich viele Menschen eines haben.

# ... von Werbung beeinflusst

**M4** Influencerin „Iambeauty_cathi"

**Iambeauty_cathi** ☑
gesponsert von **diercke**

**Iambeauty_cathi** Mein tägliches Morgenprogramm, erstmal einen Blick in den DIERCKE DREI von @diercke werfen!!! Bester Atlas, perfekter Start in den Tag!!!

**hacck_lzg** Mega cooles FOTO, cathi! Klasse Collage 😎

**Patte29232** Ich finde dich super! Best Igers! Den Atlas kenne ich von früher.

**Mighty_Manni** Gibt es den Atlas auch digital? Das wäre NICE!

**max_huy** Ja, klar! 42

**Snowdon_prizm** Wie viel Geld bekommst du dafür, dass du den Atlas so bewirbst?

## Werbung beeinflusst

Die Werbung wendet sich oft direkt an Kinder und Jugendliche. Sie versucht, bei ihnen schon früh den Wunsch nach Markenprodukten zu wecken. Das gelingt der Werbung besonders bei Kleidung und Spielzeug. Kaufwünsche werden geweckt, ohne dass die Kinder es merken. Es werden speziell für Kinder eingängige und lustige Werbespots und Zeitungsanzeigen produziert. Kinder sollen denken, dass sie besonders anerkannt und beliebt sind, wenn sie bestimmten Produkte besitzen. Kinder durchschauen noch nicht die Strategien der Werbewelt. Eine Strategie ist zum Beispiel, dass beliebte Stars aus Sport, Internet, Film und Musik als Werbeträger genutzt werden.

Werbung nimmt in sozialen Netzwerken wie Instagram, YouTube oder Snapchat weiter zu. Für Unternehmen sind besonders **Influencer** interessant. Dies sind Personen in sozialen Medien, die viele Follower haben. Ihre Bekanntheit wird genutzt, um Produkte von Unternehmen zu empfehlen.

**Konsum** bezeichnet den Verbrauch von Gütern. Meistens wird der Begriff für den Verbrauch durch Privatpersonen, die **Konsumenten**, verwendet.

## **M5** Kinder sind treue Kunden.

Kinder sind heute mehr denn je auch **Konsumenten**. Bewusst oder unbewusst beeinflussen sie in den meisten Familienhaushalten viele Kaufentscheidungen [und damit den **Konsum**], beobachtet Tobias Effertz, Wirtschaftswissenschaftler an der Universität Hamburg. Etwa wenn es um den Kauf des Familienautos oder um die Buchung des Familienurlaubs ginge. Vielleicht klappe das nicht immer, so Effertz, aber: „Es klappt zumindest so häufig, dass sich ein Werben um die Kinder und ein Kinder-Marketing auf die Kinder gerichtet lohnt." Allein im Lebensmittelbereich liegt der Werbe-Etat von Unternehmen in Deutschland bei etwas mehr als drei Milliarden Euro, schätzt Wirtschaftswissenschaftler Effertz.

Anja Schrum: Der Kunde ist Kind – Wie Werbung die Kleinsten lockt: SWR 2, Stuttgart, 01.02.2020 (verändert)

## Tipps für die Erarbeitung

1. Beschreibt, wie aus einem Bedürfnis ein Wunsch entsteht (Info).
2. Stellt die verschiedenen Arten von Bedürfnissen mit Beispielen dar (M1, Text).
3. Beschreibt, wie Bedürfnisse künstlich erzeugt werden können (Text).
4. Erklärt, warum Kinder als Kunden wichtig sind (M5, M3, Text).
5. Stellt Werbespots und Werbeanzeigen für Kinder zusammen (Recherche).

6. Beschreibt, wie Influencer zu Werbezwecken genutzt werden (M4, Text).
7. Erstellt eure Präsentation am Computer (siehe S. 178).
8. Bereitet eure Präsentation vor (siehe S. 179).

*Wenn du diese Aufgaben erfolgreich bearbeitet hast, kannst du ...*
... beschreiben, welche Arten von Bedürfnissen es gibt.
... erklären, wie Bedürfnisse künstlich erzeugt werden können.
... die Fachbegriffe **Bedürfnis, Grundbedürfnis, Luxusbedürfnis, soziales Bedürfnis, Kulturbedürfnis, Influencer, Konsument** und **Konsum** erklären.

Wir alle haben Wünsche, die wir uns erfüllen möchten. Wir haben das Gefühl, dass uns etwas fehlt. Diesen Mangel möchten wir beheben. In der Wirtschaft bezeichnet man Dinge, mit denen man diesen Mangel behebt, als Güter.
Welche Arten von Gütern gibt es?
Wie wirkt sich die Produktion von Gütern auf die Umwelt aus?

**M2  Freie und knappe Güter**

Ich habe mir ein Sachgut am Stiel gekauft.

Im Klassenraum fehlt mir ein freies Gut.
Öffnet die Fenster!

**Bearbeitet diese Fragen. Erstellt eine Präsentation am Computer.**
**Präsentiert eure Ergebnisse in einem Vortrag (vgl. S. 179).**

**M1  Knappe und freie Güter**

| knappe Güter | freie Güter |
|---|---|
| Beispiele: Brötchen, Bücher, Smartphones<br>– sind nur begrenzt vorhanden,<br>– müssen hergestellt werden,<br>– haben einen Preis,<br>– verursachen Herstellungskosten. | Beispiel: Atemluft, Sonnenlicht<br>– sind nahezu unbegrenzt vorhanden,<br>– sind frei und kostenlos verfügbar,<br>– haben keinen Preis,<br>– verursachen keine Herstellungskosten. |

Wirtschaftsgüter

Rechte — z.B. Urheberrecht

Sachgüter — Dinge, die man kaufen kann

Dienstleistungen — Leistungen für andere Menschen, die diese bezahlen müssen, z.B. Haarschnitt

Produktionsgüter — Güter, die zur Herstellung anderer Güter genutzt werden

Konsumgüter — Güter, die unmittelbar der Erfüllung menschlicher Bedürfnisse dienen und nicht als Produktionsmittel eingesetzt werden

## Paulina wünscht sich ein neues Fahrrad

Paulinas Fahrrad ist kaputt. Sie wünscht sich ein neues Fahrrad. Sie hat sich mit ihrer Freundin Julia schon Fahrräder im Internet und in verschiedenen Geschäften angeschaut. Am besten gefällt ihr ein bestimmtes rotes Mountainbike. Das möchte sie gerne haben. In der nächsten Zeit spart sie eisern und wünscht sich auch zum Geburtstag von ihren Eltern und Großeltern Geld für das Rad. Schließlich hat sie das Geld zusammen. Sie geht mit ihrem Vater in das Geschäft und kauft das Rad.

## Paulinas Geschichte aus der Sicht der Wirtschaft

Paulina benötigt ein neues Fahrrad. Sie hat ein Bedürfnis nach einem Sachgut (einem Fahrrad).
Sie sucht sich aus dem **Angebot** ein Fahrrad aus, spart und hat schließlich genug Geld, um es sich zu kaufen. Aus dem Bedürfnis entsteht **Bedarf**.
Sie geht ins Geschäft und kauft das Fahrrad. Es entsteht eine **Nachfrage** nach einem Sachgut, in diesem Fall einem Mountainbike. Nachfrage entsteht, wenn man sich das wirklich kaufen möchte, was man sich wünscht, und auch das Geld dafür zur Verfügung hat.

INFO

Wenn Menschen den Eindruck haben, dass ihnen etwas fehlt, sie also einen Mangel an etwas verspüren, entwickeln sie das **Bedürfnis**, diesen Mangel zu beheben. Eignet sich zur Abhilfe etwas, das man kaufen kann, entsteht **Bedarf**. Wenn sie das Geld dafür haben und auch dafür ausgeben, entsteht **Nachfrage**.

**M3** Beispiele für Güter

| | | |
|---|---|---|
| Pommes frites | Taxifahrt | Spaghetti |
| Autoreparatur | Schokolade | Hose |
| Pilze im Wald | Brötchen | Haarschnitt |
| Tanken | Äpfel | Meerwasser |
| Busfahrt | Schulbuch | Mineralwasser |
| Fahrrad | Möbel | Konzert |

**M4** Unsere Erde: kein Preis, nichts wert?

### Freie Güter werden knapp

In Deutschland, wie überall in der Welt, gibt es immer weniger freie **Güter**. Zwar ist die Luft zum Atmen frei, aber Firmen müssen – zu Recht – viel Geld bezahlen, wenn sie die Luft verschmutzen. Wasser steht bei uns in Flüssen, Seen, im Meer und als Quellwasser frei zur Verfügung. Als Leitungswasser oder Mineralwasser muss man es bezahlen, ebenso das Abwasser. Wasser ist im Süden Europas und in Afrika bereits knapp und teuer und zwischen Nachbarstaaten umkämpft. Der Schnee für Skifahrer in den Alpen wird, wenn er fehlt, mit dem Einsatz von Schneekanonen erzeugt. Das ist aufwendig und teuer und schadet der Natur.

Viele Wälder, Seen und Moore in Deutschland sind bereits stark geschädigt. Der Klimawandel verschärft diese Entwicklung noch. Wir sollten uns so verhalten, dass es bei uns auch in Zukunft noch freie Güter gibt. Wahrscheinlich werden ehemals freie Güter einmal Wirtschaftsgüter werden, um die Umwelt zu retten: Sie sind so knapp geworden, dass wir sie bezahlen müssen.

**M5** Zusammenwirken bei der Produktion

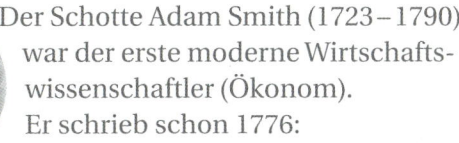

Der Schotte Adam Smith (1723–1790) war der erste moderne Wirtschaftswissenschaftler (Ökonom). Er schrieb schon 1776:

Man braucht sich nur die Ausstattung eines ganz gewöhnlichen Menschen anzusehen, um zu erkennen, dass die Zahl derer, die an seiner Versorgung beteiligt sind, alle Schätzungen übertrifft. So ist die Wolljacke dieses Menschen das Werk der Arbeit vieler. Der Schäfer, der Wollsortierer, der Wollkämmer, der Färber, der Weber und viele andere mussten zusammenwirken, um dieses Produkt zu erstellen. Wie viele Kaufleute und Fuhrleute waren außerdem mit dem Transport des Materials beschäftigt! Wie viel Handel und wie viel Schifffahrt mussten eingesetzt werden! Wenn wir uns dies vor Augen führen, wird uns bewusst, dass ohne die Mithilfe und das Zusammenwirken Tausender heute kein Mensch mit den Gütern versorgt werden könnte, die er braucht.

Adam Smith: Der Wohlstand der Nationen

### Tipps für die Erarbeitung

❶ Erklärt, welche Arten von Gütern es gibt (M1, Text).

❷ Erklärt die Fachbegriffe „Bedürfnis", „Bedarf", „Angebot", „Nachfrage".

❸ Wiederholt, wie Angebot und Nachfrage den Preis bestimmen (S. 84/85).

❹ a) Diskutiert den „Wert" freier Güter (M1, Text).
   b) Beurteilt, ob sich die Wertmaßstäbe gegenüber früher geändert haben. War den Menschen zum Beispiel saubere Luft früher so wichtig wie heute?

❺ Beschreibt die Produktion von Sachgütern (M5, Internet: Suchbegriff: lange Reise einer Jeans).

❻ Beschreibt und beurteilt die Folgen, die durch die Produktion von Gütern für die Umwelt entstehen (M4, M5).

❼ Überlegt Möglichkeiten, wie man als Konsument nachhaltig handeln kann. Nachhaltig handeln bedeutet, dass man so handelt, dass die Menschen auch in Zukunft noch ihre Bedürfnisse befriedigen können (Internet: Suchbegriff: nachhaltig konsumieren).

❽ Erstellt eure Präsentation am Computer (siehe S. 178).

❾ Bereitet eure Präsentation vor (siehe S. 179).

*Wenn du diese Aufgaben erfolgreich bearbeitet hast, kannst du …*
… die Arten von Gütern benennen.
… die Folgen unseres Konsums für die Umwelt beschreiben.
… Möglichkeiten eines nachhaltigen Konsums nennen.
… die Fachbegriffe **Angebot**, **Bedarf**, **Nachfrage** und **Gut** erklären.

# Geld regiert die Welt?

Eigentlich ist Geld nichts oder jedenfalls nicht viel: kleine Metallscheiben oder rechteckig geschnittenes Spezialpapier, kompliziert bedruckt, damit es niemand nachmachen kann. Das Material hat nicht den Wert, den es darstellt. Geld ist eine Erfindung. Die Bedeutung geben wir dem Geld. Warum ist Geld aber so wichtig für uns? Welche Funktionen hat Geld?

## Wie wurde früher, wie wird heute bezahlt?

Noch eure Urgroßeltern bezahlten fast ausschließlich mit Bargeld. Heute ist der größte Teil des Geldes „unsichtbar". Es wird vom Arbeitgeber auf das Girokonto des Arbeitnehmers überwiesen. Dieser zahlt davon ebenfalls bargeldlos Miete, Strom und Wasser, die Telefonrechnung und Versicherungen. Viele Menschen regeln ihre Geldangelegenheiten inzwischen zuhause oder unterwegs am Laptop (Online-Banking). Fast überall kann man mit Plastikgeld bezahlen, das heißt mit der EC-Karte oder der Kreditkarte. Und immer mehr Menschen bezahlen mittlerweile mit dem Smartphone.

### ERSTAUNLICH

Karl der Große legte im 8. Jahrhundert n. Chr. fest, dass eine Silbermünze mit dem Gewicht von 1,7 g den Namen „Pfennig" tragen sollte, abgeleitet vom Wort Pfand. In anderen Kulturen waren seltene Muscheln oder Steine ein Zahlungsmittel.

## M2 Milan und Zoe wollen tauschen.

Zoe, ich habe gehört, dass du ein Trikot von Gini Wijnaldum mit Unterschrift hast. Das habe ich mir schon immer gewünscht!

Kein Problem, Milan. Ich würde es gegen deine Tickets für das Beyoncé-Konzert tauschen. Wie viel ist das Trikot wert?

Im Internet steht, dass das Trikot etwa 90 Euro kostet.

Die Tickets sind insgesamt 70 Euro wert. Dann müsstest du mir noch 20 Euro dazugeben. Sonst geht's nicht auf!

Fein. So können wir es machen.

Einverstanden!

## M1 Die verschiedenen Funktionen des Geldes

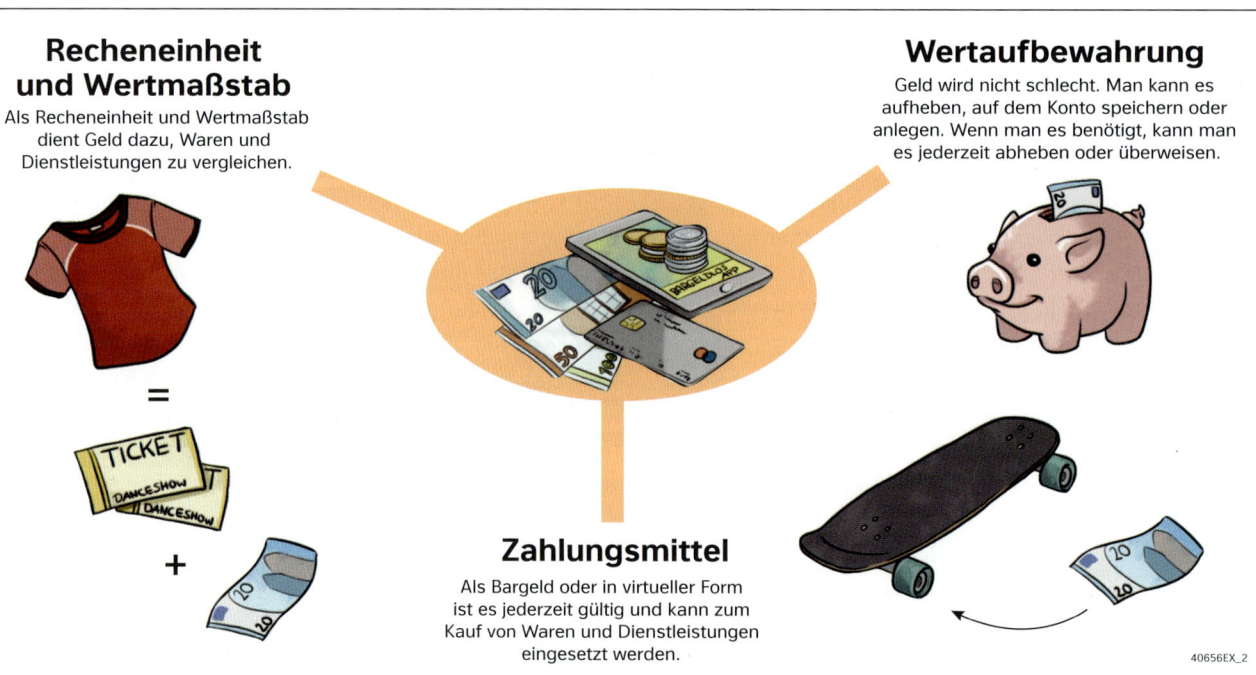

**Recheneinheit und Wertmaßstab**
Als Recheneinheit und Wertmaßstab dient Geld dazu, Waren und Dienstleistungen zu vergleichen.

**Wertaufbewahrung**
Geld wird nicht schlecht. Man kann es aufheben, auf dem Konto speichern oder anlegen. Wenn man es benötigt, kann man es jederzeit abheben oder überweisen.

**Zahlungsmittel**
Als Bargeld oder in virtueller Form ist es jederzeit gültig und kann zum Kauf von Waren und Dienstleistungen eingesetzt werden.

40656EX_2

**M3** Nur unter diesen Voraussetzungen ist Geld wertvoll.

- Geld muss **allgemein anerkannt** sein.
  Jeder muss es als Zahlungsmittel akzeptieren.
- Geld muss **wertbeständig** sein.
  Die Menschen müssen sich auf einen stabilen Geldwert verlassen können.
- Geld muss **teilbar** sein.
  Es besteht aus verschiedenen Scheinen und Münzen.
- Geld muss **leicht aufzubewahren und zu transportieren** sein (zum Beispiel im Portemonnaie).
- Geld muss ein **knappes Gut** sein.
  Es sollte schwer zu fälschen sein.

**M4** Teilen statt besitzen – Geld wird weniger wichtig!?

Längst ist es nicht mehr notwendig, alles zu besitzen, zumindest nicht auf Dauer. Das Tauschen, Teilen, Ausleihen und Verschenken beginnt bereits in der eigenen Nachbarschaft. Das entlastet zum einen die Geldbörse, zum anderen [verringert es] auch die Umweltbelastung. Was nicht neu gekauft wird, muss auch nicht neu produziert werden. Daher gibt es hier einen deutlichen Vorteil: **Ressourcen** werden geschont und Produkte werden intensiver genutzt. [...]

Wer teilt, tritt mit anderen in Kontakt. Nachbarn lernen sich kennen und ein gutes Netzwerk gibt in schlechten Zeiten auch Halt. Zudem spart das Tauschen Platz und ist kostenfrei.

Diese Dinge lassen sich beispielsweise wunderbar teilen oder tauschen: Kleidung, Essen, Bücher & CDs, Wohnraum sowie Talente und Fähigkeiten.

UD/pm: Tauschen und Teilen statt Neukaufen und Wegschmeißen. Umweltdialog, Münster, 26.10.2017

**M5** Albert Einsteins Sichtweise zu Geld

Albert Einstein (1879–1955) war ein weltberühmter Physiker.

> Die besten Dinge im Leben sind nicht die, die man für Geld bekommt.

**M6** Was hat welchen Wert?!

Im Mittelalter konnte man für ein Kilogramm Zucker eine Ritterrüstung kaufen. Ein bekannter Fußballspieler hat heute einen Marktwert von 100 Millionen Euro. Wildblumen auf den Äckern wurden früher vernichtet. Heute legen viele Landwirte Blühstreifen am Rand ihrer Felder an. Wertmaßstäbe verändern sich.

**INFO**

Als **Ressourcen** werden die auf der Erde vorhandenen Rohstoffe (wie Eisenerz, Holz), Energieträger (wie Kohle, Erdöl) und auch der Boden bezeichnet.

## Aufgaben

❶ Ⓦ Wähle aus:
**A** Schreibe Gründe auf, warum Milans und Zoes Tausch ohne Geld nicht funktioniert (M2).
**B** Erkläre, wie Milans und Zoes Tausch ohne Geld gelingen könnte (M2).

❷ a) Erkläre, was „unsichtbares" Geld ist (Text).
b) Notiere die Vorteile des „unsichtbaren" Geldes.
c) Stelle Probleme und Gefahren des „unsichtbaren" Geldes dar.

❸ Was passiert, wenn …? Arbeitet in Kleingruppen. Beschreibt, was passiert, wenn eine der in M3 aufgelisteten Voraussetzungen nicht erfüllt ist. Bearbeitet die Voraussetzungen arbeitsteilig.

❹ Gibt es für dich Dinge, die du für kein Geld der Welt verkaufen würdest? Erkläre, warum.

❺ Ⓩ Geld regiert die Welt. Muss das sein? Beurteile Albert Einsteins Sichtweise zu Geld (M5). Gehe auch auf veränderte Wertmaßstäbe ein (M6).

❻ Ⓩ Teilen statt besitzen. Nimm Stellung zu diesem Vorschlag (M4).

*Wenn du diese Aufgaben erfolgreich bearbeitet hast, kannst du …*
… die Funktionen des Geldes beschreiben.
… beurteilen, wie „wertvoll" Geld ist.
… den Fachbegriff **Ressource** erklären.

# Eine Präsentation am Computer erstellen

Es gibt verschiedene Computerprogramme, die es möglich machen, einen Vortrag geschickt zu veranschaulichen, zum Beispiel PowerPoint oder Impress (Open Office). Mithilfe dieser Programme kannst du (Computer-)Folien erstellen, die mit einem Beamer präsentiert werden. Ein solches Programm ist ein gutes Hilfsmittel, um durch ein Referat zu führen.

## Vier Schritte zu einer Präsentation

### 1. Schritt: Neue Folie wählen
Eine Folie ist eine Bildschirmseite deiner Präsentation. Hier kannst du das Grundlayout für deine Folie auswählen. Wähle aus, ob du Bild, Text oder Diagramm darstellen willst. Natürlich kannst du das bestehende Layout noch verändern.

### 2. Schritt: Einfügen von Bildern/Grafiken/Texten
Hast du bei deiner Materialsuche gute Bilder oder Grafiken gefunden, kannst du diese in PowerPoint einfügen. Bei „Einfügen" – „Grafik" kannst du auf den Computerspeicher zugreifen. Die eingefügten Objekte kannst du auf der Folie verschieben, in der Größe verändern usw. Unter diesem Button kannst du auch eigene Diagramme erstellen.

### 3. Schritt: Benutzerdefinierte Animation
Hier kannst du entscheiden, was wann wie auf der Folie erscheinen soll. So kannst du die Folien besser auf deinen Vortrag abstimmen. Aber Vorsicht: Zu viel Animation lenkt ab und ist auf Dauer langweilig.

### 4. Schritt: Autoformen
Über die Autoformen kannst du zum Beispiel Wichtiges durch Pfeile hervorheben oder Beziehungen zwischen einzelnen Aspekten darstellen.

---

**M1** **Beispiel einer Folie, die mit PowerPoint erstellt wurde**

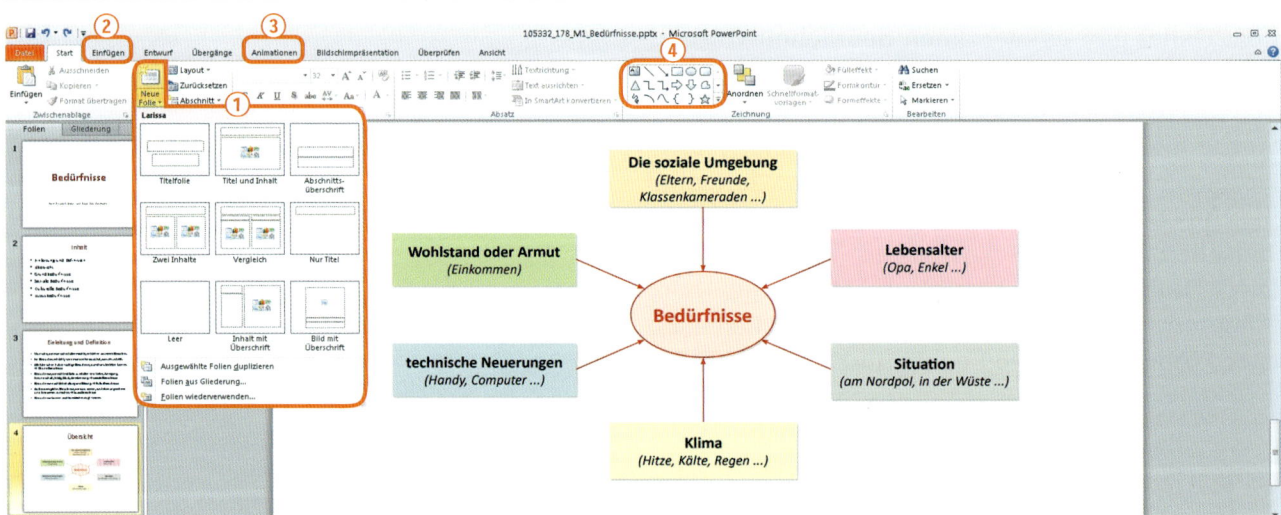

---

**M2** **Tipps für die Erstellung von Folien**

1. Erstelle eine Einleitungsfolie (Thema, Name).
2. Gib auf der zweiten Folie einen Überblick über den Inhalt deines Vortrags.
3. Erstelle nun die weiteren Folien zum Thema. Beachte dabei Folgendes:
   a) Überlade die Folien nicht. Reduziere den Inhalt auf das Wesentliche.
   b) Formuliere keine Sätze, sondern Stichpunkte oder kurze, klare Aussagen.
   c) Verwende eine große Schrift.
   d) Gestalte den Hintergrund nicht zu dunkel, am besten wirkt eine dunkle Schrift auf hellem Hintergrund. Verwende aber denselben Hintergrund für alle Folien.
   e) Verwende nicht nur Aufzählungslisten, sondern gestalte die Folien mit Abbildungen, Texten und Pfeilen.
   f) Setze Animationen sparsam und gezielt ein.

# Ergebnisse mündlich präsentieren

## Auch das Auge „hört" mit

Wenn ihr eure Ergebnisse mündlich präsentieren wollt, ist es wichtig, dass ihr dies anschaulich tut. Wenn die Zuhörer während des Vortrags auch etwas sehen, ist es für sie interessanter und sie können die Inhalte viel leichter verstehen und behalten.

Es gibt verschiedene Möglichkeiten, wie ihr eure Ergebnisse anschaulich präsentieren könnt.

Ihr könnt eure Ergebnisse auf einem **Plakat** darstellen. Auf einem Plakat haltet ihr nur die wichtigsten Punkte in Stichworten fest und macht die Zusammenhänge durch Pfeile deutlich. Im Gegensatz zu einer **Wandzeitung** kommen keine Texte auf ein Plakat.

Schreibt die Begriffe mit einem dicken Stift auf Streifen, Ovale, Kreise oder Rechtecke. Klebt die Figuren auf einen großen Bogen braunes Packpapier und zeichnet dann die Pfeile ein.

Wenn ihr eine **Computer-Präsentation** erstellt habt, solltet ihr Folgendes bedenken:

- Zu viele Animationen lenken vom Vortrag ab und machen den Inhalt nicht besser. Als Grundregel gilt: KISS: Keep it short and simple! (Mach es kurz und einfach).
- Die Präsentation ist auch kein Ablese-Skript. Sie soll vielmehr deine gesprochenen Worte unterstützen. Bei einem guten Vortrag liegt der Schwerpunkt auf der mündlichen Darbietung. Die Folien sind lediglich eine Hilfe für den Vortragenden und den Zuhörer.

## Zwei Schritte zu einem guten Vortrag

### 1. Schritt Vorbereitung

- Notiere auf einen Stichwortzettel oder auf Karteikarten, was du mündlich vortragen willst. Aber Achtung: keine ganzen Sätze (die liest man häufig nur ab), sondern nur Stichworte (vor allem Fachbegriffe) notieren.
- Bereite die Hilfsmittel vor, mit denen du deinen Vortrag anschaulich und einprägsam gestalten willst (Plakate, Folien, Fotos, Tafelbilder usw.).

### 2. Schritt Durchführung

- Nenne das Thema deines Vortrags.
- Gib eine kurze Übersicht über den Inhalt.
- Halte dich an die Regeln der 5-A-Technik (M4).
- Nutze Hilfsmittel, um die Zuhörerinnen und Zuhörer zu fesseln.
- Plane am Ende Zeit ein, damit die Zuhörerinnen und Zuhörer Fragen stellen können.

### Und dann: **Das Feedback!**

Frag deine Mitschülerinnen und Mitschüler, wie ihnen der Vortrag gefallen hat. Was hat gut geklappt? Was kann noch verbessert werden?
So kannst du deine Vorträge immer besser gestalten.

**M3** **Präsentationen müssen Interesse wecken und anschaulich sein.**

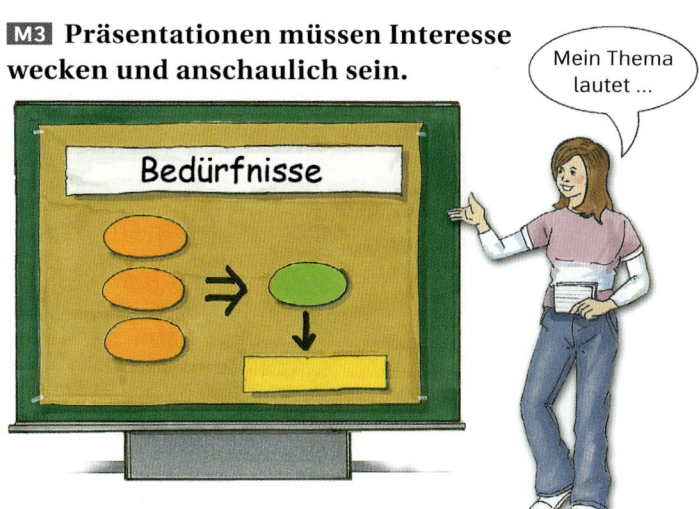

**M4** **Die 5-A-Technik beim Vortragen**

**Ansehen:** Lies das Stichwort auf dem Stichwortzettel oder der Karteikarte oder der PowerPoint-Folie.

**Aufsehen:** Sieh die Zuhörerinnen und Zuhörer an.

**Ansprechen:** Beginne erst danach mit dem Sprechen.

**Aufrecht stehen:** Steh aufrecht und wende deinen Zuhörerinnen und Zuhörern nicht den Rücken zu.

**Abwechslungsreiche Sprache:** Sprich nicht zu schnell, nicht zu langsam und nicht zu eintönig. Formuliere frei und lies nicht ab. Mach Pausen, damit die Zuhörerinnen und Zuhörer Zeit haben, dir zu folgen.

# Gewusst? – Gekonnt!

Bewerte dich selbst mit dem Ampel-system, das auf Seite 28 erklärt ist.

## M2 Bedürfnisse

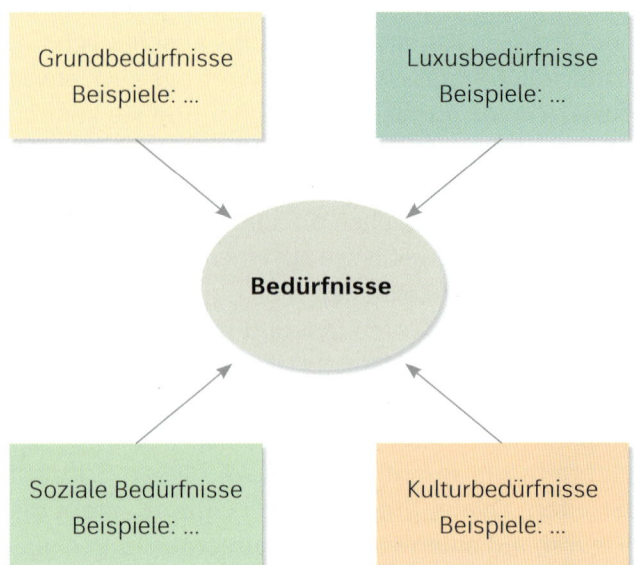

Grundbedürfnisse
Beispiele: ...

Luxusbedürfnisse
Beispiele: ...

**Bedürfnisse**

Soziale Bedürfnisse
Beispiele: ...

Kulturbedürfnisse
Beispiele: ...

## M1 Unterschiedliche Bedürfnisse

Anna: „Meine Eltern arbeiten beide sehr viel. Wir haben auch immer genug Geld. Leider kommen beide oft spät nach Hause. Mir wäre es lieber, sie hätten mehr Zeit für mich."

Max: „Ich habe mich geschämt, weil wir uns dieses Jahr keinen Urlaub leisten konnten. Fast alle in der Klasse waren im Urlaub."

Leon: „Unser Mietshaus wurde an einen reichen Mann verkauft. Jetzt können wir uns die Miete nicht mehr leisten und müssen umziehen. Wir brauchen eine neue Wohnung."

Vera: „Ich würde mir so gern mal ein Musical ansehen, denn ich tanze und singe gern und möchte Sängerin werden."

❶ a) Ordne die Bedürfnisse der Kinder in M1 den Bedürfnissen in M2 zu.
   b) Notiere für jedes Bedürfnis in M2 ein weiteres Beispiel.
*Schülerbuch, Seiten 172 – 173*

## M3 Nico trägt nur Markenkleidung.

Wenn ich keine Markenkleidung trage, denken die anderen, ich kann mir das nicht leisten.

In meiner Clique tragen alle Markenkleidung.

Man wird oft gemobbt, wenn man keine teuren Sachen anhat.

Nur Markensachen sehen richtig cool aus. Hast du das Werbeplakat gesehen?

❷ Erkläre, warum Nico Markenkleidung trägt (M3). Gehe dabei auch auf folgende Fragen ein:
Lässt sich Nico von der Werbung beeinflussen?
Lässt sich Nico von seiner Peergroup beeinflussen?
*Schülerbuch, Seiten 26 – 27, 170 – 173*

**M4** **Die verschiedenen Funktionen des Geldes**

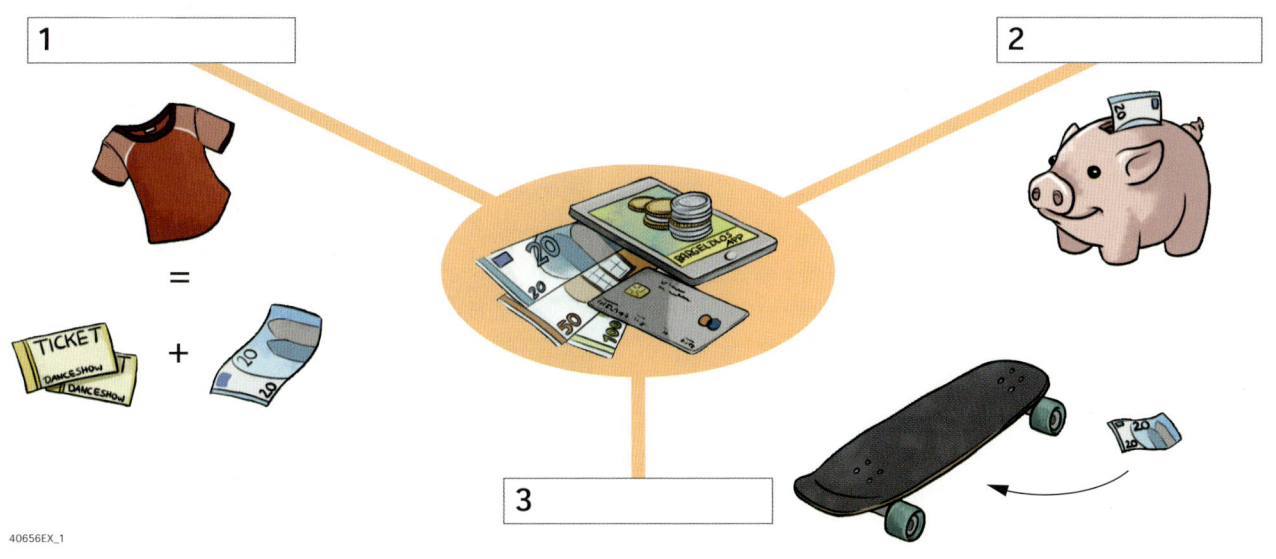

```
40656EX_1
```

❸ Notiere die Funktionen des Geldes (M4).

**M5** **Ein Stadtbummel mit Folgen?**

Emma und Mara bummeln durch die Stadt. Sie wollen eigentlich nichts kaufen. Da sehen sie die Auslagen in einem Geschäft. Ein großes Plakat weist darauf hin, dass heute alle Waren zu einem Sonderpreis angeboten werden. Sie gehen in das Geschäft und …

❹ a) Führe den Bericht über Emmas und Maras Stadtbummel fort (M5).

b) Erkläre, warum Emma und Mara in das Geschäft gehen. Verwende dabei folgende Wörter: Angebot, Nachfrage, Preis, Bedürfnis (M6).

c) Was dürfen sich Emma und Mara in dem Geschäft von ihrem Taschengeld kaufen?

*Schülerbuch, Seiten 170–171*

**M6** **Preisbildung**

**Fachbegriffe**

| | | | |
|---|---|---|---|
| das Angebot | das Grundbedürfnis | der Konsument | die Rechtsfähigkeit |
| der Bedarf | das Gut | das Kulturbedürfnis | die Ressource |
| das Bedürfnis | der Influencer | das Luxusbedürfnis | das soziale Bedürfnis |
| die Geschäftsfähigkeit | der Konsum | die Nachfrage | der Taschengeldparagraf |

# Wirtschaft – Strukturen und Prozesse

Arbeit und Wirtschaft bestimmen unser Leben, aber auch Wohnen und Erholung. Wo findest du diese Bereiche im Luftbild? Bottrop liegt im Ruhrgebiet, dem größten deutschen Wirtschaftsraum. Warum ist dieser Wirtschaftsraum hier entstanden? Was weißt du darüber? Im Luftbild kannst du auch erkennen, dass sich dieser Wirtschaftsraum verändert hat. Welche Hinweise erkennst du? Vergleiche mit deinem Schulort. Welche wirtschaftlichen Unternehmen gibt es?

rechts: Kokerei Prosper, eine der drei letzten Kokereien im Ruhrgebiet, und die überdachte Skihalle auf einer Halde aus aufgeschüttetem Material aus dem Bergwerk Prosper-Haniel, das hier einmal in Betrieb war.

# Anfänge der Spezialisierung vor 5000 Jahren

**M1** **Bauer in der Jungsteinzeit**

Die Bauern pflügten die Felder mit einem Hakenpflug aus Holz. Sie konnten den Pflug noch selbst herstellen.

Im Gebiet der Stadt Babylon im heutigen Irak entdeckten die Menschen vor etwa 5000 Jahren, wie man Metalle gewinnen und verarbeiten konnte. Wie veränderte diese Erfindung auch das Leben in Mitteleuropa?

**M3** **Bronzegussformen: Beil, Lanzenspitzen**

Bronzegießer stellten zum Beispiel Arbeitsgegenstände und Waffen her.

## Spezialisierung bei der Arbeit

Für die Gewinnung der Metalle und die Herstellung der Geräte brauchte man besondere Kenntnisse. Die Arbeiten konnten die Bauern nicht nebenher erledigen. Die Menschen begannen, sich beruflich zu spezialisieren. Töpfer stellten Gefäße her. Bergleute förderten Erze. Bronzegießer gossen Werkzeuge. Händler zogen durch das Land. Sie tauschten Rohstoffe und Waren. Der Fernhandel begann.

Das Metall Kupfer eignete sich sehr gut für Schmuckwaren. Für Waffen jedoch war Kupfer zu weich. Erst durch die Beimischung von Zinn entstand ein neuer Werkstoff: **Bronze**. Er war widerstandsfähiger und härter.

Die Rohstoffe für die Herstellung von Bronze kamen nicht überall vor. Sie mussten zum Teil von weit her herangeschafft werden.

Etwa 1000 Jahre später entdeckten die Menschen das Metall Eisen und machten daraus Werkzeuge. Eisen war noch härter als Bronze.

**M2** **Bergarbeiter bauten in Gruben Kupfererz ab.**

Erzgänge werden mit Feuer und kaltem Wasser rissig gemacht. Anschließend werden die Brocken herausgeschlagen. ①

Die Brocken werden weiter zerkleinert und erzhaltige Gesteine vom übrigen Gestein getrennt. ②

③ Die Erzbrocken werden in Körben gesammelt und nach oben transportiert.

**M4** **Arbeitsteilung: Neue Berufe entstanden.**

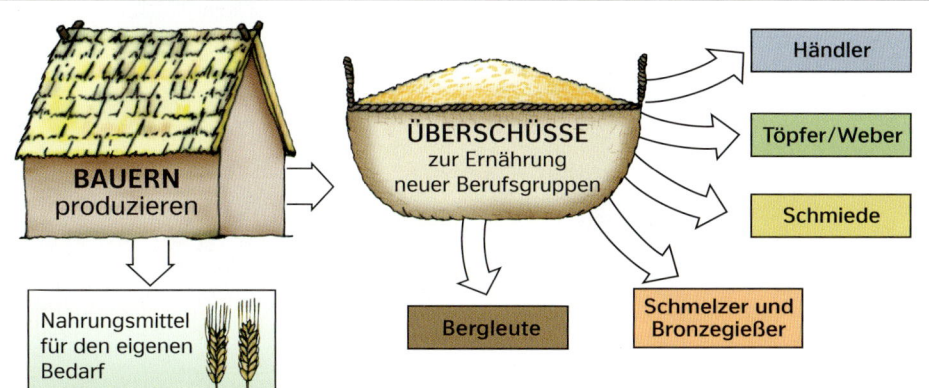

©Westermann 5143EX_5

Da die Bauern ihre Anbaumethoden verbessert hatten, konnten sie Überschüsse produzieren. Das war wichtig, denn nur so wurde sichergestellt, dass auch Menschen mit anderen Berufen ernährt werden konnten.

**M5** **So haben die Menschen Kupfererz geschmolzen.**

① Bei etwa 1 100 °C wird das im Kupfererz vorhandene Kupfer flüssig und setzt sich ab. Der Ofen wird geöffnet. Das Kupfer fließt in eine Vertiefung in der Erde.

② Anschließend wird der Ofen gereinigt. Die Rückstände der Verbrennung und Reste des Kupfers werden entfernt.

③ Der Ofen wird mit Kupfererz und Holzkohle gefüllt, dann wird das Feuer entzündet und mit einem Blasebalg angefacht.

**M6** **Geräte und Schmuck aus Bronze**

**M7** **Werkzeug aus Eisen**

## Aufgaben

❶ Beschreibe, wie schon im Bergbau die Arbeit aufgeteilt wurde (M2).

❷ Schreibe auf, welche Berufe durch die Spezialisierung entstanden (M4).

❸ Ordne die Texte 1 – 3 den Abbildungen A – C in M5 zu.

❹ Erkläre, warum es zur Spezialisierung kam (M1, M2, M4, Text).

❺ Vergleiche die Werkstoffe Kupfer, Bronze und Eisen (Text).

❻ ⓩ Stelle ein Informationsblatt über Schmuck aus der Bronzezeit zusammen (Internet).

*Formulierungshilfen zu Aufgabe 1:*
In der Abbildung ist zu sehen, dass …
Ein Mann …
Ein anderer Mann …
… sind damit beschäftigt, …
… sind dafür zuständig, …

*Wenn du diese Aufgaben erfolgreich bearbeitet hast, kannst du …*
… die Anfänge der Spezialisierung vor 4 000 Jahren beschreiben,
… begründen, warum es zur Spezialisierung kam.
… die Fachbegriffe **Bronzezeit** und **Bronze** erklären.

# Spezialisierung heute – Wirtschaftsbereiche

Simon soll als Hausaufgabe herausfinden, was sich hinter den Begriffen „Industrie" und „Dienstleistungen" verbirgt. Er recherchiert in einem Internetlexikon, aber dort sind die Begriffe sehr kompliziert definiert. Wie kann Simon eine leicht verständliche und anschauliche Erklärung finden?

**M3** Simon recherchiert.

## **M1** Arbeitskräfte in den drei Wirtschaftsbereichen in Deutschland

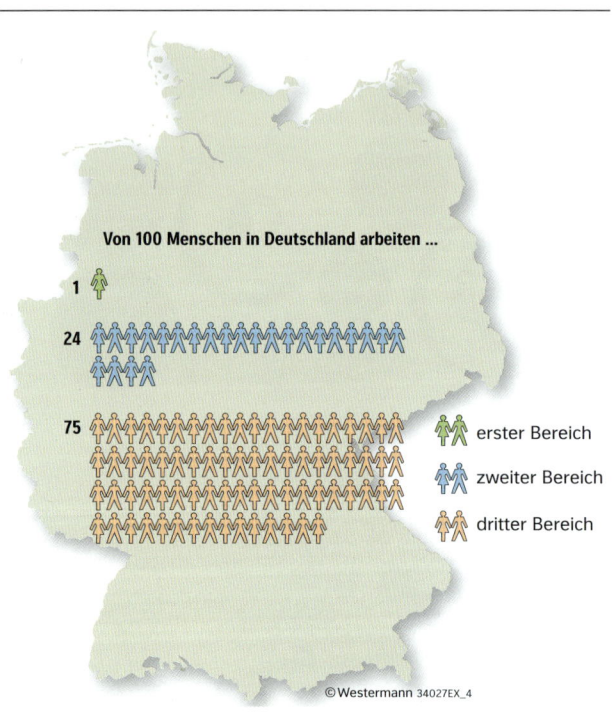

Von 100 Menschen in Deutschland arbeiten ...

1
24
75

erster Bereich
zweiter Bereich
dritter Bereich

© Westermann 34027EX_4

## Waren und Dienstleistungen in deinem Alltag

Ohne darüber nachzudenken, benutzt du jeden Morgen viele von der **Industrie** hergestellte Produkte: Wecker, Shampoo, Duschgel, Bürste, Kamm. Zum Frühstück isst du ein Brötchen mit Butter und Ei. Das Getreide für das Brötchen und die Milch für die Butter sowie das Ei wurden in der Landwirtschaft erzeugt. Das Brötchen hat der Bäcker geliefert, du fährst mit dem Bus zur Schule und deine Lehrerinnen und Lehrer unterrichten dich. Du nutzt **Dienstleistungen**.

Industrie, Landwirtschaft und Dienstleistungen sind **Wirtschaftsbereiche**.

Man teilt die Wirtschaft in den ersten, zweiten und dritten Wirtschaftsbereich ein. Du nutzt jeden Tag Produkte aus dem ersten und zweiten und Dienstleistungen aus dem dritten Wirtschaftsbereich. Früher arbeiteten die meisten Menschen im ersten Wirtschaftsbereich. Mit der Entwicklung der Industrie wurde der zweite Wirtschaftsbereich bedeutend. Heute arbeiten die meisten Menschen im dritten Wirtschaftsbereich.

## **M2** Produktionsschritte bis zum Verkauf eines Autos (Auswahl)

| Erster Bereich | Zweiter Bereich | Dritter Bereich |
|---|---|---|
| *Dieser Bereich liefert Nahrungsmittel sowie Rohstoffe und Bodenschätze für die Weiterverarbeitung.* | *Dieser Bereich stellt Waren her.* | *Dieser Bereich umfasst Handel, Versorgung, Bildung, Kultur, Sport, Erholung, Gesundheits- und Schulwesen, Verkehr und Nachrichtenwesen.* |
| Kupfer- und Eisenerz werden gefördert. | In der Endmontage wird der fertige Pkw zusammengebaut. | Der Transport erfolgt durch ein Logistikunternehmen. |
| Kokosfasern werden für Autopolster produziert. | Die Zulieferindustrie produziert zum Beispiel Autositze und Gummidichtungen. | Das Auto wird im Autohaus verkauft. |
| Naturkautschuk wird für Gummiteile gewonnen. | In Verhüttungsbetrieben werden Eisen, Kupfer und Aluminium hergestellt. | Ingenieure und Designer entwerfen ein neues Auto. |
| | Im Motorenwerk werden Motorblöcke produziert. | Eine Bank gibt dem Kunden einen Kredit für den Autokauf. |
| | Die Elektroindustrie produziert Kabel für die elektrische Anlage des Autos. | Ein Werbespot wird entwickelt. |

schueler.diercke.de | 100870-089-02

**Erster Wirtschaftsbereich**
(Landwirtschaft, Forstwirtschaft, Fischerei, Abbau von Bodenschätzen)

# Wirtschaftsbereiche

**Zweiter Wirtschaftsbereich**
(Industrie)

**Dritter Wirtschaftsbereich**
(Dienstleistungen)

## Aufgaben

❶ Die Bilder in M4 zeigen drei Beispiele aus dem ersten Wirtschaftsbereich. Welche sind es?

❷ Ordne die folgenden Begriffe den drei Wirtschaftsbereichen zu (M2, M4): Schrank, Beratung in der Bank, Würstchenkonserven, Gemüse, Eisenerz, Holz, Musikveranstaltung, Fisch, Auto, Kohle, Smartphone.

❸ Stelle die Angaben in M1 in einer Tabelle dar.

❹ Notiere zu den Produktionsschritten eines Autos je zwei Berufe aus jedem Wirtschaftsbereich (M2).

❺ Ⓩ Hilf Simon und erkläre die Begriffe „Industrie" und „Dienstleistungen".

> *Wenn du diese Aufgaben erfolgreich bearbeitet hast, kannst du ...*
> ... die drei Wirtschaftsbereiche erläutern.
> ... die Wirtschaftsbereiche in Bezug auf die Zahl der Arbeitskräfte vergleichen.
> ... die Fachbegriffe **Industrie**, **Dienstleistung** und **Wirtschaftsbereich** erklären.

# Auf den Standort kommt es an!

Betriebe überlegen sich sehr genau, wo sie sich ansiedeln. Sie suchen sich einen Ort aus, der die besten Bedingungen für ihr Unternehmen bietet. Welche Bedingungen könnten das sein?

## Standortfaktoren sind wichtig

Jeder Betrieb hat unterschiedliche Ansprüche an den Ort, an dem er sich ansiedeln möchte. Man spricht vom Standort. Dazu prüft der Betrieb die **Standortfaktoren**, die für ihn wichtig sind. Eine Papierfabrik braucht zum Beispiel viel Wasser für die Produktion und eine gute Verkehrsanbindung. Für eine Gärtnerei sind große Flächen und niedrige Grundstückspreise wichtig. Der Besitzer einer Eisdiele braucht eine gute Lage in der Stadt, an der viele Kunden vorbeikommen. Für eine Zuckerfabrik ist wichtig, dass in der Nähe der **Rohstoff** Zuckerrüben angebaut wird.

Für fast alle Unternehmen haben gut ausgebildete Arbeitskräfte eine große Bedeutung. Die Arbeitskräfte bleiben aber nur im Betrieb, wenn sie sich am Ort wohlfühlen. Es muss Freizeitmöglichkeiten in der Nähe geben. Auch müssen gute Wohnungsangebote und Bildungseinrichtungen (zum Beispiel Schulen) vorhanden sein.

**M1 Levent Aktas, Fachlagerist in einem Logistikunternehmen**

Unser Logistikunternehmen liegt direkt an einem Autobahnanschluss. Hier stand ein großes Grundstück zur Verfügung und die Grundstückspreise waren günstig. Außerdem ist der nächste Eisenbahnanschluss in der Nähe. Über die Autobahn können wir viele Kunden schnell erreichen.

**M2 Anna Thelen, Marktleiterin im Supermarkt**

Unser neuer Supermarkt liegt in der Innenstadt in einem Einkaufszentrum. Die Mieten sind zwar sehr hoch, aber der Standort bietet hervorragende Bedingungen.

In das Einkaufszentrum kommen jeden Tag viele Menschen, die dann auch bei uns einkaufen. Außerdem arbeiten in der Innenstadt viele Menschen, die häufig in der Mittagspause zu uns kommen.

Das Einkaufszentrum ist gut erreichbar. Direkt am Einkaufszentrum gibt es eine Bushaltestelle und eine U-Bahn-Station. Zahlreiche kostenfreie Parkplätze sind auch vorhanden.

**M3 Julia Aznar, Inhaberin einer Möbelhauskette**

Für unser neues, großes Möbelhaus haben wir das Gewerbegebiet Nord ausgewählt. Dort steht eine große Fläche zur Verfügung. Diese brauchen wir für unseren Verkaufsbereich und für unser Möbellager.

Die Preise für die Grundstücke sind im Gewerbegebiet außerhalb der Stadt nicht so hoch. Wir benötigen auch eine große Fläche für Kundenparkplätze.

Das Gewerbegebiet ist gut zu erreichen. Es liegt direkt an einer Autobahnausfahrt. In der Nähe befinden sich noch zwei weitere Möbelhäuser. Sie sind für uns zwar Konkurrenten, aber viele Kunden kommen, weil sie hier verschiedene Angebote vergleichen können.

**M4** Wenn ein Unternehmen einen neuen Standort eröffnen möchte, muss es sich genau darüber informieren, an welchem Ort es die besten Standortfaktoren gibt.

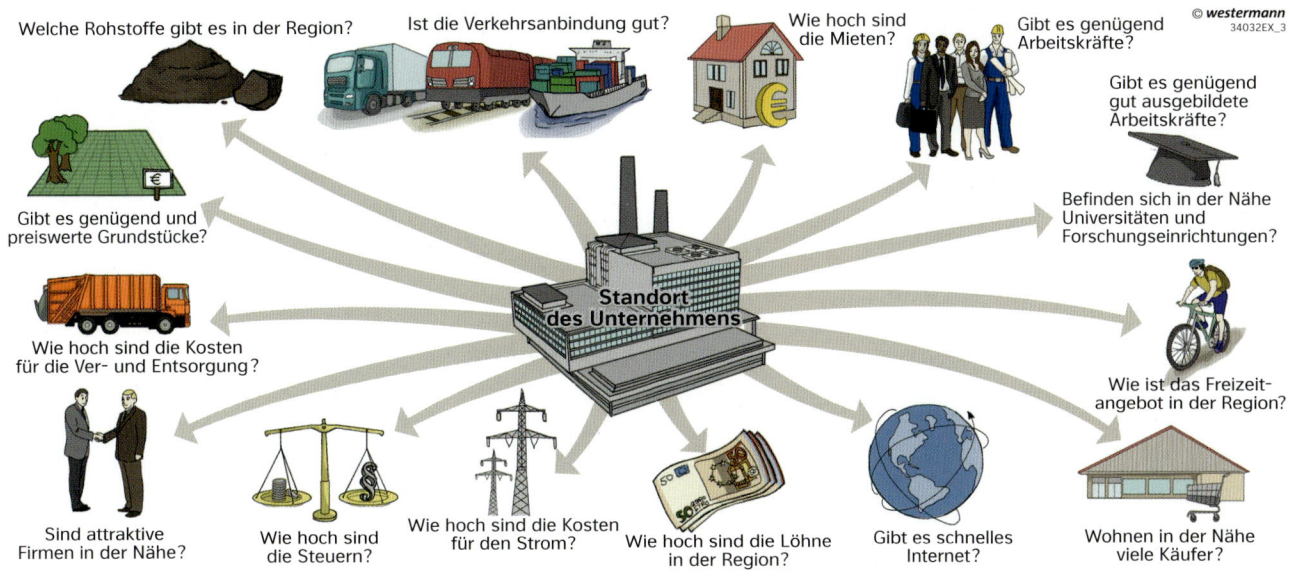

© westermann
34032EX_3

Welche Rohstoffe gibt es in der Region?

Ist die Verkehrsanbindung gut?

Wie hoch sind die Mieten?

Gibt es genügend Arbeitskräfte?

Gibt es genügend gut ausgebildete Arbeitskräfte?

Gibt es genügend und preiswerte Grundstücke?

Befinden sich in der Nähe Universitäten und Forschungseinrichtungen?

Wie hoch sind die Kosten für die Ver- und Entsorgung?

Standort des Unternehmens

Wie ist das Freizeitangebot in der Region?

Sind attraktive Firmen in der Nähe?

Wie hoch sind die Steuern?

Wie hoch sind die Kosten für den Strom?

Wie hoch sind die Löhne in der Region?

Gibt es schnelles Internet?

Wohnen in der Nähe viele Käufer?

**M5** Malte Yun, Pressesprecher einer Computerfirma

Für unsere Computerfirma haben wir einen Standort in einem Technologiepark gewählt. Dort gibt es optimale Bedingungen für uns. Wir können mit den Forschungseinrichtungen im Technologiepark eng zusammenarbeiten. Dadurch können wir unsere Produkte immer weiter verbessern.

Der Technologiepark ist gut erreichbar und die Internetverbindungen sind optimal.

Außerdem haben wir eine gute Auswahl an qualifizierten Arbeitskräften, denn mehrere Hochschulen befinden sich in der Nähe.

**INFO**

Als **Standortfaktor** bezeichnet man Gründe, die ein Betrieb hat, um sich an einem bestimmten Standort anzusiedeln.

## Aufgaben

❶ Ordne die Standortfaktoren in M4 wie folgt: Standortfaktoren, die für Betriebe wichtig sind. Standortfaktoren, die für die Mitarbeiter in den Betrieben wichtig sind.

❷ Ⓦ Wähle aus. Welche Standortfaktoren sind für folgende Betriebe wichtig (M4)?

**A** Möbelhaus (M3)

**B** Supermarkt (M2)

**C** Computerfirma (M5)

**D** Logistikunternehmen (M1)

❸ In deinem Schulort möchte ein Unternehmer einen Kiosk eröffnen. Überlege dir einen geeigneten Standort und begründe deine Wahl (M2, M4).

❹ Nimm Stellung zu folgender Aussage: Nicht alle Gebiete in Deutschland eignen sich gleichermaßen für eine wirtschaftliche Nutzung (S. 187, M4).

*Wenn du diese Aufgaben erfolgreich bearbeitet hast, kannst du ...*
... Gründe für die Standortwahl eines Unternehmens nennen.
... an Beispielen zeigen, welche Standortfaktoren wichtig sind.
... die Fachbegriffe **Standortfaktor** und **Rohstoff** erklären.

Tabellen und ...

Tabellen findest du nicht nur in Schulbüchern. In Zeitungen, im Fernsehen, im Internet – überall werden mit ihrer Hilfe Größen und Mengen verdeutlicht. Wie liest man eine Tabelle?

**M1 Die Entwicklung der Zahl der Beschäftigten in den drei Wirtschaftsbereichen in Deutschland**

| Jahr | Landwirtschaft | Industrie | Dienstleistungen |
|------|----------------|-----------|------------------|
| | Beschäftigte in 1 000 | | |
| 1970 | 2 400 | 13 000 | 10 900 |
| 1980 | 1 400 | 12 200 | 13 300 |
| 1990 | 1 100 | 11 900 | 16 400 |
| 2000 | 1 000 | 12 000 | 23 500 |
| 2010 | 900 | 10 000 | 29 400 |
| 2019 | 600 | 8 400 | 32 700 |

**M2 So ist eine Tabelle aufgebaut.**

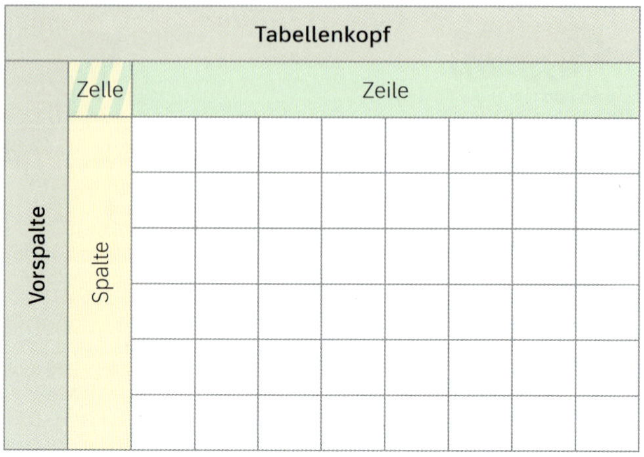

Tabellenkopf / Zelle / Zeile / Vorspalte / Spalte

---

## Drei Schritte, um eine Tabelle zu beschreiben

**1. Schritt  Wo? Wann? Was? – das Thema der Tabelle**
Lies dir den Titel/die Unterschrift, die Vorspalte und den Tabellenkopf durch. Hier findest du Hinweise.

**2. Schritt  Was sind die genauen Inhalte?**
a) Lies den Tabellenkopf. Lies die Vorspalte. Achte genau darauf, welche Maßeinheiten verwendet werden (z. B. Jahre oder Meter).
b) Schau in den Zeilen und in den Spalten nach: Welches sind die höchsten, welches sind die niedrigsten Werte?
c) Wird eine zeitliche Entwicklung dargestellt? Dies ist meistens dann der Fall, wenn verschiedene Jahre oder Monate angegeben sind (z. B. die Entwicklung der Bevölkerung innerhalb von 10 Jahren).

Wie entwickeln sich die Werte? Steigen/sinken sie schnell oder langsam? Gibt es Sprünge?
d) Kann man verschiedene Werte miteinander vergleichen?

**3. Schritt  Was ist die Kernaussage der Tabelle?**
Fasse die Aussage der Tabelle in ein oder zwei Sätzen zusammen.

... und über die Beschreibung hinausgehend:

Wie lässt sich die Aussage der Tabelle erklären? Mit deinem Wissen kannst du vielleicht die Aussage der Tabelle erklären.

---

## Aufgaben

❶ Beschreibe die Tabelle M1.

*Formulierungshilfen zu Aufgabe 1:*
Die Tabelle zeigt die Entwicklung der ... in den ... von 1970 bis ...
Die Spalten weisen die ... in den ... in 1000 aus.
Die meisten Beschäftigten waren ... in ... tätig, nämlich ...

Die wenigsten Beschäftigten waren ... in ... tätig, nämlich ...
Vergleicht man die Entwicklung der ..., dann zeigt sich, dass ...
... war das noch völlig anders. ...

# ... Diagramme lesen

Diagramme machen die Aussagen von Tabellen anschaulich. Deshalb werden in den Medien auch viel häufiger Diagramme verwendet als Tabellen. Wie liest man ein Diagramm?

Man unterscheidet verschiedene Arten von Diagrammen. Am häufigsten werden Säulendiagramme, Balkendiagramme und Liniendiagramme verwendet.

**M3** **Zahl der Beschäftigten in ausgewählten Industriezweigen in Deutschland (Säulendiagramm)**

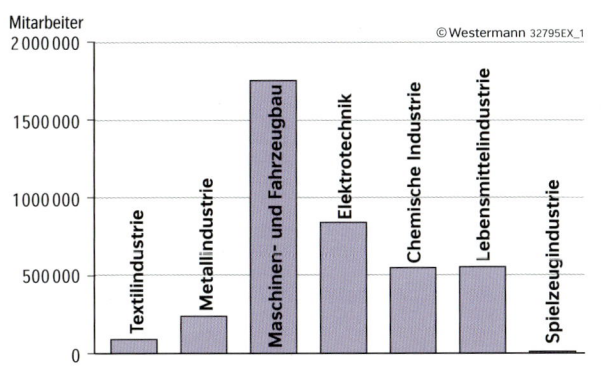

**M4** **Entwicklung der Beschäftigten in verschiedenen Arztpraxen (Liniendiagramm)**

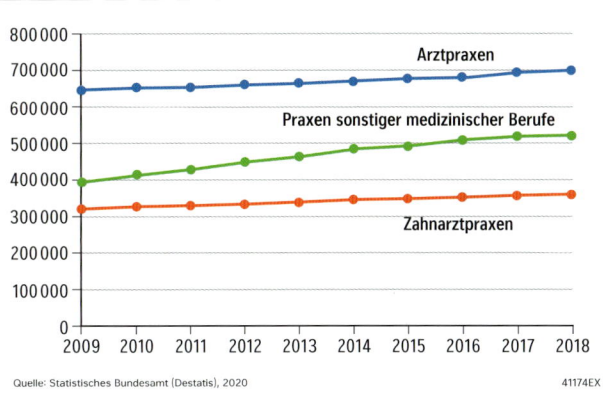

Quelle: Statistisches Bundesamt (Destatis), 2020                41174EX

## Drei Schritte, um ein Diagramm zu beschreiben

**1. Schritt  Das Thema des Diagramms**
Lies den Titel/die Unterschrift und die Beschriftung der Achsen. Hier findest du Hinweise.

**2. Schritt  Was sind die genauen Inhalte?**
a) Lies die Beschriftung der waagerechten Achse. Lies die Beschriftung der senkrechten Achse. Achte genau darauf, welche Maßeinheiten verwendet werden (z. B. Personen oder Gewichtsangaben).
b) Welches sind die höchsten, welches sind die niedrigsten Werte?
c) Wird eine zeitliche Entwicklung dargestellt? Dies ist meistens dann der Fall, wenn verschiedene Jahre oder Monate angegeben sind (z. B. die Entwicklung der Bevölkerung innerhalb von 10 Jahren).

Wie entwickeln sich die Werte? Steigen/sinken sie schnell oder langsam? Gibt es Sprünge?
d) Kann man verschiedene Werte miteinander vergleichen?

**3. Schritt  Was ist die Kernaussage des Diagramms?**
Fasse die Aussage des Diagramms in ein oder zwei Sätzen zusammen.

... und über die Beschreibung hinausgehend:

> Wie lässt sich die Aussage des Diagramms erklären? Mit deinem Wissen kannst du vielleicht die Aussage des Diagramms erklären.

## Aufgaben

❷ Beschreibe das Säulendiagramm (M3).
❸ Beschreibe das Liniendiagramm (M4).

*Formulierungshilfen zu Aufgabe 2:*
Das Diagramm veranschaulicht ...
Dargestellt sind ...
Die meisten ... arbeiten in ...
Die wenigsten ... arbeiten in ...
Vergleicht man ... mit ..., so kann man feststellen, dass ...

*Formulierungshilfen zu Aufgabe 3:*
Das Diagramm zeigt die Entwicklung
... zwischen ... und ...
Während des gesamten Zeitraums ...
Am stärksten steigt/fällt ...
... bleibt ungefähr gleich ...

# Tabellen und Diagramme erstellen

Wenn du selbst einen kleinen Vortrag halten willst, dann ist es sinnvoll, Zahlen oder eine Entwicklung möglichst anschaulich zu präsentieren – mit einer Tabelle oder einem Diagramm! Ein Diagramm zu zeichnen, ist mit etwas Übung gar nicht so schwer!

**M1** **Anzahl der Beschäftigten in den wichtigsten Industriezweigen in Deutschland (2019)**

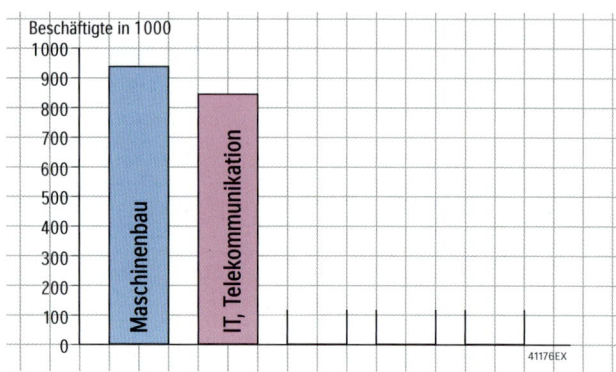

**M2** **Die Entwicklung der Zahl der Beschäftigten in Landwirtschaft, Industrie und Dienstleistungen in Deutschland**

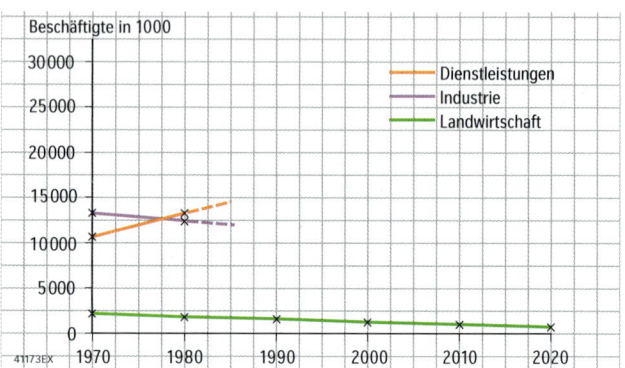

## Vier Schritte zum Zeichnen eines Diagramms

**1. Schritt** **Wie zeichne ich die beiden Achsen?**
Berechne, wie lang du die beiden Achsen zeichnen musst, damit du auch alle Werte einzeichnen kannst. Ermittle dazu:
Welches ist der höchste Wert auf der Waagerechten?
Welches ist der höchste Wert auf der Senkrechten?
Wie viele Teilstriche musst du je Achse einzeichnen (zum Beispiel Jahre, Millionen Einwohner)?
Zeichne eine waagerechte Linie und eine senkrechte. Beide sollten etwas über den höchsten Wert hinausragen. Zeichne nun die Teilstriche.

**2. Schritt** **Beschrifte die Achsen.**
Beschrifte die Achsen mit den Zahlenwerten und den Themen der Achsen. Aufgepasst! Die Abstände zwischen den Teilstrichen müssen gleich sein (zum Beispiel pro Jahr zwei Zentimeter).

**3. Schritt** **Zeichne die Säulen oder Linien.**
a) Zeichne nun die Säulen, färbe sie ein und beschrifte sie. Oder:
b) Trage für jeden Zahlenwert (zum Beispiel Millionen Bevölkerung) ein Kreuz in der richtigen Höhe über der waagerechten Achse ein. Verbinde diese Kreuze anschließend mit einer Linie.

**4. Schritt** **Gib dem Diagramm einen passenden Titel.**

## Aufgaben

❶ Zeichne ein Säulendiagramm zu den Beschäftigten in den wichtigsten Industriezweigen 2019 (M1). Verwende folgende Zahlen:
Maschinenbau    939 000
IT, Telekommunikation    846 000
Elektrotechnik    771 000
Automobilindustrie    723 000
Chemie    440 000

❷ Zeichne ein Diagramm zur Entwicklung der Zahl der Beschäftigten in ausgewählten Industriezweigen (M2). Verwende die Werte aus M1 auf Seite 190.

Auch digital kannst du Materialien erstellen. Zum Beispiel lassen sich mit Textprogrammen schnell Tabellen, Diagramme und andere Skizzen erstellen. Probiere es aus!

## Vier Schritte, um Tabellen und Diagramme digital zu erstellen

**1. Schritt  Mit welchem Programm kann ich arbeiten?**
Nutze Textverarbeitungsprogramme wie Word, Writer oder Pages. Mit ihnen kannst du einfache Tabellen und Diagramme erstellen. Aufgepasst! Sobald du digital arbeitest, solltest du nicht vergessen, deine Datei abzuspeichern.

**2. Schritt  Wie kann ich eine Tabelle oder ein Diagramm erstellen?**

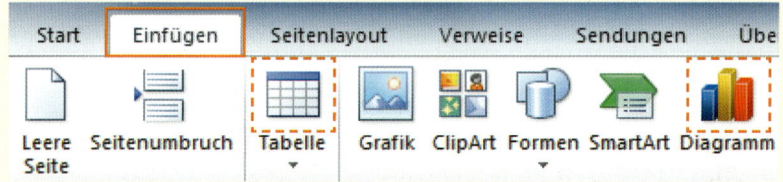

a) Klicke oben im Textverarbeitungsprogramm auf „Einfügen".
b) Wähle aus, was du erstellen möchtest.

**3. Schritt** Trage deine Daten in Tabelle oder Diagramm ein (siehe M3 oder M4).

**4. Schritt** Überarbeite die Optik deiner Tabelle oder deines Diagramms (siehe M3 oder M4).

---

**M3 Erstellen einer Tabelle mit Word**

- Überlege im Vorfeld, wie viele Zeilen und Spalten deine Tabelle haben soll. Bedenke dabei auch die Vorspalte und den Tabellenkopf
- Klicke auf „Tabelle" und wähle entsprechend viele Kästchen aus.
- Tippe nun in die neu erstellte Tabelle deine Daten ein. Klicke hierfür immer in das jeweilige Feld, in das du eintragen möchtest.
- Notiere eine passende Überschrift.
- Bearbeite deine Tabelle, damit sie besser aussicht. Mit der Maus kannst du zum Beispiel Spalten verschieben. Ist die Tabelle angeklickt, hast du oben die Möglichkeit, „Tabellentools" auszuwählen. Dort und über die rechte Maustaste (Tabelleneigenschaften) kannst du deine Tabelle verändern und bearbeiten.

**M4 Erstellung eines Diagramms mit Word und Writer**

- Klicke auf „Diagramm". Wähle nun aus, wie dein Diagramm aussehen soll. Durch einen Doppelklick auf das ausgesuchte Diagramm fügst du es in dein Dokument ein.
- Fülle die sich öffnende Tabelle mit deinen Daten. Spalten und Zeilen, die du nicht brauchst, kannst du löschen. Klicke das zu Löschende an und drücke die „Entfernen"-Taste.
- Schreibe eine passende Überschrift in das Diagramm.
- Bearbeite nun das Diagramm. Klicke das Diagramm an. Nun kannst du oben „Diagrammtools" auswählen. Über sie kannst du das Diagramm leichter gestalten.

Bei dem Programm Writer klickt man folgendes:
Einfügen → Objekt → Diagramm
Um das Diagramm in Writer zu bearbeiten, klickst du auf „Diagrammdatentabelle".

Dort kannst du die Werte eintragen.

---

## Aufgaben

❸ Probiere die Schritte am Computer aus. Erstelle eine Tabelle mithilfe der Werte in M1 auf Seite 190.

❹ Wandle die Tabelle aus Aufgabe 1 in ein Diagramm um.

Bremen ist ein Bundesland. Bremen gehört zu den größten deutschen Industriestandorten. Bedeutende Unternehmen der Luft- und Raumfahrttechnik, der Nahrungsmittelindustrie, der Automobilindustrie, des Schiffbaus und der Stahlerzeugung haben sich hier niedergelassen. Welche Standortfaktoren hat Bremen zu bieten?

**M3 Im Hafen von Bremerhaven**

Bremerhaven ist der zweitgrößte Seehafen Deutschlands und der viertgrößte Seehafen in Europa. Hier werden aber nicht nur Container verladen, sondern auch Autos. Bremerhaven ist Europas zweitgrößtes Autoterminal mit mehr als zwei Millionen umgeschlagener Fahrzeuge jährlich.

**Erarbeitet, welche Standortfaktoren in Bremen die wirtschaftliche Entwicklung begünstigt haben. Erstellt eine Präsentation am Computer und tragt sie vor (vgl. S. 178).**

**M1 Bremen hat viel zu bieten.**

- Die Bremischen Häfen sind eine wichtige Drehscheibe für weltweite Warenströme.
- Die Bremischen Häfen sind durch ein gut ausgebautes Eisenbahnnetz mit dem Hinterland verbunden.
- Bremen und Bremerhaven sind über Autobahnen gut erreichbar. Der Gewerbepark Hansalinie hat sogar einen eigenen Autobahnanschluss.
- Bremen ist durch seinen Flughafen auch an das Luftverkehrsnetz angeschlossen.
- In Bremen gibt es mehrere Hochschulen, Forschungszentren und eine Universität.
- In Bremen gibt es zahlreiche kulturelle Einrichtungen wie Museen, Kunsthalle und Theater.
- Es gibt rund 450 Sportvereine in Bremen und Bremerhaven. Der Breitensport wird vom Land Bremen besonders gefördert.

## Bremen: Bundesland und Industriestandort

Zum Bundesland Bremen gehören die Freie Hansestadt Bremen und Bremerhaven. Rund 580 000 Einwohner leben in diesem Bundesland. Die Weser und die Nordsee haben die wirtschaftliche Entwicklung von Bremen geprägt. Schon im 8. Jahrhundert kamen friesische Händler mit ihren Schiffen an die Weser. Aus einem Dorf an der Weser entwickelte sich die Stadt Bremen. Durch den Kauf eines Geländes an der Unterweser und der Gründung von Bremerhaven sicherte sich die Stadt den Zugang zum Seehandel. Die wirtschaftliche Entwicklung der Stadt war also immer eng mit den Häfen verbunden. Seit den 1980er-Jahren ist Bremen durch die Ansiedlung der Mercedes-Benz-Werke auch zu einem wichtigen Standort der Automobilindustrie geworden. Viele **Zulieferbetriebe** haben sich in der Nähe der Mercedes-Benz-Werke niedergelassen. Sie liefern aber auch Autoteile und Bausätze in Montagewerke in aller Welt.

**M2 Airbus-Werk in Bremen**

In Bremen werden die Flügel für den Airbus gefertigt. Die Endmontage des Airbus findet in Toulouse in Frankreich statt.

**M4 In Bremen gibt es neben den Auto-Montagewerken mehr als 40 Zulieferbetriebe.**

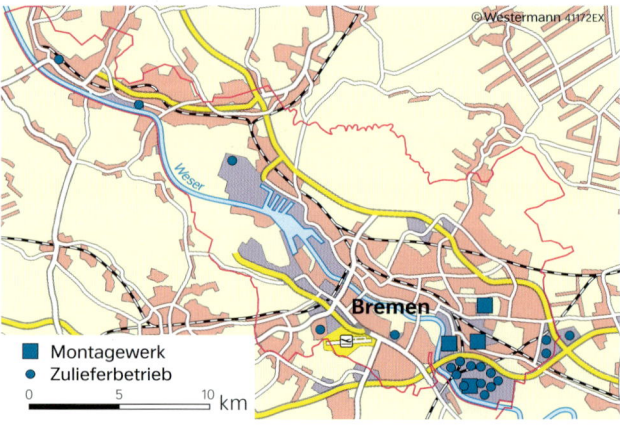

■ Montagewerk
● Zulieferbetrieb

**M5  Im Zulieferbetrieb**

Ein Mechaniker fertigt in einem Zulieferbetrieb Bauteile für Autos an einer hochkomplexen Anlage.

**M7  Im Montagewerk**

Ein Mitarbeiter vom Mercedes-Benz-Werk in Bremen überwacht den Einsatz einer Batterie in ein C-Klasse Hybrid-Modell.

## Zulieferer beliefern die Automobilwerke

Ein Auto besteht aus Tausenden Einzelteilen. Viele Bestandteile werden von Zulieferbetrieben hergestellt. Die Zulieferbetriebe liefern ihre Teile genau dann ins Werk, wenn sie benötigt werden. Dadurch können die Einzelteile sofort ohne Zwischenlagerung in die Autos eingebaut werden. In Bremen selbst gibt es mehr als 40 Pkw-Zulieferer.

Um den Transport kümmern sich **Logistikunternehmen**. Sie übernehmen die gesamte Planung und Steuerung der Zulieferung.

## Ein Virus unterbricht die Lieferkette

China ist einer der größten Exporteure von Fahrzeugteilen – etwa von Bremsen, Elektronik, Fahrgestellen und Rädern.

Ab April 2020 wirkte sich die Corona-Pandemie auch auf die Produktion im Mercedes-Benz-Werk aus. Die Krankheit brach in Wuhan in China aus. Hier gibt es mehr als 700 ausländische und chinesische Zulieferer. Wuhan wurde vollständig abgeriegelt, die Produktion in den Zulieferbetrieben wurde eingestellt.

**M6  Der Weg eines Autos von der Planung bis zum Verkauf**

Forschung und Entwicklung → Anlieferung von Autoteilen → Logistik und Transport → Produktion (z.B. Montage, Lackierung) → Verkauf

© westermann 34035EX

## Tipps für die Erarbeitung

❶ a) Schaut euch Bremen und Bremerhaven mithilfe eines Online-Kartendienstes an (vgl. S. 18).
   b) Beschreibt die Lage des Bundeslandes Bremen.

❷ Beschreibt die Entwicklung Bremens zu einem bedeutenden Industriestandort.

❸ Stellt die Standortfaktoren zusammen, die Bremen heute zu bieten hat (M1, vgl. S. 189 M3).

❹ Beschreibt den Weg eines Autos von der Planung bis zum Verkauf (M6).

❺ Erläutert die Bedeutung der Zulieferindustrie (M5, Text).

❻ Weist auf Probleme hin, die durch die Abhängigkeit von Zulieferbetrieben entstehen können (Text).

❼ Erstellt eure Präsentation am Computer.

❽ Legt fest, wer eure Ergebnisse bei der Präsentation vorstellt.

*Wenn du diese Aufgaben erfolgreich bearbeitet hast, kannst du …*
… den Wirtschaftsstandort Bremen beschreiben.
… Standortfaktoren nennen, die in Bremen gegeben sind.
… die Fachbegriffe **Zulieferbetrieb** und **Logistikunternehmen** erklären.

# Im Rheinischen Braunkohlerevier

Wusstest du, dass Farben, Lacke, Seifen, Cremes und sogar Kaugummi aus Braunkohle hergestellt werden? Am wichtigsten ist Braunkohle allerdings für die Stromgewinnung. Wo und wie wird Braunkohle in Nordrhein-Westfalen abgebaut? Welche Bedeutung hat der Braunkohleabbau?

**M2** Schaufelradbagger

Vergleiche mit dem kleinen gelben Auto!

> **Erarbeitet, welche Bedeutung der Braunkohleabbau im Rheinischen Braunkohlerevier hat. Erstellt eine Präsentation am Computer und tragt sie vor (vgl. S. 178).**

## Braunkohleabbau im Rheinischen Revier

Die Braunkohle ist im Laufe von Millionen Jahren aus Pflanzenresten entstanden. Unter der Erdoberfläche haben sich die Pflanzenreste zu Kohle umgewandelt.

Im Rheinischen Braunkohlerevier lagert die Braunkohle in einer Tiefe von 150 bis 350 Metern. Deshalb kann die Braunkohle im **Tagebau** abgebaut werden. Bevor die Arbeiten beginnen, muss das Grundwasser abgepumpt werden. Dann werden die Deckschichten über der Kohle abgetragen. Das erledigen riesige Schaufelradbagger. Absetzer verkippen das Material am Rand des Tagebaus oder in alten Tagebaulöchern. Dann kann die Braunkohle abgebaut werden. Dafür braucht man wieder die Schaufelradbagger.

Transportbänder befördern die Braunkohle direkt zum nahegelegenen Kohlekraftwerk. Hier wird die Kohle verbrannt, um Wasser zu erhitzen. Der Wasserdampf treibt Turbinen an und im Generator wird dann Strom erzeugt (vgl. mit M5 auf Seite 51).

## Der Braunkohleabbau bringt auch Probleme

Für den Tagebau müssen große Flächen freigelegt werden. Bäche und Flüsse müssen umgeleitet werden. Wälder werden abgeholzt. Die Menschen in den Dörfern müssen ihre Häuser verlassen. Sie werden in andere Orte umgesiedelt. Häufig gibt es Proteste gegen die **Umsiedlung** und gegen das Abholzen der Wälder.

Bei der Stromerzeugung in den Kohlekraftwerken entstehen klimaschädliche Gase, zum Beispiel Kohlenstoffdioxid ($CO_2$). Deshalb soll die Fördermenge bis 2022 halbiert werden. Der größte Tagebau Europas soll dann früher als ursprünglich geplant eingestellt werden.

**M1** **Ein Schema zum Abbau von Braunkohle im Tagebau**

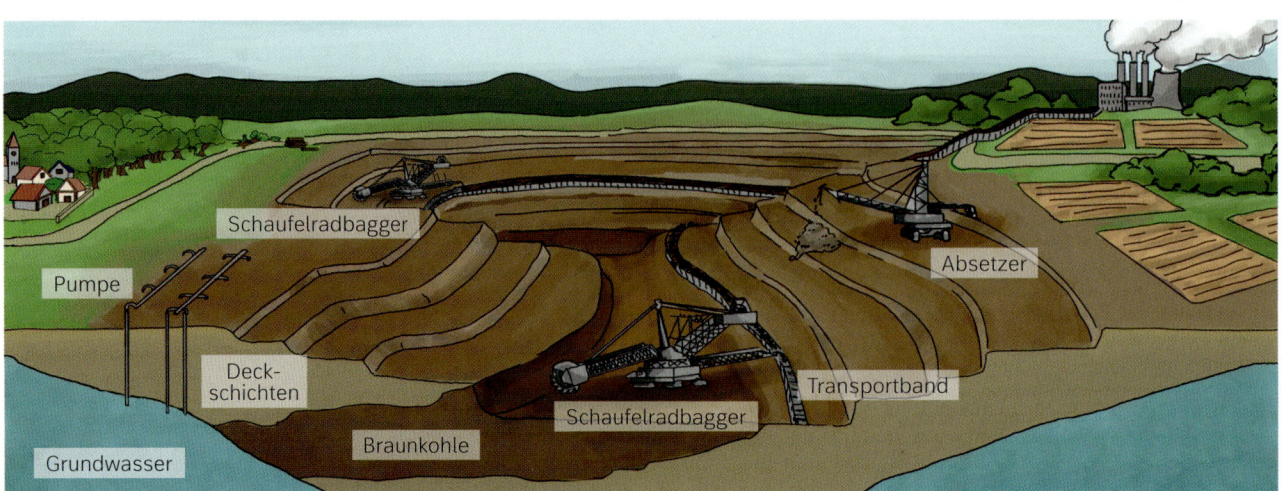

schueler.diercke.de | 100870-084-01, 100870-086-01

**M3** „Wanderung" eines Tagebaus

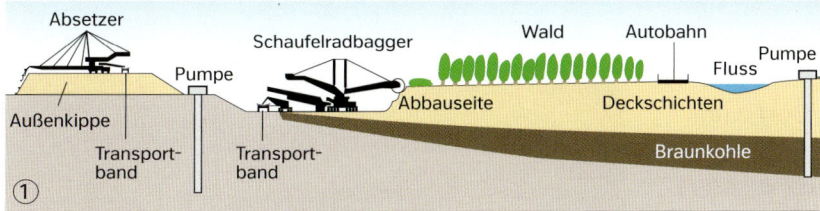

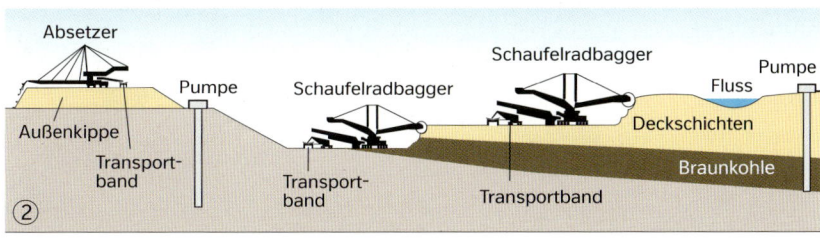

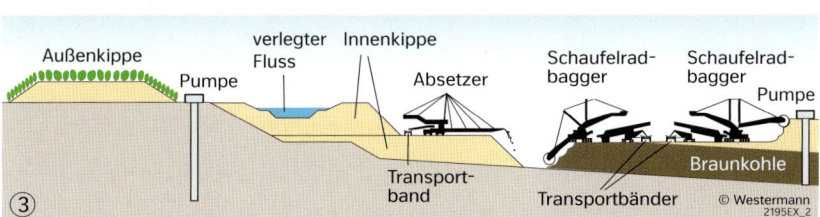

**M4** Rekultivierte Landschaft

## Was kommt nach dem Braunkohletagebau?

Wenn die Braunkohle abgebaggert ist, bleiben riesige Löcher zurück. Die Bergbaugesellschaften sind dazu verpflichtet, die zerstörte Landschaft wiederherzustellen. Das nennt man **Rekultivierung**. Einige Löcher werden mit ehemaligen Deckschichten wieder aufgefüllt. Fruchtbarer Boden wird dann aufgetragen, sodass Flächen für die Landwirtschaft entstehen. Teilweise legt man neue Wälder an. In einigen ehemaligen Tagebauen entstehen auch Seen. Die neuen Landschaften dienen den Menschen zur Erholung. Die ursprüngliche Artenvielfalt kann man jedoch nicht wiederherstellen.

**INTERNET**

Erkunde das Braunkohlerevier (vgl. S. 18).

**INFO**

Ein Rohstoff, der Energie in sich speichert, ist ein **Energieträger**. Energieträger, die nachwachsen (Holz) oder die immer wieder von Neuem nutzbar sind (Wind, Wasser), nennt man erneuerbare (regenerative) Energieträger. Braunkohle ist wie auch Erdöl, Erdgas und Uran ein nicht erneuerbarer Energieträger. Er kann nur einmal genutzt werden.

**INTERNET**

Suchbegriffe:
→ BUND Braunkohle Rekultivierung
→ RWE Rekultivierung im Rheinland
→ youtube Energie für die Zukunft – wie die Braunkohle im Tagebau Garzweiler gewonnen wird

## Tipps für die Erarbeitung

❶ Beschreibt die Lage des Rheinischen Braunkohlereviers.

❷ Beschreibt, wie Braunkohle abgebaut wird (M1, M2, M3, Text).

❸ Stellt die Probleme heraus, die der Tagebau und die Nutzung der Braunkohle verursachen (M1, M3, Text).

❹ Erklärt, wozu Braunkohle verwendet wird (Text, Internet).

❺ Erläutert, was nach dem Braunkohleabbau passiert (M4, Text).

❻ Beurteilt die Rekultivierungsmaßnahmen, auch in Bezug auf die Artenvielfalt.

❼ Erstellt eure Präsentation am Computer (vgl. S. 178).

❽ Legt fest, wer eure Ergebnisse bei der Präsentation vorstellt.

*Wenn du diese Aufgaben erfolgreich bearbeitet hast, kannst du ...*
... den Braunkohleabbau im Rheinischen Braunkohlenrevier beschreiben.
... Probleme bei Abbau und Nutzung der Braunkohle erklären.
... die Rekultivierung beschreiben.
... die Fachbegriffe **Tagebau**, **Umsiedlung**, **Rekultivierung** und **Energieträger** erklären.

# Eine Region verändert sich – das Ruhrgebiet

Am 21. Dezember 2018 wurde mit Prosper-Haniel das letzte Steinkohlebergwerk im Ruhrgebiet geschlossen. Dort wurde bis in eine Tiefe von etwa 1200 Metern Steinkohle abgebaut. Warum gibt es heute keinen Steinkohlenbergbau mehr im Ruhrgebiet? Wie hat sich das Ruhrgebiet im Laufe der Zeit verändert?

## Steinkohlenabbau im Ruhrgebiet

Die **Steinkohle**, wie die Braunkohle, entstand aus abgestorbenen Pflanzen. Sie ist aber in Deutschland etwa zehnmal so alt wie die Braunkohle. Zunächst entstand auch im Ruhrgebiet Braunkohle. Dann lagerten sich immer mehr Schichten über der Braunkohle ab. Die Kohleschichten wurden zusammengepresst. Es entstand Steinkohle. Steinkohle enthält deshalb auch weniger Wasser als Braunkohle. Sie brennt wesentlich besser als Braunkohle. Sie liegt aber im Ruhrgebiet so tief, dass man sie nur im **Bergwerk** unter Tage abbauen kann. Der Abbau ist teurer als der Abbau im Tagebau.

**M1** **Zeitzeugin Leni Zeitz aus Bottrop:**

Wir sind 1957 ins Ruhrgebiet gezogen. Mein Vater arbeitete für eine Firma, die Holzstämme an die Bergwerke verkaufte. Mit den Holzstämmen, dem Grubenholz, wurden die Decken im Bergwerk abgestützt. Ich kann mich noch genau daran erinnern, wie verschmutzt die Luft war. Meine Mutter putzte jeden Tag die Fenster, aber schon am nächsten Tag waren sie wieder schwarz vom Ruß. Wir hatten einen Kirschbaum im Garten. Zum Ernten der Kirschen trug mein Bruder nur eine Badehose und eine Badekappe. Wenn er aus dem Baum stieg, war seine Haut schmierig schwarz. Meine Mutter steckte ihn sofort in die Badewanne. Die Kirschen mussten wir mühevoll säubern, bevor wir sie essen konnten. Ich war damals oft krank. Wenn ich heute meine Freundin im Ruhrgebiet besuche, bin ich erstaunt, wie sich mein ehemaliger Wohnort verändert hat. Es gibt keine Bergwerke mehr und keine qualmenden Schornsteine. Aus dem grauen Ruhrgebiet ist ein grünes Ruhrgebiet geworden.

**M2** **Der Abbau der Steinkohle im Ruhrgebiet begann im 19. Jahrhundert.**

Zu Beginn des 19. Jahrhunderts war die Landwirtschaft der dominierende Wirtschaftsbereich im Ruhrgebiet. Äcker, Wiesen und Wälder prägten die Landschaft. Mit dem verstärkten Abbau der Steinkohle ab ungefähr 1850 begann die wirtschaftliche Entwicklung des Ruhrgebietes.

Entscheidend dafür waren die zahlreichen Vorkommen von Steinkohle. Mit dem Bergbau entstanden im Ruhrgebiet auch die ersten Eisen- und **Stahlwerke**, andere Industriebetriebe folgten. Die Flüsse Ruhr und Rhein wurden als Transportwege genutzt.

**M3** **Anzahl der Beschäftigten im Bergbau im Ruhrgebiet**

| Jahr | Anzahl |
|------|--------|
| 1950 | 435 000 |
| 1960 | 398 000 |
| 1970 | 202 000 |
| 1980 | 143 000 |
| 1990 | 99 000 |
| 2000 | 45 000 |
| 2010 | 19 000 |
| 2018 | 3 400 |

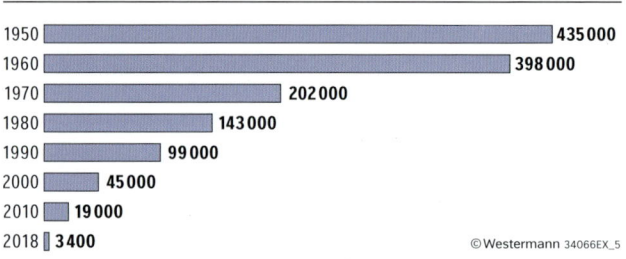

## M4 Der Steinkohlenbergbau im Ruhrgebiet boomt.

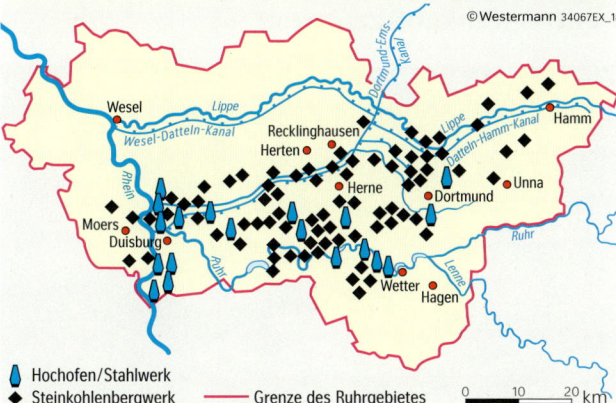

© Westermann 34067EX_18

🔵 Hochofen/Stahlwerk
◆ Steinkohlenbergwerk — Grenze des Ruhrgebietes

0  10  20 km

Im 20. Jahrhundert entwickelte sich das Ruhrgebiet zu einer der bedeutendsten Industrieregionen Europas. Es entstanden zahlreiche Bergwerke. Viele Menschen arbeiteten als Bergmann im Steinkohlenbergbau. Auch die Eisen- und **Stahlindustrie** erlebte im Ruhrgebiet einen Boom. Im Ruhrgebiet wurden immer mehr Arbeitskräfte benötigt. Innerhalb weniger Jahre stieg die Bevölkerungszahl stark an. Dörfer wurden zu Städten und Städte wie Dortmund zu Großstädten. Es entstanden auch neue Verkehrswege, wie beispielsweise Straßen, Eisenbahnlinien und Kanäle.

## M5 Das Ruhrgebiet hat sich verändert.

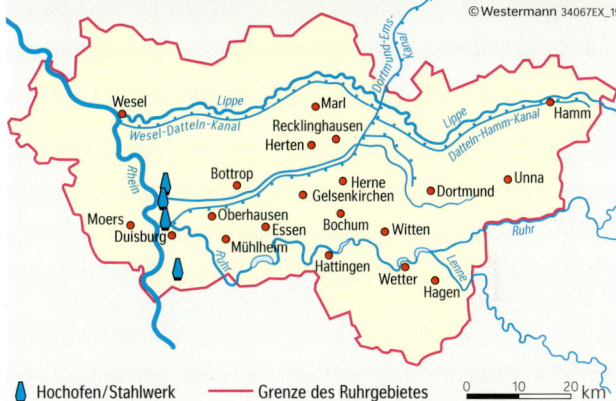

© Westermann 34067EX_19

🔵 Hochofen/Stahlwerk — Grenze des Ruhrgebietes

0  10  20 km

Heute wird im Ruhrgebiet keine Steinkohle mehr gefördert. Ab Ende der 1950er-Jahre wurde immer weniger Steinkohle in der Industrie oder zum Heizen benötigt. Zudem wurde billige Kohle aus dem Ausland eingeführt. Auch die Stahlindustrie verlor ab Mitte der 1970er-Jahre an Bedeutung. Stahl wurde zunehmend durch Kunststoffe und Aluminium ersetzt. Die Produkte aus Aluminium und Kunststoffen waren billiger und leichter als Produkte aus Stahl. Die Nachfrage nach Stahl sank. Außerdem konnten Eisen und Stahl billiger aus anderen Ländern herantransportiert werden.

## Aufgaben

❶ Arbeitet zu zweit. Stellt euch anschließend eure Ergebnisse gegenseitig vor.
   a) Beschreibe, wie das Ruhrgebiet zu Beginn des 19. Jahrhunderts aussah (M2).
   b) Beschreibe, wie sich das Ruhrgebiet bis heute entwickelt hat (M4, M5).

❷ Beschreibe die Entwicklung der Anzahl der Beschäftigten im Bergbau (M3).

❸ Erkläre, warum der Bergbau und die Stahlindustrie im Ruhrgebiet an Bedeutung verloren haben (M5).

❹ Beurteile die Entwicklung im Ruhrgebiet, auch in Bezug auf die Artenvielfalt (M1 – M5).

*Formulierungshilfen zu Aufgabe 1:*
... gab es noch recht wenige/sehr viele Bergwerke/Stahlwerke ...
Die Bergwerke/Stahlwerke lagen ...
Es gab noch/nicht mehr viele ... im Umland der Städte.

*Wenn du diese Aufgaben erfolgreich bearbeitet hast, kannst du ...*
... den Aufstieg und den Niedergang des Bergbaus und der Stahlindustrie im Ruhrgebiet erklären.
... die Fachbegriffe **Steinkohle**, **Bergwerk**, **Stahlwerk** und **Stahlindustrie** erklären.

# Das neue Gesicht des Ruhrgebiets

„Immer eine Reise wert – die Metropole Ruhr". Mit dem Reviersprinter, dem Bus aus den 1950er-Jahren, durchs Ruhrgebiet, mit dem Fahrrad auf der Erzbahntrasse oder vielleicht zum Aquapark, zum Deutschen Fußballmuseum in Dortmund, zum Legoland Discovery Center, zum Deutschen Bergbaumuseum, zum Movie Park oder zum Shoppen nach Oberhausen – das Ruhrgebiet hat viel zu bieten. Wie wurde aus dem „grauen" ein „grünes" Ruhrgebiet?

## M2 Das Alpincenter Bottrop

Das Alpincenter Bottrop entstand auf der Abraumhalde des Bergwerks Prosper. Mit 640 Metern Länge war die Skipiste bis 2016 die längste überdachte Skipiste der Welt.

## Das Ruhrgebiet hat sich gewandelt

Die Schließung von Bergwerken und Stahlwerken im Ruhrgebiet hatte zur Folge, dass viele Menschen arbeitslos wurden. Es mussten neue Arbeitsplätze geschaffen werden. Auf den Flächen der aufgegebenen Bergwerke und Stahlwerke entstanden **Technologieparks**, Einkaufszentren und Freizeitparks. In den Technologieparks siedelten sich insbesondere junge Firmen der **Hightech-Industrie** an. Für sie bietet das Ruhrgebiet einen neuen Standortfaktor: Universitäten und Forschungseinrichtungen wurden gegründet. Hightech-Firmen brauchen gut ausgebildete Arbeitskräfte. Viele Arbeitsplätze entstanden auch im Dienstleistungsbereich.

Das Ruhrgebiet ist heute in vieler Hinsicht attraktiv. Es gibt ein vielfältiges Freizeitangebot, zahlreiche Sportveranstaltungen, Ausstellungen und Musikveranstaltungen. Ein **Strukturwandel** hat sich vollzogen.

## M3 Die Neue Mitte Oberhausen mit dem CentrO (Einkaufszentrum)

① Einkaufszentrum
  • über 250 Geschäfte und 20 Betriebe der Gastronomie

② Freizeitparks, z. B.  • SEA LIFE
  • LEGOLAND Discovery Centre
  • AQUApark

③ Marina Oberhausen – Yachthafen

④ Arena Oberhausen: 12 000 Sitzplätze

⑤ Stage Metronom Theater

⑥ Business Park (Büros auf 110 000 m²)
  • Büro- und Gewerbefläche
  • Hotel mit 210 Zimmern

⑦ Gasometer (ehemaliger Gasbehälter)
  • Ausstellungszentrum mit einer Aussichtsplattform auf rund 120 Meter Höhe

## M1 Eisen- und Stahlwerk Oberhausen, 1932

Auf dem Gelände der Gutehoffnungshütte (Eisen- und Stahlwerk) entstand die Neue Mitte Oberhausen mit dem CentrO.

schueler.diercke.de | 100870-087-03

## M4 Veltins-Arena in Gelsenkirchen

Im Fußballstadion finden auch andere Veranstaltungen statt, zum Beispiel Rock-Konzerte.

## M5 Der AQUApark in Oberhausen

In der Neuen Mitte Oberhausen gibt es das weltweit erste Bergbau-Erlebnisbad, den AQUApark.

## M6 Wandel zum Dienstleistungsstandort

In Oberhausen hat sich ein Standort der Eisen- und Stahlindustrie zum Dienstleistungsstandort gewandelt.

| | |
|---|---|
| 24.09.1992 | Beginn der Abbrucharbeiten alter Werksanlagen auf dem Gelände der ehemaligen Gutehoffnungshütte in Oberhausen |
| 24.09.1994 | Beginn der Arbeiten für das Einkaufs- und Freizeitzentrum CentrO in Oberhausen |
| 12.09.1996 | Eröffnung des CentrO |
| 27.09.2012 | Eröffnung der Erweiterungsfläche im CentrO (ca. 17 000 m² Verkaufsfläche) |
| 04.05.2016 | Erweiterung der Einkaufsfläche im CentrO um insgesamt 1300 m² |

## Aufgaben

❶ Beschreibe, wie sich das Gelände der Gutehoffnungshütte verändert hat (M1, M3, M6).

❷ Arbeitet zu zweit.
a) Notiert, was ihr in Oberhausen unternehmen würdet (M2, M3, M4, M5).
b) Entwerft ein Informationsblatt, auf dem ihr eure Auswahl vorstellt und begründet.

❸ Lege eine Tabelle an mit drei Spalten: Versorgung, Freizeit/Unterhaltung, Verwaltung/Organisation. Notiere in der Tabelle jeweils zwei Berufe zu den drei Dienstleistungsbereichen im CentrO (M3).

❹ Herr Kowalski war Bergmann. Erläutere seine Situation.

❺ Erörtere die Vor- und Nachteile des Strukturwandels in Bezug auf die Menschen, die Wirtschaft, die Umwelt und die Artenvielfalt (siehe auch S. 198/199).

*Wenn du diese Aufgaben erfolgreich bearbeitet hast, kannst du …*
… den Strukturwandel im Ruhrgebiet beschreiben.
… die Fachbegriffe **Technologiepark**, **Hightech-Industrie** und **Strukturwandel** erklären.

**M1** **Wichtige Industrie- und Wirtschaftsräume in Nordrhein-Westfalen**

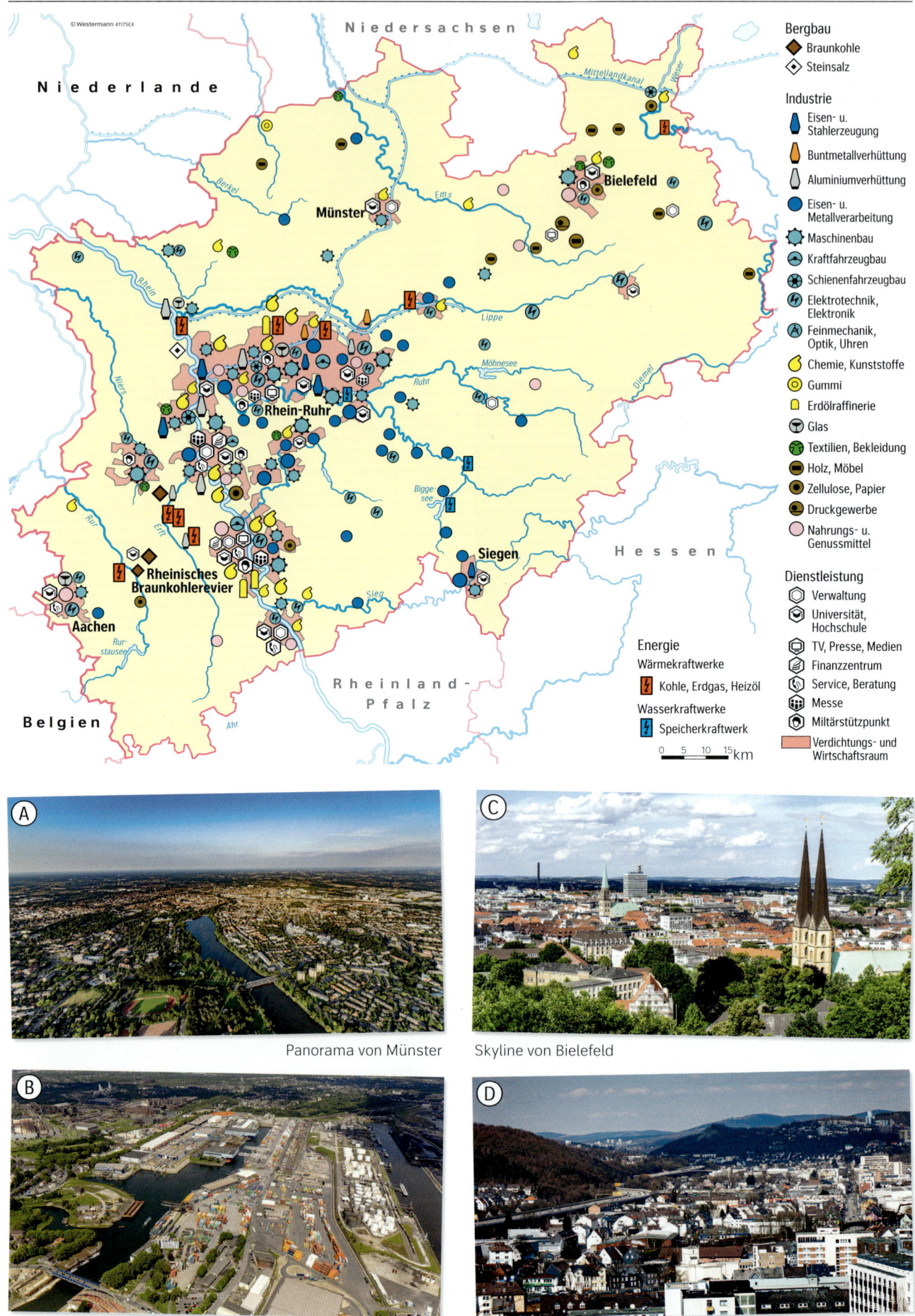

© Westermann 41175EX

**Niedersachsen**

**Niederlande**

Mittellandkanal

Weser

Berkel

Ems

Bielefeld

Münster

Lippe

Möhnesee

Rhein

Niers

Ruhr

Diemel

Rhein-Ruhr

Bigge-see

Siegen

**Hessen**

Rur

Erft

Rheinisches
Braunkohlerevier

Sieg

Aachen

Rur-stausee

**Rheinland-Pfalz**

Ahr

**Belgien**

**Bergbau**
◆ Braunkohle
◇ Steinsalz

**Industrie**
▮ Eisen- u. Stahlerzeugung
▮ Buntmetallverhüttung
▮ Aluminiumverhüttung
● Eisen- u. Metallverarbeitung
⬡ Maschinenbau
⚙ Kraftfahrzeugbau
✳ Schienenfahrzeugbau
⊕ Elektrotechnik, Elektronik
Ⓐ Feinmechanik, Optik, Uhren
🌢 Chemie, Kunststoffe
◎ Gummi
▮ Erdölraffinerie
⊤ Glas
✿ Textilien, Bekleidung
◖ Holz, Möbel
◉ Zellulose, Papier
◕ Druckgewerbe
● Nahrungs- u. Genussmittel

**Dienstleistung**
◎ Verwaltung
⬡ Universität, Hochschule
◫ TV, Presse, Medien
⬗ Finanzzentrum
◍ Service, Beratung
▦ Messe
◉ Miltärstützpunkt
▮ Verdichtungs- und Wirtschaftsraum

**Energie**
**Wärmekraftwerke**
🔳 Kohle, Erdgas, Heizöl
**Wasserkraftwerke**
🔲 Speicherkraftwerk

0   5   10   15 km

Panorama von Münster

Skyline von Bielefeld

Duisburg-Ruhrorter, Hafen

Blick über das Siegerland

# ... und Deutschland

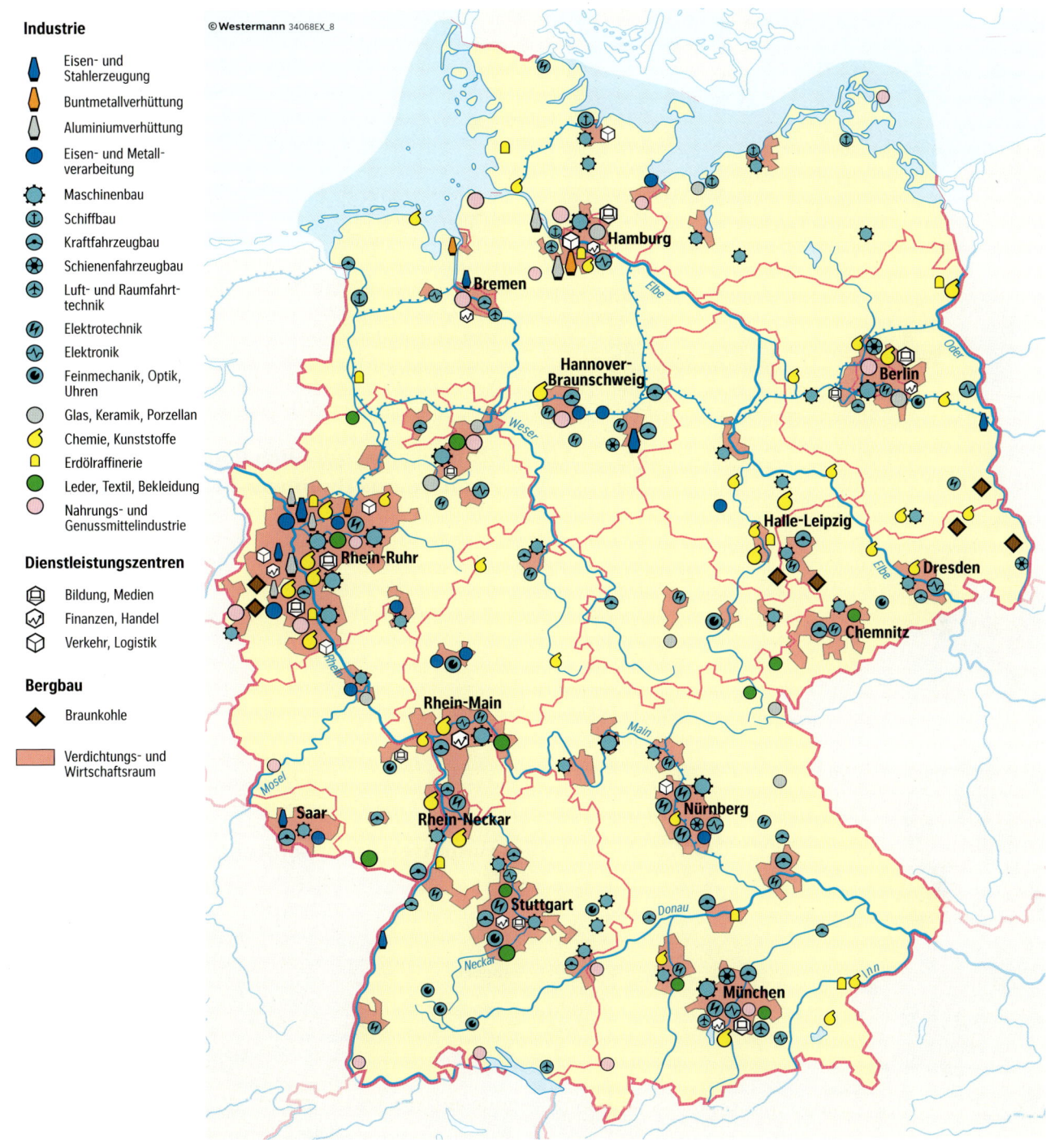

**Industrie**

- Eisen- und Stahlerzeugung
- Buntmetallverhüttung
- Aluminiumverhüttung
- Eisen- und Metallverarbeitung
- Maschinenbau
- Schiffbau
- Kraftfahrzeugbau
- Schienenfahrzeugbau
- Luft- und Raumfahrttechnik
- Elektrotechnik
- Elektronik
- Feinmechanik, Optik, Uhren
- Glas, Keramik, Porzellan
- Chemie, Kunststoffe
- Erdölraffinerie
- Leder, Textil, Bekleidung
- Nahrungs- und Genussmittelindustrie

**Dienstleistungszentren**

- Bildung, Medien
- Finanzen, Handel
- Verkehr, Logistik

**Bergbau**

- Braunkohle
- Verdichtungs- und Wirtschaftsraum

© Westermann 34068EX_8

Städte: Hamburg, Bremen, Hannover-Braunschweig, Berlin, Rhein-Ruhr, Halle-Leipzig, Dresden, Chemnitz, Rhein-Main, Saar, Rhein-Neckar, Nürnberg, Stuttgart, München

## Aufgaben

**1** Lege eine Tabelle an mit zwei Spalten. Trage links die fünf Namen der Industrie- und Wirtschaftsräume in Nordrhein-Westfalen ein. Ergänze rechts jeweils die Dienstleistungen und zwei bis fünf Industrien (M1).

**2** Erkunde einen Wirtschaftsraum in Nordrhein-Westfalen mithilfe eines Online-Kartendienstes (vgl. S. 18). Gib in das Suchfeld den Namen einer Stadt im Wirtschaftsraum ein.

**3** Ⓦ Erstelle eine Tabelle mit drei Spalten.

**A** Notiere die Namen von fünf großen Dienstleistungszentren in Deutschland, die Bundesländer, in denen diese liegen, und die Dienstleistungen, die dort angeboten werden (M2).

**B** Notiere die Namen von drei großen Industrieräumen in Deutschland, die Bundesländer, in denen diese liegen, und die Industrien, die es dort gibt (M2).

# Gewusst? – Gekonnt!

**M1** Die Wirtschaftsbereiche

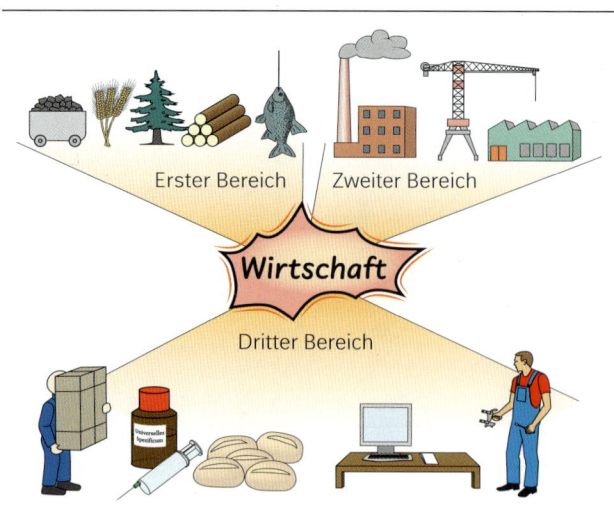

Erster Bereich   Zweiter Bereich

Wirtschaft

Dritter Bereich

❶ Übertrage das Schema in dein Heft und ergänze die fehlenden Informationen zu den Wirtschaftsbereichen.
*Schülerbuch, Seite 187*

Bewerte dich selbst mit dem Ampelsystem, das auf Seite 28 erklärt ist.

**M2** Wirtschaftsräume in Deutschland

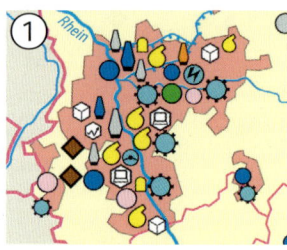

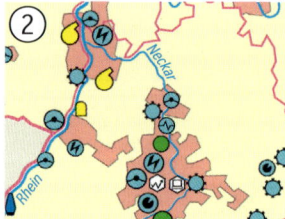

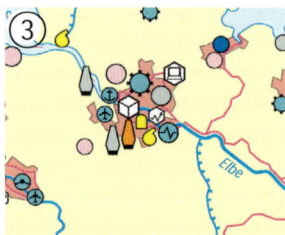

❷ Ermittle die Namen der Wirtschaftsräume (Atlas).
*Schülerbuch, Seite 203*

**M3** Einwohner und Beschäftigte (einschließlich Pendler) in ausgewählten Städten des Wirtschaftsraums Hannover-Braunschweig (2018)

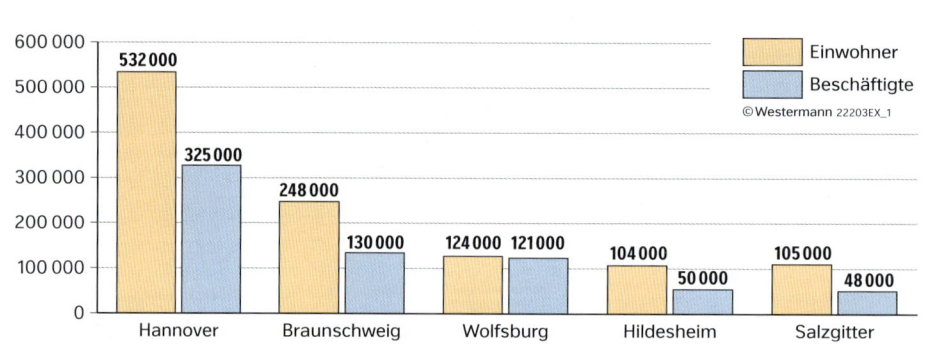

© Westermann 22203EX_1

**M4** Der Wirtschaftsraum Hannover-Braunschweig

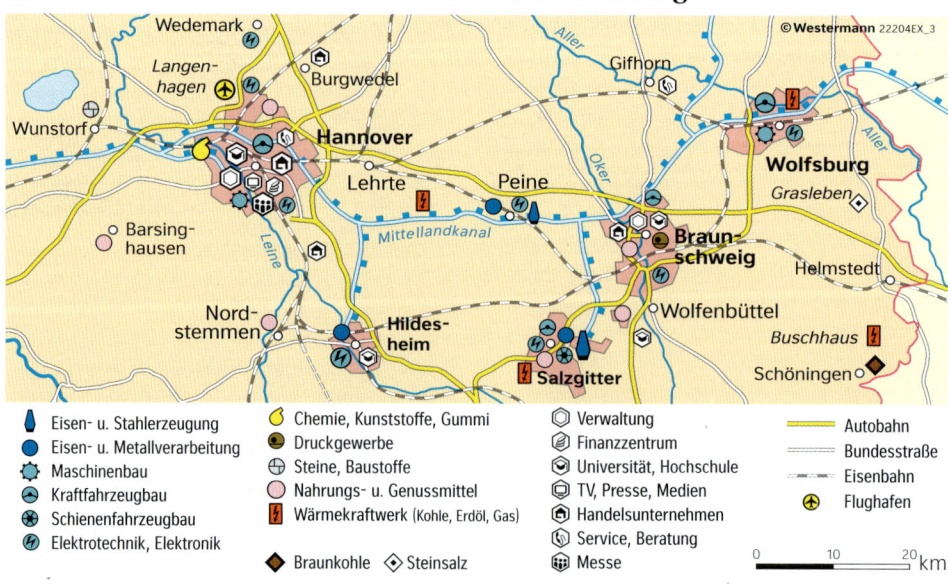

❸ Ⓦ Analysiere den Wirtschaftsraum Hannover-Braunschweig. Wähle aus:

**A** Lies das Diagramm M3 und vergleiche die angegebenen Städte.
*Schülerbuch, Seite 191*

**B** Vergleiche die Städte im Wirtschaftsraum Hannover-Braunschweig mithilfe der Karte.

## M5  Der Tagebau beginnt

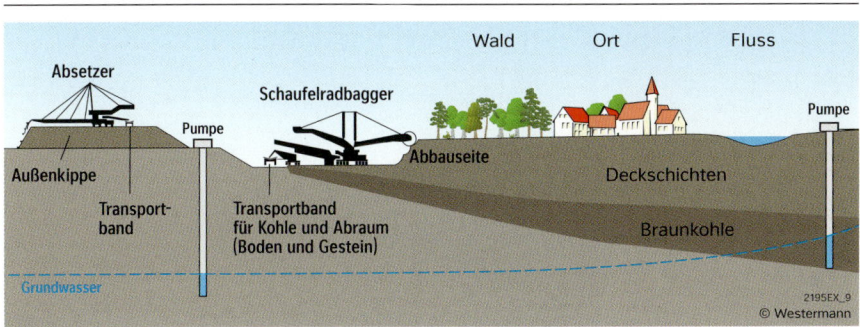

**5** Ⓦ Wähle aus:

**A** Erkläre mithilfe von M5, welche Arbeiten im Braunkohletagebau erledigt werden müssen, bevor man die Braunkohle abbauen kann.
*Schülerbuch, Seiten 196–197*

**B** Bringe die Abbildungen in M6 in die richtige Reihenfolge und zeichne die Schritte der Autoproduktion bis zum Verkauf.
*Schülerbuch, Seite 195*

## M6  Der Weg eines Autos von der Planung bis zum Verkauf

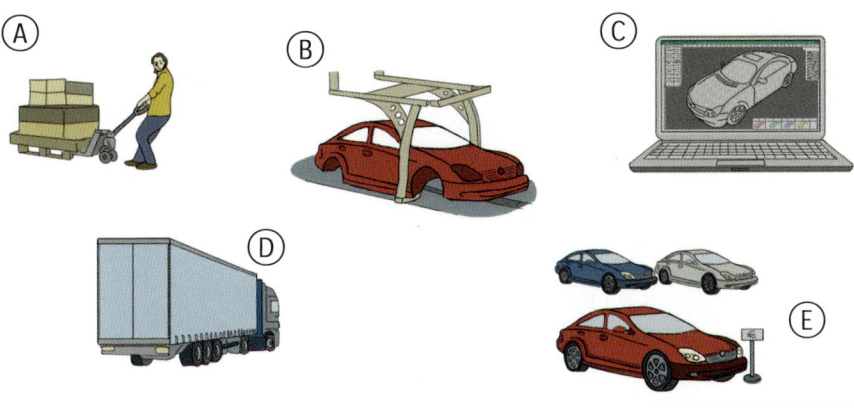

**4** Stelle mithilfe des Fotos dar, wie sich das Ruhrgebiet verändert hat.
*Schülerbuch, Seiten 198–201*

## M7  Das ehemalige Bergwerk Zollverein in Essen

Früher wurde im Bergwerk Zollverein in Essen Steinkohle gefördert und in der Kokerei wurde Koks produziert. Heute befinden sich auf dem Gelände ein Museum und auch ein Schwimmbad.

## Fachbegriffe

| | | | |
|---|---|---|---|
| das Bergwerk | die Hightech-Industrie | die Stahlindustrie | der Tagebau |
| die Bronze | die Industrie | das Stahlwerk | der Technologiepark |
| die Bronzezeit | das Logistikunternehmen | der Standortfaktor | die Umsiedlung |
| die Dienstleistung | die Rekultivierung | die Steinkohle | der Wirtschaftsbereich |
| der Energieträger | der Rohstoff | der Strukturwandel | der Zulieferbetrieb |

WES-105332-205
westermann.de/webcode

# Zusammenleben in Vielfalt

Unser Leben ändert sich ständig. Was heute noch „in" ist, ist morgen schon „out". So sahen Kinder in den 1950er-Jahren aus. Das ist nun schon etwas länger her. Haben euch eure Großeltern von dieser Zeit erzählt? Stell dir vor, dass einer der Jungen dein Opa wäre. Welche Fragen würdest du ihm stellen? Was würdest du ihm von dir erzählen? Gibt es außer den Unterschieden vielleicht auch Gemeinsamkeiten?

rechts: In der Viktoriastraße in Bonn im Sommer 1955

# Die Familie früher

Woran denkst du beim Wort „Familie"? Ein alter Spruch lautet: „Familie ist nicht nur wichtig, Familie ist einfach alles." Machen wir eine kleine Zeitreise. Welche Bedeutung hatte die Familie früher?

## Von der Groß- zur Kleinfamilie

Noch im 19. Jahrhundert lebten auf dem Land drei **Generationen** unter einem Dach: Großeltern, Eltern und Kinder. Es waren **Großfamilien**. Als in den Städten Fabriken entstanden und sich Industrie entwickelte, verließen viele Menschen die Bauernhöfe und zogen vom Land in die Stadt. In der Stadt gab es Arbeitsplätze in den Fabriken und Arbeitskräfte wurden gebraucht.

In den Wohnungen lebten jetzt meistens nur noch zwei Generationen zusammen: Eltern und Kinder. Die Zahl der Großfamilien nahm ab, die Zahl der **Kleinfamilien** nahm zu.

Die Ehepaare blieben in der Regel ein Leben lang zusammen. Scheidungen gab es viel weniger als heute. Die Rollen in der Familie waren eindeutig verteilt. Die Ehefrau und Mutter führte den Haushalt und kümmerte sich um die Kinder. Der Ehemann verdiente das Geld.

> **INFO**
>
> Eine **Generation** umfasst Menschen eines Lebensalters. In einer Familie sind die Großeltern eine Generation, die Eltern sind eine weitere Generation und die Kinder ebenso.

## Gleichberechtigung von Mann und Frau

„Männer und Frauen sind gleichberechtigt." Das steht in Artikel 3, Absatz 2, im **Grundgesetz** der Bundesrepublik Deutschland, das am 23. Mai 1949 verkündet wurde.

Doch die Wirklichkeit damals sah anders aus. Dafür sorgte das **Bürgerliche Gesetzbuch (BGB)**, das die Beziehungen zwischen Personen rechtlich regelt. Im BGB war damals die Autorität des Mannes in Familie und Beruf festgeschrieben. Der Mann hatte das „Letztentscheidungsrecht". Das bedeutete, dass er in allen Dingen entscheiden durfte. Zum Beispiel konnte der Vater bestimmen, welche Ausbildung seine Tochter erhielt. Eine Ehefrau konnte nur dann arbeiten, wenn ihr Mann einverstanden war. Auch konnte der Mann den Arbeitsplatz seiner Frau jederzeit kündigen.

Erst im Jahr 1958 trat das „Gesetz über die **Gleichberechtigung** von Mann und Frau" in Kraft. Allerdings behielt der Vater bei der Kindererziehung noch bis 1979 das letzte Wort.

> **INFO**
>
> Das **Grundgesetz** ist das oberste Gesetzeswerk der Bundesrepublik Deutschland. Es ist unsere **Verfassung**. Es enthält die grundsätzlichen Regeln für das Zusammenleben der Menschen.
>
> Der erste Abschnitt des Grundgesetzes enthält die Grundrechte. Sie lauten beispielsweise:
> Die Würde des Menschen ist unantastbar.
> Alle Menschen sind vor dem Gesetz gleich.
> Männer und Frauen sind gleichberechtigt.

## M1 Erinnerungen von Lieselotte Schmidt

Ich wäre so gerne Lehrerin geworden, aber mein Vater wollte das nicht. Also nahm ich eine Stelle in einem Chemielabor an. Ich heiratete und bekam ein Kind. Dann kam der Zweite Weltkrieg. Wir Frauen wurden als Arbeitskräfte gebraucht. Als mein Mann nach dem Krieg zurückkam, war es selbstverständlich, dass ich nicht mehr arbeitete. Ich blieb zu Hause und führte den Haushalt. Das zweite Kind kam und dann das dritte. Meinen Traum vom Lehrerberuf hatte ich jedoch noch nicht vergessen. Ich bettelte und bettelte, bis ich schließlich einmal in der Woche abends in der Volkshochschule Handarbeiten unterrichten durfte.

## M2 Meinung zur Berufstätigkeit der Frau

1959 schrieb Gertrud Oheim einen Ratgeber für Ehepaare, den Ratgeber „Die gute Ehe". Darin ging sie auch auf die Berufstätigkeit der Frau ein.

Ihrer Meinung nach sollten Konflikte in der Ehe vermieden werden. Sie hatte nichts gegen die Berufstätigkeit der Ehefrau einzuwenden, solange keine Kinder da waren.

Eine Mutter sollte ihrer Meinung nach aber zu Hause bleiben, solange die Kinder klein waren. Sie wies in ihrem Ratgeber darauf hin, dass kleine Kinder „Nestwärme" bräuchten.

Sie ließ allerdings eine Ausnahme gelten. Eine Berufstätigkeit der Frau aus wirtschaftlichen Gründen war zu akzeptieren. Gertrud Oheim war jedoch davon überzeugt, dass viele Mütter nur wegen des hohen Lebensstandards arbeiten gingen.

**M4** Auszug aus einem Handbuch für die gute Ehefrau

Ratgeber für eine gute Ehefrau

Halten Sie das Abendessen bereit. Planen Sie vorausschauend, eventuell schon am Vorabend, damit die köstliche Mahlzeit rechtzeitig fertig ist, wenn er nach Hause kommt. […] Die meisten Männer sind hungrig, wenn sie heimkommen und die Aussicht auf eine warme Mahlzeit (besonders auf seine Leibspeise) gehört zu einem herzlichen Empfang, so wie man ihn braucht.

Machen Sie sich schick. Gönnen Sie sich 15 Minuten Pause, so dass Sie erfrischt sind, wenn er ankommt. Legen Sie Make-up nach, knüpfen Sie ein Band ins Haar, so dass Sie adrett aussehen. […]

Seien Sie fröhlich, machen Sie sich interessant für ihn! Er braucht vielleicht ein wenig Aufmunterung nach einem ermüdenden Tag und es gehört zu Ihren Pflichten, dafür zu sorgen.

Räumen Sie auf. Machen Sie einen letzten Rundgang durch das Haus, kurz bevor Ihr Mann kommt.

Das Handbuch für die gute Ehefrau, aus: Housekeeping Monthly vom 13.5.1955

## Aufgaben

❶ Beschreibe die Familien in M3. Achte insbesondere auf die Rollen von Mann und Frau.

❷ Stelle dar, inwiefern für Lieselotte Schmidt ein Grundrecht nicht erfüllt war (M1, Text, Info).

❸ Ⓦ Was bedeutete „Familie" (M2 – M4, Text)

A für eine Ehefrau bis Mitte des 20. Jahrhunderts?

B für einen Ehemann bis Mitte des 20. Jahrhunderts?

❹ Erörtere die Vor- und Nachteile einer Großfamilie (M3, Text).

❺ Ⓩ Schreibe einen heutigen Ratgeber für eine gute Partnerschaft.

*Formulierungshilfen zu Aufgabe 1:*
Zur Familie gehören …
Es lebt/leben … Generation/Generationen zusammen.
An den Tätigkeiten erkennt man …
Die Rollen sind wie folgt verteilt: …

*Wenn du diese Aufgaben erfolgreich bearbeitet hast, kannst du …*
… die Entwicklung von der Großfamilie zur Kleinfamilie beschreiben.
… das Verständnis von der Rolle der Frau früher beschreiben.
… die Fachbegriffe **Generation**, **Großfamilie**, **Kleinfamilie**, **Grundgesetz**, **Bürgerliches Gesetzbuch (BGB)**, **Gleichberechtigung** und **Verfassung** erklären.

# Rechte und Pflichten in der Familie

Umfragen ergaben: Viele Deutsche glauben, dass es auch in der heutigen Zeit noch von Vorteil ist, ein Mann zu sein. Welche Rechte und Pflichten haben Männer und Frauen in der Familie?

## M1 Beteiligen sich Väter mehr an der Erziehung und Betreuung ihrer Kinder?

Frage*: *Wie ist Ihr Eindruck: Beteiligen sich Väter heute mehr an der Erziehung und Betreuung ihrer Kinder als vor 15 Jahren, oder weniger, oder hat sich da nicht viel getan?*

Frage, falls „Beteiligen sich mehr" geantwortet wurde: *Wie finden Sie es, dass sich Väter mehr beteiligen?*

* Befragt wurden 1 200 Personen ab 16 Jahre im gesamten Bundesgebiet.

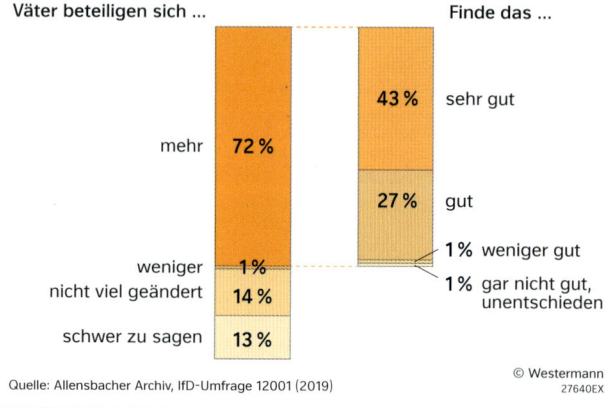

Väter beteiligen sich ...

mehr **72 %**
weniger **1 %**
nicht viel geändert **14 %**
schwer zu sagen **13 %**

Finde das ...

**43 %** sehr gut
**27 %** gut
**1 %** weniger gut
**1 %** gar nicht gut, unentschieden

Quelle: Allensbacher Archiv, IfD-Umfrage 12001 (2019)

© Westermann
27640EX

72 % bedeutet: 72 von 100 Befragten antworteten ...

## M2 Ergebnis einer Umfrage zum Rollenbild von Vätern

| (Befragt wurden 1 200 Personen ab 16 Jahre im gesamten Bundesgebiet.) | So sollte ein Vater in der Generation meiner Eltern sein | So sollte ein Vater heute sein |
|---|---|---|
| So viel Zeit wie möglich mit den Kindern verbringen | 30 | 84 |
| Die beruflichen Pläne der Partnerin unterstützen | 15 | 80 |
| Sich um schulische Angelegenheiten der Kinder kümmern | 29 | 77 |
| Sich auch um das Baby kümmern, z. B. nachts aufstehen, Windeln wechseln | 14 | 75 |
| Sich um die Kinder kümmern, wenn sie krank sind, z. B. mit ihnen zum Arzt gehen | 20 | 72 |
| Viele Aufgaben im Haushalt und in der Familie übernehmen | 16 | 65 |
| In Elternzeit gehen | 4 | 42 |
| Im Beruf kürzertreten, um mehr Zeit für die Kinder zu haben | 6 | 38 |

Allensbacher Archiv, IfD-Umfragen 10042/7227 (2015), 12001 (2019)
30 bedeutet: 30 von 100, Mehrfachnennungen möglich

## M3 Früher undenkbar: Der Vater schiebt den Kinderwagen.

## Die Rollen haben sich verändert

Immer mehr Männer übernehmen Tätigkeiten, die traditionell in der Verantwortung von Frauen lagen. Deutlich wird dies zum Beispiel an der sogenannten **Elternzeit**. Elternzeit kann nach Geburt eines Kindes vom Vater oder der Mutter beantragt werden. Wer Elternzeit nimmt, kann für mindestens zwei Monate seinen Beruf ruhen lassen, um sich um das Neugeborene zu kümmern.

Im Jahr 2012 nahm rund ein Viertel aller Väter eine berufliche Auszeit, also 25 von 100 Vätern. 2015 waren es schon 36 von 100.

Trotz des veränderten Rollenverständnisses bleibt ein Teil der traditionellen Rollenmuster erhalten. Väter sollen hauptsächlich für den Unterhalt der Familie sorgen und es beruflich zu etwas bringen. Von Müttern erwarten die meisten, dass sie ihren Beruf ruhen lassen, wenn sie Kinder bekommen.

## M4 Rollenbilder von Müttern und Vätern heute

| (Befragt wurden 1 200 Personen ab 16 Jahre im gesamten Bundesgebiet.) | Vom Vater wird erwartet | Von der Mutter wird erwartet |
|---|---|---|
| Ein Vorbild für die Kinder sein | 93 | 94 |
| Verständnisvoll, liebevoll sein | 89 | 94 |
| So viel Zeit wie möglich mit den Kindern verbringen | 84 | 81 |
| Sich um schulische Angelegenheiten kümmern | 77 | 83 |
| Berufstätig sein | 75 | 43 |
| Für den Unterhalt der Familie sorgen | 67 | 18 |
| Es beruflich zu etwas bringen | 43 | 25 |
| Der Familie etwas bieten, z. B. ein eigenes Haus oder schöne Reisen | 31 | 7 |
| In Elternzeit gehen, die eigene Berufstätigkeit unterbrechen | 42 | 61 |

Allensbacher Archiv, IfD-Umfrage 12001 (2019)
93 bedeutet: 93 von 100, Mehrfachnennungen möglich

**M5** Seit dem 1. Januar 2001 können Frauen auch Soldatinnen in der Bundeswehr werden.

**M7** Karikatur

GRUNDGESETZ, ART.3(2)
MÄNNER UND FRAUEN SIND GLEICHBERECHTIGT

**M6** Ergebnis einer Umfrage des Instituts Allensbach zur idealen Aufteilung von Berufs- und Familienarbeit 2007 und 2019 unter Eltern mit Kindern unter 18 Jahren

Frage: *In welcher Familiensituation würden Sie am liebsten leben?*

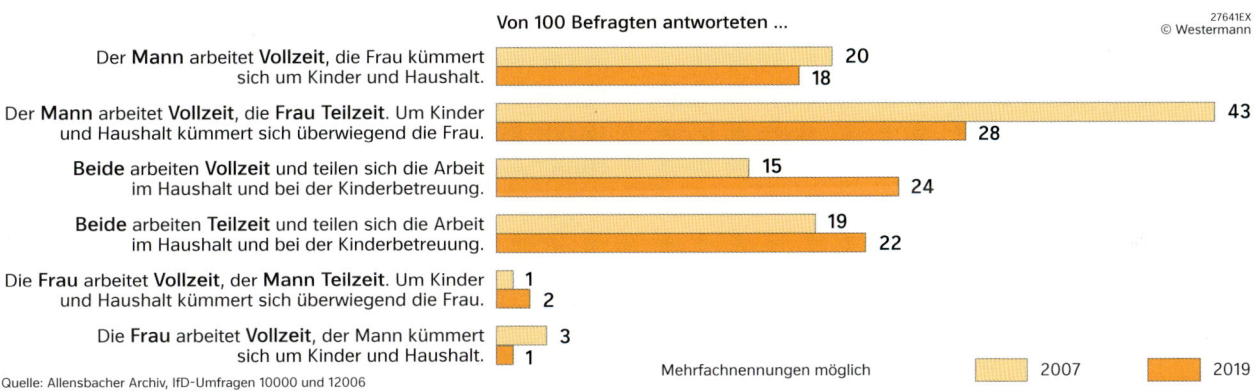

Von 100 Befragten antworteten ...

27641EX
© Westermann

| | 2007 | 2019 |
|---|---|---|
| Der **Mann** arbeitet **Vollzeit**, die Frau kümmert sich um Kinder und Haushalt. | 20 | 18 |
| Der **Mann** arbeitet **Vollzeit**, die **Frau Teilzeit**. Um Kinder und Haushalt kümmert sich überwiegend die Frau. | 43 | 28 |
| **Beide** arbeiten **Vollzeit** und teilen sich die Arbeit im Haushalt und bei der Kinderbetreuung. | 15 | 24 |
| **Beide** arbeiten **Teilzeit** und teilen sich die Arbeit im Haushalt und bei der Kinderbetreuung. | 19 | 22 |
| Die **Frau** arbeitet **Vollzeit**, der **Mann Teilzeit**. Um Kinder und Haushalt kümmert sich überwiegend die Frau. | 1 | 2 |
| Die **Frau** arbeitet **Vollzeit**, der Mann kümmert sich um Kinder und Haushalt. | 3 | 1 |

Mehrfachnennungen möglich

Quelle: Allensbacher Archiv, IfD-Umfragen 10000 und 12006

## Aufgaben

❶ a) Beschreibe M3.
b) Notiere, in welchen Situationen du schon Väter mit ihren Kleinkindern erlebt hast.

❷ Wie hättest du die Fragen in M1 beantwortet?

❸ a) Arbeitet zu zweit und wertet die Tabellen in M2 und M4 aus. Tipp: Ordnet die Werte der Größe nach und vergleicht dann.
b) Stellt euch gegenseitig eure Ergebnisse vor.

c) Diskutiert die Ergebnisse der Umfragen: Was hat euch erstaunt? Könnt ihr zustimmen?

❹ Ⓦ Erstelle ein Diagramm am Computer (siehe S. 193)
**A** mit den Werten aus M2.
**B** mit den Werten aus M4.

❺ Wie sind die Rechte und Pflichten in der Familie in der Karikatur verteilt (M7)?

❻ Ⓩ Werte die Ergebnisse der Umfrage in M6 aus.

*Formulierungshilfen zu Aufgabe 6:*
2007 wurde an erster Stelle genannt ...
An zweiter Stelle folgte die Familiensituation ...
Die wenigsten wollten ...
Im Vergleich zu 2007 ...
Besonders auffällig ist der Rückgang / die Zunahme ...

*Wenn du diese Aufgaben erfolgreich bearbeitet hast, kannst du ...*
... den Wandel der Rollen von Mann und Frau in der Familie beschreiben.
... begründen, warum es gleiche Rechte und Pflichten in der Familie geben sollte.
... den Fachbegriff **Elternzeit** erklären.

# Lebensformen heute

Was ist heute eine typische Familie in Deutschland? Was wäre deine Antwort auf diese Frage? Typisch ist inzwischen die Vielfalt der Lebensformen und das Zusammenleben von Menschen mit unterschiedlichen kulturellen Hintergründen. Niemand wird mehr schief angeguckt, wenn er unverheiratet mit einem Partner zusammenlebt. Welche Lebensformen gibt es heute?

Eine **Familie** ist die Gemeinschaft der Eltern oder eines Elternteils mit ihrem Kind oder ihren Kindern. Zur Großfamilie gehören außerdem die Großeltern und weitere Verwandte. Eine **Lebensform** kann aus einer oder mehreren Personen bestehen.

**M2** **Eine alleinerziehende Mutter mit Tochter**

Bärbel Lampe ist geschieden und lebt mit ihrer 11-jährigen Tochter Leonie in Solingen. Bärbel Lampe arbeitet ganztägig bei einer Versicherung. Leonie geht nach der Schule in den Hort. Sie wird um 16 Uhr von ihrer Mutter abgeholt. Donnerstags geht sie vom Hort zu ihrer Oma, da ihre Mutter einen langen Arbeitstag hat. Jedes dritte Wochenende fährt Leonie zu ihrem Vater.

## Die Lebensformen sind vielfältiger geworden

Neben der **traditionellen Familie**, die früher die Regel war, gibt es inzwischen zahlreiche verschiedene **Lebensformen**. Seit den 1960er-Jahren haben sich in Deutschland und in anderen Ländern die Ansichten und Lebensvorstellungen bei einem Großteil der Menschen verändert. Das führt dazu, dass die Menschen größere Spielräume bei ihren Entscheidungen für ihr Leben haben. Auch die neue Rolle der Frau hat dazu beigetragen, dass sich die Lebensformen geändert haben.

Früher waren die Menschen oft lebenslang an eine bestimmte soziale Einheit (zum Beispiel eine Familie, eine Dorfgemeinschaft) gebunden. Heute verändert sich die Lebenssituation im Laufe der Zeit immer wieder. Bereits 17 von 100 Kindern werden außerehelich geboren. Jedes Jahr werden in Deutschland knapp 200 000 Ehen geschieden. Davon betroffen sind etwa 150 000 Kinder. Rund 14 000 Kinder wuchsen 2017 in gleichgeschlechtlichen Beziehungen auf, in einer Regenbogenfamilie.

**M1** **Lebensformen**

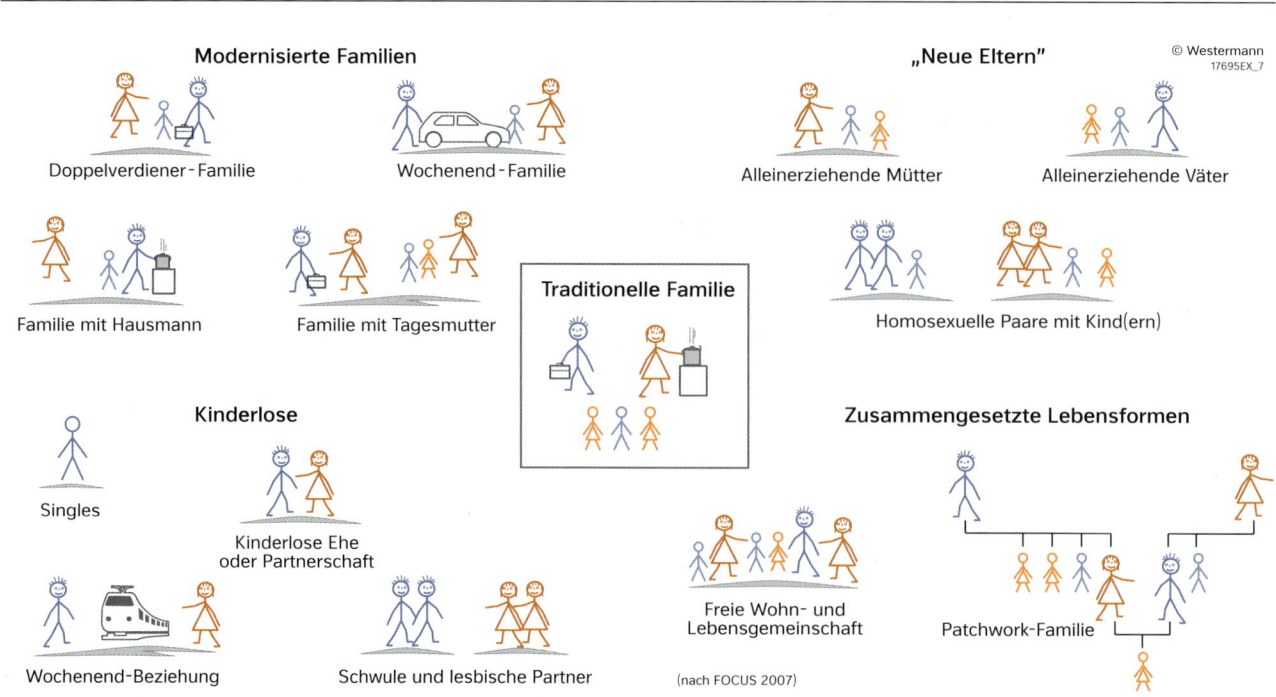

Modernisierte Familien — Doppelverdiener-Familie — Wochenend-Familie — Familie mit Hausmann — Familie mit Tagesmutter — Traditionelle Familie — Kinderlose — Singles — Kinderlose Ehe oder Partnerschaft — Wochenend-Beziehung — Schwule und lesbische Partner — „Neue Eltern" — Alleinerziehende Mütter — Alleinerziehende Väter — Homosexuelle Paare mit Kind(ern) — Zusammengesetzte Lebensformen — Freie Wohn- und Lebensgemeinschaft — Patchwork-Familie

© Westermann 17695EX_7

(nach FOCUS 2007)

## M3 Eine traditionelle Familie

Leyla und Mehmet Aslan mit ihren Kindern Cem, Murat und Aische. Leyla und Mehmet sind seit 18 Jahren verheiratet und leben in Hagen. Mehmet Aslan arbeitet als Kfz-Mechaniker in einer Autowerkstatt. Leyla Aslan ist stundenweise in einem Lebensmittelgeschäft tätig. Nachmittags hat sie Zeit, ihren Kindern bei den Hausaufgaben zu helfen. Bei schönem Wetter am Wochenende fährt die Familie gern an die Biggetalsperre.

## M6 Eine Patchwork-Familie

Marianne Müller wohnt mit ihrem Sohn Marco und ihrer Tochter Franziska in einem Haus in Bonn. Bevor Michael Bittner mit seiner Tochter Cecilia dort einzog, kannten sich die Familienmitglieder schon. Dennoch gab es anfangs Schwierigkeiten im Zusammenleben. Cecilia wollte sich mit den Regeln nicht abfinden, die im Haus von Marianne gelten.

## M4 Familien mit Kindern unter 18 Jahren nach Lebensform

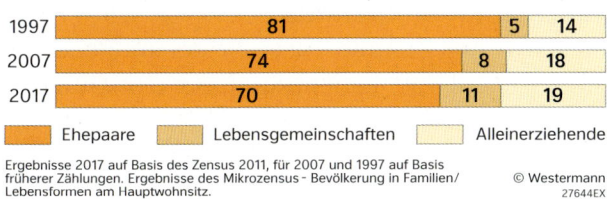

| Jahr | Ehepaare | Lebensgemeinschaften | Alleinerziehende |
|---|---|---|---|
| 1997 | 81 | 5 | 14 |
| 2007 | 74 | 8 | 18 |
| 2017 | 70 | 11 | 19 |

Ergebnisse 2017 auf Basis des Zensus 2011, für 2007 und 1997 auf Basis früherer Zählungen. Ergebnisse des Mikrozensus - Bevölkerung in Familien/ Lebensformen am Hauptwohnsitz.

© Westermann
27644EX

## M5 Immer mehr eingetragene Lebenspartnerschaften

Seit 2001 gibt es das „Gesetz über die Eingetragene Lebenspartnerschaft". Es ermöglicht zwei Menschen gleichen Geschlechts, eine Lebenspartnerschaft zu gründen. Zahlen aus den vergangenen Jahren zeigen, dass immer mehr gleichgeschlechtliche Paare ihrer Beziehung einen rechtlichen Rahmen geben möchten. Lebenspartnerschaften sind weitestgehend mit der Ehe gleichgestellt.

## M7 Ehepaar mit Kind

Alejandro und Malia García unternehmen gerne Ausflüge in die Umgebung mit ihrer Tochter Nina. Nina besucht oft ihre Großeltern in Spanien und Kenia.

### INFO

Wenn ein oder beide Partner Kinder aus einer früheren Beziehung in eine neue Partnerschaft mitbringen, spricht man von einer **Patchwork-Familie**.

## Aufgaben

1. Notiere alle Lebensformen mit Kindern (M1).
2. Beschreibe die Entwicklung der Lebensformen, in denen Kinder leben (M4).
3. a) Beschreibe die Situation der Kinder in M2, M3, M6 und M7.
   b) Vergleiche mit deiner Situation. Zeichne ein Schaubild (M1).
4. Beurteile die Chancen und Probleme der Familien in M2, M6 und M7.
5. Ⓩ Ergänzt den Satz und diskutiert: „Das Zusammenleben von Menschen mit unterschiedlichen kulturellen Hintergründen …"

*Formulierungshilfen zu Aufgabe 2:*
… betrug der Anteil der Ehepaare mit Kindern …
Der Anteil der … hat von 1997 bis 2017 zugenommen/abgenommen.
… war/ist die häufigste Lebensform.

*Wenn du diese Aufgaben erfolgreich bearbeitet hast, kannst du …*
… den Wandel der Lebensformen beschreiben.
… Chancen und Probleme des Wandels aufzeigen.
… die Fachbegriffe **traditionelle Familie**, **Lebensform** und **Patchwork-Familie** erklären.

# Wie willst du einmal leben?

Seit 1953 gibt es die Shell Jugendstudien. Alle vier Jahre werden Jugendliche und junge Erwachsene zwischen 12 und 25 Jahren befragt, wie sie ihre Zukunft sehen und was ihnen wichtig ist. Eine zentrale Erkenntnis ist, dass 71 von 100 Jugendlichen Angst vor der Umweltverschmutzung haben. Was denken aber Jugendliche über ihre Zukunft? Wie möchten sie einmal leben?

### INFO

Von **Teilzeitarbeit** spricht man, wenn jemand regelmäßig kürzer arbeitet als seine Kolleginnen und Kollegen, die voll arbeiten. Während die meisten Männer Vollzeit arbeiten, arbeitet fast jede zweite erwerbstätige Frau in Teilzeit.

### INFO

Der **Generation Z** werden überwiegend diejenigen zugerechnet, die zwischen 1997 und 2012 geboren wurden.

## Die Jugend legt Wert auf Stabilität

Das Ergebnis der Shell Jugendstudie 2019 war in Bezug auf die angestrebten Lebensformen und Rollenbilder für die Forscher überraschend. Gut zwei Drittel der Jugendlichen und jungen Erwachsenen wollen einmal Kinder haben. Dabei streben sie ein eher traditionelles Familienbild an. Etwas mehr als die Hälfte der befragten Mädchen und jungen Frauen wünscht sich bei einer Partnerschaft mit Kleinkind, dass der Mann Allein- oder Hauptversorger ist, während sie in **Teilzeit** arbeiten.
Während die Elterngeneration noch alles anders machen wollte als die Großelterngeneration, streben die Jugendlichen heute Stabilität an. Väter und Mütter sind für viele Kinder Erziehungsvorbilder.

**M2** Heike Kaufmann arbeitet in Teilzeit.

Heike Kaufmann, verheiratet, 40 Jahre alt, arbeitet in einem Büro. Sie sagt: „Ich arbeite Teilzeit und verdiene fast 450 Euro im Monat. Damit zähle ich zu den geringfügig Beschäftigten und muss keine Steuern zahlen. Das Geld können wir gut gebrauchen. Ich habe das Glück, dass ich vormittags arbeiten kann. Nachmittags kümmere ich mich um meine beiden Kinder und den Haushalt. Mein Mann hilft, wo er kann. Aber Haushalt und Kinder sind vor allem meine Aufgabe. Teilzeitarbeit finde ich gut. Ich möchte wegen der beiden Kinder nicht mehr voll arbeiten."

**M3** Auswertung der Shell Jugendstudie 2019 von einem Kommentator

Angst vor der Zukunft ist einer der prägendsten Einflüsse auf die Lebenssituation der **Generation Z**. [...] Die junge Generation ist geprägt davon, sich permanent zu vergleichen und nach Erfolg zu streben. Die Voraussetzung, um beruflich erfolgreich zu sein, sehen sie zunächst in der gesellschaftlichen Voraussetzung für Akzeptanz (gute Ausbildung) und an zweiter Stelle in die guten Connections [Beziehungen]. Hart zu arbeiten kommt erst an dritter Stelle.
84 % [84 von 100] der Generation Z sind zuversichtlich, ihre beruflichen Wünsche zu verwirklichen. Je älter die Befragten (zwischen 12 und 25 Jahren) sind, desto zuversichtlicher werden sie – unter den 22–25-Jährigen sind es gar 92 % [92 von 100].

Simon Schnetzer, Kempten 24.09.2019

**M1** Antworten auf die Frage: Was ist dir besonders wichtig?

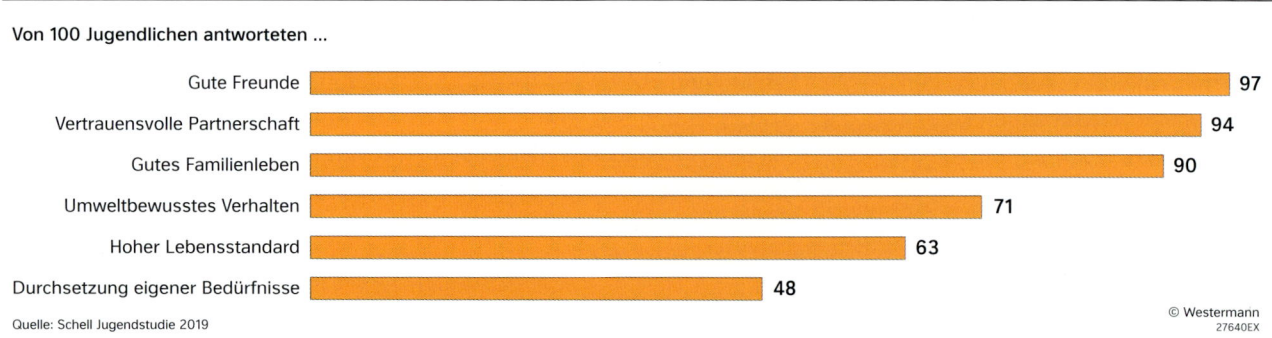

Von 100 Jugendlichen antworteten ...

| | |
|---|---|
| Gute Freunde | 97 |
| Vertrauensvolle Partnerschaft | 94 |
| Gutes Familienleben | 90 |
| Umweltbewusstes Verhalten | 71 |
| Hoher Lebensstandard | 63 |
| Durchsetzung eigener Bedürfnisse | 48 |

Quelle: Shell Jugendstudie 2019

© Westermann
27640EX

## M4 Entwicklung der durchschnittlichen Kinderzahl pro Frau in Deutschland

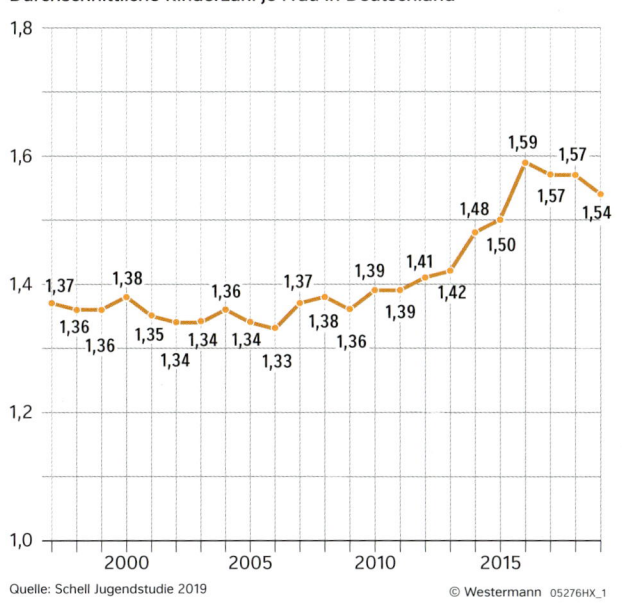

Durchschnittliche Kinderzahl je Frau in Deutschland

Quelle: Schell Jugendstudie 2019    © Westermann 05276HX_1

## M6 Entwicklung des Anteils der Jugendlichen, die sich später Kinder wünschen

Frage: *Möchtest du später Kinder haben?*

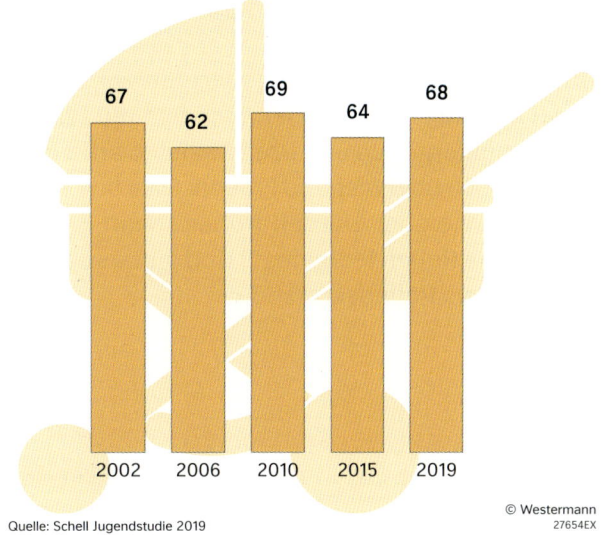

Von 100 befragten Jugendlichen möchten ... später Kinder haben.

Quelle: Schell Jugendstudie 2019    © Westermann 27654EX

## M5 Karikatur

## M7 Antwort auf die Frage: Möchtest du deine Kinder so erziehen, wie deine Eltern dich erzogen haben?

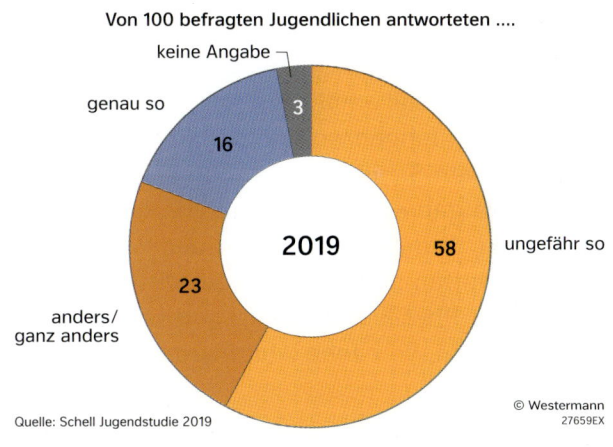

Von 100 befragten Jugendlichen antworteten ....

Quelle: Schell Jugendstudie 2019    © Westermann 27659EX

## Aufgaben

❶ Beschreibe, wie Heike Kaufmann Arbeit und Familie organisiert (M2).

❷ Beschreibe die Entwicklung der Kinderzahl pro Frau in Deutschland (M4).

❸ a) Beschreibe, was in der Karikatur dargestellt ist (M5).
b) Erkläre, was der Zeichner der Karikatur aussagen möchte.

❹ Ⓦ Erörtere die Vor- und Nachteile der Teilzeitarbeit (M2; S. 213 M3).

A  Lege eine Tabelle an.
B  Schreibe einen Text.

❺ a) Führt eine Umfrage in der Klasse durch. Verwendet die Fragen in M1, M6 und M7 (siehe S. 66/67).
b) Vergleicht die Ergebnisse mit der Shell Jugendstudie.

*Formulierungshilfen zu Aufgabe 2:*
1997 lag die durchschnittliche Kinderzahl je Frau in Deutschland bei ... Seit 1997 ...
Von ... bis ... ist sie angestiegen / zurückgegangen / auf ungefähr demselben Stand geblieben.
... steigt die durchschnittliche Kinderzahl langsam/rapide an.

*Wenn du diese Aufgaben erfolgreich bearbeitet hast, kannst du ...*
... Vorstellungen von einem zukünftigen Leben aus unterschiedlichen Perspektiven beurteilen.
... die Fachbegriffe **Teilzeitarbeit** und **Generation Z** erklären.

# Nichts für Mädchen, nichts für Jungen?

Der Girls' und Boys' Day, der „Zukunftstag für Mädchen und Jungen", findet einmal im Jahr statt. An diesem Tag sollen die Mädchen und Jungen Berufsfelder kennenlernen, die von traditionellen Berufsbildern für Mädchen und Jungen abweichen.

In technischen Ausbildungsberufen zum Beispiel arbeiten heute immer noch fast nur Männer, in Kindergärten und Grundschulen arbeiten immer noch überwiegend Frauen. Dies soll sich ändern. Wie aber wurden früher schon in der Schule die Rollen festgelegt? Und gibt es heute noch dieses Rollenverständnis?

**M2** Karikatur

**Erarbeitet die Fragestellungen.**
**Präsentiert die Ergebnisse in einer Ausstellung im Klassenraum oder in der Schule.**

## Mädchen und Junge – getrennt oder gemeinsam?

Früher wurden Mädchen und Jungen in der Schule und zu Hause auf unterschiedliche Rollen in der Gesellschaft vorbereitet. Mädchen sollten Frau und Mutter werden und den Haushalt führen. Jungen sollten einen möglichst gut bezahlten Beruf ergreifen und die Familie ernähren.

Mädchen und Jungen wurden damals meistens in verschiedenen Schulen unterrichtet. In den Jungenschulen gab es zum Beispiel in der 8. und 9. Klasse vier Stunden Werken in der Woche. Die Mädchen hatten stattdessen Hauswirtschaft und Nadelarbeit. Physik und Chemie gab es manchmal nur für Jungen. Von zehn Abiturienten waren nur vier Mädchen.

## Früher getrennt, heute gemeinsam

Der gemeinsame Unterricht von Jungen und Mädchen in einer Klasse heißt **Koedukation**. In der Bundesrepublik Deutschland wurde erst in den 1960er-Jahren begonnen, Mädchen und Jungen gemeinsam zu unterrichten. Ziel war es, mit dem gemeinsamen Unterricht gleiche Chancen für Jungen und Mädchen herzustellen.

Heute gibt es einige Kritiker der Koedukation. Allerdings wollen sie in der Regel keine getrennten Mädchen- und Jungenschulen einführen. Sie meinen, dass die Lerninhalte bei der Koedukation die Interessen der Mädchen oft zu wenig berücksichtigen. Sie befürworten eine teilweise Trennung von Jungen und Mädchen in bestimmten Fächern, zum Beispiel in Mathematik, Physik und Chemie.

**M1** Zeugnis eines Jungen

**M3** Zeugnis eines Mädchens

**M4 Werken für Jungen in den 1950er-Jahren**

**M7 Kochen für Mädchen in den 1950er-Jahren**

**M5 Karriere im Beruf?**

In vielen Frauenzeitschriften wurde in den 1960er-Jahren über die Rolle der Frau diskutiert. Es wurde zum Beispiel die Frage gestellt, ob Frauen dümmer als Männer seien. Eine Antwort lautete, dass Frauen ihre Intelligenz gezielter nutzten. Sie würden eher in den Bereichen Karriere machen, die besser zu ihnen passten. Den Frauen wurde ein Rat erteilt: Sucht euer Glück in der Familie und nicht im beruflichen Wettstreit mit den Kollegen.

**M8 In einer Volksschule 1946**

Irmgard Schöller berichtet von ihrer Schulzeit: In unserem Dorf gab es zu wenige Kinder, sodass wir nur eine Zwergschule für alle Kinder hatten. Mehrere Altersjahrgänge wurden in einem Klassenraum unterrichtet. Wir lernten Lesen, Schreiben und Rechnen. Die Lehrer und Lehrerinnen waren sehr streng. Sie achteten insbesondere auf Betragen, Aufmerksamkeit und Schönschreiben. Ich ging – wie die meisten Kinder – acht Jahre in die Volksschule.

**M6 Ergebnis des Grundschul-Tests 2019**

Mädchen sind besser in Deutsch, dafür die Jungen in Mathematik. Mädchen wenden mehr Zeit für das Lesen auf. Sie lesen Geschichten und Erklärbücher, während Jungen am liebsten Comics lesen. Die Jungen sind nicht nur schlechter im Lesen, sondern auch schreibfaul, stellten Forscher fest.

**M9 Vorschläge für eine Projektwoche**

• Gemeinsam kochen
• Häkeln für Jungen und Mädchen
• Werken für Mädchen und Jungen

**Tipps für die Erarbeitung**

❶ Beschreibt die Erwartungen an einen Jungen und an ein Mädchen früher.
❷ Vergleicht die Zeugnisse (M1, M3).
❸ Erläutert, was den Frauen in den 1960er-Jahren geraten wurde (M5).
❹ a) Erklärt, was Koedukation bedeutet.
   b) Berichtet über den Schulunterricht vor der Koedukation (M4, M7, M8).

❺ Stellt Argumente zusammen, die für und gegen Koedukation sprechen.
❻ Sucht nach Beispielen, die zeigen, dass es auch heute noch unterschiedliche Rollenerwartungen gibt (M2).
❼ Macht Vorschläge für eine Projektwoche (M9).
❽ Stellt eure Ergebnisse zu einer Ausstellung zusammen.

*Wenn du diese Aufgaben erfolgreich bearbeitet hast, kannst du ...*
... das Rollenverständnis von Jungen und Mädchen früher und heute darstellen.
... den Fachbegriff **Koedukation** erklären.

# Im Alter immer fitter, immer ärmer?

2019 lebten 16 000 Menschen in Deutschland, die 100 Jahre oder älter waren. Jedes dritte neugeborene Mädchen und jeder zehnte neugeborene Junge wird voraussichtlich das hundertste Lebensjahr erreichen. Das sagt zumindest eine aktuelle Studie des Rostocker Max-Planck-Instituts für demografische Forschung. Wie leben die Menschen im Alter in Deutschland? Welche Probleme haben sie?

**M2** Deutschlands Bevölkerung nach Altersgruppen

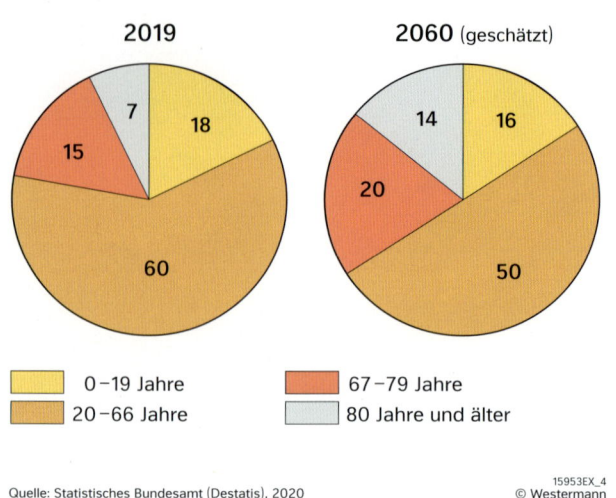

Quelle: Statistisches Bundesamt (Destatis), 2020

15953EX_4
© Westermann

**Erarbeitet die Fragestellungen.**
**Präsentiert die Ergebnisse in einer Ausstellung im Klassenraum oder in der Schule.**

## Mit 75 noch aktiv?

In Deutschland leben immer mehr alte Menschen. Viele von ihnen sind bis ins hohe Alter rüstig. Sie unternehmen Reisen, bilden sich fort, gehen ihren Hobbys nach und betreuen ihre Enkelkinder.
Allerdings: Mit dem Alter nimmt die Wahrscheinlichkeit zu, dass man krank, hilfsbedürftig oder arm wird.
Wenn Ehepartner, Geschwister und Freunde sterben, werden viele ältere Menschen einsam. Manchen fällt es dazu schwer, die Aufgaben des alltäglichen Lebens ohne fremde Hilfe zu meistern. Sie brauchen eine tägliche Betreuung zu Hause. Die Bauindustrie hat sich bereits darauf eingestellt: Es werden Wohnungen für betreutes Wohnen gebaut.

## Die Zahl der Seniorinnen und Senioren wächst

Fitnessstudios und Krankenkassen haben eine neue Kundschaft entdeckt: die „jungen Alten". Speziell für Seniorinnen und Senioren gibt es Angebote von Nordic Walking über die Rückenschule und den Ernährungskurs bis zum Gesundheitsführerschein. Die **Lebenserwartung** der Menschen in Deutschland hat sich erhöht. Unter Lebenserwartung versteht man die Anzahl der Jahre, die Neugeborene eines Jahrgangs durchschnittlich leben werden. Gründe für die steigende Lebenserwartung gibt es viele: Die Medizin hat sich verbessert. Viele körperlich belastende Arbeiten in den Fabriken werden heute von Maschinen durchgeführt. Außerdem leben die Menschen gesünder.

**M1** Lebenserwartung in Deutschland

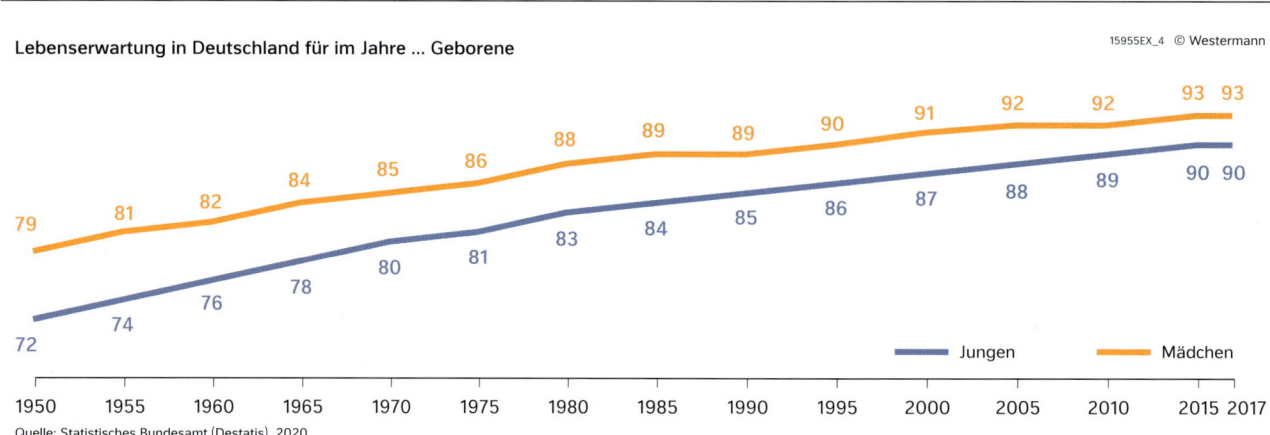

Lebenserwartung in Deutschland für im Jahre ... Geborene

15955EX_4 © Westermann

Quelle: Statistisches Bundesamt (Destatis), 2020

## M3 Noch lange nicht untätig

**Conny Lange (71 Jahre)**
Sie war fast 40 Jahre als Schneidermeisterin tätig. Heute gibt sie ihr Können in Nähen, Stricken und Häkeln ihren Enkeln und in Nachmittagskursen an Schulen weiter.

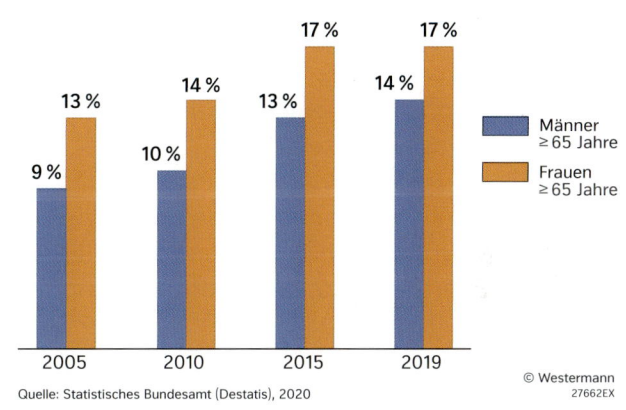

**Peter und Andrea Schmid (78 und 75 Jahre)**
Sie haben sich das Ziel gesetzt, einen Halbmarathon mitzulaufen und viel trainiert. In diesem Jahr soll es endlich soweit sein.

## M6 Eine Altenpflegerin berichtet.

Mit den Menschen bei uns im Altersheim muss man sehr geduldig sein. Die Leute, die bei uns einziehen, verlieren ihren Haushalt und ihre Nachbarn. Das Wichtigste ist, das man die alten Leute ernst nimmt. Mein Leitspruch ist vor allem: Altenpflege ist Beziehungspflege. Dazu gehört der Einsatz von Gefühlen und Zeit. Leider ist unser Betreuungsplan zeitlich viel zu knapp. Ich habe oft ein schlechtes Gewissen, weil ich mich den einzelnen Personen zu wenig widmen kann.

## M4 Immer mehr Senioren sind arm

Die Zahl der Rentner und Pensionäre, die in Deutschland als armutsgefährdet gelten, ist in den letzten Jahren deutlich angestiegen. [...] „Altersarmut wird in den nächsten 10 bis 15 Jahren noch mal sehr, sehr deutlich zunehmen, weil wir immer mehr Menschen haben, die zu geringen Löhnen arbeiten oder in Teilzeit oder unterbrochene Erwerbsbiografien haben", sagt der Leiter des Deutschen Instituts für Wirtschaftsforschung, Marcel Fratzscher [...]. Um der Altersarmut zu entgehen, sei bei einer Vollzeitbeschäftigung zumindest ein Stundenlohn von zwölf Euro erforderlich, errechnet das Institut, statt zurzeit 9,35 Euro.

ots: WDR, Köln 09.01.2020

## M5 Altersarmut von Männern und Frauen

| Jahr | Männer ≥ 65 Jahre | Frauen ≥ 65 Jahre |
|------|------|------|
| 2005 | 9 % | 13 % |
| 2010 | 10 % | 14 % |
| 2015 | 13 % | 17 % |
| 2019 | 14 % | 17 % |

Quelle: Statistisches Bundesamt (Destatis), 2020

© Westermann
27662EX

Anmerkungen: 9 % bedeutet: 9 von 100 gelten als arm.
Eine alleinstehende Person gilt als arm, wenn sie weniger als 892 Euro im Monat zur Verfügung hat.

## Tipps für die Erarbeitung

❶ a) Beschreibt die Veränderungen in der Lebenserwartung (M1).
   b) Begründet sie.
   c) Beschreibt mögliche Folgen für die Gesellschaft (M2, M4, Text).
❷ Erläutert das Problem der Altersarmut (M4, M5).
❸ a) Erklärt, warum mehr Frauen im Alter armutsgefährdet sind als Männer (M4, M5).
   b) Beschreibt das Problem der Altenpflege (M6).
❹ Schaut euch die Bilder in M3 an und lest die dazugehörigen Texte.

Beurteilt, ob und wie die dargestellten Personen ein Vorbild sein können.
❺ Informiert euch über Altenpflegeheime in eurer Gemeinde sowie über Angebote für Seniorinnen und Senioren. Fragt im Rathaus nach.
❻ Beschreibt, wie ihr euch euer Leben im Alter wünscht. Recherchiert dazu auch im Internet, welche Möglichkeiten es gibt.
❼ Stellt eure Ergebnisse zu einer Ausstellung zusammen.

*Wenn du diese Aufgaben erfolgreich bearbeitet hast, kannst du ...*
... erläutern, wie Menschen in Deutschland im Alter leben.
... den Fachbegriff **Lebenserwartung** erklären.

# Ein Standbild bauen

Familiensituationen, Konflikte in der Familie, Probleme der Generationen lassen sich gut mithilfe eines Standbilds oder eines Rollenspiels verdeutlichen.
Auch das Zusammenleben von Menschen mit ihren unterschiedlichen kulturellen Hintergründen und mögliche Probleme können im Standbild verdeutlicht werden.

**M1** **Standbild zwischen Mutter und Sohn**

## Was ist ein Standbild?

In einem Standbild wird eine Situation ohne Worte und ohne Bewegung gezeigt.
Im Gegensatz zum Rollenspiel gibt es im Standbild eine Regisseurin beziehungsweise einen Regisseur und nur wenige Darstellerinnen und Darsteller. Sie müssen die wortlosen Anweisungen wie Marionetten befolgen.

Die anderen in der Klasse können Tipps geben, aber allein die Regisseurin oder der Regisseur entscheidet, wie sich die Darstellerinnen und Darsteller aufbauen müssen. Am Ende wirken sie wie erstarrt. Dann wird das Bild ausgewertet.

## Drei Schritte zum Bau eines Standbilds

**1. Schritt:** **Vorbereitung**
• Es wird ein Stuhlkreis gebildet. Es wird genau festgelegt, welche Situation dargestellt werden soll.
• Ihr wählt außerdem eine Regisseurin oder einen Regisseur.
• Weiterhin bestimmt ihr die Darstellerinnen und Darsteller.

**2. Schritt:** **Durchführung**
• In der Mitte des Stuhlkreises entsteht das Bild.
• Jetzt darf kein einziges Wort gesprochen werden, auch nicht von der Regisseurin oder dem Regisseur.
• Die Darstellerinnen und Darsteller dürfen nur wortlos in die richtige Position gebracht werden. Der jeweilige Gesichtsausdruck muss vorgespielt werden.

• Wenn die Regisseurin bzw. der Regisseur fertig ist, wird das Bild „eingefroren".
• Alle Darstellerinnen und Darsteller sowie Zuschauerinnen und Zuschauer müssen sich in das Bild „einfühlen". Nach einer festgelegten Zeit gibt die Regisseurin bzw. der Regisseur das Zeichen zum Auflösen des Bildes.

**3. Schritt:** **Auswertung**
• Zuerst wird das Bild durch die Zuschauerinnen und Zuschauer, dann durch die Darstellerinnen und Darsteller beschrieben und gedeutet.
• Zum Schluss sagt die Regisseurin bzw. der Regisseur, warum sie bzw. er das Bild so und nicht anders gebaut hat.

# Ein Rollenspiel durchführen

## Was ist ein Rollenspiel?

Bei einem Rollenspiel gibt es Darstellerinnen und Darsteller, die bestimmte Rollen übernehmen. Sie denken sich in die zu spielende Person hinein und vertreten die Position dieser Person in der Diskussion.

### Drei Schritte zur Durchführung eines Rollenspiels

**1. Schritt:** Vorbereitung

- Legt die Rollen für das Rollenspiel fest. Bildet für jede Rolle eine Gruppe.
- Besprecht den Verlauf der Geschichte. Überlegt mögliche Lösungen.
- Verfasst zu eurer Rolle eine Rollenkarte. Legt fest, wie sich die Person verhalten muss, damit sie ihr gewünschtes Ergebnis erreichen kann.
- Entsendet ein Mitglied in das Rollenspiel.
- Die Schülerinnen und Schüler, die nicht mitspielen, bilden Beobachtungsgruppen. Jede Beobachtungsgruppe legt fest, worauf sie während des Rollenspiels besonders achten will. Beispiele: Welche Lösung wird vorgestellt? Ist diese Lösung glaubwürdig? Wer hat am besten argumentiert?
- Bestimmt einen Diskussionsleiter oder eine Diskussionsleiterin.

**2. Schritt:** Durchführung

- Das Rollenspiel wird in drei Durchgängen gespielt.
- Achte auf Folgendes: Sprich die Person, mit der du dich unterhältst, direkt an (Vorname, Mama …). Benutze selbst die Ich-Form. Sprich in einfachen, klaren Sätzen. Vermeide umgangssprachliche Ausdrücke wie „echt" oder „cool", wenn du einen Erwachsenen spielst. Greife die Argumente deines Vorredners auf und gehe auf sie ein.
- Die Beobachtungsgruppen machen sich Notizen.

**3. Schritt:** Auswertung

- Die Beobachtungsgruppen teilen den Spielerinnen und Spielern ihre Meinung zu den vorgetragenen Inhalten und zum Verlauf des Rollenspiels mit, zum Beispiel:
  Wurden die Rollen glaubwürdig vertreten? Wurde sachlich diskutiert? Sind die Spielerinnen und Spieler aufeinander eingegangen? Wurden Argumente kritisch bedacht? Wurde eine Lösung gefunden, die für alle nachvollziehbar ist?

**M2** **Ausgangssituation für das Rollenspiel**

„Immer muss ich auf Paul aufpassen." Clara ist fast zwölf Jahre alt. Heute hat sie nach der Schule in ihrem Zimmer Musik gehört, mit ihrer Freundin Sandra telefoniert und die Hausaufgaben gemacht. Jetzt will sie wie jeden Donnerstag zum Training der Tischtennismannschaft gehen. Es beginnt um vier Uhr. Da kommt ihre Mutter. Sie teilt ihr mit, dass sie ab nächster Woche jeden Donnerstagnachmittag zwischen vier und sechs Uhr einen Spanischkurs besuchen möchte. Sie bittet Clara, das Training aufzugeben und während dieser Zeit auf ihren achtjährigen Bruder Paul aufzupassen.

**M3** **Rollenkarten**

**Clara (12 Jahre)**
spielt Tischtennis in der Mannschaft. Das Training findet nur einmal in der Woche statt. Clara nimmt gern am Training teil, denn im Training kann sie sich verbessern. Die Teilnahme am Training ist Voraussetzung, um in der Mannschaft zu spielen. Gelegentlich muss Clara auf ihren kleinen Bruder aufpassen, zum Beispiel, wenn ihre Mutter zum Elternabend geht.

**Frau Weber (42 Jahre)**

lebt allein mit ihren beiden Kindern. Sie arbeitet halbtags in einer Speditionsfirma. Nachmittags kümmert sie sich um die Kinder und den Haushalt. Sie möchte Spanisch lernen, weil die Firma viele spanische Kunden hat. Mit Spanisch-Kenntnissen wäre ihr Arbeitsplatz in der Firma viel sicherer und sie könnte auch eine anspruchsvollere Tätigkeit übernehmen.

## Aufgaben

1. Überlegt eine typische Familiensituation. Schreibt die Situation möglichst genau auf. Baut das Standbild nach der Anleitung.
2. Gestaltet ein Rollenspiel zur Situation in M2. Nutzt dabei die Rollenkarten (M3).
3. Wählt einen anderen Konflikt aus und führt dazu ein Rollenspiel durch. Mögliche Themen können sein: Mithelfen im Haushalt, Erhöhung des Taschengelds.
4. Sammelt nach dem Rollenspiel eure Fragen zur Lernmethode und diskutiert darüber.

# Gewusst? – Gekonnt!

Bewerte dich selbst mit dem Ampelsystem, das auf Seite 28 erklärt ist.

**M3** Einkauf im Supermarkt

**M1** Karikatur

**1** a) Beschreibe das Problem der Frau (M1).
b) Was würdest du der Frau antworten?
c) Beurteile, ob der Zeichner der Karikatur das Problem gut dargestellt hat.
*Schülerbuch, Seiten 210–211*

**3** a) Beschreibe die Situation im Supermarkt (M3).
b) Erkläre, welche Rollenbilder in dieser Familie gelten.
*Schülerbuch, Seiten 208–211*

**M2** Familie oder keine Familie?

**2** a) Benenne die Personen beziehungsweise Gruppen, die in M2 dargestellt sind.
b) Welche Abbildungen in M2 stellen Familien dar? Begründe.
*Schülerbuch, Seite 212*

**M4** Die Frau in der Werbung um 1960, 1990 und 2020

a) Die Frau erscheint als Karriere-frau, sie ist jung und strahlend. Sie ist gut gekleidet, schlank, selbstbewusst, erfolgreich und nach Unabhängigkeit strebend.

b) Das Bild der Frau ist viel-schichtig geworden. Es gibt zum Beispiel die intelligente Geschäftsfrau mit eigenem Auto. Zum anderen erscheint die sportliche junge Frau, die sich kalorienbewusst ernährt, die technisch begabte und die zupackende Frau. Weiterhin gibt es die ältere, gepflegte Dame, die noch voll im Leben steht.

c) Heim und Haushalt sind die für Frauen geeigneten Gebiete. Die Frau führt den Haushalt mit Leichtigkeit, beschäftigt sich mit Ernährung, Pflege und Erziehung. Sie ist adrett gekleidet und immer bei der Hausarbeit dargestellt.

**M5** Was sollte eine Familie bieten?

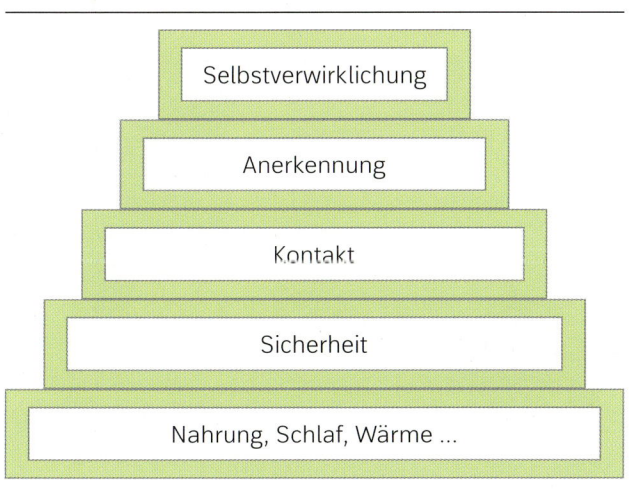

④ a) Ordne die Texte a – c den Werbeplakaten ① – ③ zu (M4).
b) Beschreibe, wie sich das Rollenbild der Frau verändert hat.
*Schülerbuch, Seiten 208 – 211*

⑤ Damit eine Familie ihre Aufgaben erfüllen kann, muss das Zusammenleben geregelt werden.
a) Stelle Regeln und Rechte zusammen, die in einer Familie gelten sollten.
b) Beurteile, ob die Grafik in M5 eine gute Darstellung zur Familie ist.
*Schülerbuch, Seiten 212 – 213*

## Fachbegriffe

| | | | |
|---|---|---|---|
| das Bürgerliche Gesetz-buch (BGB) | die Generation Z | die Kleinfamilie | die Patchwork-Familie |
| die Elternzeit | die Gleichberechtigung | die Koedukation | die Teilzeitarbeit |
| die Generation | die Großfamilie | die Lebenserwartung | die traditionelle Familie |
| | das Grundgesetz | die Lebensform | die Verfassung |

WES-105332-223
westermann.de/webcode

# Tourismus – Urlaub um jeden Preis?

Der Traum vom Urlaub sieht für jeden Menschen etwas anders aus.
Einige wünschen sich Entspannung am Strand. Andere möchten lieber in die Berge. Die Urlaubsgebiete haben sich auf die Touristen eingestellt. Sie möchten den Touristen das bieten, was diese suchen. Welche Erfahrungen hast du schon gemacht? Wohin fährst du am liebsten? Wohin würdest du gerne fahren? Hast du aber auch schon einmal darüber nachgedacht, welche Auswirkungen der Tourismus hat?

rechts: Hotelanlage am Strand von Sharm el Sheik auf der Sinai-Halbinsel, Ägypten. Das Rote Meer ist ein beliebtes Urlaubsziel. Viele Touristen wollen hier einen Badeurlaub verbringen.

# Warum ist die Nordseeküste attraktiv für Touristen?

Wasser, Strand und Meeresbrandung – stellst du dir so deine Ferien vor? Für viele Menschen erfüllt sich diese Vorstellung bei einem Urlaub an der Nordsee. Inwiefern kann der Küstenraum die Erwartungen der Touristen erfüllen?

## M2 Badezeiten an der Nordsee (Beispiel)

| Tag | Badezeit |
| --- | --- |
| 6. So. | 13:00 – 16:00 Uhr |
| 7. Mo. | 14:00 – 17:00 Uhr |
| 8. Di. | 15:00 – 17:50 Uhr |
| 9. Mi. | 16:00 – 18:00 Uhr |
| 10. Do. | 17:00 – 18:00 Uhr |
| 11. Fr. | 07:00 – 09:00 Uhr |
| 12. Sa. | 07:00 – 09:30 Uhr |

### ERSTAUNLICH

Der Tidenhub (M5) an der deutschen Nordseeküste liegt zwischen zwei und vier Metern (etwas über vier Meter in Bremerhaven). In Bristol in England und in Saint-Malo in Frankreich liegt er bei zwölf Metern. Den größten Tidenhub weltweit gibt es in Kanada in der Bay of Fundy mit 21 Metern. In Gezeitenkraftwerken kann man die Kraft des Wasser bei Ebbe und Flut zur Stromgewinnung nutzen.

## M3 Der deutsche Küstenraum

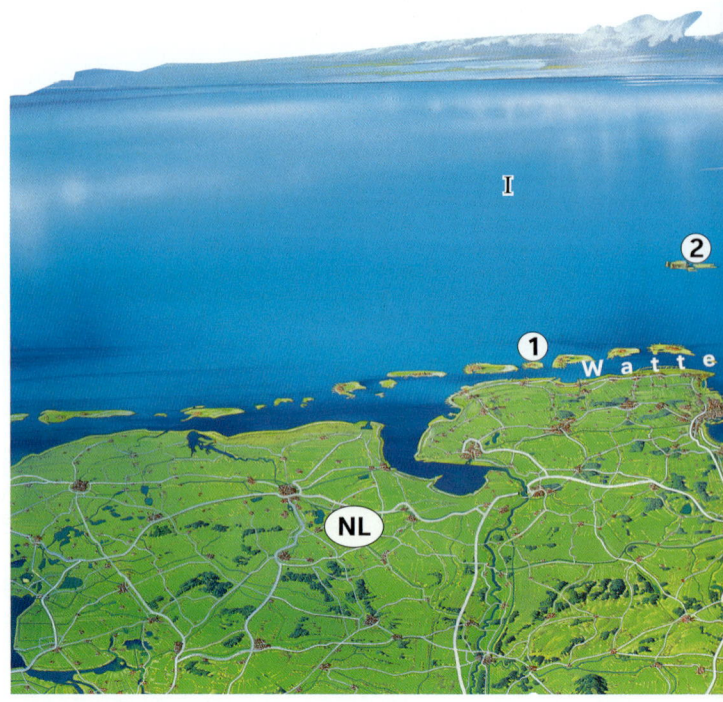

## Badeurlaub an der Nordsee

Deutschland grenzt im Norden an zwei Meere, die Ostsee und die Nordsee. In der Nordsee treten starke **Gezeiten** auf. Der ständige Wechsel zwischen **Ebbe** und **Flut** bestimmt das Leben an der Nordsee. Der Meeresboden zwischen dem Festland und den vorgelagerten Inseln fällt trocken. Dieser Bereich ist das **Wattenmeer**. Bei Flut strömt das Wasser wieder an den Strand.

Bei Ebbe kann man ins Wattenmeer gehen. Eine Wattwanderung mit einem Wattführer ist ein einzigartiges Erlebnis.

Bei Flut kann man baden und Wassersport betreiben. Wer aber die Badezeiten nicht beachtet, begibt sich in Gefahr. Die Strömung ist bei Ebbe so stark, dass sie Schwimmer mit sich ziehen kann.

## M1 „Lea, aufgepasst! Bei Ebbe kannst du im Watt Wattwürmer entdecken."

## M4 Paul staunt: „Da waren doch heute Mittag noch Sand und Schlick!"

schueler.diercke.de | 100870-054-01, 100870-093-02

**M5** Die Gezeiten (Ebbe und Flut) sind in dieser Abbildung dargestellt. Du kannst ausrechnen, wie lange Ebbe und Flut dauern.

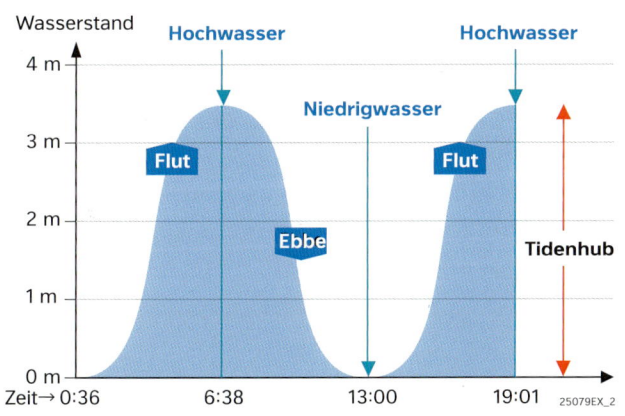

**M6** In einem Tidenkalender kann man nachlesen, wann Hochwasser und wann Niedrigwasser ist. Die Zeiten ändern sich täglich.

| Tag | Uhrzeit | | | |
| --- | --- | --- | --- | --- |
| | Hochwasser | | Niedrigwasser | |
| 6. So. | 04:05 | 16:08 | 09:24 | 22:07 |
| 7. Mo. | 04:51 | 16:59 | 10:57 | 23:41 |
| 8. Di. | 05:42 | 17:56 | 11:54 | – |
| 9. Mi. | 06:38 | 19:01 | 00:36 | 13:00 |
| 10. Do. | 07:39 | 20:09 | 01:39 | 14:12 |
| 11. Fr. | 08:40 | 21:12 | 02:43 | 15:20 |
| 12. Sa. | 09:35 | 22:07 | 03:41 | 16:19 |

## Aufgaben

❶ Beschreibe das Bild (M1). Nutze bei der Beschreibung die Informationen im Text und in M5.

❷ Erkläre Paul, was passiert ist (M4, M5, Text).

❸ Untersuche, wovon die Badezeiten an der Nordseeküste abhängig sind (M2, M5, M6).

❹ Ⓦ Berichte, warum so viele Menschen ihren Urlaub an der Nordseeküste verbringen (M1, M4, Text).

A Schreibe einen Bericht aus der Sicht von Lea oder Paul.

B Liste Gründe auf, die für einen Urlaub an der Nordsee sprechen.

❺ Ⓩ Orientiere dich: Nenne die Städte (A – H), die Inseln/Inselgruppen (1 – 6), die Flüsse/Kanal (a – d), die Meere (I – II) und die Länder (DK, NL, PL) in M3 (Atlas).

*Formulierungshilfen zu Aufgabe 1:*
Das Foto wurde bei Niedrigwasser/ Hochwasser aufgenommen.
Man sieht …
Die Menschen …

# Wie verändert der Tourismus den Naturraum Küste?

**M1** Der Lebensraum Nordseeküste wird von vielen genutzt.

„Wat den eenen sin Uhl, is den annern sin Nachtigall", sagt man in Norddeutschland. Das heißt: Was dem einen seine Eule ist, ist dem anderen seine Nachtigall. Was ist damit gemeint? Man kann eine Sache so oder so sehen, es gibt Vor- und Nachteile. Wie kann man diese Redensart auf den Tourismus an der Nordsee anwenden?

## Der Tourismus bringt Vor- und Nachteile

Die Küste ist der Lebensraum vieler Tiere und Pflanzen. Hier leben aber auch viele Menschen. Für sie ist der Naturraum ebenfalls eine Lebensgrundlage. Touristen kommen nämlich, um sich hier zu erholen. Viele Menschen sind vom Tourismus abhängig. Sie vermieten zum Beispiel Ferienwohnungen, arbeiten in Hotels oder Restaurants, beliefern die Urlaubsorte mit Waren, sind Fremdenführer, Animateure, Verkäufer in den Geschäften oder gehören zur Schiffsbesatzung der Fähren.

Der Naturraum hat sich jedoch durch den Tourismus verändert. Es sind viele Hotels und Ferienhaussiedlungen gebaut worden. An den Stränden sind Restaurants, Freizeiteinrichtungen und Campingplätze entstanden. Die Verkehrswege wurden ausgebaut, damit die Touristen schnell anreisen können. Die Landschaft hat sich verändert.

Der Tourismus wirkt sich aber noch in anderer Weise aus. Es gibt viel mehr Müll, der manchmal einfach achtlos weggeworfen wird.

Einerseits bringt der Tourismus Vorteile für die Menschen an der Küste, andererseits kommt es zum **Nutzungskonflikt** zwischen Mensch und Natur.

**INFO**

Unterschiedliche Nutzungen in einem Gebiet können zu Problemen und Auseinandersetzungen zwischen den verschiedenen Nutzern führen. Dann spricht man von einem **Nutzungskonflikt**.

## M2 So lange dauert es, bis sich Müll abbaut.

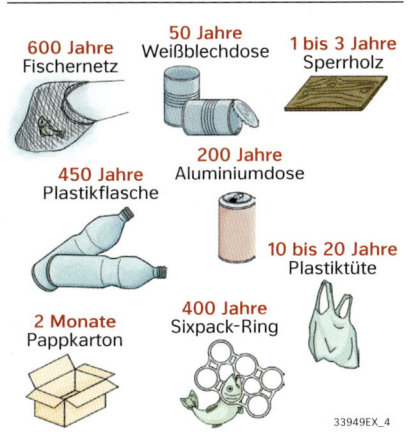

600 Jahre
Fischernetz

50 Jahre
Weißblechdose

1 bis 3 Jahre
Sperrholz

450 Jahre
Plastikflasche

200 Jahre
Aluminiumdose

10 bis 20 Jahre
Plastiktüte

2 Monate
Pappkarton

400 Jahre
Sixpack-Ring

33949EX_4

Müll kann für Vögel und andere Tiere gefährlich sein. Sie verschlucken Reste von Plastiktüten und ersticken.

## M4 Am Strand von Norderney

Für die Touristen wurden viele Hotels, Ferienwohnungen und Apartmenthäuser gebaut. Es gibt auch Restaurants, Sporthallen, Kinos und Discos.

## M3 Der Tourismus wirkt sich positiv und negativ aus.

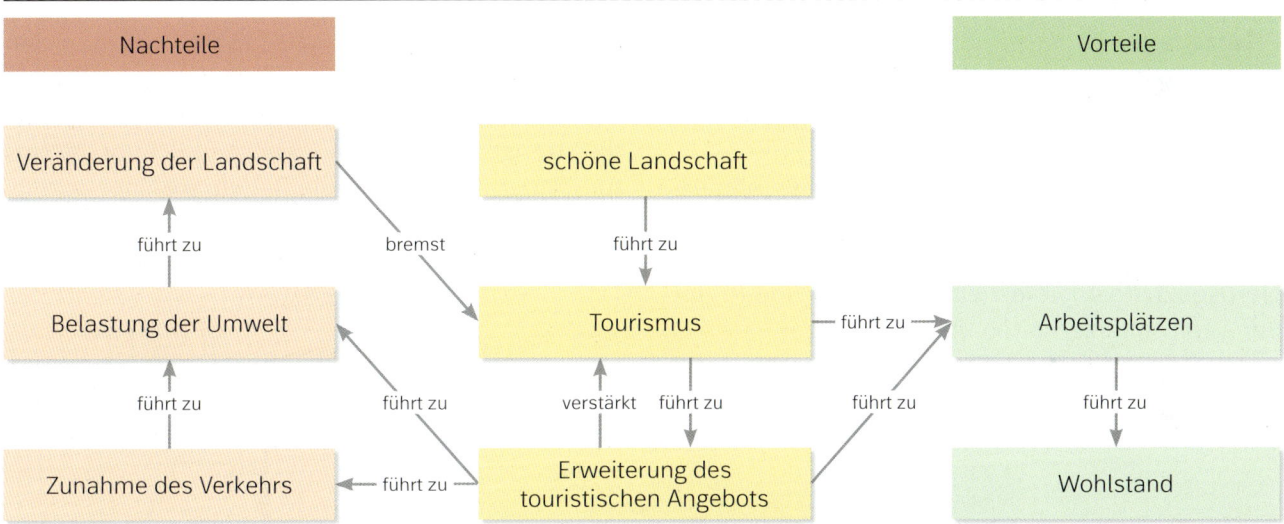

Nachteile | Vorteile

Veränderung der Landschaft ← führt zu ← Belastung der Umwelt ← führt zu ← Zunahme des Verkehrs

schöne Landschaft → führt zu → Tourismus

bremst → Tourismus

Tourismus → führt zu → Arbeitsplätzen → führt zu → Wohlstand

Tourismus ← verstärkt ← Erweiterung des touristischen Angebots

Tourismus → führt zu → Erweiterung des touristischen Angebots

Erweiterung des touristischen Angebots → führt zu → Belastung der Umwelt

Erweiterung des touristischen Angebots → führt zu → Zunahme des Verkehrs

Erweiterung des touristischen Angebots → führt zu → Arbeitsplätzen

## Aufgaben

❶ Beschreibe das Bild in M4.

❷ a) Beschreibe die Vorteile, die der Tourismus für die Menschen an der Küste bringt (M3).
b) Beschreibe die Nachteile, die der Tourismus für die Umwelt und die Landschaft bringt (M1 – M4).
c) Der Tourismus zerstört sich selbst, wenn man nicht eingreift. Erkläre mithilfe von M3.

❸ Erkläre, wie es zum Nutzungskonflikt an der Küste kommt (M1, Text, Info).

❹ Arbeitet in Gruppen. Notiert Vorschläge zur Lösung des Nutzungskonflikts aus verschiedenen Perspektiven und diskutiert

A aus der Sicht eines Kellners / einer Kellnerin in einem Hotel.
B aus der Sicht eines Vogelwarts.
C aus der Sicht eines Mitarbeiters der Seehundrettungsstation.
D aus der Sicht eines Touristen.
E aus der Sicht eines/einer Einheimischen, der/die seit seiner/ ihrer Kindheit an der Küste lebt.

*Formulierungshilfen zu Aufgabe 1:*
Im Vordergrund des Bildes sieht man …
Im Mittelgrund …
Im Hintergrund …
Auffällig ist, dass …
Insgesamt gesehen …

*Wenn du diese Aufgaben erfolgreich bearbeitet hast, kannst du …*
… erklären, wie der Tourismus die Küste verändert hat.
… die Auswirkungen des Tourismus beurteilen.
… den Fachbegriff **Nutzungskonflikt** erklären.

# Wie kann der Naturraum geschützt werden?

„Herzlich willkommen am Niedersächsischen Wattenmeer!" Diese Einladung findet man im Internet. Wie ist aber der Nutzungskonflikt zu beurteilen, wenn immer mehr Menschen ihren Urlaub an der Nordseeküste verbringen? Sind Naturschutz und touristische Interessen miteinander vereinbar?

**ERSTAUNLICH**

Die Miesmuschel filtert aus dem Wasser heraus, was sie zum Leben braucht. Alle Muscheln zusammen filtern innerhalb von zwei Wochen das gesamte Wasser des Wattenmeeres!

**M2** In der Schutzzone 3

In der Schutzzone 3 können sich die Menschen erholen. Es ist die Erholungszone. Deshalb sind die meisten Aktivitäten erlaubt, die der Erholung dienen. Hier befinden sich Hotels, Pensionen, Badestrände und Freizeiteinrichtungen.

## Im Nationalpark Wattenmeer

Zum Schutz des Wattenmeeres wurden an der deutschen Nordseeküste drei **Nationalparks** eingerichtet. In einem Nationalpark sind die Tier- und Pflanzenarten streng geschützt. Nur auf besonders gekennzeichneten Wegen dürfen sich Besucher bewegen. In Deutschland gibt es insgesamt 16 Nationalparks.

Die drei Nationalparks reichen von der niederländischen Grenze bis zur dänischen Grenze. Die besondere Eigenart der Natur und Landschaft der Nordseeküste und die Vielfalt der Tier- und Pflanzenarten sollen erhalten bleiben.

Wie kann man das aber erreichen, wenn der Küstenraum auch als Erholungsgebiet und Lebensraum der Menschen bestehen bleiben soll?

Um den Nutzungskonflikt zu lösen, hat man den Nationalpark Niedersächsisches Wattenmeer in drei **Schutzzonen** eingeteilt. In der Zone 1 gelten die strengsten Bestimmungen zum Schutz der Natur. In der Zone 2 sind die Regeln weniger streng. In der Zone 3 dürfen sich die Menschen erholen.

**M1** Nationalparks an der deutschen Nordseeküste

Das Wattenmeer zwischen Texel (Niederlande) und Sylt (Deutschland) wurde von der UNESCO im Jahr 2009 zum Weltnaturerbe ernannt, weil es weltweit einzigartig und damit besonders schützenswert ist.

Legende:
- Seehundbank
- Seebad
- Nationalpark Wattenmeer
- Watt
- Moränenlandschaft
- Marsch

Meerestiefe
- 0 – 10 m
- 10 – 20 m
- über 20 m

- Staatsgrenze

© Westermann 23567EX_1

Dänemark
Nordfriesische Inseln
Sylt
Föhr
Langeneß
Amrum
Hooge
Gröde
Pellworm
Norderoog
Nordstrand
Süderoog
Südfall
Husum
Schleswig-Holsteinisches Wattenmeer
Heide
Blauort
Helgoland
Düne
Tertius
Hamburgisches Wattenmeer
Trischen
Deutsche Bucht
Scharhörn
Brunsbüttel
Neuwerk
Nordsee
Niedersächsisches Wattenmeer
Ostfriesische Inseln
Wangerooge
Großer Knechtsand
Mellum
Elbe
Cuxhaven
Norderney
Langeoog
Spiekeroog
Baltrum
Juist
Memmert
Niedersächsisches Wattenmeer
Borkum
Wilhelmshaven
Ems
Jade
Weser
Bremerhaven
Niederlande
Emden

## M3 In der Schutzzone 2

Dies ist die Zwischenzone (Zone 2). Hier gelten weniger strenge Bestimmungen als in der Schutzzone 1. Die Wiesen können als Weiden genutzt werden. Blumen pflücken ist jedoch verboten. Während der Brutzeit der Vögel dürfen die Wege nicht verlassen werden. Man darf auch keinen Lärm machen.

## M5 In der Schutzzone 1

Seehunde und Kegelrobben fühlen sich auf den Sandbänken wohl. Die Sandbänke liegen in der Ruhezone (Zone 1). Hier gelten die strengsten Bestimmungen. Die Ruhezone darf nur eingeschränkt betreten werden. In dieser Zone liegen auch die meisten Brutgebiete der Vögel.

## M4 Schutzzonen des Nationalparks auf Langeoog

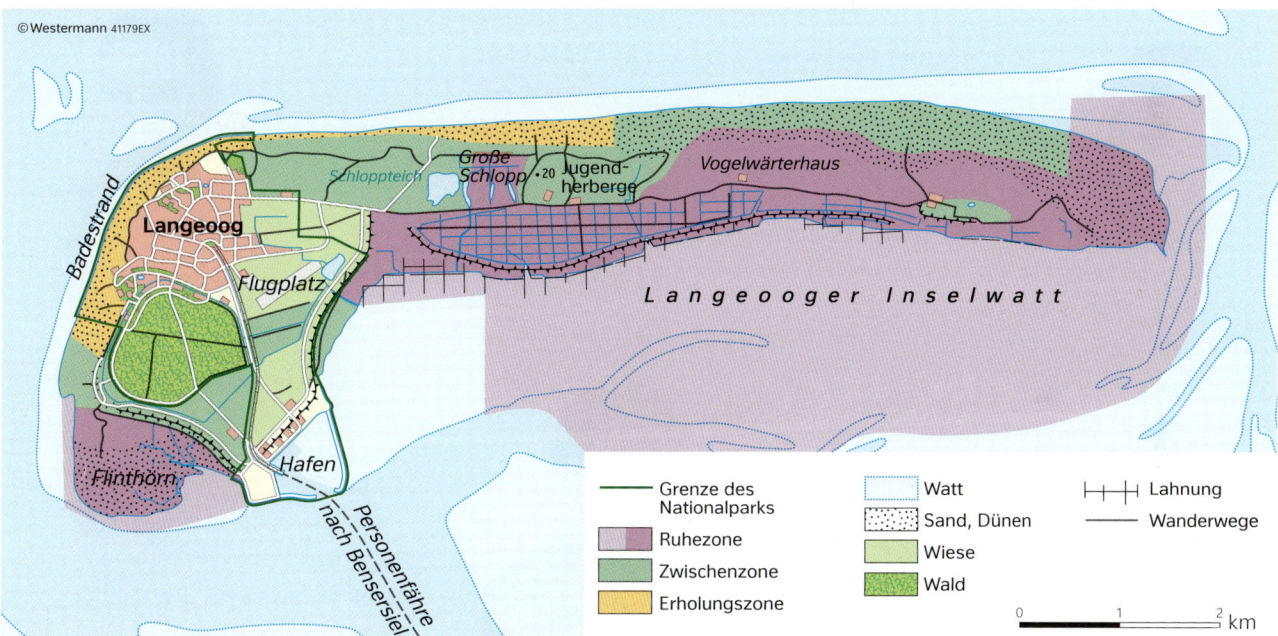

## Aufgaben

❶ Beschreibe die Abbildungen M2, M3 und M5.

❷ Erkläre, warum der Nationalpark Niedersächsisches Wattenmeer eingerichtet wurde (Text).

❸ Notiere die Namen der anderen beiden Nationalparks am Wattenmeer (M1).

❹ Beurteile, ob durch den Nationalpark Niedersächsisches Wattenmeer der Nutzungskonflikt an der Nordseeküste gelöst wurde (M2 – M5).

❺ Ⓦ Erstelle ein Informationsblatt.

A Recherchiere im Internet (Suchbegriff: Nationalpark Wattenmeer) und stelle weitere Informationen zusammen.

B Informiere dich über die Junior Ranger in den Nationalparks und stelle die Informationen zusammen (Internet: Junior Rangers Nationalpark).

*Formulierungshilfen zu Aufgabe 4:*
Der Nationalpark Niedersächsisches Wattenmeer wurde eingerichtet, um …
Die Ziele wurden (nicht, nur teilweise) erreicht, denn …
Berücksichtigt man …
… (so) kommt man zu dem Schluss, dass …
Zusammenfassend gesagt …

┌─────────────────────────────────────
*Wenn du diese Aufgaben erfolgreich bearbeitet hast, kannst du …*
… erklären, wie mithilfe von Nationalparks der Nutzungskonflikt an der Küste gelöst werden soll.
… die Fachbegriffe **Nationalpark** und **Schutzzone** erklären.
└─────────────────────────────────────

Hamburg ist ein beliebtes Touristenziel in Deutschland. Jedes Jahr kommen fast acht Millionen Touristen nach Hamburg. Was kann Hamburg Städtereisenden bieten? Gibt es auch eine Schattenseite des Städtetourismus?

## Hamburg ist eine Reise wert

Hamburg ist mit rund 1,8 Millionen Einwohnern die zweitgrößte Stadt Deutschlands. Der Hamburger Hafen ist der größte Seehafen in Deutschland und der drittgrößte in Europa. Hamburg hat aber auch viele Sehenswürdigkeiten zu bieten.
Es gibt viele interessante Gebäude in der Altstadt, die umgestaltete Speicherstadt, Theater, Museen und das Miniatur-Wunderland.

**Erarbeitet, warum Hamburg für Städtereisende interessant ist und warum es unterschiedliche Meinungen zum Tourismus gibt.**
**Stellt alle Informationen auf einer Wandzeitung dar (vgl. S. 94).**

### M1 Meinungen aus Hamburg

Der Tourismus ist eine wichtige Einnahmequelle und viele Menschen haben einen Arbeitsplatz im Tourismus. Die Hotels und Restaurants sind auf die Touristen angewiesen. Viele Geschäfte haben ihre Angebote auf die Touristen ausgerichtet. Und nicht nur die Touristenführer sind von den Besuchern abhängig, sondern auch die Menschen in Konzerthallen, Theatern und Museen.

Frau Schneider
von der Stadtverwaltung

Frau Kleinschmidt arbeitet in der Innenstadt von Hamburg.

Es gibt noch ein weiteres Problem, das durch den Tourismus entsteht. Viele Vermieter vermieten ihre Wohnungen an Touristen. Es gibt Anbieter im Internet, die solche Wohnungen vermitteln. Wenn nun ein Hamburger eine Wohnung mieten möchte, wird es für ihn schwieriger. Die wenigen noch verbleibenden Wohnungen werden zu hohen Mieten angeboten.

Herr Jüchen ist auf Wohnungssuche.

Ich verstehe, dass die Stadt daran interessiert ist, dass möglichst viele Touristen nach Hamburg kommen. Es sind ja aber nicht nur die Übernachtungsgäste, die nach Hamburg kommen. Jährlich kommen auch rund 82 Millionen Tagesgäste! Die Innenstadt ist voller Menschen. Und wenn die Kreuzfahrtschiffe anlegen, wird es noch schlimmer. Tausende Touristen strömen dann für einige Stunden in die Stadt.

### M3 Die acht beliebtesten Städte in Deutschland (2019)

| Städte | Gästeankünfte | Übernachtungen |
|---|---|---|
| Berlin | 13 963 345 | 34 124 364 |
| München | 8 750 922 | 18 291 939 |
| Hamburg | 7 619 233 | 15 427 406 |
| Frankfurt/Main | 6 193 327 | 10 786 473 |
| Köln | 3 826 360 | 6 579 119 |
| Düsseldorf | 3 048 737 | 5 001 354 |
| Dresden | 2 316 451 | 4 709 886 |
| Stuttgart | 2 180 000 | 4 087 000 |

### M2 Informationen zu Städtereisen in Deutschland (2019)

| Herkunft der Städtetouristen in Deutschland | Gästeankünfte | Übernachtungen |
|---|---|---|
| aus Deutschland | 151 381 156 | 405 692 866 |
| aus dem Ausland | 39 563 162 | 89 922 638 |
| gesamt | 190 944 318 | 495 615 504 |

schueler.diercke.de | 100870-090-05, 100870-054-01, 100870-092-01

1. Die Speicherstadt mit der Elbphilharmonie (rechts im Bild). Die Speicherstadt ist der alte Hafen von Hamburg, der heute nicht mehr als Hafen genutzt wird. Die meisten alten Speicher wurden zu Büros und Wohnungen umgebaut. Ein Gebäude wurde zu einem Konzerthaus, die Elbphilharmonie.

2. Bei einer Hafenrundfahrt kann man im Containerhafen Burchardkai die riesigen Containerschiffe sehen.

3. Das Miniatur-Wunderland ist eine bekannte Touristenattraktion. In Hamburg gibt es außerdem viele Museen mit speziellen Angeboten für Kinder.

4. Die Altstadt von Hamburg mit dem Rathaus und der St. Michaeliskirche, dem „Michel". Der Michel ist ein Wahrzeichen der Stadt Hamburg.

5. Hamburg ist eine bekannte Musical-Stadt. Hier werden Musicals wie „König der Löwen", „Mary Poppins" und „Tina" aufgeführt.

6. Der berühmteste Stadtteil von Hamburg ist St. Pauli mit den Landungsbrücken und dem Vergnügungsviertel.

## Tipps für die Erarbeitung

❶ Erarbeitet mithilfe von M4, warum Hamburg eine interessante Stadt ist.

❷ Ermittelt, woher die Städtetouristen kommen (M2).

❸ Vergleicht Hamburg mit anderen Städten (M3).

❹ Lest die Meinungen zum Tourismus in M1. Notiert positive und negative Auswirkungen des Tourismus.

❺ Erstellt eure Wandzeitung: Notiert in gut lesbarer Schrift.

❻ Legt fest, wer eure Wandzeitung präsentiert.

> *Wenn du diese Aufgaben erfolgreich bearbeitet hast, kannst du ...*
> ... die Bedeutung des Städtetourismus erklären.
> ... positive und negative Auswirkungen des Städtetourismus beurteilen.

# Reiseziel Flüsse – die Donau

© Westermann 33950EX_12

Atlantischer Ozean

Mittelmeer

Donau

0    500    1000 km

Urlaub einmal ganz anders! Warum nicht mit dem Fahrrad fahren? Es gibt wunderschöne Radwege in Deutschland und den Nachbarländern und die Radwege entlang von Flüssen sind auch für „Anfänger" geeignet, weil sie kaum Steigungen haben. Warum ist insbesondere der Donau-Radwanderweg beliebt? Was ist das Besondere am Radtourismus?

**Erarbeitet, warum der Donau-Radwanderweg interessant ist, und beurteilt den Radtourismus an der Donau. Stellt alle Informationen auf einer Wandzeitung dar (vgl. S. 94).**

## Mit dem Rad von Passau nach Wien

Einer der beliebtesten Radwanderwege in Europa ist der Donau-Radwanderweg, insbesondere der Streckenabschnitt von Passau nach Wien. Jährlich fahren rund 600 000 Radfahrer auf diesem Streckenabschnitt.

Der Radweg ist ein festgelegter Weg entlang des Ufers der Donau. Die Radfahrer fahren nicht querfeldein durch Wälder und Wiesen ohne Rücksicht auf Tiere und Pflanzen, sondern erleben die **Flusslandschaft** vom Radweg aus. Fahrräder fahren ohne Abgase. Die Natur wird geschont. Der Radtourismus ist ein **nachhaltiger Tourismus**.

Beginnt man die Radtour in Passau, geht es flussabwärts immer leicht bergab bis Wien. Unterwegs gibt es viele Möglichkeiten zu übernachten, von der Pension bis zum Vier-Sterne-Hotel.

Radfahrer können in einem Gesamtangebot sowohl die Übernachtungen als auch den Gepäcktransport von einer Unterkunft zur nächsten buchen.

---

**INFO**

Es gibt Gebiete, die **nachhaltig** durch den **Tourismus** genutzt werden. Dann kommt es nicht nur auf den wirtschaftlichen Vorteil an (den Verdienst). Es werden auch die Natur und der Lebensraum der Menschen geschont. So können in Zukunft noch Pflanzen, Tiere und Menschen in diesem Raum leben.

**M2** Andrea hat eine Skizze von ihrer Radtour auf dem Donau-

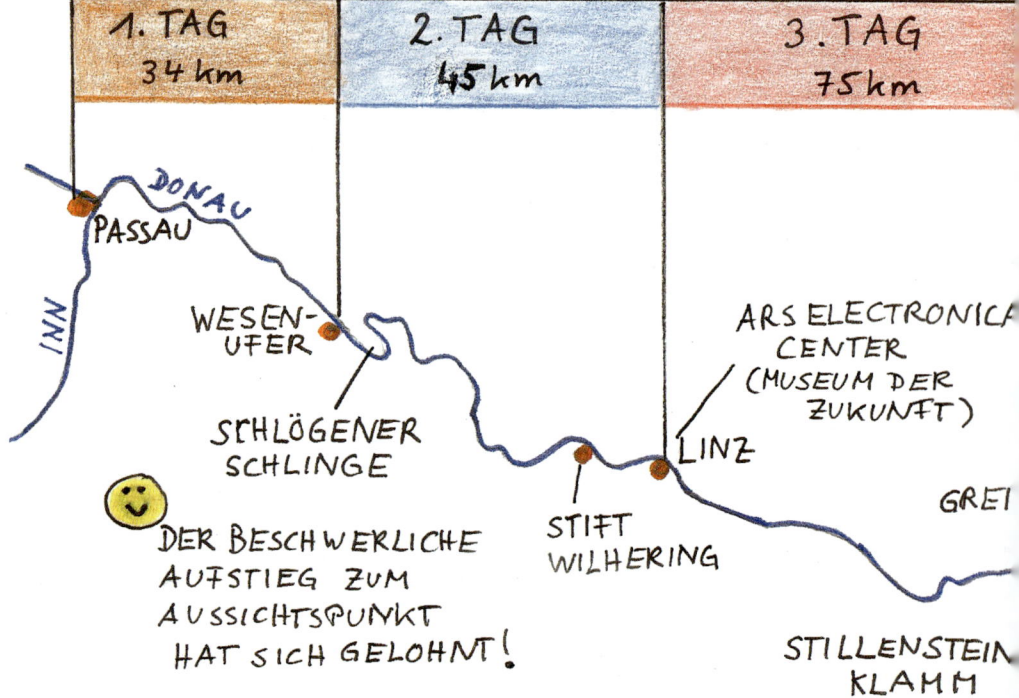

1. TAG 34 km  2. TAG 45 km  3. TAG 75 km

DONAU
PASSAU
INN
WESEN-UFER
SCHLÖGENER SCHLINGE
DER BESCHWERLICHE AUFSTIEG ZUM AUSSICHTSPUNKT HAT SICH GELOHNT!
STIFT WILHERING
LINZ
ARS ELECTRONICA CENTER (MUSEUM DER ZUKUNFT)
GREI
STILLENSTEIN KLAMM

---

**M1** Die Donau: Schlögener Schlinge

**M3** Stift Melk an der Donau

**M4** Herr Schmidt vom Tourismusbüro am Donau-Radwanderweg berichtet.

„Wir bieten viele Dienstleistungen für Touristen, zum Beispiel in Hotels und Pensionen, beim Fahrradverleih, der Fahrradreparatur, aber auch in Geschäften und Restaurants, die für die Verpflegung der Radfahrer sorgen. Das hat natürlich auch den Vorteil, dass viele Arbeitsplätze entstanden sind. Wir achten außerdem darauf, dass unsere schöne Naturlandschaft erhalten bleibt. Wir wünschen uns einen nachhaltigen Tourismus. Nur dann werden auch in Zukunft noch Touristen an die Donau kommen. Am Tourismus verdienen also nicht nur große Reiseveranstalter, sondern vor allem die Menschen hier vor Ort. Uns freut, dass die Touristen anhand der Sehenswürdigkeiten die Geschichte und Kultur entlang unseres Donautals kennenlernen.“

**M5** Auf dem Donau-Radwanderweg

**M6** Andreas Tagebucheintrag

**1. Tag**
Fahrt bis Wesenufer: schöne Altstadt.
**2. Tag**
Die Schlögener Schlinge von oben betrachtet, Stift in Wilhering, tolles interaktives Museum in Linz.
**3. Tag**
Stillensteinklamm bei Grein, Ybbs: schöne Altstadt.
**4. Tag**
Weiter nach Melk, Stift Melk besichtigt, toll!
**5. Tag**
Durch die Wachau: rechts und links Weinreben und Marillenbäume, Kastell Favianis besichtigt, interessante Ausgrabungen aus der Eiszeit bei Krems, Krems: schöne Altstadt.
**6. Tag**
Römisches Kastell bei Tulln besichtigt, Ankunft in Wien.

**Radwanderweg von Passau nach Wien gezeichnet.**

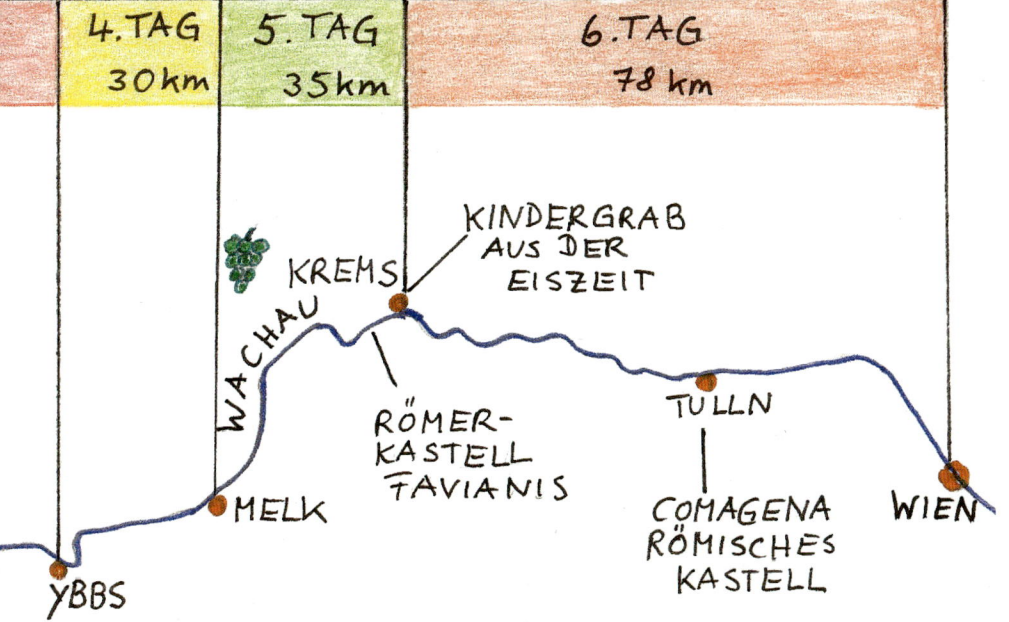

## Tipps für die Erarbeitung

❶ Erstellt eine Liste mit Dienstleistungen für Radfahrer (M4, Text).

❷ Nennt die Länder, durch die die Donau von der Quelle bis zur Mündung fließt (Atlas).

❸ Stellt fest, in welchen Ländern der Streckenabschnitt Passau – Wien liegt (M2, Atlas).

❹ Beschreibt die Flusslandschaft (M1, M5).

❺ Erklärt, warum so viele Menschen diesen Streckenabschnitt mit dem Fahrrad fahren (M1 – M6, Text).

❻ Erklärt, warum der Tourismus am Donau-Radwanderweg ein nachhaltiger Tourismus ist.

❼ Erkundet den Streckenabschnitt mithilfe eines Online-Kartendienstes (siehe S. 18).

❽ Erstellt eure Wandzeitung: Notiert in gut lesbarer Schrift.

❾ Legt fest, wer eure Wandzeitung präsentiert.

*Wenn du diese Aufgaben erfolgreich bearbeitet hast, kannst du …*
… die Flusslandschaft an der Donau beschreiben.
… den Tourismus an der Donau in Bezug auf Nachhaltigkeit beurteilen.
… die Fachbegriffe **Flusslandschaft** und **nachhaltiger Tourismus** erklären.

# Warum sind die Alpen attraktiv für Touristen?

© Westermann 33950EX_11

Garmisch-Partenkirchen wurde 1936 durch die Olympischen Winterspiele weltberühmt und der Tourismus erlebte einen enormen Aufschwung.
1936 wohnten etwas mehr als 18 000 Menschen im Ort, heute sind es rund 27 000. Jedes Jahr kommen ungefähr eine Million Touristen hierher, Übernachtungsgäste und Tagestouristen. Warum sind die Alpen so attraktiv für Touristen?

## Der Lebensraum Alpen

Die Alpen sind ein Hochgebirge. Die Berge sind mehr als 1 500 Meter hoch. Die höchsten Berge der Alpen sind ständig mit Schnee und Eis bedeckt. Die Pflanzen in den Alpen haben sich an das Höhenklima in den Bergen angepasst. Es haben sich **Höhenstufen** der Pflanzenwelt entwickelt.
Auch die Tiere haben sich an den Lebensraum Hochgebirge angepasst. Die Gämse hat zum Beispiel ein dickes Fell. Sie klettert geschickt über die Felsen. Das Murmeltier dagegen verschläft den Winter in einem Erdbau.
Die Menschen passten sich ebenfalls an den Hochgebirgsraum an. Bergbauern nutzen die Täler und Hänge. Heute ist allerdings der Tourismus wichtiger als die Landwirtschaft.

## Sommer- und Wintersaison – Ganzjahrestourismus in den Bergen

Jährlich besuchen viele Millionen Menschen die Alpen. Sie kommen im Sommer und im Winter. Die einen wollen wandern und die schöne Bergwelt genießen, die anderen wollen Ski fahren und sich abends amüsieren.
Um möglichst viele Urlauber anzulocken, haben die Touristenorte **Fremdenverkehrseinrichtungen** geschaffen: von der Seilbahn über Schwimmbäder und Tennisplätze bis hin zur Großdisco. Garmisch-Partenkirchen ist ein beliebter Ort in den deutschen Alpen. Fast 500 000 Gäste übernachten jährlich hier. Wenn in einem Touristenort sehr viele Touristen ihren Urlaub verbringen, spricht man von **Massentourismus**.

**M1** Höhenstufen in den Alpen

Höhe ü. M.

Schnee, Gletscher

Der **Steinadler** baut seinen Horst (Nest) in unzugänglichen, steilen Felswänden.

2500 m

Fels, Schutt

Lebensraum der **Gämse** ist die Felsregion. Ein dichtes Fell schützt sie bei Frost.

1900 m

Das **Murmeltier** liebt sonnige Hänge. In tiefen, verzweigten Gängen hält es einen Winterschlaf.

Matten

kleine Bäume, Latschen

1700 m

Baumgrenze

Nadelwald

1300 m

Laub- und Mischwald

800 m

Das **Auerhuhn** findet in ruhigen Nadel- und Mischwäldern Nahrung und Schutz.

8736EX_6

schueler.diercke.de | 100870-095-03, 100870-094-01, 100870-096-01

**M2** Das Panoramabild zeigt Garmisch-Partenkirchen im Sommer (Auswahl an Signaturen)

**Auswahl**
- ❌ Berggasthof
- Bootsverleih
- Kajak
- ▲ Camping
- Drachenfliegen
- Freibad
- Minigolf
- Klettergarten
- Sommerrodelbahn
- M Museum
- Theater
- Tennis
- Kabinenbahn
- Bergweg
- Radweg
- Wanderweg
- Zugspitzbahn Haltestelle
- **i** Tourist-Information
- **DB** Bahnhof

37946EX_2

---

**M3** Begriffsnetz Tourismus im Hochgebirge

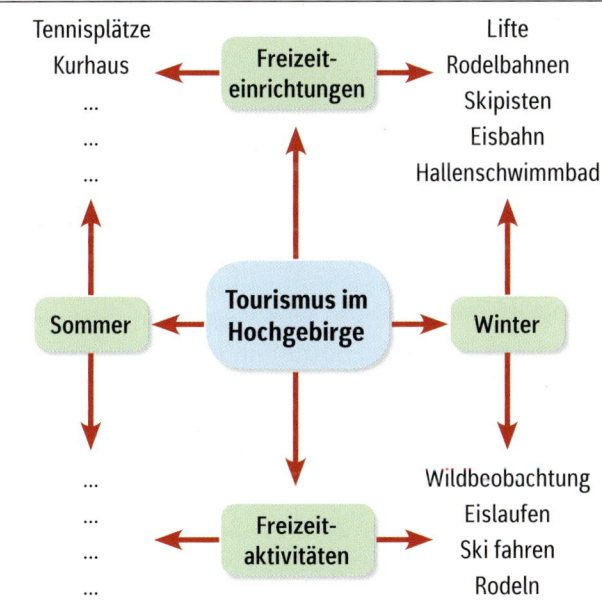

Tennisplätze
Kurhaus
...
...
...

**Freizeiteinrichtungen**

Lifte
Rodelbahnen
Skipisten
Eisbahn
Hallenschwimmbad

**Sommer** ← **Tourismus im Hochgebirge** → **Winter**

...
...
...
...

**Freizeitaktivitäten**

Wildbeobachtung
Eislaufen
Ski fahren
Rodeln

---

**M4** Auf der Skipiste am Osterfelderkopf

Von hier aus hat man einen herrlichen Blick auf Garmisch-Partenkirchen.

---

## Aufgaben

❶ Beschreibe, welche Pflanzen in welchen Höhenstufen der Alpen wachsen (M1).

❷ a) Vergleiche den Lebensraum der Gämse mit dem Lebensraum des Auerhuhns (M1).
  b) Beschreibe den Lebensraum des Murmeltiers (M1).

❸ Übertrage das Begriffsnetz (M3) in dein Heft und fülle es mithilfe von M2 aus.

❹ Was würdest du in Garmisch-Partenkirchen unternehmen (M2)?

❺ Begründe, ob man in Garmisch-Partenkirchen von Massentourismus sprechen kann (Text).

❻ ⓏNotiere die acht Alpenländer (Atlas).

> *Wenn du diese Aufgaben erfolgreich bearbeitet hast, kannst du ...*
> ... erklären, warum die Alpen attraktiv für Touristen sind.
> ... die Fachbegriffe **Höhenstufe**, **Fremdenverkehrseinrichtung** und **Massentourismus** erklären.

# Die Alpen verändern sich – durch Tourismus

Ein Blick von oben auf die Gipfel der Berge und auf die Wolkenschicht, die wie ein weißes Meer über dem Tal liegt – ist das nicht eindrucksvoll? Warum ist diese Naturlandschaft in Gefahr?

## M1 Der Aufstieg hat sich gelohnt …

### Naturraum in Gefahr

Viele Täler der Alpen waren früher schlecht erreichbar. Es gab nur wenige ausgebaute Straßen. In den Tälern lebten Bergbauern. Sie betreiben **Almwirtschaft**. Die Bauernhöfe wurden im Tal angelegt, die Almen an den Hängen der Berge. Bei der Almwirtschaft verbringen die Kühe und jungen Rinder den Sommer auf den Almen. Die Wiesen im Tal werden dann gemäht, um Futter für den Winter zu haben. Im Mai geht es hinauf auf die Voralm. Die Kühe bleiben den ganzen Sommer auf der Voralm. Aus der Milch wird Käse hergestellt. Die Jungtiere verbringen den Sommer auf der Hochalm oberhalb der **Baumgrenze**. Alle Tiere werden dann im September wieder ins Tal gebracht.

Der Tourismus hat nun diesen Naturraum verändert. Täler und Berghänge wurden bebaut. Straßen schlängeln sich über Pässe, führen über Brücken und durch Tunnel. Skipisten zerschneiden die Bergwälder. Wanderer pilgern in Scharen auf hohe Gipfel. Im Winter kommen die Skifahrer.

## M2 Almabtrieb im Herbst

Im September werden die Tiere wieder ins Tal getrieben. Sie tragen einen Kopfschmuck, wenn während des Sommers auf der Alm kein Tier verunglückt ist.

## M3 Mitte des 19. Jahrhunderts

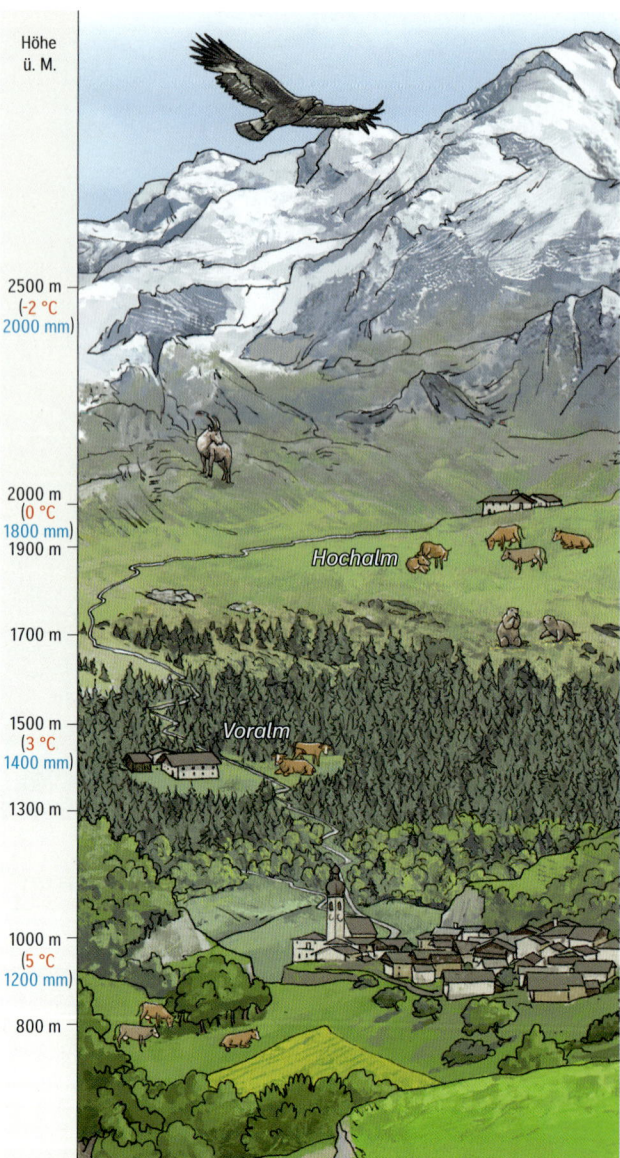

Die Alpen wurden schon früh besiedelt. Bereits in der Steinzeit lebten hier Menschen. Sie waren zunächst Jäger und Sammler, dann betrieben sie Landwirtschaft mit Ackerbau und Viehhaltung. Sie nutzten die Höhenstufen zur Almwirtschaft. Die ersten Almen gab es schon vor 5 000 Jahren. Durch die Beweidung entstanden oberhalb der Baumgrenze artenreiche Blumenwiesen. Die Siedlungen der Bergbauern in den Tälern waren klein. Der Wald an den Hängen war ein Schutz vor Lawinen.

INTERNET

Suchbegriffe:
→ YouTube: Almwirtschaft
→ Umwelt-im-Unterricht Lebensraum Alpen
→ Umwelt-im-Unterricht Wintersport Ökosystem Alpen
→ nachhaltiger Wintertourismus

Die Alpen werden das Urlaubsziel von Touristen. Es werden die ersten Lifte für Skifahrer gebaut, Skipisten und Wanderwege werden angelegt. Die Bauern haben nun einen Nebenverdienst durch den Tourismus. Sie vermieten Zimmer und verdienen sich Geld als Skilehrer oder Bergführer. Die Orte verändern sich, ebenso die Almen. Wanderer und Skifahrer können auf den Almen Getränke und Speisen bekommen.

Viele Bauern geben die Landwirtschaft auf und bauen ihre Höfe um. Sie können mehr Geld durch das Vermieten von Zimmern verdienen. Immer mehr Lifte, Bergbahnen, Höhenrestaurants und Skipisten werden gebaut. Die Bergbahngesellschaft bietet Arbeitsplätze. Da haben die Menschen ein gutes Einkommen im Sommer und im Winter. Im Sommer fahren sie die Wanderer auf den Berg, im Winter die Skifahrer.

## Aufgaben

❶ Arbeitet zu zweit und teilt euch die Aufgaben auf.
   a) Beschreibe, wie sich der Ort und das Tal bis zur Mitte des 20. Jahrhunderts verändert haben (M3, M4).
   b) Beschreibe, wie sich der Ort und das Tal von der Mitte des 20. Jahrhunderts bis heute verändert haben (M4, M5).
   c) Stellt euch gegenseitig eure Ergebnisse vor.

❷ Ⓦ Notiere Vor- und Nachteile der Veränderungen
**A** in einem Text.
**B** in einer Tabelle.

*Wenn du diese Aufgaben erfolgreich bearbeitet hast, kannst du …*
… beschreiben, wie der Tourismus die Landschaft in den Alpen verändert hat.
… die Veränderungen beurteilen.
… die Fachbegriffe **Almwirtschaft** und **Baumgrenze** erklären.

# Sanfter Tourismus in Bad Hindelang

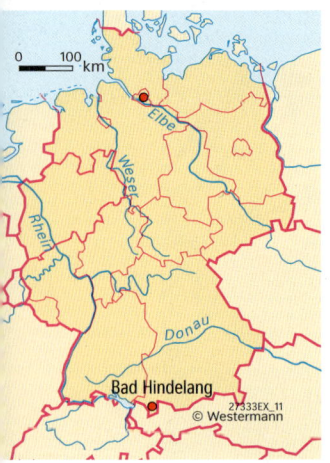

„Das Ferienland Bad Hindelang ist ein großer Abenteuerspielplatz, der Familien einen tollen Mix aus Spiel, Spaß, Abenteuer und Unterhaltung bietet. Inmitten dieser grandiosen Alpenkulisse können Kinder spielerisch die Natur entdecken und gleichzeitig lernen, verantwortungsvoll mit ihr umzugehen." Diese Werbung hatten Maras Eltern gelesen und einen Urlaub in Bad Hindelang gebucht. Nach dem Urlaub hat Mara viel zu erzählen.

**M1** **Gästekarte**

Mit der Gästekarte kann man die öffentlichen Verkehrsmittel kostenlos benutzen. Dadurch wird die Luftverschmutzung verringert und auch der Verkehrslärm im Ort ist nicht mehr so groß.

## Der etwas andere Urlaub

Bergwälder, bunte Wiesen, frische Luft und blauer Himmel – so wünschen sich die meisten Touristen einen Sommerurlaub in den Alpen. Doch Naturschützer warnen. Sie sagen, dass die Schönheit der Landschaft nur mit **sanftem Tourismus** erhalten werden kann.

In Bad Hindelang in den Allgäuer Alpen geht man neue Wege. Man versucht, die Naturlandschaft zu erhalten und den Tourismus umweltfreundlich zu gestalten. Die Gäste sollen zwar kommen, weil die einheimische Bevölkerung davon lebt. Sie sollen aber Rücksicht auf die Natur und die Kultur der Menschen nehmen. Man möchte einen sanften Tourismus. Beim sanften Tourismus soll die Natur so wenig wie möglich geschädigt werden. Die Landschaft muss aber auch gepflegt werden. Deshalb grasen die Tiere der Bergbauern auf den Bergweiden. Sie halten das Gras niedrig. So verwildern die Bergweiden nicht. Im Ort gibt es keine großen Hotels. Deshalb können nicht so viele Touristen nach Bad Hindelang kommen. Im Museum können die Urlauber die Lebensweise der Menschen kennenlernen.

**INFO**

Der **sanfte Tourismus** ist eine Form des Tourismus, der vor allem drei Ziele anstrebt:

1. Die Natur soll so wenig wie möglich geschädigt werden.
2. Die Urlauber sollen die Natur möglichst unberührt erleben können.
3. Die Urlauber sollen auf die Lebensweise der Menschen in den Urlaubsregionen Rücksicht nehmen. Die Kultur soll erlebbar sein.

**M2** **Daten zu Bad Hindelang (2019)**

Hindelang darf sich seit 2002 Bad Hindelang nennen. Der Ort ist als „Heilklimatischer Kurort" eingetragen.

|  | Anzahl |
|---|---|
| Einwohner | 5 212 |
| Gästeankünfte | 219 518 |
| Gästeübernachtungen | 1 083 535 |
| Gästebetten | 6 185 |

**M3** **Das „Ökomodell Hindelang" wurde 1987 gegründet. Das Ziel war, die Landschaft zu pflegen und Landwirtschaft, Naturschutz und Tourismus miteinander zu verbinden.**

80 Prozent der fast 140 Quadratkilometer großen Gemeindefläche stehen unter Landschafts- und Naturschutz [also ungefähr 110 Quadratkilometer]. Das „Naturschutzgebiet Allgäuer Hochalpen" ist das artenreichste Gebirge Deutschlands überhaupt. Hier findet man nicht nur mehr als 70 gefährdete Pflanzenarten, sondern auch 40 Orchideenarten – darunter den Frauenschuh, die größte freiwachsende Orchidee des Alpenraumes – und den fleischfressenden Sonnentau. Diese Artenvielfalt ist auch den Bergbauern zu verdanken. Sie haben sich verpflichtet, landschaftsschonend und ökologisch zu wirtschaften. Für die landschaftspflegerischen Dienste der Bauern und als Ausgleich für die geminderten Erträge bekommen die Landwirte eine Ausgleichszahlung von der Gemeinde.

Gemeinde Bad Hindelang (verändert)

# Meine Ferien in Bad Hindelang

Im Heimatmuseum haben wir uns angeschaut, wie die Menschen früher hier gelebt haben. Besonders interessant fand ich die Schneeschuhe, den Skibob und die Skier, mit denen die Menschen früher im Winter unterwegs waren.

In der Schaukäserei haben wir gesehen, wie Käse hergestellt wird. Das ist eine ziemlich anstrengende Arbeit. Die Bauern hier verkaufen ihre Produkte auch auf dem Bauernmarkt im Ort. Da gibt es auch den leckeren Käse zu kaufen.

Hier haben wir gewohnt! Unsere Vermieterin hat uns Bilder von früher gezeigt. Sie hofft, dass das Tal und der Ort vom Massentourismus verschont bleiben.

Hier klettere ich gerade hoch über dem Tal. Dabei habe ich auch viel über die Natur um uns herum erfahren.

Benedikt ist 30 Jahre alt und hat einen 400 Jahre alten Bauernhof! Er hat 20 Kühe, 40 Jungtiere und 12 Schweine und betreibt ökologische Landwirtschaft. Er hat uns viel über seinen „Traumberuf Bergbauer" und die Natur erzählt.

## Aufgaben

**1** Beschreibe ein Bild deiner Wahl (M4).

**2** Überprüfe, ob man den Tourismus in Bad Hindelang als sanften Tourismus bezeichnen kann. Beachte dazu die drei Ziele (Info).

**3** Sanfter Tourismus ist doch nur etwas für ältere Leute. Nimm Stellung zu dieser Aussage.

> *Wenn du diese Aufgaben erfolgreich bearbeitet hast, kannst du ...*
> ... beschreiben, wie Bad Hindelang versucht, den sanften Tourismus umzusetzen.
> ... den Fachbegriff **sanfter Tourismus** erklären.

# Tourismus in Spanien – Benidorm

© Westermann 33950EX_13

Ruhe und Abgeschiedenheit oder quirliges Strand- und Nachtleben? Die Menschen, die nach Benidorm reisen, wissen, was sie hier geboten bekommen. Wie hat sich Benidorm durch den Tourismus verändert?

**M4** **Benidorm früher**

**M1** **Benidorm bietet Spaß.**

In summer Benidorm is one big party. With more than 1 000 restaurants and over 30 discos, Benidorm offers nearly everything needed for a "busy" nightlife.

**M2** **Benidorms Bettenburgen**

Benidorm liegt an der Costa Blanca, einem Küstenabschnitt an der spanischen Mittelmeerküste. Benidorm ist für viele Menschen ein Beispiel für Größenwahn. 140 der höchsten Gebäude in Spanien stehen in Benidorm. Diese Gebäude sind Hotels oder Apartmenthäuser für die Touristen. Als immer mehr Touristen wegen der warmen, trocken Sommer und wegen des warmen Meeres kamen, baute man das Angebot an Betten immer weiter aus. Die sogenannten Bettenburgen haben für manche Experten allerdings den Vorteil, dass das Hinterland nicht auch noch zugebaut wird.

## Vom Fischerdorf zur Bettenburg

Benidorm war früher ein kleines Fischerdorf. Heute ist der Ort nicht wiederzuerkennen. Für die Touristen wurden Hotels, Restaurants, Diskotheken, Geschäfte und Freizeiteinrichtungen gebaut. Wenige Gebäude erinnern noch an früher, als die Häuser die Kultur des Landes widerspiegelten. Überall liest man heute „Bayerische Bierstube", „Pub" und „Disco". So geht auch die Sprache der Einheimischen langsam verloren. Die Sprachen der Touristen setzen sich durch.

Benidorm hat für einen Badeurlaub viel zu bieten: einen langen Sandstrand und warme, trockene Sommer mit vielen Sonnenstunden am Tag.

Im Sommer wird die Wasserversorgung allerdings zum Problem, weil kein Niederschlag fällt. Das Wasser muss über lange Rohrleitungen aus anderen Landesteilen in die Touristenorte an der Küste geleitet werden. Der Massentourismus führte dazu, dass heute viele Menschen im Tourismus arbeiten. In der **Hauptsaison** gibt es eine Menge zu tun, doch in der **Nebensaison** werden auch einige Menschen arbeitslos.

**M3** **Benidorm 1955**

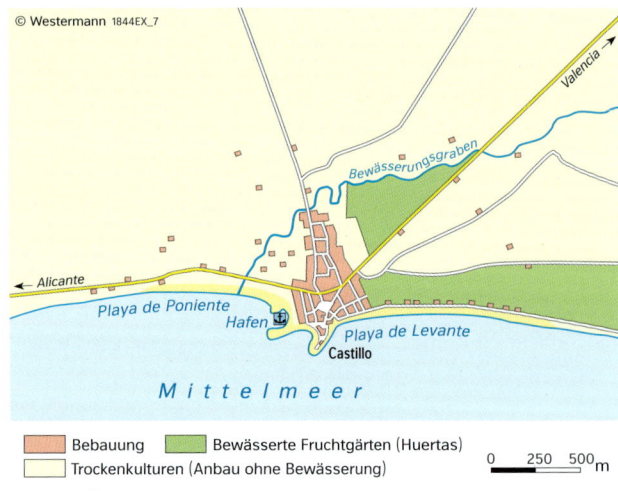

| | Bebauung | Bewässerte Fruchtgärten (Huertas) |
|---|---|---|
| | Trockenkulturen (Anbau ohne Bewässerung) | |

0 250 500 m

**M5** **Benidorm heute**

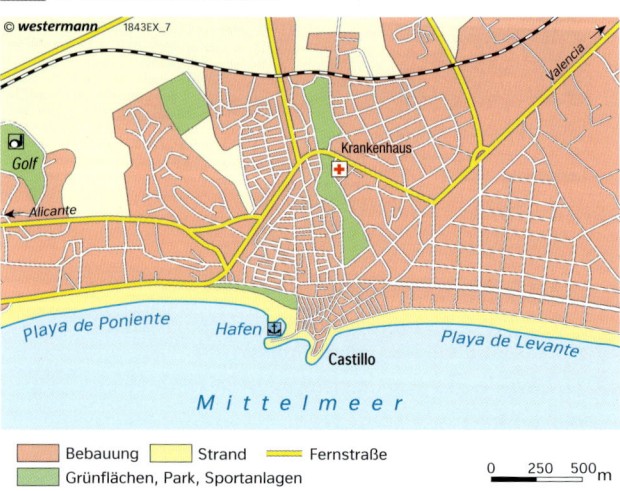

| | Bebauung | Strand | Fernstraße |
|---|---|---|---|
| | Grünflächen, Park, Sportanlagen | | |

0 250 500 m

**M6** Benidorm heute im Sommer, in der Hauptsaison

**M7** Durchschnittliche monatliche Auslastung der Hotels in Benidorm

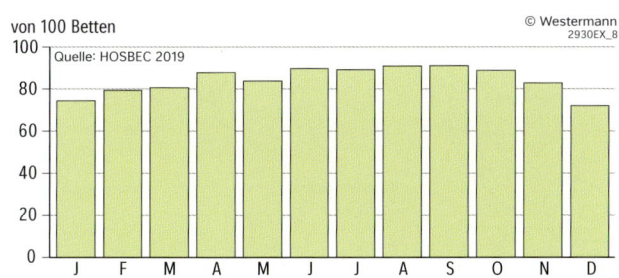

80 von 100 Betten bedeutet, dass durchschnittlich im Monat 80 von 100 Betten belegt waren.

**M8** Was passiert, wenn die Touristen wegbleiben?

Der Tourismus wurde 2020 besonders hart von den Auswirkungen des Coronavirus betroffen. Die spanische Regierung unterstützte viele Unternehmen finanziell, denn der Tourismus ist ein „Motor" für die spanische Wirtschaft.

**M9** „Nur noch weg ins Hinterland."

In den Orten sind fast nur deutsche und englische Gaststätten. Außerdem stören mich der Lärm, die Autoabgase und die Wasserverschmutzung.
Ich fahre in meiner Freizeit ins Hinterland – weg von der Küste.

**INFO**

Die **Hauptsaison** ist die Zeit im Jahr, in der besonders viele Touristen kommen. In der **Nebensaison** kommen weniger Touristen.

## Aufgaben

❶ Ⓦ Beschreibe, wie sich Benidorm verändert hat.
**A** Vergleiche die Bilder (M4, M6).
**B** Lies die Texte (M1, M2, Text).
**C** Vergleiche die Karten (M3, M5).
❷ Erkläre, warum viele Einheimische lieber ins Hinterland fahren (M9).
❸ a) Untersuche die Auslastung der Hotels mit Gästen (M7).
 b) Sandra ist Zimmermädchen in einem Hotel in Benidorm.

Erkläre, welche Auswirkungen die Auslastung im Winter für sie hat.
❹ Ergänze den Satz.
Wer im Tourismus arbeitet, ist besonders … (M7, M8).
❺ Ⓩ Bettenburgen in Benidorm bringen einen Vorteil für das Hinterland. Nimm Stellung zu dieser Aussage (M2).

*Formulierungshilfen zu Aufgabe 3a:*
In … Monat/en sind alle Betten belegt.
Die größte Auslastung gibt es im …
Dann sind … von … Betten belegt.
Die niedrigste Auslastung gibt es im …

*Wenn du diese Aufgaben erfolgreich bearbeitet hast, kannst du …*
… beschreiben, wie sich Benidorm durch den Tourismus verändert hat.
… Vor- und Nachteile des Tourismus benennen.
… die Fachbegriffe **Hauptsaison** und **Nebensaison** erklären.

**M1** Gästeankünfte und Gästeübernachtungen in den einzelnen Tourismusregionen Nordrhein-Westfalens (2019)

Römisches Kastell in Xanten

Mit dem Fahrrad durch das Münsterland

Die Externsteine im Teutoburger Wald

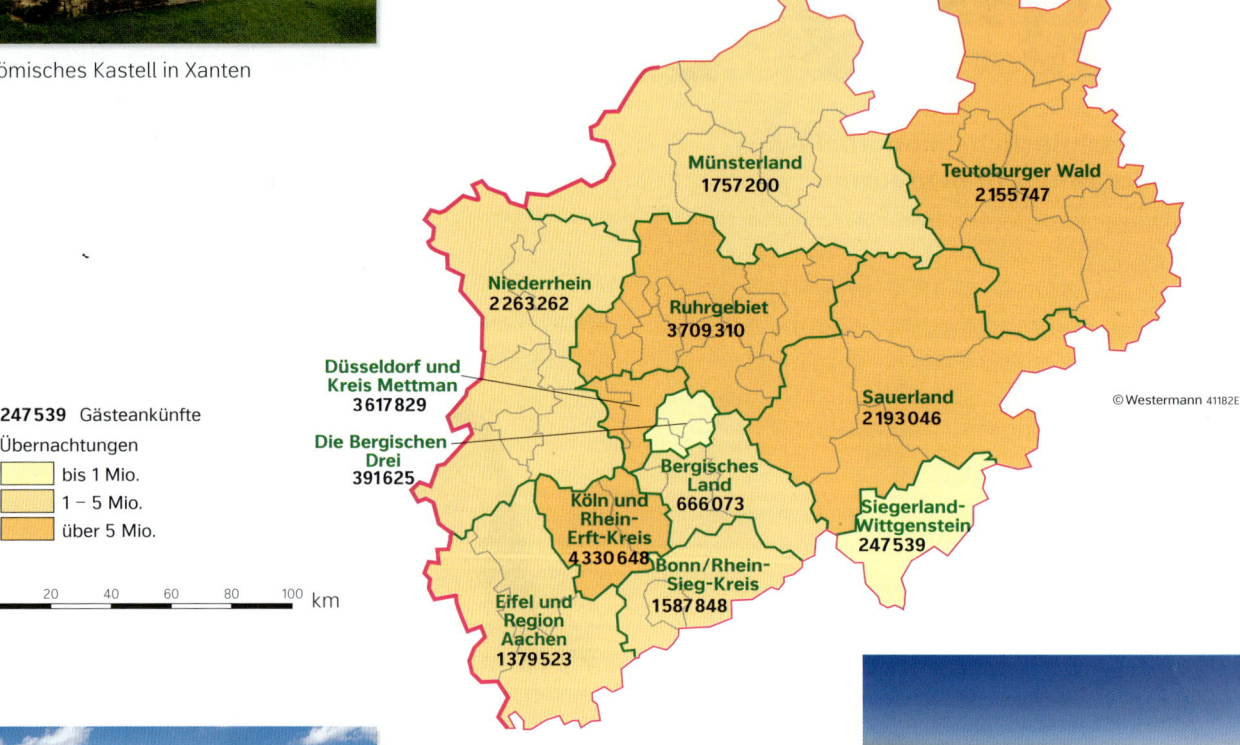

Münsterland
1 757 200

Teutoburger Wald
2 155 747

Niederrhein
2 263 262

Ruhrgebiet
3 709 310

Düsseldorf und Kreis Mettman
3 617 829

Die Bergischen Drei
391 625

Sauerland
2 193 046

Bergisches Land
666 073

Köln und Rhein-Erft-Kreis
4 330 648

Siegerland-Wittgenstein
247 539

Bonn/Rhein-Sieg-Kreis
1 587 848

Eifel und Region Aachen
1 379 523

© Westermann 41182EX

247 539 Gästeankünfte

Übernachtungen

| | |
|---|---|
| | bis 1 Mio. |
| | 1 – 5 Mio. |
| | über 5 Mio. |

0  20  40  60  80  100 km

Köln: Blick auf den Dom und die Altstadt

Im Nationalpark Eifel

Skifahren in Winterberg im Sauerland

**INTERNET**

Im Internet gibt es interaktive Freizeitkarten. Hier ist ein Beispiel:
Suchbegriff:
→ interaktive Freizeitkarte Neanderland

Die Ostseeküste in Mecklenburg-Vorpommern

Die „Holsteinische Schweiz" in
Schleswig-Holstein

Das Mittelrheintal in Rheinland-Pfalz

Der Schwarzwald in Baden-Württemberg

Der Fernsehturm
in Berlin

Schloss Neuschwanstein in Bayern

Die Wartburg in Thüringen

**Schleswig-Holstein**
A: 8 923 830
Ü: 35 974 794

**Mecklenburg-Vorpommern**
A: 8 362 988
Ü: 34 117 199

**Bremen**
A: 1 510 705
Ü: 2 815 631

**Hamburg**
A: 7 619 233
Ü: 15 427 406

**Brandenburg**
A: 5 230 025
Ü: 13 974 886

**Niedersachsen**
A: 15 416 654
Ü: 46 228 427

**Sachsen-Anhalt**
A: 3 603 700
Ü: 8 645 180

**Berlin**
A: 13 963 345
Ü: 34 124 364

**Nordrhein-Westfalen**
A: 24 309 650
Ü: 53 259 784

**Thüringen**
A: 4 038 093
Ü: 10 349 729

**Sachsen**
A: 8 484 173
Ü: 20 750 560

**Hessen**
A: 15 954 530
Ü: 35 613 674

**Rheinland-Pfalz**
A: 9 119 751
Ü: 23 018 864

**Saarland**
A: 1 122 563
Ü: 3 216 255

**Baden-Württemberg**
A: 23 274 159
Ü: 57 187 271

**Bayern**
A: 40 010 919
Ü: 100 911 480

© Westermann 41183EX

0    100    200 km

## Aufgaben

❶ Ⓦ Vergleiche die Tourismusregionen in Nordrhein-Westfalen (M1).

A Erstelle eine Tabelle mit den Tourismusregionen nach Gästeübernachtungen.

B Liste die Tourismusregionen nach den Gäste-ankünften auf. Ordne nach der Anzahl.

❷ Ⓦ Vergleiche die Bundesländer (M2).

A Liste die Bundesländer nach Gästeübernachtungen auf. Ordne nach der Anzahl.

B Liste die Bundesländer nach den Gästeankünften auf. Ordne nach der Anzahl.

❸ Ⓩ Wähle ein Bundesland aus. Berechne, wie viele Nächte die Gäste im Durchschnitt blieben (M2).

a) Zur Weltausstellung 1889 erbaut, ist der Eiffelturm das Wahrzeichen welcher europäischen Hauptstadt? An welchem Fluss liegt sie?

b) Val d'Isère in den französischen Alpen. Nenne die acht Alpenländer.

c) Der südlichste Ort des europäischen Festlandes. Wie heißt er, in welchem Land liegt er und welches Land siehst du im Bildhintergrund?

d) Wien – die Hauptstadt Österreichs. Welcher Fluss fließt durch sie? Welche Länder durchfließt der Fluss außer Österreich noch?

e) Das Nordkap wird landläufig als nördlichster Punkt des europäischen Festlandes bezeichnet. In welchem Land liegt es?

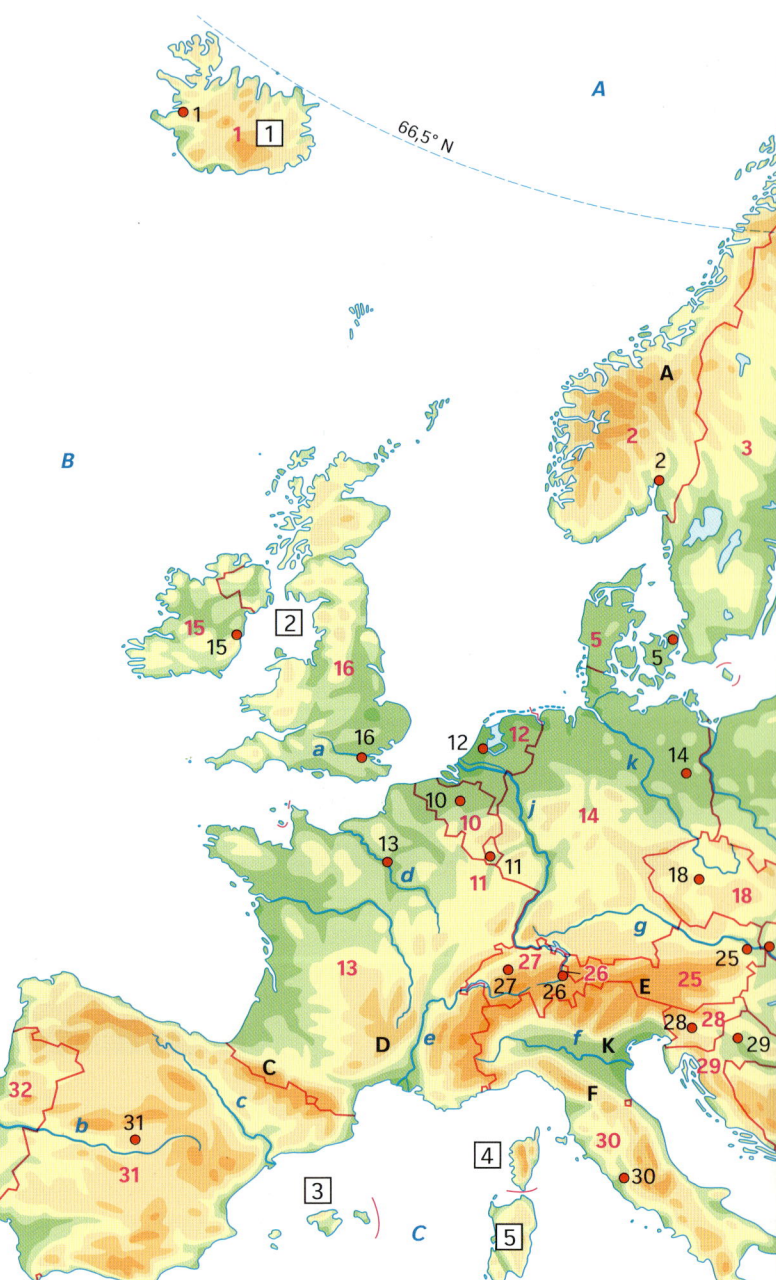

schueler.diercke.de | 100870-120-01, 100870-098-02

f) Magnitogorsk (Russland). Welches Gebirge wird oft als (physisch-geographische) Grenze zwischen Europa und Asien angesehen?

g) Die Elbe. In welchem Land liegt ihre Quelle und in welches Meer mündet die Elbe?

h) Der Vesuv. Welche Großstadt liegt am Fuße des Vulkans?

i) Grottenolm in der Postojna-Höhle. In welchem für seine Höhlen bekannten Land liegt sie?

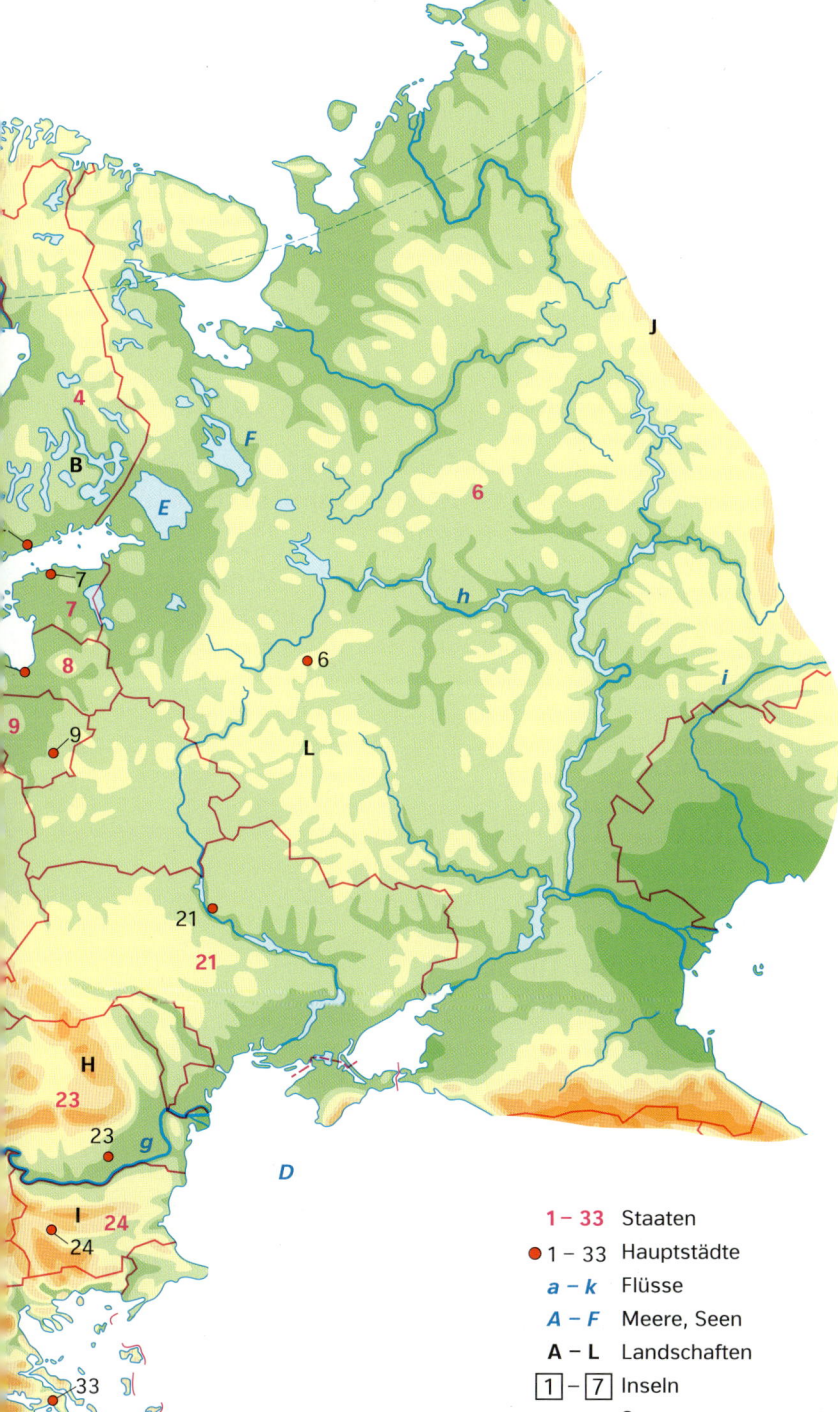

1 – 33  Staaten
● 1 – 33  Hauptstädte
a – k  Flüsse
A – F  Meere, Seen
A – L  Landschaften
[1] – [7]  Inseln
———  Staatsgrenze

0  100  200  300  400  500 km

© Westermann 23373EX_8

## Aufgaben

❶ Beantworte die Fragen zu den Bildern.

❷ Wähle aus und bestimme die Namen von 10 Ländern und ihren Hauptstädten, 5 Flüssen, 3 Meeren, 4 Landschaften und 3 Inseln (Atlas).

# Gewusst? – Gekonnt!

**M2** Silbenrätsel

SENMUSMASRISTOU

SCHAFTWIRTALM

STUHENFEHÖ

GRENBAUMZE

TOUMUSTERSANFRIS

❶ Löse das Silbenrätsel in M2.

❷ a) Erkläre, was ein Nationalpark ist.
b) Beschreibe, welche Regeln im Nationalpark Niedersächsisches Wattenmeer gelten.
c) Notiere die Namen der Nationalparks, die in den deutschen Mittelgebirgen liegen (M4).
*Schulbuch, Seiten 230 – 231*

**M4** Nationalparks in Deutschland

**M1** Seilbahnen und Lifte in der Schweiz

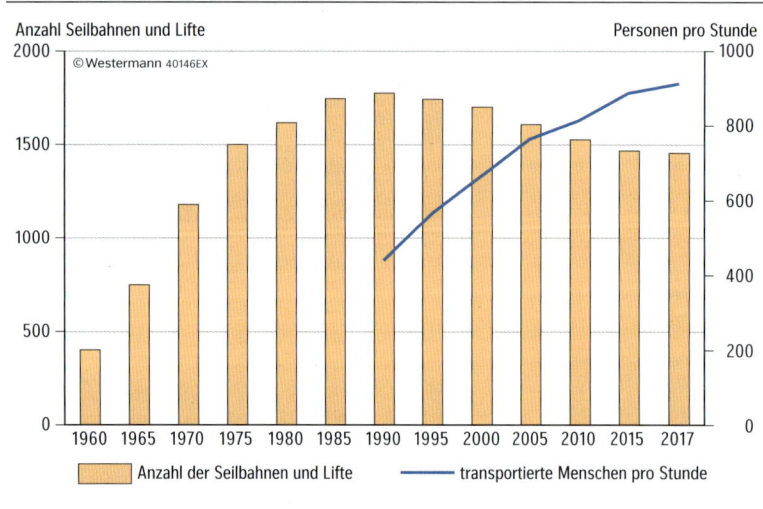

Anzahl der Seilbahnen und Lifte
— transportierte Menschen pro Stunde

❺ a) Beschreibe die Entwicklung der Anzahl der Seilbahnen und Lifte in der Schweiz (M1).
b) Beschreibe die Entwicklung der Menschen, die in Seilbahnen und Liften pro Stunde transportiert wurden (M1).
c) Vergleiche die Entwicklung der Seilbahnen mit der Entwicklung der transportierten Personen. Was kannst du schlussfolgern?
*Schulbuch, Seiten 190 – 191*

**M3** Die Höhenstufen in den Alpen

❸ Beschreibe die Höhenstufen in den Alpen (M3).
*Schulbuch, Seite 236*

❹ Beschreibe, wie sich die Alpen durch den Tourismus verändert haben.
*Schulbuch, Seiten 238 – 239*

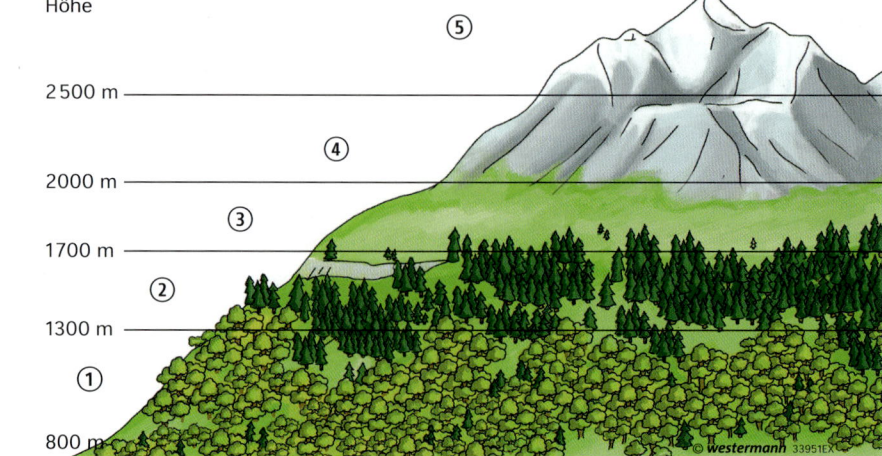

## M5 Am Strand an der Nordsee

**6** Liste auf, inwiefern sich die Menschen in der Zeichnung falsch verhalten und den Lebensraum der Tiere und Pflanzen an der Nordsee gefährden (M5).
*Schulbuch, Seiten 228 – 229*

**7** Stelle in einer Tabelle die Vor- und Nachteile des Tourismus an der Nordseeküste zusammen.
*Schulbuch, Seiten 228 – 231*

**8** Am Beispiel eines Hotels kannst du erkennen, welche Dienstleistungen mit der Versorgung eines Hotels zu tun haben (M7).
Wähle drei Dienstleistungen aus und notiere möglichst viele Berufe in diesen Bereichen.
*Schülerbuch, Seiten 186, 228, 235 – 237*

## M6 Nationalparkregeln

**9** Notiere zu jedem Schild die Regel (M6).

## M7 Tourismus – Motor der Wirtschaft

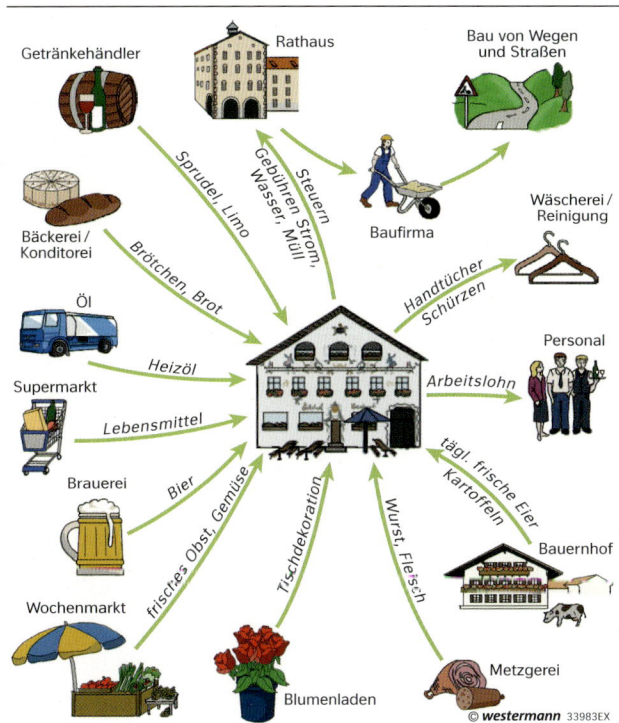

## Fachbegriffe

| | | | |
|---|---|---|---|
| die Almwirtschaft | die Fremdenverkehrsein- | der Massentourismus | der sanfte Tourismus |
| die Baumgrenze | richtung | der nachhaltige Tourismus | die Schutzzone |
| die Ebbe | die Gezeiten | der Nationalpark | das Wattenmeer |
| die Flusslandschaft | die Hauptsaison | die Nebensaison | |
| die Flut | die Höhenstufe | der Nutzungskonflikt | |

WES-105332-219
westermann.de/webcode

# Leben und Herrschaft im Mittelalter

Beim Stichwort Mittelalter denken viele Menschen sofort an Burgen. Burgen sind faszinierende Bauwerke.

Es ist bewundernswert, wie die Menschen damals ohne moderne Technik Burgen bauen konnten. Hast du schon einmal eine Burg besichtigt? Was fandest du besonders eindrucksvoll? Welche Hinweise bezüglich der Aufgaben von Burgen kannst du in der Abbildung erkennen?

Die meisten Menschen im Mittelalter lebten allerdings nicht auf Burgen. Was weißt du bereits über das Leben im Mittelalter? Welche Fragen würdest du gerne untersuchen?

rechts: Die Burg Eltz in Rheinland-Pfalz stammt aus dem 12. Jahrhundert. Sie liegt oberhalb des Flusses Eltz. Diese Burg konnte niemals erobert werden. Sie überstand alle Kriege ohne Zerstörungen. Im 14. Jahrhundert gab es geschätzt 13 000 Burgen im Gebiet des heutigen Deutschland.

# Karl der Große – ein Herrscher im Mittelalter

Karl der Große gilt als der berühmteste Herrscher des Mittelalters. Er regierte ein Gebiet, das große Teile des heutigen Frankreich, Deutschland und Italien umfasste. Wie regierte Karl dieses große Reich?

**INFO**

Das Wort **Pfalz** leitet sich aus dem lateinischen Wort „palatium" ab, von dem auch unser Wort „Palast" abstammt.

**M2  Das Reich Karls des Großen**

Frankenreich um 768 · Erwerbungen Karls d. Gr. · Kirchenstaat · Fränkisches Einflussgebiet · wichtige Pfalzen

© Westermann 4926EX_11

## Das Reich Karls des Großen

Karl stammte aus der mächtigen Familie der Karolinger. Sein Vater Pippin war der einflussreichste Berater am Königshof der Franken. Pippin setzte im Jahr 751 den König ab und machte sich selbst zum König der Franken. Kurz vor seinem Tod im Jahr 768 teilte Pippin das Frankenreich unter seinen beiden Söhnen Karl und Karlmann auf. Als Karlmann drei Jahre später starb, übernahm Karl im Alter von 24 Jahren die Herrschaft über das gesamte Frankenreich.

In den kommenden 43 Jahren erweiterte Karl in vielen Kriegen die Grenzen des Frankenreiches. Er nahm Bayern im Südosten ein und eroberte Sachsen im Norden. Der Krieg gegen die Sachsen dauerte 30 Jahre. Am Ende zwang Karl die Sachsen, den christlichen Glauben anzunehmen. In Norditalien besiegte er die Langobarden, die den Papst in Rom bedroht hatten. Karl nannte sich von nun an „König der Franken und Langobarden".

## Karl, der Reisekönig

Im Frankenreich gab es keine Hauptstadt. Karl der Große reiste mit seinem Hofstaat von Ort zu Ort und blieb dort immer nur für einige Wochen. So konnte er als Reisekönig sein Reich verwalten, indem er an vielen Orten selbst Recht sprach, die Adligen kontrollierte und persönliche Kontakte pflegte.

Das **Reisekönigtum** musste gut organisiert werden, denn der Hofstaat des Königs umfasste mehrere Hundert Personen. Diese mussten mit Lebensmitteln versorgt werden. So ließ der König an geeigneten Orten des Reiches große Königshöfe errichten, die sogenannten **Pfalzen**. Diese Pfalzen besuchte der König auf seinen Reisen durch das Reich besonders häufig. Karl erließ sogar Gesetze, die genau vorschrieben, welche Nahrungsmittelvorräte die Pfalzen anzulegen hatten.

Karls bevorzugte Pfalz war Aachen mit seinen Heilquellen. Hier ließ er einen prunkvollen Herrschaftssitz erbauen.

**M1  Reiterstatue Karls des Großen (9. Jh.)**

Karl lässt sich auf seinem Pferd wie ein römischer Kaiser darstellen. Die Bronzestatue ist 24 cm hoch.

**M3  Neue Schrift: Karolingische Minuskel**

Karl legte großen Wert auf die Bildung seiner Untertanen. Deshalb richtete er viele Schulen ein und schuf die Einheitsschrift „Karolingische Minuskel". Die Minuskeln sind Kleinbuchstaben, aus denen auch unsere heutige Schrift entstanden ist.

*hoc anno imperator pascha aquis celebravit*

„hoc anno imperator pascha aquis celebravit"

Übersetzung:

„In diesem Jahr feierte der Kaiser Ostern in Aachen."

1 Pfalzkapelle
2 Kaiserpfalz
3 Kaiserbad
4 Gärten der Pfalz
5 Wohnbezirk der Kaufleute
6 Wohnhäuser der Bediensteten, Ställe und Vorratshäuser
7 Grenze des Pfalzbezirks

## Bildung und Glauben im Reich

Karl versammelte viele Gelehrte und schreibkundige Geistliche aus ganz Europa an seinem Königshof. Er ließ eine Hofbibliothek anlegen, um das damalige Wissen zu sammeln. Vor allem aber wollte er die Kenntnis der Bibel fördern.

Um Bücher im Königreich zu verbreiten, wurden sie von Hand abgeschrieben. Hierfür wurde sogar eine neue Buchstabenschrift eingeführt, die gut zu lesen und zu schreiben war.

Karl ließ in vielen Klöstern und Bischofsstädten Schulen errichten. Dort sollten nicht nur die zukünftigen Priester und Mönche ausgebildet werden, sondern auch Kinder von Adligen.

Karl der Große sah sich als Förderer des christlichen Glaubens. Sein Königshof erließ daher Gesetze für die Kirchen und Vorschriften für den Ablauf des Gottesdienstes. Alle Menschen seines Reiches sollten beispielsweise das „Vaterunser" beten können.

## Verwaltung im Reich

Das Reich war in Grafschaften aufgeteilt. Die Grafen hatten die Aufgabe, die königlichen Anordnungen in den Grafschaften auszuführen, Gericht zu halten, Steuern einzutreiben und für Frieden zu sorgen. Um sicherzugehen, dass seine Anordnungen zuverlässig ausgeführt wurden, schickte Karl hochrangige Adlige als Königsboten in die einzelnen Grafschaften. Diese sollten die Durchführung der Gesetze überwachen. Sie berichteten dem Königshof über Mängel im Reich, über die ungerechte Behandlung der Bevölkerung durch die Adligen oder über Aufstände von Grafen. Die Königsboten kontrollierten auch die Pfalzen. Außerdem sorgten sie dafür, dass alle männlichen Bewohner des Reiches ab zwölf Jahren dem König ihre Treue schworen.

Ein Kanzler am Königshof stellte die Urkunden aus. Viele dieser Königsurkunden sind bis heute erhalten.

## Aufgaben

❶ In M2 sind wichtige Pfalzen zu sehen. Notiere die Namen der heutigen Länder, in denen diese Pfalzen lagen, sowie die Länder, die im Jahr 768 zum Frankenreich gehörten (Atlas).

❷ Erkläre, warum Karl der Große die Pfalzen brauchte (Text).

❸ Beschreibe mit eigenen Worten die Gebäude der Kaiserpfalz in Aachen und benenne deren Funktion (M4).

❹ Ⓦ Karl der Große verbesserte die Bildung und Verwaltung seines Königreiches (M3, Text).

A Erstelle eine Liste mit seinen Maßnahmen.

B Erläutere die Maßnahmen mit eigenen Worten in einem Text.

*Formulierungshilfen zu Aufgabe 2:*
Karl und sein Königshof brauchten die Pfalzen, weil …
Die Pfalzen ermöglichten es ihm, das Reich …

*Wenn du diese Aufgaben erfolgreich bearbeitet hast, kannst du …*
… erklären, warum Karl der Große ein Reisekönig war.
… beschreiben, wie Karl der Große sein Reich regierte.
… die Fachbegriffe **Reisekönigtum** und **Pfalz** erklären.

# Eine Geschichtskarte auswerten

**M1** **Europa am Ende der Herrschaft Karls des Großen um 814**

In deinem Atlas findest du auch viele Geschichtskarten. Geschichtskarten sind thematische Karten. Sie zeigen die Länder und Gebiete, wie sie in der Vergangenheit hießen, wer dort lebte und wie sich die Grenzen im Laufe der Zeit verändert haben. Wie wertest du die Informationen in einer Geschichtskarte aus?

**1. Der Kartentitel**

Europa am Ende
der Herrschaft
Karls des Großen
um 814

**2. Die Legende**

- Frankenreich um 768
- Frankenreich um 814
- fränkisches Einflussgebiet
- Kirchenstaat unter Schutz des Frankenkaisers
- Züge der Wikinger
- Stammesgebiete

**3. Die Maßstabsleiste**

## Eine Geschichtskarte auswerten

**1. Schritt:  Wo? Wann? Was? – das Thema der Karte**
Bei einer Karte ist der abgebildete Raum wichtig, seine Lage und seine Größe.
Lies den Titel. Er gibt Auskunft über das Thema und ordnet die Karte zeitlich ein.
Die Maßstabsleiste gibt dir Hinweise auf die Größe des Raumes.

**2. Schritt:  Was sind die genauen Inhalte?**
Lies die Legende. Sie gibt dir Auskunft über die Bedeutung der Farben und Kartenzeichen. Die Flächenfarben in der Karte in M1 zeigen unter anderem die Ausdehnung des Frankenreiches zwischen 768 und 814.

Lies die Beschriftung. Sie enthält wichtige Namen. Auf der Karte in M1 sind unter anderem die Namen von Ländern und Volksgruppen eingetragen.

**3. Schritt:  Was ist die Kernaussage der Karte?**
Fasse die Aussage der Karte in wenigen Sätzen zusammen. Beispiel für diese Karte:
Das Frankenreich hat sich unter Karl dem Großen von 768 bis 814 von seinem Kernraum im heutigen Frankreich und Teilen Deutschlands bis nach Italien, Bayern und Sachsen ausgeweitet. Das Einflussgebiet Karls des Großen ging weit darüber hinaus.
Von Norden und Westen drangen die Wikinger (Normannen) in Karls Reich ein.

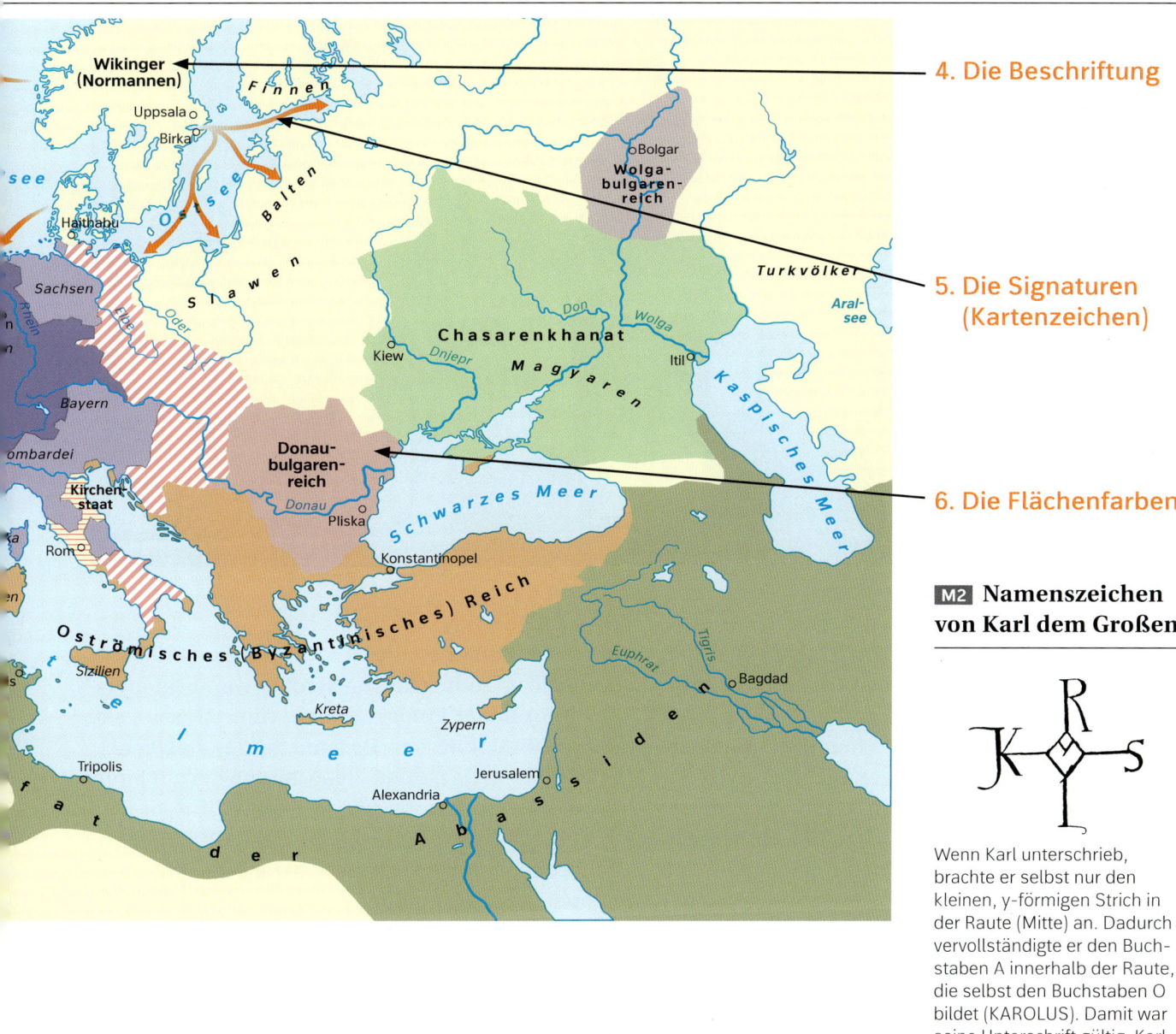

**4. Die Beschriftung**

**5. Die Signaturen (Kartenzeichen)**

**6. Die Flächenfarben**

Karte Beschriftungen (innerhalb des Bildausschnitts):
Wikinger (Normannen) · Finnen · Uppsala · Birka · Ostsee · Balten · Haithabu · Slawen · Sachsen · Bayern · Rhein · Elbe · Oder · Lombardei · Kirchenstaat · Rom · Sizilien · Tripolis · Kreta · Zypern · Alexandria · Jerusalem · Donaubulgarenreich · Pliska · Donau · Konstantinopel · Schwarzes Meer · Kiew · Dnjepr · Chasarenkhanat · Magyaren · Don · Wolga · Itil · Bolgar · Wolgabulgarenreich · Turkvölker · Aralsee · Kaspisches Meer · Oströmisches (Byzantinisches) Reich · Mittelmeer · Euphrat · Tigris · Bagdad · der Abbassiden

**M2 Namenszeichen von Karl dem Großen**

Wenn Karl unterschrieb, brachte er selbst nur den kleinen, y-förmigen Strich in der Raute (Mitte) an. Dadurch vervollständigte er den Buchstaben A innerhalb der Raute, die selbst den Buchstaben O bildet (KAROLUS). Damit war seine Unterschrift gültig. Karl konnte allerdings lesen und schreiben.

## Aufgaben

❶ Liste mithilfe von M1 auf, welche Gebiete innerhalb des Frankenreichs lagen:
a) um das Jahr 768.
b) um das Jahr 814.

❷ Notiere weitere große Reiche im Jahr 814, die in der Karte verzeichnet sind.

❸ Beschreibe die Züge der Wikinger auf der Geschichtskarte möglichst genau. Benutze auch die Bezeichnungen der Himmelsrichtungen.

❹ Führe die ersten beiden Schritte der Kartenauswertung durch.

❺ Zeichne eine Kartenskizze, die die Züge der Wikinger zeigt.

*Formulierungshilfen zu Aufgabe 4:*
Die Karte stellt ... dar.
Der abgebildete Raum reicht von ... bis ...
Die Ost-West-Ausdehnung beträgt ... km.
Die Nord-Süd-Ausdehnung beträgt ... km.
... sieht man ...
... befinden sich ...
... grenzt an ...
Die Karte zeigt deutlich, dass ...

*Wenn du diese Aufgaben erfolgreich bearbeitet hast, kannst du ...*
... den Aufbau einer Geschichtskarte beschreiben.
... alle Informationen einer Geschichtskarte auswerten.

# Die Kaiserkrönung Karls des Großen

König und Kaiser sind typisch mittelalterliche Herrscher. Wie wurde man Kaiser? Welchen Unterschied gab es zwischen König und Kaiser?

**M1** Die Krönung Karls des Großen (zeitgenössische Darstellung)

## Karl wird Kaiser

Papst Leo III. stritt in Rom mit mächtigen Familien, die ihn aus dem Amt vertreiben wollten. Im Frühjahr 799 schlugen sie los. Sie griffen den Papst auf offener Straße an und wollten ihm die Zunge herausschneiden und seine Augen blenden. Er sollte amtsunfähig gemacht werden. Doch das Attentat misslang. Der Papst konnte sich retten. Mithilfe von Königsboten zog er nach Norden zu König Karl und traf ihn in Paderborn. Da Karl sich als Schutzherr der Kirche verstand, versprach er, dem Papst zu helfen. Im folgenden Jahr zog Karl mit einem Heer nach Rom. Dort konnte er die Macht des Papstes wiederherstellen. Dann geschah etwas Außergewöhnliches: Während des Weihnachtsgottesdienstes am 25. Dezember 800 setzte Papst Leo III. dem König eine Krone auf. Karl war zum römischen Kaiser gekrönt worden. Nach mehr als 300 Jahren gab es wieder einen Kaiser im westlichen Teil des alten Römischen Reiches. Karl hatte die Gelegenheit genutzt, um seine starke Stellung als König mit dem Kaisertitel zu festigen. Er wollte für alle sichtbar nun auch ein Kaiser „von Gottes Gnaden" sein.

## Das Kaisertum im Mittelalter

Als neuer **Kaiser** stellte sich Karl auf eine Stufe mit den antiken römischen Kaisern. Er war nicht mehr nur fränkischer König, sondern römischer Kaiser und deshalb oberster Beschützer der westlichen Christenheit. Das unterschied ihn von den anderen Herrschern in Europa. Diese neue Würde brachte Karl aber auch in Konkurrenz zu dem anderen, dem sogenannten oströmischen Kaiser in Konstantinopel (heute Istanbul), denn dieser sah sich als der „wahre" christliche Kaiser an. Als Kaiser nutzte Karl den folgenden Titel in seinen Urkunden: „Karl, allergnädigster Augustus [= Erhabener], von Gott gekrönter, großer, Frieden bringender Kaiser, der das Römische Reich regiert und auch durch Gottes Gnade König der Franken und Langobarden ist."
Karl der Große starb im Jahr 814. Er wurde für nachfolgende Kaiser zum Vorbild als Herrscher und Beschützer der Christen.

**M2** Vorderseite einer Münze Karls des Großen

Auf der Münze ist Karl wie ein antiker römischer Kaiser mit Kaisermantel und Lorbeerkranz abgebildet sowie seinem Namen „Karolus" und seinem Titel „Imp[erator] Aug[ustus]" (um 813/814).

---

**INFO**

Die römischen **Kaiser** der Antike führten ehrende Beinamen in ihren Kaisertiteln: „Caesar", „Augustus" und Imperator. Aus dem Beinamen „Caesar" entwickelte sich der deutsche Begriff „Kaiser". Im Mittelalter wurden die Kaiser in Rom vom Papst gekrönt. Sie beriefen sich darauf, von Gott eingesetzt worden zu sein, um die Gemeinschaft der Christen zu schützen.

**M3** Die Zeichen der Macht (Reichsinsignien)

Reichsapfel, Reichszepter und Kaiserkrone

**M5** Herrschaftssymbole im römisch-deutschen Reich

Im 10. Jahrhundert bildete sich aus dem östlichen Teil des ehemaligen Frankenreiches ein Gebiet, das später **Heiliges Römisches Reich** genannt wurde. Es wurde so genannt, weil die dort herrschenden deutschen Könige und Kaiser den Anspruch hatten, das Römische Reich der Antike fortzuführen.

Die Krönungszeremonie lief nach einem festgelegten **Ritual** ab: Der König wurde von einem Bischof in die Kirche geführt, mit „heiligem Öl" gesalbt und dann gekrönt. Als Zeichen seiner Macht dienten ihm Krone, Zepter (Symbol der weltlichen Herrschaft) und Reichsapfel (stellt die Erde dar).

Im 15. Jahrhundert erhielt der Name „Heiliges Römisches Reich" den Zusatz „Deutscher Nation". 1806 wurde das Heilige Römische Reich Deutscher Nation schließlich aufgelöst.

**M4** Quelle 1: Die Sichtweise des Papstes (zeitnah geschrieben)

Am Tage der Geburt unseres Herrn Jesu Christi waren alle in der [...] Basilika des heiligen Apostels Petrus versammelt. Und da krönte der ehrwürdige und segenspendende Vorsteher der Kirche den König eigenhändig mit der kostbarsten Krone. Darauf riefen alle gläubigen [...] Römer, die den Schutz und die Liebe sahen, die Karl der römischen Kirche und ihrem Vertreter gewährte, einmütig [= einstimmig] mit lauter Stimme auf Gottes Geheiß [...] aus: „Dem allerfrömmsten Augustus Karl, dem von Gott gekrönten [...] Kaiser Leben und Sieg!

*Deutsche Geschichte in Quellen und Darstellungen. Band 1: Frühes und hohes Mittelalter 750 – 1250, S. 53f.*

**M6** Quelle 2: Die Sichtweise Einhards, eines engen Vertrauten Karls des Großen (viele Jahre nach Karls Tod geschrieben)

[Karls] letzte Reise nach Rom hatte mehrere Gründe. Die Römer hatten Papst Leo schwer misshandelt [...]. Daher begab sich Karl nach Rom, um die verworrenen Zustände der Kirche zu ordnen. Das dauerte den ganzen Winter. Bei dieser Gelegenheit erhielt er den Kaiser- und Augustustitel, der ihm anfangs so zuwider war, dass er erklärte, er würde die Kirche selbst an jenem hohen Feiertage nicht freiwillig betreten haben, wenn er die Absicht des Papstes geahnt hätte.

*Deutsche Geschichte in Quellen und Darstellungen. Band 1: Frühes und hohes Mittelalter 750 – 1250, S. 56ff.*

## Aufgaben

❶ Stelle dar, wie Karl der Große Kaiser wurde (Text).

❷ Beschreibe, wie sich Karl der Große als Kaiser sah (M2, Info).

❸ Vergleiche die Sichtweisen der beiden Textquellen auf die Kaiserkrönung (M4, M6).

   a) Arbeite heraus, welche Rolle Karl der Große, Papst Leo III. und die Bewohner von Rom bei der Krönung jeweils spielen.

   b) Ermittle, ob die Autoren der Quellen Partei ergreifen. Belege dieses mit Zitaten aus den Quellen.

   c) Nenne mögliche Gründe für die unterschiedlichen Darstellungen der Krönung in den Quellen.

❹ Erkläre die Bedeutung der Reichsinsignien (M3, M5) und des Rituals der Krönungszeremonie (M5).

❺ Ⓩ Ein Historiker hat den Text von Einhard (M6) wie folgt übersetzt: „Bei dieser Gelegenheit erhielt er den Kaiser- und Augustustitel, dieser Zeitpunkt war ihm anfangs so zuwider, dass er erklärte, er würde die Kirche selbst an jenem hohen Feiertage nicht freiwillig betreten haben, wenn er die Absicht des Papstes geahnt hätte."
Vergleiche mit M6 und erkläre den Unterschied.

*Wenn du diese Aufgaben erfolgreich bearbeitet hast, kannst du ...*
... erläutern, wie und aus welchen Gründen Karl der Große Kaiser wurde.
... die Bedeutung von Ritualen und Symbolen für die Königsmacht erläutern.
... erklären, warum es unterschiedliche Sichtweisen auf die Kaiserkrönung gab.
... die Fachbegriffe **Kaiser**, **Heiliges Römisches Reich** und **Ritual** erklären.

# Ständeordnung und Grundherrschaft

Es ist für uns heute selbstverständlich, dass allen Menschen unserer Gesellschaft dieselben Rechte zustehen. Im Mittelalter war das nicht so. Welche Unterschiede gab es in der Gesellschaft im Mittelalter? Wer hatte welche Aufgaben? Wie wurden die Unterschiede begründet?

M2 **Ständebild (Holzschnitt, 1488)**

Auf dem Holzschnitt ist Jesus Christus zu sehen. Er sitzt auf einem Regenbogen, breitet seine Arme zum Segen über drei Gruppen aus und befiehlt ihnen:

Du bete demütig! (links)
Du beschütze! (rechts)
Und du arbeite! (unten)

Das Bild stellt ein gewünschtes Ideal dar, mit dem die Ständeordnung gerechtfertigt wurde.

M1 **Ständeordnung im Mittelalter (heutige Zeichnung)**

König

Geistliche (Bischöfe, Priester, Mönche, Nonnen, Klostervorsteher)

Ritter, Adlige (Herzöge, Grafen)

Bauern, Handwerker, Stadtbewohner

Im Mittelalter wurden drei Stände unterschieden: Bauern, Adlige und Klerus. Jeder Stand sollte bestimmte Aufgaben für die Gesellschaft erfüllen.
Die Bauern sicherten die Lebensgrundlagen. Die Adligen sorgten für den Schutz der Menschen. Der Klerus kümmerte sich um das religiöse Leben der Gesellschaft.

## Die Ständegesellschaft

Die Menschen im Mittelalter glaubten, dass Gott die Gesellschaft der Menschen geordnet habe. Diese Ordnung sollte von den Menschen nicht verändert werden. Wer als Kind von Bauern geboren wurde, blieb Bauer. Wer als Kind von Adligen geboren wurde, blieb ein Adliger. Jeder blieb durch Geburt in dieser **Ständeordnung**. Der Wechsel in einen anderen Stand war nahezu unmöglich.

Nur die Angehörigen des Klerus (Bischöfe, Pfarrer, Mönche, Äbte) kamen nicht durch Geburt in diesen Stand, sondern durch den Eintritt in ein Kloster, durch eine kirchliche Laufbahn oder durch die Übertragung eines kirchlichen Amtes. Bauernkinder konnten zwar auch in ein Kloster eintreten, es waren aber vor allem die Kinder von Adligen, die die hohen Ämter innerhalb der Kirche besetzten.

Eine solche Gesellschaft nennt man **Ständegesellschaft**.

## Ideal und Wirklichkeit

Die Menschen damals glaubten, dass sich die drei Stände gegenseitig bei ihren Aufgaben für das Ganze unterstützen sollten, da diese Ordnung von Gott erschaffen worden sei. Doch die gesellschaftliche Wirklichkeit des Mittelalters war komplizierter.

Im Verlauf des Mittelalters entstand mit den Bürgern und den Handwerkern eine Gruppe, die nicht mehr so gut in das Ideal einer strikt dreigeteilten Ordnung der Gesellschaft passte. Es entstanden neue Rangordnungen innerhalb der Stände. Der grundsätzliche Glaube an eine von Gott erschaffene Ständegesellschaft wurde aber nicht in Frage gestellt, denn gegen Gott und dessen Ordnung wollten die Menschen im Mittelalter nicht aufbegehren.

## Was bedeutete es, ein Adliger zu sein?

Die Grundlage für Macht und Einfluss im Mittelalter waren Grundbesitz und persönliche Beziehungen zwischen den Herrschenden. Die Könige verliehen große Ländereien, sogenannte **Lehen**, mit Burgen, Dörfern und Bauern an befreundete weltliche und geistliche Adlige. Diese Lehen durften die Adligen, als die sogenannten Lehnsmänner oder **Vasallen** des Königs, für einen bestimmten Zeitraum für sich selbst nutzen. Die Bauern auf diesen Lehen versorgten die Adligen mit Nahrungsmitteln und Diensten. Die Vasallen wiederum versprachen ihrem „Lehnsherrn" ihre Unterstützung im Krieg und in der Verwaltung des Reiches. Adlige konnten Lehen weiter vergeben und selbst Lehnsherren werden.

## Was bedeutete es, ein Bauer zu sein?

Die meisten Bauern im Mittelalter waren nicht frei. Sie unterstanden einem sogenannten Grundherrn. Diesem Grundherrn gehörte das Land, auf dem die Bauern lebten. Die Bauern mussten auf den Grundherrn „hören", daher der Name **Hörige**. Die hörigen Bauern mussten auf dem Eigengut des Grundherrn sogenannte Frondienste leisten („fro" = Herr). Zusätzlich kamen noch feste Abgaben hinzu: oft ein Zehntel der Erträge, daher der Ausdruck „Zehnt". Im Gegenzug schützte der Grundherr seine Bauern und deren Familien vor Kriegen und bei Hungersnöten und Missernten. Ohne Erlaubnis der Grundherren durften die Bauern weder heiraten noch wegziehen.

Diese Art der Landnutzung und der gegenseitigen Abhängigkeit von Grundherren und Hörigen nennt man **Grundherrschaft**. Die Hörigkeit wurde erst vor etwa 180 Jahren endgültig abgeschafft.

**M3** **Ein Vasall erhält ein Lehen von seinem Lehnsherrn (Bildquelle 13. Jahrhundert)**

In der Mitte kniet ein Vasall vor seinem Lehnsherrn. Die grüne Farbe deutet auf die adlige Herkunft hin. Fahne und Ast symbolisieren das Lehen. Die Umfassung der Hände symbolisiert die Übergabe des Lehens durch den Lehnsherrn.

**M4** **Hörige entrichten Abgaben an den Grundherrn.**

Rechts: Hörige mit ihren Abgaben (Geldbeutel, Lamm, Gans). Links: der Grundherr und sein Verwalter. Mitte: Höriger, hat seine Kopfbedeckung abgenommen und verbeugt sich.

## Aufgaben

**1** a) Nenne die wichtigste Person in M2.

b) Ordne die folgenden drei Gruppen jeweils den Menschengruppen auf dem Bild zu: Gruppe 1: Papst, Bischöfe; Gruppe 2: Kaiser, König; Gruppe 3: Bauern. Nenne für jeden Stand zwei auffällige Merkmale. Begründe deine Antwort.

c) Beschreibe die Anordnung der Personengruppen möglichst genau. Beurteile, welcher der drei Stände auf dieser Darstellung das geringste Ansehen hatte. Begründe deine Entscheidung.

d) Vergleiche die Zeichnung M2 mit M1. Nenne die Personengruppen, die in M2 fehlen.

**2** Nenne wesentliche Unterschiede zwischen der Ständegesellschaft im Mittelalter und der heutigen Gesellschaft (M1, Text).

**3** (W) Beschreibe das Leben in der Ständegesellschaft
**A** aus der Sicht eines Adligen (M3, Text).
**B** aus der Sicht eines Bauern (M4, Text).

**4** (Z) a) Notiere deine Vermutungen, warum der Vasall in der Abbildung M3 zwischen zwei Lehnsherren abgebildet worden ist und was das bedeuten könnte.

b) Stellt eine Lehensübergabe in einem Standbild nach (M3, siehe S. 220).

*Wenn du diese Aufgaben erfolgreich bearbeitet hast, kannst du …*
… erklären, warum die Menschen im Mittelalter an eine Ständeordnung glaubten.
… die Lebens- und Arbeitswirklichkeiten von Menschen in der Grundherrschaft erläutern.
… Unterschiede zwischen der mittelalterlichen und der heutigen Gesellschaft erklären.
… die Fachbegriffe **Ständeordnung**, **Ständegesellschaft**, **Lehen**, **Vasall**, **Hörige** und **Grundherrschaft** erklären.

Das Leben auf einer Burg war bestimmt spannend, so denken wir. Auf einigen Burgen finden heute Ritterspiele statt und viele Besucher schauen sie sich an, zum Beispiel auf Burg Satzvey. Warum sind Burgen so interessant? Wie sah der Alltag auf einer Burg wirklich aus?

**Erarbeitet die Fragen.
Präsentiert eure Ergebnisse als Führung für Besucher durch die Burg.**

### Die Burg – ein Zeichen von Macht und Herrschaft

Unsere Vorstellungen vom Mittelalter werden ganz besonders geprägt von den vielen **Burgen**, die es heute noch gibt. Im Mittelalter lebten die Grundherren, die **Ritter** und Damen in Burgen. Die Hauptaufgabe einer Burg war der Schutz der Bevölkerung, die in der Nähe wohnte. Der Burgherr war als Grundherr dazu verpflichtet, seinen hörigen, also abhängigen, Bauern Schutz zu bieten. Die Burg war aber auch als Wirtschaftszentrum wichtig. Heute wissen wir, dass auch Handwerker auf Burgen lebten und dort Waren herstellten, die dann in den benachbarten Dörfern verkauft wurden. Außerdem nutzten umherreisende Händler Burgen zum Verkauf ihrer Waren.

Burgen lagen oft auf Anhöhen, die einen guten Überblick über die Umgebung boten. Sie werden daher Höhenburgen genannt. In flacheren Gebieten umgab man die Burg mit einem breiten Wassergraben, diese heißen Wasserburgen.

**INTERNET**

Schau dir den Film „Mythos und Wahrheit" über das Leben in Burgen an.
Suchbegriff: → zdf dokumentation burgen

**M1** Heutige Zeichnung einer Burg

### Bildlegende

① Bergfried – mächtigster und sicherster Turm der Burg
② Burgverlies für die Gefangenen
③ Vorratslager – bei einer Belagerung lebenswichtig
④ Stallungen
⑤ Zugang zum Bergfried
⑥ Burgkapelle
⑦ Schlafraum des Burgherrn
⑧ Wohnraum des Burgherrn
⑨ Aborterker (= Toilette)
⑩ Der Rittersaal dient als Versammlungsraum der Ritter.
⑪ Burgküche

⑫ Die Burgbrauerei liefert täglich frisches Bier.
⑬ Der Brunnen ist sehr wichtig für die Wasserversorgung der Burgbewohner.
⑭ Bedienstetenhaus
⑮ Toranlage mit Fallgitter
⑯ Der Wehrgang verläuft oben über die gesamte Burgmauer. Von hier aus wurde bei einem Angriff gekämpft.
⑰ Eingang der Burg
⑱ Burggraben
⑲ Zugbrücke
⑳ Pechnase. Man goss Pech auf Angreifer.

## Tipps für die Erarbeitung

❶ Schaut euch M1 genau an.

❷ Beschreibt und erklärt die verschiedenen Einrichtungen in der Burg (M1).

❸ Notiert Hinweise, dass die Burg ein Zeichen von Macht und Herrschaft war.

❹ Macht euch Notizen zu den „Standorten" der Führung durch die Burg (Legende zu M1).

❺ Legt fest, wer an welchem „Standort" die Erklärungen vorträgt.

*Formulierungshilfen*
Liebe Gäste, ich möchte Ihnen nun die Burg in einem Rundgang vorstellen.
Zunächst …
Nun sind wir …

Wenn Sie mich fragen, ob das Leben auf der Burg aufregend war, …
Der Alltag auf der Burg …
Die Burg war ein Zeichen von Macht und Herrschaft. Das sieht man …

*Wenn du diese Aufgaben erfolgreich bearbeitet hast, kannst du …*
… die Anlage einer Burg beschreiben.
… Burgen als Ausdruck von Macht und Herrschaft beschreiben.
… die Fachbegriffe **Burg** und **Ritter** erklären.

Im Mittelalter lebten die meisten Menschen in Bauernfamilien. Die tägliche Arbeit der Bäuerinnen und Bauern sicherte die Lebensgrundlage für alle Menschen in der mittelalterlichen Gesellschaft. Wie schafften sie das? Wie lebten die Menschen auf dem Land?

**Erarbeitet die Fragen.**
**Präsentiert eure Ergebnisse als Führung für Besucher durch ein mittelalterliches Dorf in einem Freilichtmuseum.**

**M1** So könnte ein Bauernhaus im Mittelalter ausgesehen haben. (heutige Zeichnung)

**INFO**

Die Bauern im Mittelalter waren **Hörige** ihres Grundherrn. Die Grundherrschaft beruhte auf Gegenseitigkeit. Als es noch freie Bauern gab, waren diese zum Kriegsdienst für den Herrscher verpflichtet. Die Bauern mussten die Ausrüstung selbst anschaffen und waren während eines Krieges lange Zeit nicht auf ihren Höfen. Durch die Hörigkeit konnten sie den Kriegsdienst umgehen.

**M2** Frondienste und Abgaben der hörigen Bauern

1. Arbeit auf dem Feld des Grundherrn
2. Wachdienste
3. Magddienste der Bäuerin
4. Kornzehnt am 13. Juli
5. Fleischzehnt von Rind, Kalb, Ziege und Geflügel am 24. Juni
6. Lämmerzehnt am 1. Mai
7. Obst- und Weinzehnt am 25. Mai
8. Gänsezehnt am 15. August
9. Das beste Stück Vieh, wenn der Bauer stirbt
10. Heirat nur mit Erlaubnis des Grundherrn
11. Bauer darf nicht im Wald jagen

## Bauern im Mittelalter

Heute arbeiten in Europa nicht mehr viele Menschen in der Landwirtschaft. Im Mittelalter war das anders. Damals waren die meisten Menschen Bäuerinnen und Bauern.

Sie versorgten nicht nur sich selbst mit Nahrung und Kleidung, sondern sicherten mit ihrer Arbeit und den Überschüssen an Nahrungsmitteln auch das Überleben der adligen und geistlichen Grundherren sowie der städtischen Bevölkerung.

Das Leben der bäuerlichen Bevölkerung war geprägt von sehr harter und eintöniger Arbeit. Sie arbeitete von Sonnenaufgang bis Sonnenuntergang und war abhängig von den Jahreszeiten und der Wetterlage. Wenn ein Unwetter die Ernte vernichtete, drohte schnell eine Hungersnot. Die Bauern waren **Hörige** ihrer Grundherren.

Ⓐ Weintrauben in einem Bottich auspressen
Ⓑ Wintergetreide säen
Ⓒ Umgraben der Erde mit einem Spaten
Ⓓ ein Schwein schlachten
Ⓔ Getreide mit der Sichel ernten
Ⓕ Schafe scheren
Ⓖ Gras mit der Sense mähen
Ⓗ Weinreben beschneiden
Ⓘ den Grundherrn auf der Jagd begleiten
Ⓙ den Boden hacken
Ⓚ Schweine zur Mast in den Wald treiben
Ⓛ Getreide dreschen

## Das Bauernhaus

Die Wohnhäuser der Bauernfamilien waren Fachwerkhäuser. Man erstellte zunächst ein Gerüst aus Holzbalken. Danach wurden die Zwischenräume mit einem Geflecht aus Weidenruten und Stroh gefüllt und mit Lehm verschmiert. Das Dach wurde mit Stroh gedeckt. Der Rauch der Feuerstelle zog durch eine Öffnung im Dach ab. Der Boden bestand aus festgestampftem Lehm. Die wenigen Fensteröffnungen waren mit Tierhäuten bespannt. Es gab kein fließendes Wasser, keine Toilette und keine Heizung.

## Die Ernährung

Das Grundnahrungsmittel der Bauern war Getreide, das zu Brei oder Brot verarbeitet wurde. Brot galt zunächst als Luxus, weil die Zubereitung aufwendig war. Man musste das Getreide mahlen und in einem Ofen backen. Weil die Bauern nicht jeden Tag Brot backen konnten, wurde auch hartes und trockenes Brot gegessen, das man in Suppen aufweichte. Fleisch, Fisch oder Geflügel gab es nur selten. Abwechslung im Alltag boten religiöse Feste, Jahrmärkte, Hochzeiten und Taufen.

## Tipps für die Erarbeitung

❶ Beschreibt das Bauernhaus. Achtet besonders auf die Bereiche für die Familie und die Tiere (M1, Text).

❷ a) Ordnet die Tätigkeiten A – L den Bildern 1 – 12 zu (M3).
b) Beschreibt das Leben der Bauern im Mittelalter (M1, M2, M3, Text).

❸ Erklärt, inwiefern die Grundherrschaft Vorteile und Nachteile für die hörigen Bauern hatte (Info S. 262 und Text S. 259).

❹ Recherchiert im Internet: Ermittelt Informationen über die Freilichtmuseen in Kommern und Detmold.

❺ Macht euch Notizen für den Vortrag für eure Besucherführung.

❻ Legt fest, wer welche Informationen vorträgt.

*Formulierungshilfen*
Liebe Gäste, ich möchte Ihnen nun das Leben der Bauern im Mittelalter vorstellen.
Zunächst …
Nun möchte ich …
Wenn Sie mich fragen, ob das Leben als Bauer …
Der Alltag eines Bauern …

> *Wenn du diese Aufgaben erfolgreich bearbeitet hast, kannst du …*
> … ein mittelalterliches Bauernhaus beschreiben.
> … das Leben der Bauern im Mittelalter beschreiben.
> … den Fachbegriff **Hörige** erklären.

Mönche und Nonnen kennen wir fast nur aus dem Fernsehen, aus Büchern oder aus anderen Medien. Im Mittelalter war das anders. Klöster spielten eine wichtige Rolle in der Gesellschaft. Welche Aufgaben hatten die Klöster? Wie lebten die Menschen in Klöstern?

**INFO**

Das Wort **Kloster** stammt vom lateinischen Wort „claustrum" ab. Es bezeichnet einen abgeschlossenen Bereich.

**M2** **Übergabe eines Kindes an das Kloster**

(Buchmalerei um 1300)
Viele zukünftige Mönche und Nonnen kamen schon als Kinder ins Kloster.

**M3** **In der Schreibstube eines Klosters**

(Buchmalerei um 1200)
Bis zur Erfindung des Buchdrucks wurden Bücher von Hand abgeschrieben.

**Erarbeitet die Fragen.**
**Präsentiert eure Ergebnisse als Führung eines Mönchs durch sein Kloster.**

## Die Sorge um das Seelenheil

Die Religion und der Glaube an Gott spielten für die Menschen im Mittelalter eine sehr große Rolle. Besonders wichtig war es, für das Seelenheil der Verstorbenen zu beten. Diese Aufgabe übernahmen die Kirchen und **Klöster**. Viele Menschen schenkten einem Kloster oder einer Kirche sogar ihren Besitz, um sicherzustellen, dass die Geistlichen für das Seelenheil der Schenkenden beteten. Manche Eltern schickten ihre Söhne und Töchter in ein Kloster, damit diese für sie beteten.

**M1** **Der Tagesablauf in einem Kloster im Mittelalter**

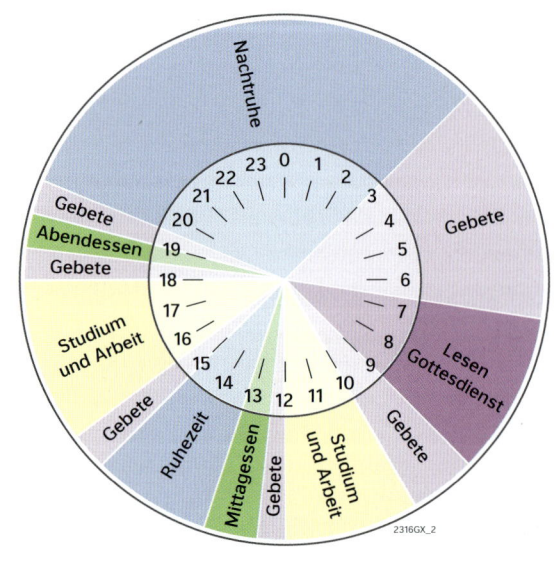

Nachtruhe
Gebete
Gebete
Abendessen
Gebete
Studium und Arbeit
Gebete
Ruhezeit
Mittagessen
Gebete
Studium und Arbeit
Gebete
Lesen Gottesdienst

2316GX_2

## Benedikt von Nursia

Einer der bedeutendsten **Mönche** des Mittelalters war Benedikt von Nursia. Er gründete 529 auf einem Berg südlich von Rom ein Kloster, in dem eine Gemeinschaft von Gläubigen sich ganz dem Gebet widmen wollte. Benedikt erstellte Vorschriften, wie die Mönche in dieser Gemeinschaft leben sollten. Diese Vorschriften nennt man Benediktsregel oder allgemein Klosterregel.
Im 13. Jahrhundert gab es weitere Ordensgründungen, zum Beispiel durch Dominikus von Caleruega (Spanien) und Franz von Assisi (Italien).

## „Bete und arbeite!"

Der zentrale Gedanke der Benediktsregel lautet: „Ora et labora!". Das ist Lateinisch und bedeutet „Bete und arbeite!". Die Mönche sollten nicht nur Gott dienen, sondern auch sich selbst versorgen können. Dies war wichtig, denn nur so waren sie in der Lage, als Gemeinschaft in der geschlossenen Welt ihres Klosters verbleiben und überleben zu können. Diejenigen Mönche, die nach der Regel des Benedikt lebten, nannte man „Benediktiner". Neben den Benediktinern entstanden im Mittelalter noch weitere Ordensgemeinschaften wie zum Beispiel Zisterzienser, Franziskaner und Dominikaner. Alle diese **Ordensgemeinschaften** besaßen sowohl Frauen- als auch Männerklöster. Frauen gründeten aber auch eigene Ordensgemeinschaften, wie zum Beispiel Klara von Assisi. Die **Nonnen** in den Frauenklöstern lebten ebenfalls nach strengen Regeln.

**M4** So könnte das Kloster St. Gallen vor ungefähr 1000 Jahren ausgesehen haben.

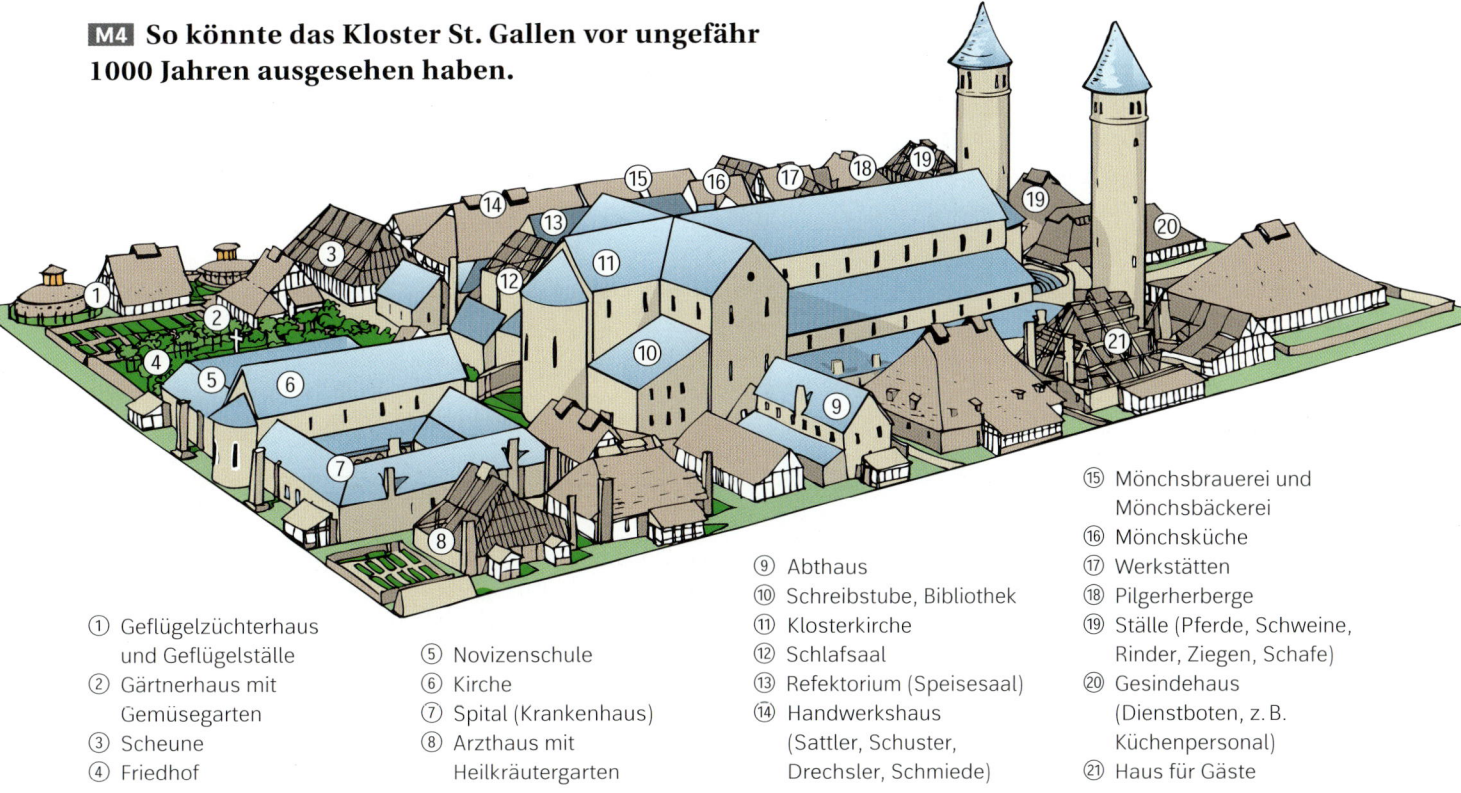

① Geflügelzüchterhaus und Geflügelställe
② Gärtnerhaus mit Gemüsegarten
③ Scheune
④ Friedhof
⑤ Novizenschule
⑥ Kirche
⑦ Spital (Krankenhaus)
⑧ Arzthaus mit Heilkräutergarten
⑨ Abthaus
⑩ Schreibstube, Bibliothek
⑪ Klosterkirche
⑫ Schlafsaal
⑬ Refektorium (Speisesaal)
⑭ Handwerkshaus (Sattler, Schuster, Drechsler, Schmiede)
⑮ Mönchsbrauerei und Mönchsbäckerei
⑯ Mönchsküche
⑰ Werkstätten
⑱ Pilgerherberge
⑲ Ställe (Pferde, Schweine, Rinder, Ziegen, Schafe)
⑳ Gesindehaus (Dienstboten, z. B. Küchenpersonal)
㉑ Haus für Gäste

## Klöster – Orte des Lebens und des Wissens

Der Tagesablauf im Kloster war streng geregelt. In ständigem Wechsel wurde gebetet, gearbeitet, geruht und zusammen gegessen.
Die mittelalterlichen Klöster waren auch Zentren des Wissens, des Handwerks und der Krankenpflege. In den Klosterbibliotheken wurden Bücher aus der Antike aufbewahrt. Schreibkundige Mönche schrieben sie von Hand ab und verzierten sie häufig mit kunstvollen Buchmalereien. Mönche und Nonnen kümmerten sich auch um den Gartenbau und sammelten wichtige Erkenntnisse über Heilkräuter. Die Klöster in den Städten widmeten sich besonders der Krankenpflege und der Armenfürsorge. Viele Klöster betrieben eigene Schulen.

**M5** Klosterrätsel: Regeln und Pflichten in einem Kloster – damals wie heute

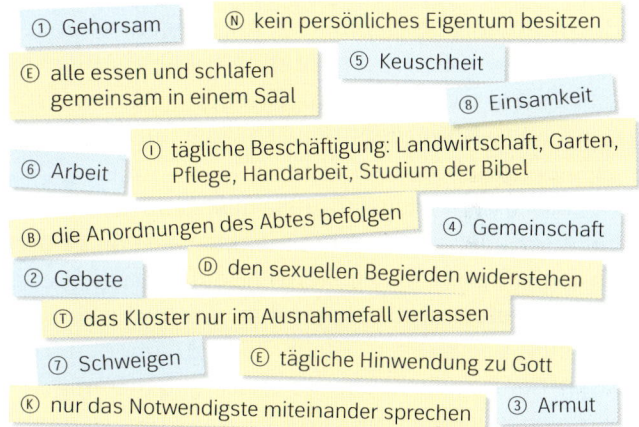

① Gehorsam
Ⓝ kein persönliches Eigentum besitzen
⑤ Keuschheit
Ⓔ alle essen und schlafen gemeinsam in einem Saal
⑧ Einsamkeit
Ⓘ tägliche Beschäftigung: Landwirtschaft, Garten, Pflege, Handarbeit, Studium der Bibel
⑥ Arbeit
Ⓑ die Anordnungen des Abtes befolgen
④ Gemeinschaft
Ⓓ den sexuellen Begierden widerstehen
② Gebete
Ⓣ das Kloster nur im Ausnahmefall verlassen
⑦ Schweigen
Ⓔ tägliche Hinwendung zu Gott
Ⓚ nur das Notwendigste miteinander sprechen
③ Armut

## Tipps für die Erarbeitung

❶ Beschreibt das Leben im Kloster (M1, M5, Text).
❷ Beschreibt die verschiedenen Aufgaben der Mönche und Nonnen in einem Kloster (M3, M4, Text).
❸ a) Stellt dar, aus welchen Gründen ein Mensch im Mittelalter in ein Kloster eintrat (M2, Text).
   b) Vergleicht: Welche Einrichtungen übernehmen heute die Aufgaben der Klöster (M4).

❹ Ordnet die Regeln und Pflichten (1–8) den Beschreibungen zu. Geht nach der Reihenfolge der Zahlen, dann erhaltet ihr das Lösungswort (M5).
❺ Überlegt euch eine Führung durch das Kloster (M4).
❻ Legt fest, wer an welchem „Standort" die Erklärungen vorträgt.

*Formulierungshilfen*
Liebe Gäste, ich möchte Ihnen nun unser Kloster in einem Rundgang vorstellen.
Zunächst …
Nun sind wir …
Klöster waren im Mittelalter …
Das Leben in einem mittelalterlichen Kloster …

*Wenn du diese Aufgaben erfolgreich bearbeitet hast, kannst du …*
… den Tagesablauf in einem Kloster beschreiben.
… die vielen unterschiedlichen Aufgaben eines Klosters benennen.
… die Fachbegriffe **Kloster**, **Mönch**, **Ordensgemeinschaft** und **Nonne** erklären.

# Kampf um die Macht – der Investiturstreit

Im Jahr 1076 geschah etwas bis dahin nie Dagewesenes und für das Mittelalter völlig Ungeheuerliches: Der Papst sprach über den König den Kirchenbann aus. Er schloss ihn damit aus der christlichen Gemeinschaft der Kirche aus. Und er verbot allen Untertanen, dem König weiterhin zu dienen. Die Macht des Königs war also in größter Gefahr. Was war passiert? Worüber stritten sich der Papst und der König?

Holzstich nach einer Zeichnung von Hubert von Heyden (1860 – 1911)
König Heinrich IV. bittet um Einlass in die Burg. So stellte sich der Künstler im 19. Jahrhundert das Ereignis im Januar 1077 vor.

## Der König und seine Helfer

Kaiser und Könige hatten nach mittelalterlicher Vorstellung ihre Macht und ihr Königsamt von Gott erhalten. Deshalb beanspruchten sie für sich das Recht, auch über kirchliche Angelegenheiten zu entscheiden. So bestimmten sie, wer als Bischof oder Abt eingesetzt wurde (Investitur). Das war für den König wichtig, denn er war auf die Unterstützung „seiner" Bischöfe und Äbte in der Verwaltung des Reiches und im Kriegsfall angewiesen. Um diese Aufgaben erfüllen zu können, schenkten die Könige den Bischofskirchen und Klöstern im Laufe der Zeit große Landgebiete und übertrugen ihnen wertvolle Rechte, wie zum Beispiel das Recht, Zölle zu erheben. Der König machte die Kirche also reich und mächtig.

## Die Freiheit der Kirche

Im 11. Jahrhundert kritisierten Geistliche jedoch zunehmend den Einfluss der Könige und hohen Adligen auf die Kirche. Sie warfen den weltlichen Herrschern vor, den Kauf und Verkauf von Bischofsämtern zu ermöglichen. Ämterkauf galt in der Kirche als schwere Sünde. Daher forderten die Päpste die Freiheit und Unabhängigkeit der Kirche vom Einfluss der sogenannten Laien.
Papst Gregor VII. (1073 – 1085) ging sogar noch einen Schritt weiter. Er forderte, der Kaiser solle sich der päpstlichen Herrschaft unterordnen. Über die Frage, wer die Vorrangstellung in der christlichen Welt innehaben sollte, entstand ein heftiger Streit zwischen König Heinrich IV. und Papst Gregor VII.

## Der Investiturstreit

Der konkrete Auslöser des Streits war die Einsetzung des mailändischen Erzbischofs durch König Heinrich. Die Mailänder und Papst Gregor protestierten gegen die Einsetzung. Der Streit eskalierte. Heinrich forderte Gregor auf, das Papstamt niederzulegen. Gregor im Gegenzug sprach den Kirchenbann über den König aus. Heinrichs Macht war in Gefahr. Um sie wiederherzustellen, zog der König mit seiner Familie und einem kleinen Gefolge über die Alpen zu Papst Gregor. Mitten im Winter stand König Heinrich vor der Burg Canossa, in der sich Gregor damals aufhielt. Heinrich bat um Einlass und um Vergebung. Er soll dabei einfache Gewänder getragen haben, um seine Bereitschaft zur Buße und Reue zu zeigen. Nach drei Tagen löste der Papst den König vom Kirchenbann. Heinrichs Königsmacht war wiederhergestellt.

## Der Kompromiss

Erst 45 Jahre später, im Jahr 1122, konnten sich der nachfolgende König Heinrich V. und Papst Calixt II. auf einen Kompromiss in der Frage der Bischofseinsetzungen (Investitur) einigen: Ein Bischof wurde zunächst von den zuständigen Geistlichen gewählt. Erst danach setzte der König den gewählten Bischof mit einem Zepter in sein Amt ein und übertrug ihm seine weltlichen Rechte und Lehen. Zum Schluss bestätigte der Papst die Wahl, indem er dem neuen Bischof Ring und Stab als Symbole der geistlichen Rechte überreichen ließ.
Der **Investiturstreit** führte zu einer Trennung der Machtbefugnisse von Kaisertum und Papsttum.

**M2** **Quelle 1: Die Sichtweise des Papstes**

In einem Brief an die deutschen Bischöfe, Reichsäbte [= Vorsteher von Klöstern], Herzöge und Grafen schreibt Papst Gregor VII. über die Vorgänge in Canossa (Januar 1077):

[König Heinrich] kam in geringer Begleitung nach Canossa, wo wir uns aufhielten. Dort harrte er während dreier Tage vor dem Tor der Burg ohne jedes königliche Gepränge [= königliche Kleidung] auf Mitleid erregende Weise aus, nämlich unbeschuht und in wollener Kleidung, und ließ nicht eher ab, unter zahlreichen Tränen Hilfe und Trost des apostolischen [= päpstlichen] Erbarmens zu erflehen, als bis er alle, die dort anwesend waren und zu denen diese Kunde [= Nachricht] gelangte, zu solcher Barmherzigkeit [= freiwillige Hilfsbereitschaft] und solchem barmherzigen Mitleid bewog, dass sich alle unter vielen Bitten und Tränen für ihn verwandten [= einsetzten]. […] Schließlich wurden wir durch seine ständige Zerknirschung [= Gewissensbisse] und solches Bitten aller Anwesenden besiegt, lösten endlich die Fesseln des [Kirchenbanns] und nahmen ihn wieder in die Gnade der Gemeinschaft und den Schoß der heiligen Mutter Kirche auf, nachdem wir von ihm die Sicherheiten erhalten hatten, die unten aufgeführt sind.

Deutsche Geschichte in Quellen und Darstellungen. Band 1: Frühes und hohes Mittelalter 750 – 1250, S. 300ff.

**M3** **Quelle 2: Die Sichtweise des Königshofes**

Der folgende Bericht über die Vorgänge in Canossa stammt aus der Lebensbeschreibung König Heinrichs IV. Sie wurde kurz nach dem Tod Heinrichs IV. im Jahr 1106 von einem unbekannten Autor verfasst. Dieser Autor stand dem König sehr nahe und schildert dessen Taten mit großer Sympathie (1106):

Als Heinrich erkannte, wie sehr er in Bedrängnis geraten war, fasste er in aller Heimlichkeit einen schlauen Plan; plötzlich und unerwartet reiste er dem Papst entgegen und erreichte mit einem Schlag zwei Dinge: er empfing die Lösung vom Bann und [verhinderte] durch sein persönliches Dazwischentreten die für ihn bedenkliche Zusammenkunft des Papstes mit seinen Widersachern [= Gegnern]. Auf das ihm zur Last gelegte Verbrechen ging er kaum ein, weil er, wie er betonte, auf Anschuldigungen seiner Gegner, selbst wenn sie auf Wahrheit beruhten, nicht antworten müsse.

Quellen zur Geschichte Kaiser Heinrichs IV. Hrsg. v. Franz-Josef Schmale, Irene Schmale-Ott, Darmstadt 2017, S. 421

**INFO**

Als Investitur wird die Einsetzung eines Bischofs in sein Amt bezeichnet. Papst und König stritten miteinander um dieses Recht. Diesen Streit nennt man **Investiturstreit**. Der Investiturstreit fand ein vorläufiges Ende in einem Vertrag, dem Wormser Konkordat von 1122.

## Aufgaben

❶ Nenne die Ursachen für den Investiturstreit (Text).

❷ Stelle mit eigenen Worten den Verlauf des Investiturstreits dar (Text).

❸ Vergleiche die Sichtweisen der beiden Quellen auf das Ereignis vor der Burg Canossa (M2, M3).
   a) Nenne diejenigen Stellen in den Quellen, in denen die jeweilige Sichtweise auf den „Gang nach Canossa" besonders deutlich wird.
   b) Diskutiert in der Klasse, ob König Heinrichs „Gang nach Canossa" taktisch klug oder demütigend für das Königtum war.

❹ Im 19. Jahrhundert benutzte ein führender deutscher Politiker den Ausdruck „Nach Canossa gehen wir nicht!". Er befand sich damals in einem politischen Konflikt mit dem Papst. Seither gibt es die Redewendung „nach Canossa gehen". Erkläre diese Redewendung (M1).

❺ Diskutiert den Einfluss des Papstes früher und heute.

❻ Ⓩ Spielt die Szene des „Gangs nach Canossa" in der Klasse nach: vor der Burg und in der Burg.

*Formulierungshilfen zu Aufgabe 2:*
Auslöser des Streits war …
Zunächst …
Daraufhin …
Dies führte zu …
Schließlich …

*Wenn du diese Aufgaben erfolgreich bearbeitet hast, kannst du …*
… die Ursachen und den Verlauf des Investiturstreits erklären.
… unterschiedliche Sichtweisen auf ein Ereignis aus zwei Textquellen herausarbeiten.
… den Fachbegriff **Investiturstreit** erklären.

# Faszination des Mittelalters heute

Zu Tausenden strömen Jung und Alt und besonders Familien zu den Mittelaltermärkten und großen Ritterfesten in Deutschland. Was erleben sie dort? Was ist so faszinierend an dieser geschichtlichen Epoche?

**M2** **Ritterturnier in Kaltenberg (Bayern)**

Aufmarsch der Reiter in ihren Rüstungen, Foto, 2017

## Das faszinierende Mittelalter

Manchmal hören wir die Bezeichnung „Das ist ja wie im finsteren Mittelalter!". Wir hören diese Bemerkung häufig dann, wenn wir einen Zustand als rückständig, gesetzlos oder ungerecht bewerten. Wir sind der Meinung, dass dieser Zustand nicht mehr in unsere heutige Zeit passe. Wenn wir aber mit offenen Augen durch die Welt gehen, so zeigt sich, dass uns die mittelalterliche Vergangenheit überall begegnet, zum Beispiel in Form von Burgen, Kirchen und alten Fachwerkhäusern. Besonders in Kinder- und Jugendbüchern, Ritterfilmen, Computerspielen und Fantasy-Serien stoßen wir auf die vergangene Lebenswelt des Mittelalters, oder besser gesagt, auf das, was wir für typisch „mittelalterlich" halten.

## Mittelalterfeste, Märkte und Turniere

In vielen Städten, auf dem Land oder in der Nähe von Burgruinen werden Mittelaltermärkte und Ritterturniere veranstaltet. Allein in Deutschland gibt es schätzungsweise drei- bis viertausend Mittelalterfeste pro Jahr. Das Mittelalter ist also in Mode. Unsere Vorstellungen vom Mittelalter sind dabei häufig romantisch geprägt, so wie in Ritterfilmen. Zugleich haben wir aber auch das Bedürfnis zu erleben, wie die Menschen früher gelebt haben. Und heutige Mittelalterfeste ermöglichen uns eine faszinierende „Zeitreise" in die Vergangenheit.
Wir müssen uns allerdings bewusst machen, dass die Organisatoren von Mittelaltermärkten und Ritterturnieren diese ferne Zeit inszenieren, das heißt, sie bieten uns ein bestimmtes Bild vom Mittelalter. Und das kann mehr oder weniger authentisch, also glaubwürdig, sein oder voller Klischees stecken.

**M1** **Burg Vischering im Münsterland**

**M3** **Burg Satzvey in der Eifel**

## Ein außergewöhnliches Bauprojekt

In der französischen Region Burgund entsteht seit 1997 die Burg von Guédelon. Sie ist ein ganz besonderes Bauprojekt. Ihre Erbauer verwenden ausschließlich Baumaterialien und Techniken des 13. Jahrhunderts, also keine modernen Bauwerkzeuge oder Maschinen.

Dieses Bauprojekt gehört zu einer wissenschaftlichen Methode, die sich „experimentelle Archäologie" nennt. Indem Forscherinnen und Forscher versuchen, nur mit historischen Materialien und Techniken etwas Altes (wieder-)herzustellen, machen sie viele Erfahrungen und erhalten dadurch ganz neue und wichtige Erkenntnisse über diese Zeit.

Die Burg in Guédelon soll nach etwa 25 Jahren fertiggestellt sein, so die Erbauer.

**INTERNET**

Suchbegriffe:
→ Guédelon
→ mittelalterlicher Markt Siegburg
→ Ritterspiele

## Aufgaben

❶ Erläutere, was dich am Mittelalter fasziniert.

❷ a) In M2 sind Ritterspiele zu sehen. Notiere weitere Beispiele, wo dir heute das Mittelalter begegnet (Text).

b) Erstelle dazu eine Bildcollage.

❸ a) Erläutere die Besonderheit des Projekts in Guédelon (M4, Text).

b) Ermittle, wie weit das Projekt „Die Burg von Guédelon" fortgeschritten ist (Internet).

c) Beschreibe eine besondere Bautechnik und die dazugehörigen Materialien, die für den Bau der Burg verwendet werden (Internet).

d) Erkläre den Begriff „experimentelle Archäologie" (Text).

❹ a) Vergleiche die Internetseiten zu den beiden Burgen Vischering und Satzvey mithilfe einer Tabelle (Suchbegriffe: Burg Vischering, Burg Satzvey). Mögliche Vergleichskriterien sind: Aufbau der Webseite, Überschriften, Umfang der geschichtlichen Informationen, Einsatz von Werbung, Einsatz von Fotos und Videos, Hinweise auf Veranstaltungen. Kennst du weitere Vergleichskriterien?

b) Beurteile die beiden Internetseiten hinsichtlich der Frage, welchen Eindruck vom Mittelalter sie dem Nutzer vermitteln. Begründe deine Einschätzung.

*Wenn du diese Aufgaben erfolgreich bearbeitet hast, kannst du ...*
... über Mittelalterfeste und das Bauprojekt in Guédelon berichten.
... den Internet-Auftritt zweier Burgen beschreiben und das dort angebotene Mittelalterbild beurteilen.

# Gewusst? – Gekonnt!

Bewerte dich selbst mit dem Ampelsystem, das auf Seite 28 erklärt ist.

**M2  Die Ständeordnung im Mittelalter**

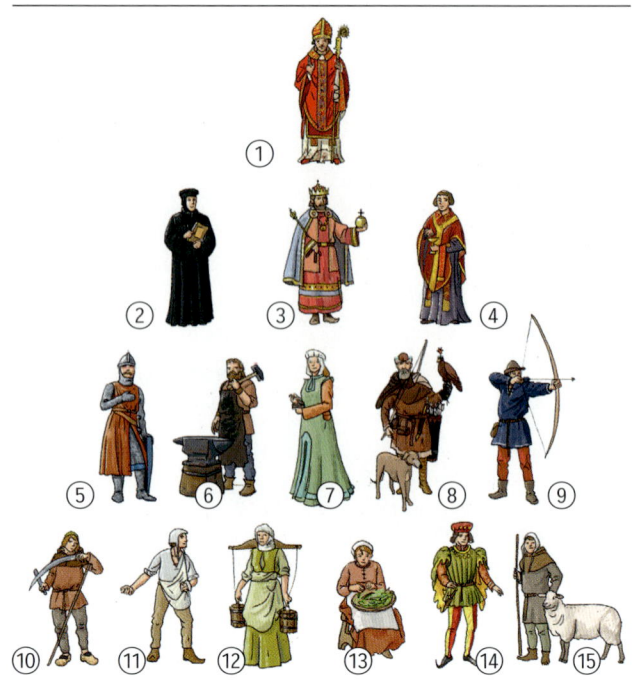

**1** a) In der Abbildung zur Ständeordnung ist etwas durcheinandergeraten (M2). Vier Personen stehen an der falschen Stelle. Finde sie und ordne sie richtig zu.

b) Erkläre, warum sich der unterste Stand nicht gegen die Ständeordnung auflehnte.

*Schülerbuch, Seiten 258 – 259*

**2** Erkläre, welche Symbole in der Darstellung Karls des Großen auf seine Herrschaft als Kaiser hindeuten (M1).

*Schülerbuch, Seiten 256 – 257*

**M1  Karl der Große**

Gemälde von Albrecht Dürer 1512/13

**3** a) Beschreibe, wie Karl der Große sein Reich regierte. Gehe dabei auf die Bedeutung der Pfalzen ein.

b) Beurteile das Reisekönigtum.

*Schülerbuch, Seiten 252 – 253*

**4** Karl der Große vergrößerte sein Reich durch Kriege. Beurteile seine Herrschaft

a) aus der Sicht des Kaisers.

b) aus der Sicht eines Sachsen.

*Schülerbuch, Seiten 252 – 253*

**5** Ⓦ Wähle aus. Beschreibe das Leben im Mittelalter

**A** auf einer Burg.

**B** auf dem Land.

**C** in einem Kloster.

*Schülerbuch, Seiten 260 – 265*

**6** Wer mit offenen Augen durch die Stadt geht, kann viele Spuren der Vergangenheit entdecken: Straßennamen, Gebäude, Plätze, Sehenswürdigkeiten. Suche nach Spuren der Vergangenheit in deinem Wohnort oder einer Stadt in der Nähe.

a) Fotografiere die „Spur".

b) Notiere deine Fragen zur „Spur".

c) Finde Antworten zu deinen Fragen (Internetseite der Stadt oder Nachfragen im Rathaus).

d) Stelle deine Ergebnisse in einem Flyer (Faltblatt) zusammen.

**M3** **Hörige arbeiten für ihren Grundherrn.**

**M5** **Schemazeichnung der Grundherrschaft**

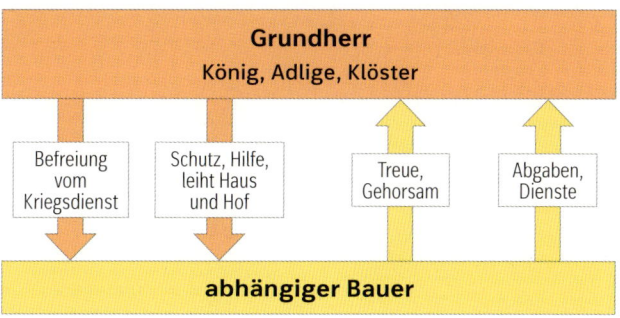

**7** a) Beschreibe mithilfe der Abbildungen das Leben der Bauern in der Grundherrschaft (M3, M5).
b) Erkläre, welche Vorteile und Nachteile das Leben eines Hörigen hatte (M5).
*Schülerbuch, Seiten 259 und 262*

**M4** **Der Streit um die Investitur vor und nach dem Jahr 1122**

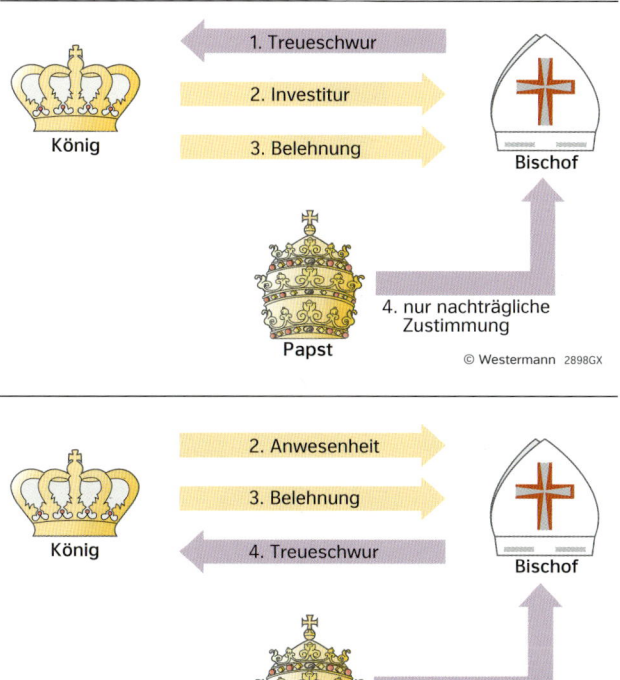

**M6** **Kaiser und Papst**

**8** a) Wer ist Papst, wer ist Kaiser (M6)?
b) Erkläre, welche Zeichen der Macht bei der Zuordnung helfen.
c) Erkläre, wie sich die Einsetzung (Investitur) der Bischöfe vor und nach 1122 vollzog (M4).
*Schülerbuch, Seiten 257, 266 – 267*

## Fachbegriffe

| | | | |
|---|---|---|---|
| die Burg | der Investiturstreit | die Nonne | das Ritual |
| die Grundherrschaft | der Kaiser | die Ordensgemeinschaft | die Ständegesellschaft |
| das Heilige Römische Reich | das Kloster | die Pfalz | die Ständeordnung |
| der Hörige | das Lehen | das Reisekönigtum | der Vasall |
| | der Mönch | der Ritter | |

WES-105332-271
westermann.de/webcode

# Schutz für Kinder – Kinderrechte

Kinder sind ein wichtiger Teil unserer Gesellschaft und Gemeinschaft. Damit gerade sie auf der ganzen Welt geschützt werden, gibt es spezielle Rechte und Pflichten, die gewahrt werden müssen. Kinder können diese Rechte einfordern. Welche Rechte fordern die Kinder auf dem Foto rechts? Welche Rechte sind für dich außerdem wichtig? Was weißt du über die Situation der Kinder in anderen Ländern?

rechts: Kinder demonstrieren auf dem Alexanderplatz in Berlin für das Recht auf Bildung und das Recht auf Freizeit. In vielen Ländern der Erde ist Kinderarbeit normal. Kinder, die arbeiten müssen, können aber nicht zur Schule gehen. Sie haben auch keine Freizeit, die sie selbst gestalten können.

# Was darf ich, was muss ich?

Sicherlich hast du dich schon oft gefragt, ob du im Haushalt mithelfen musst. Vielleicht gab es auch schon einmal Streit in der Familie darüber, was du darfst und was nicht. Erwachsene sprechen von Rechten und Pflichten. Nimm das Beispiel Schulunterricht. Ist der Unterricht dein Recht oder deine Pflicht? Welche Rechte und Pflichten hast du?

**M1** **Auszug aus der Gliederung des Schulgesetzes NRW**

**III. Unterrichtsinhalte (§§ 29 – 33):**
Unterrichtsvorgaben, Lernmittel, Religionsunterricht, Sexualerziehung
**IV. Schulpflicht (§§ 34 – 41):**
Grundsätze, Schulpflicht in der Sekundarstufe II, Verantwortung
**V. Schulverhältnis (§§ 42 – 56):**
Allgemeine Rechte und Pflichten, Information und Beratung, Schülerzeitungen, Schülergruppen, Leistungsbewertung, Versetzung, Prüfungen, Ordnungsmaßnahmen
**VI. Schulpersonal (§§ 57 – 61):**
Lehrerinnen und Lehrer, sonstiges Personal, Schulleitung
**VII: Schulverfassung (§§ 62 – 77):**
Grundsätze, Mitwirkungsorgane, Schülervertretung; überschulische Mitwirkung
Schulgesetz für das Land Nordrhein-Westfalen.

**INFO**

Die **Rechte** eines Menschen legen fest, worauf man einen Anspruch hat. Rechte geben uns
- einen Anspruch darauf, in bestimmter Weise zu handeln (z. B. unsere Meinung zu sagen) und
- einen Anspruch darauf, von anderen in bestimmter Art und Weise behandelt zu werden (z. B. nicht geschlagen, verletzt oder betrogen zu werden).

Der Begriff **Pflicht** (= Soll, Muss) bezeichnet eine Aufgabe, Forderung oder Anforderung, die man erfüllen muss.

**INTERNET**

Suchbegriff:
→ Schulgesetz NRW

**M2** **Schulunterricht: Recht oder Pflicht?**

## Rechte und Pflichten

In jedem Land auf der Welt gibt es Regeln, an die man sich halten muss, wenn man in diesem Land lebt. Diese Regeln geben den Menschen in der jeweiligen Gesellschaft vor, welche Aufgaben sie haben und was die anderen von ihnen erwarten können.

In Deutschland sind Rechte und Pflichten durch Gesetze geregelt. Du hast zum Beispiel das Recht auf Bildung. Du bist aber auch verpflichtet, zur Schule zu gehen. Du kannst dich darüber im **Schulgesetz** des Landes Nordrhein-Westfalen informieren. Dort ist festgelegt, welche Rechte und Pflichten an den Schulen gelten. In diesem Gesetz steht auch, mit welchen Zielen in Schulen in Nordrhein-Westfalen gelehrt und gelernt wird. Auch deine Lehrerinnen und Lehrer müssen sich an das Schulgesetz halten.

**M3** **Aus deutschen Gesetzen**

„Pflege und Erziehung der Kinder sind das natürliche Recht der Eltern und [ihre wichtigste] Pflicht."
Grundgesetz für die Bundesrepublik Deutschland (GG), Art. 6, Abs. 2

„Eltern und Kinder sind einander Beistand und Rücksicht schuldig."
Bürgerliches Gesetzbuch (BGB), § 1618a

„Solange ein Kind bei seinen Eltern lebt und dort erzogen wird, muss es im Rahmen seiner Möglichkeiten und seines Alters im Haushalt helfen."
Bürgerliches Gesetzbuch (BGB), § 1619

**M4** Artikel 28: Recht auf Bildung, Schule und Berufsbildung

Eine Fassung für Kinder:

„Du hast das Recht auf eine gute Schulbildung. Die Grundbildung soll nichts kosten. Du sollst dabei unterstützt werden, den besten Schul- und Ausbildungsabschluss zu machen, den du schaffen kannst. [...]"

Susanne Baumann u. a. (Hrsg.): Jedem Kind sein Recht. 30 Jahre Kinderrechtskonvention. S. 46

**M6** Artikel 24: Recht auf Gesundheitsvorsorge

Eine Fassung für Kinder:

„Du hast das Recht auf bestmögliche Gesundheit, medizinische Behandlung, sauberes Trinkwasser, gesundes Essen, eine saubere und sichere Umgebung, [...] und das Recht zu lernen, wie man gesund lebt."

Susanne Baumann u. a. (Hrsg.): Jedem Kind sein Recht. 30 Jahre Kinderrechtskonvention. S. 41

**M8** Artikel 19: Schutz vor Gewaltanwendung, Misshandlung, Verwahrlosung

Eine Fassung für Kinder:

„Du hast das Recht auf Schutz [und] eine gewaltfreie Erziehung. [...] Niemand darf dir körperlichen oder seelischen Schaden zufügen."

Susanne Baumann u. a. (Hrsg.): Jedem Kind sein Recht. 30 Jahre Kinderrechtskonvention. S. 32

**M5** Schulbildung in vielen Ländern ...

a

**M7** Gesundes Essen, sichere Umgebung für einige ...

a

**M9** Liebevoller Umgang mit Sorgen ...

a

... Kinderarbeit immer noch in zu vielen Ländern

b

... für andere ein Leben auf der Straße

b

... und häusliche Gewalt

b

## Aufgaben

❶ Ⓦ Wähle aus:

A Beschreibe M5ⓐ und ⓑ.

B Beschreibe M7ⓐ und ⓑ.

C Beschreibe M9ⓐ und ⓑ.

❷ a) Vergleiche die von dir gewählten Bilder mit den Rechten der Kinder (M4, M6 oder M8).

b) Informiert euch gegenseitig über eure Ergebnisse.

❸ Stelle Vermutungen darüber an, wie es in einer Welt aussähe, in der Kinder keine Rechte hätten.

❹ Erkläre die Begriffe „Recht" und „Pflicht" mithilfe von M2 (Info).

❺ Erkläre die Auszüge aus deutschen Gesetzen in eigenen Worten (M3).

❻ Am 5. April 1992 ist das „Übereinkommen über die Rechte des Kindes" in der Bundesrepublik Deutschland in Kraft getreten. Darin sind die sogenannten Kinderrechte festgeschrieben. Informiere dich darüber im Internet (Suchbegriff: Kinderrechte Kindersache).

a) Berichte über „Die Geschichte der Kinderrechte".

b) Untersuche einen der Artikel 1 – 40 genauer.

❼ Ⓩ a) Wähle ein Schlagwort aus der Gliederung des Schulgesetzes aus und informiere dich darüber (M1, Internet).

b) Erstelle einen kurzen Bericht.

> *Wenn du diese Aufgaben erfolgreich bearbeitet hast, kannst du ...*
> ... erklären, welche Rechte und Pflichten du hast.
> ... die Einhaltung der Rechte von Kindern an Beispielen erörtern.
> ... die Fachbegriffe **Recht**, **Pflicht** und **Schulgesetz** erklären.

# Jugendschutzgesetz – Spaßbremse oder Schutz?

Dein Schulbuch ist nur in Nordrhein-Westfalen zugelassen. In den anderen Bundesländern gibt es andere Schulbücher, denn die Lehrpläne sind unterschiedlich. Jedes Bundesland legt seine Schulgesetze fest. Gibt es aber auch Gesetze, die in allen Bundesländern gelten, also Bundesgesetze?

## Wozu gibt es das Jugendschutzgesetz?

Ein Nebenjob, ein Bauchnabel-Piercing, Tattoos und ein übermütiges Nachtleben – für viele Jugendliche ist dies mittlerweile der normale Alltag. Schnell werden Grenzen überschritten – oftmals aber ohne es zu wissen und letztlich sogar gesetzwidrig.

Das **Jugendschutzgesetz** ist ein Bundesgesetz. Es gilt überall in der Bundesrepublik Deutschland. Es gilt für Minderjährige, also Kinder und Jugendliche unter 18 Jahren. Durch das Jugendschutzgesetz sollen Kinder und Jugendliche geschützt werden. Kinder und Jugendliche dürfen also zum Beispiel nicht in der Öffentlichkeit rauchen, sie dürfen keine branntweinhaltigen Getränke trinken, sie dürfen nicht an Glücksspielen teilnehmen und nicht alle Filme sehen.

**M1** **Auszug aus dem Jugendschutzgesetz (§ 4 Gaststätten)**

(1) Der Aufenthalt in Gaststätten darf Kindern und Jugendlichen unter 16 Jahren nur gestattet werden, wenn eine personensorgeberechtigte Person sie begleitet oder wenn sie in der Zeit zwischen 5 Uhr und 23 Uhr eine Mahlzeit oder ein Getränk einnehmen.

**M2** **Auszug aus dem Jugendschutzgesetz (§ 5 Tanzveranstaltungen)**

(1) Die Anwesenheit bei öffentlichen Tanzveranstaltungen ohne Begleitung einer personensorgeberechtigten oder erziehungsbeauftragten Person darf Kindern und Jugendlichen unter 16 Jahren nicht und Jugendlichen ab 16 Jahren längstens bis 24 Uhr gestattet werden.

(2) Abweichend von Absatz 1 darf die Anwesenheit Kindern bis 22 Uhr und Jugendlichen unter 16 Jahren bis 24 Uhr gestattet werden, wenn die Tanzveranstaltung von einem Träger der Jugendhilfe durchgeführt wird oder der künstlerischen Betätigung oder der Brauchtumspflege dient.

**M3** **Übersicht über die Bestimmungen des Jugendschutzgesetzes**

| §§ | Inhalt | Kinder unter 14 Jahren | Jugendliche von 14 bis 16 Jahren | Jugendliche von 16 bis 18 Jahren |
|---|---|---|---|---|
| § 4 (1) | Aufenthalt in Gaststätten (Ausnahme: Einnahme einer Mahlzeit oder eines Getränkes in der Zeit von 5:00 Uhr bis 23:00 Uhr) | nur in Begleitung Erziehungsberechtigter | nur in Begleitung Erziehungsberechtigter | bis 24 Uhr |
| § 4 (3) | Aufenthalt in Nachtbars, Nachtclubs oder vergleichbaren Vergnügungsbetrieben | | | |
| § 5 (1) | Anwesenheit bei öffentlichen Tanzveranstaltungen (u.a. Disco, Club) | nur in Begleitung Erziehungsberechtigter | nur in Begleitung Erziehungsberechtigter | bis 24 Uhr |
| § 5 (2) | Anwesenheit bei Tanzveranstaltungen von anerkannten Trägern der Jugendhilfe, bei künstlerischer Betätigung, zur Brauchtumspflege | bis 22 Uhr | bis 24 Uhr | |
| § 6 (1, 2) | Anwesenheit in öffentlichen Spielhallen. Teilnahme an Spielen mit Gewinnmöglichkeit nur auf Volksfesten u. ä. bei einem Gewinn in Waren von geringem Wert | | | |
| § 8 | Aufenthalt an jugendgefährdenden Orten | | | |
| § 9 (1) 1. | Abgabe/Verzehr von Bier, Wein, weinähnlichen Getränken oder Schaumwein | | nur in Begleitung Erziehungsberechtigter | |
| § 9 (1) 2. | Abgabe/Verzehr anderer alkoholischer Getränke oder Lebensmittel, z.B. Branntwein | | | |
| § 10 | Rauchen in der Öffentlichkeit | | | |
| § 11 | Besuch öffentlicher Filmveranstaltungen nur entsprechend der Freigabekennzeichen des Films und Vorspanns | bis 20 Uhr | bis 22 Uhr | bis 24 Uhr |
| § 12 | Abgabe von Bildträgern mit Filmen/Spielen nur entsprechend der Freigabekennzeichen | ohne Altersbeschränkung, ab 6, 12, 16 Jahren | | |
| § 13 | Spielen an Bildschirmspielgeräten ohne Gewinnmöglichkeit nur entsprechend der Freigabekennzeichen | nur in Begleitung Erziehungsberechtigter | nur in Begleitung Erziehungsberechtigter | nur in Begleitung Erziehungsberechtigter |

erlaubt · nicht erlaubt

= nur in Begleitung Erziehungsberechtigter
Mit diesem Zeichen gekennzeichnete Verbote und zeitliche Begrenzungen werden durch die Begleitung eines Erziehungsberechtigten aufgehoben. Die Erziehungsberechtigten sind nicht verpflichtet, alles zu erlauben, was das Gesetz gestattet. Sie tragen bis zur Volljährigkeit die Verantwortung.

Also, das mit dem Rauchen ist richtig Quatsch. Meine Eltern rauchen beide. Wenn ich mir dann auch eine anstecke, sagen die natürlich nichts. Verlass ich das Haus, dann darf ich plötzlich nicht mehr. Der Staat muss sich doch nicht in alles einmischen.

Wenn 9 von 10 Rauchern an Lungenkrebs erkranken, finde ich es schon richtig, dass der Staat versucht, wenigstens die Kinder zu schützen.

Also, das gibt's ja nicht. Alles, was Spaß macht, ist verboten: Cola/Whisky verboten! Disco verboten! Spielhalle verboten! Rauchen verboten! So ein Schutz – darauf kann ich verzichten!

Altersgrenzen sind o.k. Soll vielleicht jeder jährlich eine „Reifeprüfung" machen?

Ich find das blöd. Es geht immer nur danach, wie alt einer ist. Mancher ist doch mit 20 noch ein Kind und andere müssen mit 14 schon alles Mögliche zu Hause machen.

Wenn immer mehr Kinder „Komasaufen" machen, ist es gut, wenn es für sie nicht so leicht ist, an Alkohol zu kommen.

In unserer Klasse spielen manche ständig Killerspiele. Das ist gefährlich, das müssen Gesetze verhindern.

## Aufgaben

❶ Erkläre, warum es ein Jugendschutzgesetz gibt (Text).

❷ Beurteile die Argumente der Jugendlichen in M4.

❸ Arbeitet zu zweit. Lest die Auszüge aus dem Jugendschutzgesetz und schreibt in eigenen Worten auf, was erlaubt und was verboten ist (M1, M2).

❹ Ⓦ Beurteilt folgende Fälle:

**A** Andreas (15) ist knapp bei Kasse. Das möchte er ändern. Er will in die Spielhalle am Bahnhof gehen und dort sein Glück versuchen.

**B** Luisa (12) träumt von einem Smartphone. Sie überlegt, ob sie Lotto spielen soll.

**C** Elli (14) möchte am Kiosk eine Schachtel Zigaretten kaufen.

**D** Ann-Sophie (13) möchte zu einer Tanzveranstaltung im Jugendzentrum gehen.

**E** Sabine (13) fährt mit dem Zug zu ihrer Oma. Sie hat Hunger und möchte beim Umsteigen von 20 bis 21 Uhr in der Bahnhofsgaststätte essen gehen.

❺ Nimm Stellung zur Frage: Ist das Jugendschutzgesetz eine Spaßbremse oder ein Schutz?

❻ Ⓩ Oft wird gegen das Jugendschutzgesetz verstoßen. Erläutere mithilfe von Beispielen.

*Formulierungshilfen zu Aufgabe 2:*
Ein Mädchen/Junge meint, dass ...
Dies zeigt, dass ...
Das Mädchen/der Junge hat nicht berücksichtigt, dass ...
Dem Argument ... kann ich zustimmen/nicht zustimmen.
Das Argument ist gut/schlecht, weil ...

*Wenn du diese Aufgaben erfolgreich bearbeitet hast, kannst du ...*
... erklären, warum das Jugendschutzgesetz wichtig ist.
... benennen, was du in deinem Alter darfst und nicht darfst.
... den Fachbegriff **Jugendschutzgesetz** erklären.

# Kinderarbeit – Ferienjob oder Lebensunterhalt?

**M1** Marina (14 Jahre) trägt Zeitungen aus.

**M3** Noah (13 J.) führt den Nachbarshund aus.

Marina und Noah haben Wünsche. Sie können sich ihre Wünsche nicht mit ihrem Taschengeld erfüllen. Deshalb verdienen sie sich in ihrer Freizeit etwas dazu. Pandisvari und Kumar arbeiten auch. Sie arbeiten aber aus anderen Gründen. Warum arbeiten Pandisvari und Kumar? Was unterscheidet ihre Arbeit von Marinas und Pias Arbeit?

## Kinderarbeit in Entwicklungsländern

Über 150 Millionen Kinder weltweit sind Kinderarbeiter. Die meisten der 5- bis 17-jährigen Kinderarbeiter leben in Afrika und Asien. Viele von ihnen arbeiten mehr als 43 Stunden in der Woche. Armut ist ein Grund für Kinderarbeit. Aber Kinderarbeit ist auch ein Grund für Armut. Kinder erhalten niedrigere Löhne als Erwachsene. Deshalb werden sie gerne beschäftigt. Dadurch gehen aber Arbeitsplätze für Erwachsene verloren. Arme Familien brauchen das Geld, das ihre Kinder verdienen. Kinder tragen zum Überleben bei.

## Kinderarbeit in Deutschland?

**Kinderarbeit** ist in Deutschland verboten. Gesetze sollen Jugendliche und Kinder vor Ausbeutung schützen. Kinder unter 13 Jahren dürfen noch gar nicht arbeiten. Wer zwischen 13 und 15 Jahre alt ist, kann sich einen leichten Job suchen, zum Beispiel Zeitungen austragen oder Hunde spazieren führen. Allerdings darf die Arbeit nicht mehr als zwei Stunden am Tag in Anspruch nehmen und die Eltern müssen damit einverstanden sein. Schwere körperliche Arbeit ist also verboten. Kinder dürfen zum Beispiel nicht auf Baustellen arbeiten.

Wenn man 15 Jahre alt ist, darf man bis zu acht Stunden am Tag arbeiten. Nachtarbeit ist allerdings grundsätzlich verboten. Es gibt aber Ausnahmen für über 16-Jährige, die zum Beispiel in Restaurants oder Bäckereien arbeiten.

Nicht jeder hält sich jedoch an die Vorschriften. So gibt es Kinder, die länger und härter arbeiten, als es erlaubt ist. Sie tragen zum Einkommen der Familie bei. Die Familien sind auf sie angewiesen, sonst könnten sie ihre Ausgaben nicht decken.

**M2** Armut als „Teufelskreis"

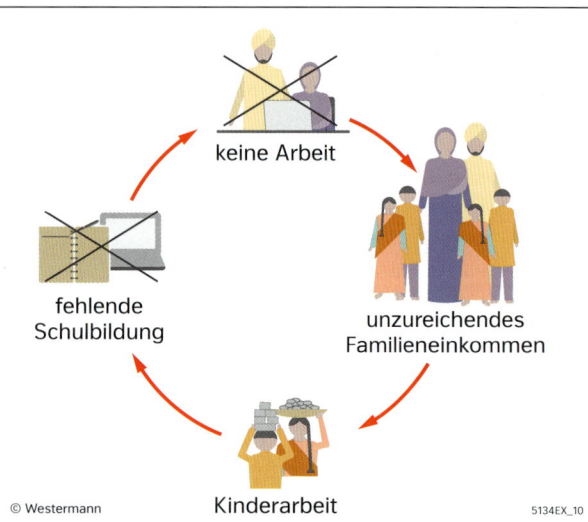

keine Arbeit

fehlende Schulbildung

unzureichendes Familieneinkommen

Kinderarbeit

© Westermann

5134EX_10

**M4** Kinderarbeit in Entwicklungsländern

| Von 100 Kindern arbeiten ... in folgenden Bereichen: | |
| --- | --- |
| Landwirtschaft und Fischerei | 71 |
| Groß- und Einzelhandel, Restaurants, Hotels | 8 |
| Produktion (Fabriken) | 8 |
| Soziale und persönliche Dienste (Haushalt) | 6 |
| Transport, Kommunikation | 4 |
| Bauarbeiten | 2 |
| Bergbau, Steinbrüche | 1 |

2016 arbeiteten weltweit insgesamt 151 622 000 Kinder in der Landwirtschaft, in der Industrie und im Dienstleistungsbereich.

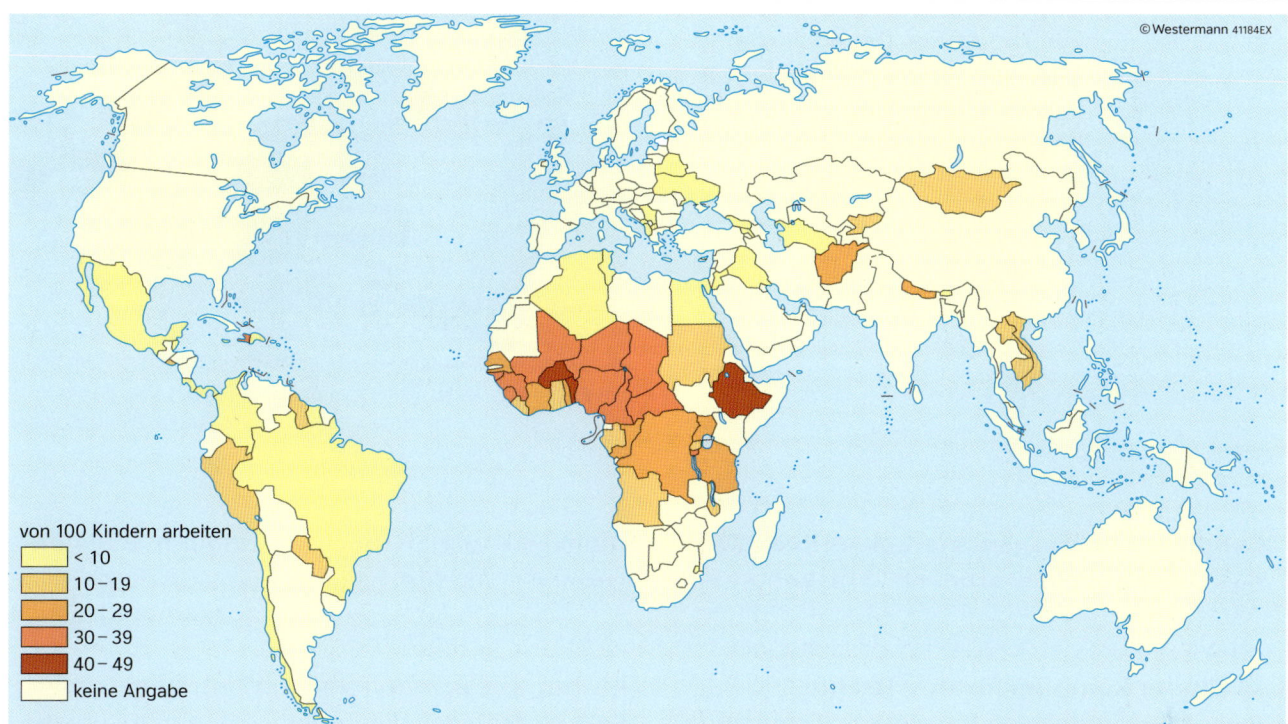

© Westermann 41184EX

von 100 Kindern arbeiten
- < 10
- 10 – 19
- 20 – 29
- 30 – 39
- 40 – 49
- keine Angabe

**M6** **Kinderarbeit in Indien (Beispiel)**

Pandisvari ist 11 Jahre alt. Sie arbeitet 6 Tage in der Woche von 6 Uhr morgens bis 6 Uhr abends in einer Fabrik in Indien. Sie stellt Zündhölzer her. Der Raum ist dunkel und in der Luft sind ätzende Schwefeldämpfe.

**M7** **Kinderarbeit in Nepal (Beispiel)**

Kumar und seine Schwester leben in Nepal. Sie arbeiten im Straßenbau. Kumar ist 12 Jahre alt. Die Familie lebt in einer kleinen Hütte. Kumar wünscht sich, zur Schule gehen zu dürfen. Aber das kann sich die Familie nicht leisten.

## Aufgaben

❶ Liste auf, welche Bestimmungen für Kinder in Deutschland gelten, wenn sie arbeiten wollen (Text).

❷ Überprüfe, ob Marina und Noah gegen Vorschriften verstoßen (M1, M3).

❸ Vergleiche: Warum arbeiten Marina und Noah, warum arbeiten Pandisvari und Kumar? (M6, M7).

❹ Ⓦ Wähle aus:

**A** Zeichne ein Diagramm zu den Angaben in M4.

**B** Schreibe acht Länder auf, in denen 30 und mehr von 100 Kindern zwischen 5 und 17 Jahren arbeiten (M5, Atlas).

❺ a) Erkläre den „Teufelskreis der Armut" (M2).

b) Beurteile, ob Kumar den Teufelskreis durchbrechen könnte, wenn er zur Schule gehen dürfte (M7).

*Formulierungshilfen zu Aufgabe 5 a):*
Wenn eine Familie nicht genug Einkommen hat, …
Wenn die Kinder arbeiten, können sie nicht …
Ohne Schulbildung bekommt man …
Wenn man keine Arbeit hat, …

*Wenn du diese Aufgaben erfolgreich bearbeitet hast, kannst du …*
… die Vorschriften zur Arbeit von Kindern nennen, die in Deutschland gelten.
… Kinderarbeit in anderen Ländern an Beispielen beschreiben.
… die Bedeutung von Gesetzen gegen Kinderarbeit beurteilen.
… den Fachbegriff **Kinderarbeit** erklären.

# Kindheit in Bolivien

© Westermann    25831EX_2

Kinderarbeit ist vom Gesetz her verboten. Dennoch kämpfen die Kinder in Bolivien für das Recht, arbeiten zu dürfen. Warum?

## M3  Kinderarbeit in der Stadt

Ein Vierjähriger putzt Schuhe in der Hauptstadt La Paz. Im Jahr 2020 arbeiten in Bolivien noch immer über 700 000 Kinder regelmäßig für ihren Lebensunterhalt.

**Bearbeitet die Fragen: Warum arbeiten Kinder in Bolivien? Warum möchten Kinder in Bolivien das Recht haben zu arbeiten? Präsentiert eure Ergebnisse und führt eine Diskussion durch.**

## M1  Kinder kämpfen für ihre Rechte

Kinderarbeit in Bolivien hat viele Gesichter: zum Beispiel das lebhafte und fröhliche von Deyna Mamani. An den Wochenenden verkauft die Zwölfjährige schon seit vier Jahren Fruchtsäfte, um ihre Großmutter bei der Arbeit auf dem Markt in La Paz zu unterstützen. [Deyna] arbeitet regelmäßig, weil ihre Eltern finanzielle Probleme haben und weil sie ihre Schulbücher und Busfahrkarten selbst bezahlen muss.

Andere Gesichter von arbeitenden Kindern sind ernst und misstrauisch, wie das von Rodrigo Medrano Calle. Bis spät in die Nacht bietet der 14-Jährige Zigaretten und Kaugummi in den Bars der Hauptstadt von Bolivien an. Im ganzen Land sieht man Mädchen, die auf Friedhöfen Grabsteine polieren. Man sieht Jungen, die in der Mittagshitze die Schuhe von Passanten putzen. Und man sieht zierliche Jugendliche, die bei der anstrengenden Zuckerrohrernte helfen. […] Doch letztendlich nennen alle […], wenn sie gefragt werden, wieso sie in so jungen Jahren schon arbeiten: die Not.

Sara Shahriari: Kinder in Bolivien kämpfen für Recht auf Arbeit. Deutsche Welle, Bonn. 01.05.2013 (verändert)

### Kinder aus armen Familien haben es schwer

Bolivien ist eines der ärmsten Länder in Südamerika. Fast die Hälfte der Bevölkerung in Bolivien ist arm. Die armen Familien leben in einfachen Hütten, oft ohne sauberes Wasser, ohne Toiletten und ohne Stromanschluss. Die Kinder müssen arbeiten gehen, um Geld für die Familie zu verdienen. Auf dem Land arbeiten die meisten Kinder in der Landwirtschaft. Einige arbeiten im Bergbau. Kinder, die in den Städten leben, verkaufen Zigaretten oder Süßigkeiten oder sie putzen Schuhe.

Es gibt auch viele Kinder, die auf der Straße leben. Sie sind **Straßenkinder**. Sie arbeiten und betteln, um zu überleben.

2014 haben viele Kinder gemeinsam demonstriert. Sie wollten erreichen, dass Kinder unter 14 Jahren arbeiten dürfen. Nach internationalem Recht ist nämlich Kinderarbeit unter 14 Jahren verboten. Im Sommer 2014 erlaubte das Parlament von Bolivien, dass Kinder ab 10 Jahren ausnahmsweise arbeiten durften. Kinder ab 12 Jahren durften sogar regelmäßig arbeiten, wenn die Arbeit nicht gefährlich war und sie trotzdem zur Schule gingen. Ende 2018 wurde die Zulassung der Kinderarbeit in Bolivien wieder abgeschafft.

## M2  Meinungen zur Kinderarbeit

Pro

Kinder sollten selbst entscheiden dürfen, ob sie Geld verdienen wollen. Sie dürfen nur von nichts und niemandem gezwungen werden.

Ich finde es gut, dass Kinder nicht arbeiten dürfen. Ich finde, Kinder sollten Zeit zum Spielen haben und zum Lernen!

Kontra

## M4 Kinderarbeit im Bergwerk

## M6 Kinderarbeit an Straßenkreuzungen

## M5 Miriam (17 Jahre) begründet, warum sie für ein Recht auf Kinderarbeit kämpft.

Wir sind gegen die **Ausbeutung** der Kinder, also dagegen, dass Jugendliche [im Bergbau] schuften. Das ist klar eine Ausbeutung. […] Uns ging es einzig um die Würde der Kinderarbeit. Es geht [aber] auch um eine bessere Lebensqualität. Die Kinder und Jugendlichen wollen moderne Handys, iPods und Tablets. […] Und viele arbeiten auch, um sich Schulsachen zu kaufen. Hefte und Bücher. […] Die Kinder, die von klein auf arbeiten, entwickeln frühzeitig ein eigenes Verantwortungsgefühl. Sie sind unabhängig, unterstützen ihre Familie finanziell und lernen das wahre Leben kennen. Das Gute und das Böse da draußen.

Deutschlandfunk Kultur, Köln 9.10.2014

## M7 Organisationen für Kinder

Es gibt viele Organisationen, die sich für Kinder einsetzen. Eine davon ist Terre des Hommes. Kinderarbeit ist nicht gleich Kinderarbeit. Deshalb will terre des hommes Kinderarbeit nicht generell bekämpfen, wohl aber jede Form der Ausbeutung. […] Gefördert wird […] die Selbstorganisation arbeitender Kinder, die für bessere Arbeitsbedingungen kämpfen.

Kinderarbeit: Ausbeutung stoppen, arbeitenden Kindern helfen: terre des hommes Deutschland e.V., Osnabrück

### INFO

Das Ausnutzen wirtschaftlicher Notlagen nennt man **Ausbeutung**. Unter Umständen sind schutzlose Kinder gezwungen, unter üblen Bedingungen zu arbeiten, weil sie und ihre Familien ohne den Lohn einfach nicht leben können.

## Tipps für die Erarbeitung

**1** Beschreibt die Arbeit der Kinder (M1, M3, M4, M6).

**2** Nennt Gründe, weshalb so viele Kinder in Bolivien arbeiten (M1, M5, Text).

**3** a) Erklärt, weshalb die Kinder in Bolivien für ihr Recht auf Arbeit kämpfen (M5).
b) Welche Meinung habt ihr dazu?

**4** Ende 2018 wurde die Zulassung der Kinderarbeit in Bolivien wieder abgeschafft. Welche Meinung habt ihr dazu?

**5** Sammelt Argumente für (pro) und gegen (kontra) Kinderarbeit in Bolivien. Berücksichtigt insbesondere die Argumente der Kinder (M2, M5).

**6** Präsentiert eure Ergebnisse als Diskussion vor der Klasse.

*Formulierungshilfen zu Aufgabe 6:*
Meiner Meinung nach …
Ich bin der Meinung, dass …
Wenn man bedenkt, dass …
Einerseits …, andererseits …
Man muss beide Seiten betrachten: …
Es ist so, dass …
Man muss auch verstehen …

*Wenn du diese Aufgaben erfolgreich bearbeitet hast, kannst du …*
… Kinderarbeit in Bolivien beschreiben.
… erklären, warum Kinderarbeit in Bolivien für viele Familien notwendig ist.
… Kinderarbeit in Bolivien erörtern.
… die Fachbegriffe **Straßenkind** und **Ausbeutung** erklären.

# Kindheit in Indien

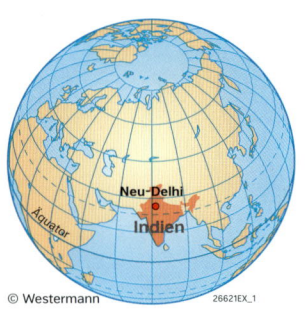

© Westermann    26621EX_1

In Indien sind viele Familien arm. Deshalb müssen viele Kinder arbeiten gehen und Geld verdienen. Ihre Familien brauchen den Verdienst der Kinder zum Überleben. Wie geht es den Kindern damit? Wie sieht ihr Leben aus?

**M2  Indische Mädchen sammeln Müll.**

**Bearbeitet die Fragen: Wie leben „die Mädchen vom Müllberg"? Gibt es für sie einen Ausweg aus der Armut? Präsentiert eure Ergebnisse und führt ein Interview mit Anjum und den Mädchen vom Müllberg vor.**

**INFO**

Eine **Hüttensiedlung** besteht aus einfachen Behausungen. Hüttensiedlungen sind in Entwicklungsländern am Rand von Großstädten entstanden, meistens illegal.

## Indien – ein Land mit 1,4 Milliarden Menschen

Indien ist nach China das bevölkerungsreichste Land der Erde. Die sozialen Unterschiede sind groß. Viele Menschen leben in **Hüttensiedlungen**. Hier sind die Lebensbedingungen oft katastrophal. Kinderarbeit ist die Regel. Die Reporterin Laura Salm-Reifferscheidt hat in der Hauptstadt Neu-Delhi in einem Elendsviertel recherchiert. Sie berichtet über das Leben von vier Mädchen.

**M1  Die Mädchen vom Müllberg**

Ende 2017 besuchte die Reporterin Laura Salm-Reifferscheidt vier Mädchen in der Nähe von Neu-Delhi, einer Millionenstadt in Indien. Die Mädchen suchen jeden Tag auf einem Müllberg nach Wertsachen.

Anjum [berichtet:] „Einmal sind ganz viele Haargummis abgeladen worden, und ein Lastwagen voll von Shampoo, Ölen … alles Mögliche." […]
Ihre Fundstücke lassen [die Mädchen] in großen Säcken verschwinden […]. Soweit die Teenager zurückdenken können, haben sie zusammen Müll gesammelt. […]
Saruna zeigt uns eine längliche Blechdose. Sie ist prall gefüllt mit Buntstiften, Kugelschreibern und anderem Schreibzeug. Sie erzählt: „Das behalte ich. Und wenn wir dann zum Unterricht gehen, kann ich damit arbeiten. [Damit] mache ich Zeichnungen. Mit diesem Messer spitze ich meinen Stift […]." Zum Schulunterricht schaffen es die Cousinen allerdings nur selten. Sie müssen

Geld nach Hause bringen. Ihre Eltern, ebenfalls Müllsammler, sind auf das Zusatzeinkommen der Kinder angewiesen. Zusammen verdient die achtköpfige Familie am Tag rund 100 bis 150 Rupien, also etwa zwei Euro. […]
Überall, wo man auf der großen Ebene hinsieht, sind Frauen, Männer und Kinder unterwegs, die Müll sammeln. Die Jüngsten sind gerade einmal fünf oder sechs Jahre alt.
Anjum erzählt, wie ihre Freundin vor einigen Jahren auf der Müllkippe ums Leben gekommen ist, als sie auf einem Karren mitfuhr. „Siehst du diese Schlaglöcher? Ein Lastwagen und der Karren sind dort zusammengeprallt. Koki ist vom Karren gefallen und der Lastwagen ist über sie drübergefahren." Das ist vier oder fünf Jahre her. Der Anblick hat Anjum nie wieder losgelassen.

Laura Salm-Reifferscheidt: Die Mädchen vom Müllberg. Deutschlandfunk Kultur, Köln, 17.11.2017 (verändert)

**M3** Verkehrssituation in Neu-Delhi

**M5** Überschwemmungen in der Hüttensiedlung gibt es häufig.

**M4** Das Leben neben dem Müllberg

Die Reporterin Laura Salm-Reifferscheidt berichtet vom Leben vierer Mädchen in der Nähe von Neu-Delhi:

Direkt am Fuß des Müllbergs liegt die Siedlung, in der die Mädchen wohnen. Es ist ein Gewirr aus engen Gassen mit kleinen Ziegelhäusern, offenen Abwasserkanälen und hängenden Stromkabeln. [...] Frauen hocken vor ihren Türen, lösen Kichererbsen aus. Kühe schieben sich vorbei. Mädchen waschen Babys in bunten Plastikeimern. [...] Jamshed ist Anjums Vater. Auch er sammelt Müll, da er keine Arbeit findet. Er ist ein Analphabet, kann also weder lesen noch schreiben. Deshalb sind seine Chancen sehr schlecht. Er erzählt von dem Viertel, in dem er mit Anjum lebt: „Manchmal gibt es kein fließendes Wasser. Andere Male ist das Wasser so schmutzig, dass die Kinder krank werden, wenn sie es trinken. Es gibt viele Mücken. Wenn es regnet, dann wird das Abwasser hochge-

drückt, dann kommen die Mücken und stechen die Kinder. Oft werden sie dann krank." [...]
Anjums Vater macht sich große Sorgen um die Zukunft [...]. „Wir sind arme Leute und wir haben unser Leben bis jetzt gemeistert. Aber für meine Kinder fängt das Leben erst an. Ich will nicht, dass meine Kinder dasselbe durchmachen müssen wie ich. Ich will ihnen einfach eine gute Ausbildung ermöglichen und sie in einen guten Haushalt schicken. Doch da kommt uns die Armut in die Quere."
Raus aus dem Müll, das ist das Ziel. Und der einzige Weg, dies zu erreichen, ist die Heirat mit einem Mann, der NICHT vom Müllsammeln lebt. Anjum mit ihren gerade einmal zwölf Jahren will von all dem nichts wissen.[...] Auf die Frage, ob sie denn selber einmal heiraten möchte, antwortet sie nur mit einem vehementen Kopfschütteln.

Laura Salm-Reifferscheidt: Die Mädchen vom Müllberg.
Deutschlandfunk Kultur, Köln, 17.11.2017

---

**Tipps für die Erarbeitung**

❶ Beschreibt die Arbeit auf der Müllkippe (M1, M2).
❷ Beschreibt das Leben in der Siedlung neben der Müllkippe. Geht dabei auf folgende Aspekte ein:
  • Wohnung,
  • Trinkwasser und Abwasser,
  • Strom,
  • Schulbildung,
  • Gesundheit.
❸ Welchen Ausweg sieht Anjums Vater?
❹ Stellt euch vor, ihr seid ein Reporter oder eine Reporterin. Welche Fragen würdet ihr Anjum und den Mädchen vom Müllberg stellen?

Schreibt eure Fragen auf und überlegt mögliche Antworten.
❺ a) Diskutiert Auswege aus der Armut. Berücksichtigt dabei die Informationen in den Texten (M1, M4).
  b) Arbeitet eure Diskussion in das Interview mit ein.
❻ Bereitet eure Präsentation vor.
❼ Spielt das Interview vor der Klasse vor.

> *Wenn du diese Aufgaben erfolgreich bearbeitet hast, kannst du ...*
> ... das Leben von Kindern in Hüttensiedlungen in Indien beschreiben.
> ... erklären, warum Kinder in Indien auf Müllkippen arbeiten.
> ... den Fachbegriff **Hüttensiedlung** erklären.

# Kinderrechte sind Menschenrechte

Jedes Kind auf der Welt hat Rechte, zum Beispiel das Recht auf Kindheit, auf ein sorgenfreies und menschenwürdiges Leben. Aber wie sieht es in der Realität aus? Nicht überall werden die Rechte der Kinder gewahrt. Was kann man tun, damit Kinderrechte respektiert und eingehalten werden?

## M1 Der Childhood Index (2020)

Der **Childhood Index** ist ein Messinstrument, mit dem die Hilfsorganisation Save the Children in 180 Ländern überprüft, wie es um das Recht auf Kindheit in diesen Ländern bestellt ist. Mithilfe ausgewählter Informationen werden Ranglisten erstellt. Es werden zum Beispiel Frühverheiratung, Frühschwangerschaften, Ausschluss von Bildung sowie Krankheit, Mangelernährung und Tod durch Gewalt berücksichtigt.

| Die obersten 10 der Rangliste | Die untersten 10 der Rangliste |
|---|---|
| 1. Singapur | 171. Burkina Faso |
| 2. Slowenien | 172. Guinea |
| 3. Finnland | 173. Madagaskar |
| 4. Schweden | 174. Nigeria |
| 5. Norwegen | 175. Somalia |
| 6. Irland | 176. Südsudan |
| 6. Niederlande | 177. Mali |
| 8. Italien | 178. Tschad |
| 8. Portugal | 179. Zentralafrikanische Republik |
| 8. Südkorea | 180. Niger |

Quelle: Save the Children: The hardest places to be a child – Global Childhood Report 2020. www.savethechildren.org

## M3 Grundbedürfnisse des Menschen

Menschen benötigen zum Leben:
politische Mitbestimmung · ärztliche Versorgung · Bildung · Nahrung · Arbeit · Unterkunft · Trinkwasser · Kleidung

3789E

## Wie geht es den Kindern auf der Welt?

Kinder, die heute geboren werden, sollen nach einem Bericht der Organisation Save the Children bessere Chancen als jemals zuvor haben. Es geht um die Chance, gesund und in Sicherheit aufzuwachsen und zur Schule zu gehen.

Laut der Organisation hat sich das Leben der Kinder in den letzten 20 Jahren verbessert, doch 690 Millionen wachsen immer noch in erbärmlichen Verhältnissen auf. So hat zum Beispiel jedes vierte Kind auf der Welt nicht die Möglichkeit, eine sorgenfreie Kindheit zu erleben. Nicht überall sind die Grundbedürfnisse erfüllt. Hintergründe dafür sind Krieg, Armut und Hunger.

Im Bericht von 2020 wird die Situation von Mädchen und Jungen in 180 Ländern bewertet. Deutschland liegt auf Platz 25, während Singapur Platz 1 belegt. Schlusslichter sind Tschad, die Zentralafrikanische Republik und Niger.

## M2 Die 17 Ziele für eine nachhaltige Entwicklung (Sustainable Development Goals)

Im Jahr 2015 verabschiedeten die Mitgliedsstaaten der Vereinten Nationen die Agenda 2030. Daraus leiteten sich 17 Ziele für nachhaltige Entwicklung ab, die bis zum Jahr 2030 erreicht werden sollen – die Sustainable Development Goals, SDGs:

1 Keine Armut
2 Kein Hunger
3 Gesundheit und Wohlergehen
4 Hochwertige Bildung
5 Geschlechtergleichheit
6 Sauberes Wasser und Sanitäreinrichtungen
7 Bezahlbare und saubere Energie
8 Menschenwürdige Arbeit und Wirtschaftswachstum
9 Industrie, Innovation und Infrastruktur
10 Weniger Ungleichheiten
11 Nachhaltige Städte und Gemeinden
12 Nachhaltige/r Konsum und Produktion
13 Maßnahmen zum Klimaschutz
14 Leben unter Wasser
15 Leben an Land
16 Frieden, Gerechtigkeit und starke Institutionen
17 Partnerschaften zu Erreichung der Ziele

**M4** Beispiele von Grundbedürfnissen

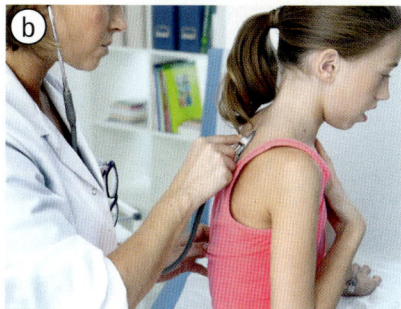

## Was kann getan werden?

In vielen Ländern der Erde gibt es Vereinigungen, die Menschen in Not helfen. Man nennt sie **Hilfsorganisationen**. Dazu gehört zum Beispiel UNICEF, das Kinderhilfswerk der **Vereinten Nationen (UN)** oder die Hilfsorganisation Save the Children, die sich seit 1919 für die Rechte der Kinder einsetzt. Diese Vereinigungen wollen erreichen, dass Kinderrechte eingehalten werden, denn Kinderrechte sind Menschenrechte.

Die Vereinten Nationen haben ihre Ziele konkret formuliert. Sie haben 17 Ziele für eine nachhaltige Entwicklung aufgeschrieben, die **Sustainable Development Goals**. Eine nachhaltige Entwicklung bedeutet, dass die Bedürfnisse der Menschen heute erfüllt werden sollen, ohne aber die Erfüllung der Bedürfnisse der nächsten Generation zu gefährden. Auch in Zukunft soll es also möglich sein, die Grundbedürfnisse der Menschen zu befriedigen. Lebenswichtige Bedürfnisse nennt man Grundbedürfnisse.

> **INFO**
>
> Zu den **Vereinten Nationen (UN)** gehören 193 Länder. Das sind fast alle Länder der Erde. Sie haben sich zusammengeschlossen, um die Zusammenarbeit zwischen den Ländern zu fördern, den Frieden zu sichern und die Menschenrechte zu schützen.

## Aufgaben

❶ Ordne die Grundbedürfnisse in M3 den Abbildungen in M4 zu.

❷ Übertrage die Ranglisten in M1 in dein Heft.
Schreibe hinter jedes Land den Kontinent, in dem das jeweilige Land liegt (Atlas).

❸ Recherchiere für Indien und Bolivien den Rang nach dem Childhood Index (Internet).

❹ Wähle aus den 17 Zielen für eine nachhaltige Entwicklung ein Ziel aus und erkläre, warum dieses Ziel wichtig ist, um das Leben der Kinder auf der Welt zu verbessern (M2).

❺ Ⓦ Es sollte nicht mehr dem Zufall und dem „Glück" des Ortes der Geburt überlassen sein, dass ein Kind eine gute Zukunft haben kann. Beurteile diese Aussage
**A** in Bezug auf Kinder in anderen Ländern.
**B** in Bezug auf Kinder in Deutschland.

*Formulierungshilfen zu Aufgabe 5:*
Die Aussage enthält eine Forderung, nämlich ...
Damit wird ausgesagt, dass ...
Meiner Meinung nach ...
Ein Beispiel ist ...
Wenn man bedenkt, dass ...

> *Wenn du diese Aufgaben erfolgreich bearbeitet hast, kannst du ...*
> ... Grundbedürfnisse benennen.
> ... beurteilen, ob die Grundbedürfnisse in allen Ländern erfüllt werden.
> ... an Beispielen die Ziele einer nachhaltigen Entwicklung erklären.
> ... die Fachbegriffe **Childhood Index**, **Hilfsorganisation**, **Vereinte Nationen (UN)** und **Sustainable Development Goals** erklären.

# Gewusst? – Gekonnt!

Bewerte dich selbst mit dem Ampelsystem, das auf Seite 28 erklärt ist.

## M1 Begriffspuzzle

| | |
|---|---|
| AUSGESETZ | SCHULSIEDLUNG |
| HÜTTENORGANISATION | STRASSENBEDÜRFNIS |
| GRUNDKIND | HILFSSCHUTZGESETZ |
| JUGENDBEUTUNG | |

**1** Bei diesen Begriffen ist etwas durcheinander geraten.
a) Schreibe die richtigen Begriffe auf.
b) Erkläre die Begriffe.

## M2 Chris (13 Jahre) bei der Arbeit

**2** a) Beschreibe, welche Arbeit Chris erledigt (M2).
b) Darf Chris arbeiten? Erkläre.
*Schülerbuch, Seite 278*

## M3 Regelungen im Jugendschutzgesetz

Alkohol

Nachtclub

Abi-Party

Branntwein

Rauchen

Tanzveranstaltung

Gewinnspiel

Gaststätte

Videokassetten

Kino

**3** Wähle einen Begriff aus (M3) und stelle zu diesem Begriff die Bestimmungen des Jugendschutzgesetzes dar.
*Schülerbuch, Seite 276*

## M4 Kinderrechte sind Menschenrechte: Das Recht auf Bildung (Auszug aus der Kinderrechtskonvention der Vereinten Nationen)

(1) Die Vertragsstaaten erkennen das Recht des Kindes auf Bildung an; um die Verwirklichung dieses Rechts auf der Grundlage der Chancengleichheit fortschreitend zu erreichen, werden sie insbesondere …
a) den Besuch der Grundschule für alle zur Pflicht und unentgeltlich machen;
b) die Entwicklung verschiedener Formen der weiterführenden Schulen allgemeinbildender und berufsbildender Art fördern, sie allen Kindern verfügbar und zugänglich machen […];
c) allen entsprechend ihren Fähigkeiten den Zugang zu den Hochschulen mit allen geeigneten Mitteln ermöglichen;
d) Bildungs- und Berufsberatung allen Kindern verfügbar und zugänglich machen;
e) Maßnahmen treffen, die den regelmäßigen Schulbesuch fördern […].

(2) Die Vertragsstaaten treffen alle geeigneten Maßnahmen, um sicherzustellen, dass die Disziplin in der Schule in einer Weise gewahrt wird, die der Menschenwürde des Kindes entspricht […].

UN-Kinderrechtskonvention, 20.11.1989. Artikel 28

**M5** **Aus dem Leben von Jupulli aus Indien**

Jupulli ist 13 Jahre alt und lebt im indischen Bundesstaat Andhra Pradesh. Er ist, wie sein Vater, Landarbeiter und arbeitet für einen Landbesitzer. Der Vater hatte sich für die Hochzeit seiner Tochter 10 000 Rupien von einem Geldverleiher geliehen – und weitere 7 000 Rupien für den Arzt, als er einen Unfall hatte.
Seitdem muss Jupulli von morgens um fünf Uhr bis abends um 19 Uhr für den Landbesitzer arbeiten, um Geld zu verdienen. Er reinigt die Tierställe, schafft Wasser herbei und arbeitet auf den Feldern.

**4** a) Warum muss Jupulli arbeiten? Welche Gründe werden im Text genannt (M5)?
b) Beschreibe Jupullis Arbeit (M5).
c) Beurteile Jupullis Chancen, sein bisheriges Leben zu verändern.
d) Nimm Stellung zu seinen Rechten im Hinblick auf die Kinderrechtskonvention der Vereinten Nationen (M4).
e) Vergleiche mit deinem Leben. Werden deine Rechte erfüllt (M4)?
*Schülerbuch, Seiten 278 – 281 und 284 – 285*

**M6** **Aus dem Leben von Mario aus Bolivien**

Ich bin 14 Jahre alt und lebe seit sieben Jahren in einem Heim für Straßenkinder, das von einer Hilfsorganisation eingerichtet wurde. Jetzt gehe ich in die achte, die letzte Schulklasse. Da ich Elektriker werden will, besuche ich nachmittags einen Kurs in der Berufsausbildungsstätte. Ich habe mir immer gewünscht, einen eigenen Beruf zu erlernen und meinen Unterhalt selbst zu verdienen. Irgendwann möchte ich heiraten und Kinder haben. Ich würde sie niemals schlagen, damit sie nicht Straßenkinder werden, so wie ich es war.

**M7** **Kinderarbeit in einer Streichholzfabrik in Indien**

**5** a) Beschreibe die Abbildung (M7).
b) Erörtere folgende Situation: Der Betrieb der Streichholzfabrik wird geschlossen, um die Kinderarbeit zu beenden.
c) Überlege andere Möglichkeiten, um die Kinderarbeit zu beenden. Notiere Vorschläge.
d) Diskutiere deine Vorschläge mit einer Mitschülerin oder einem Mitschüler.
*Schülerbuch, Seiten 282 – 285*

**6** a) Notiere, wie alt Mario war, als er ein Straßenkind wurde (M6).
b) Erkläre, wer ihm geholfen hat (M6).
c) Beurteile Marios Chancen, sein Leben zu verändern.
*Schülerbuch, Seiten 284 – 285*

**7** Wähle aus den 17 Zielen für eine nachhaltige Entwicklung der Vereinten Nationen ein Ziel aus und erläutere es (S. 284 M2).
*Schülerbuch, Seiten 284 – 285*

## Fachbegriffe

| | | | |
|---|---|---|---|
| die Ausbeutung | das Jugendschutzgesetz | das Schulgesetz | die Vereinten Nationen |
| der Childhood Index | die Kinderarbeit | das Straßenkind | (UN) |
| die Hilfsorganisation | die Pflicht | die Sustainable Development | |
| die Hüttensiedlung | das Recht | ment Goals | |

WES-105332-287
westermann.de/webcode

# Nachhaltig denken und handeln

Ein bisschen Natur mitten in der Stadt. Was sind eure ersten Eindrücke von dem Projekt, das hier zu sehen ist? Welche Fragen würdet ihr den Kindern stellen? Was könnte die Abbildung mit der Überschrift des Kapitels zu tun haben? Notiert eure Vermutungen und überprüft diese nach der Bearbeitung des Kapitels.

rechts: Im Schulgarten einer Schule in Gütersloh. Hier lernen die Kinder, wie man nachhaltig mit der Umwelt umgehen kann.

# Umgang mit Wasser

Wasser ist lebensnotwendig für alle Menschen auf der Erde. Es ist sogar das wichtigste Lebensmittel überhaupt. Ohne Wasser kann ein Mensch nämlich nur wenige Tage überleben. Wie können wir in Deutschland mit Wasser verantwortungsbewusst umgehen? Wie können wir es vor Verschmutzungen schützen?

**M3** **Beim Frühstück**

Sophie isst gerne ein Brötchen und ein Ei zum Frühstück. Dazu trinkt sie meistens entweder ein Glas Orangensaft oder einen Becher warme Milch. Sie verbraucht so insgesamt rund 450 Liter Wasser. Das kann sie aber nicht sehen.

**Bearbeitet die Frage: Wie können wir Wasser nachhaltig nutzen? Gestaltet dazu eine Ausstellung und präsentiert sie in eurer Schule.**

**M1** **Deutschland: Direkter Wasserverbrauch**

| Jahr | durchschnittlicher Wasserverbrauch einer Person pro Tag |
|------|----------------------------------------------------------|
| 1990 | 147 Liter |
| 1995 | 132 Liter |
| 2000 | 129 Liter |
| 2005 | 125 Liter |
| 2010 | 121 Liter |
| 2015 | 123 Liter |
| 2018 | 127 Liter |

**M2** **Trinkwasser sparen, statt zu verschwenden**

Mit Regenwasser kann man einen großen Gemüsegarten bewässern und die Balkonpflanzen gießen. Viele Pflanzen vertragen Regenwasser sogar besser als Leitungswasser.
Eine vierköpfige Familie kann eine Menge Trinkwasser sparen, wenn sie für die Toilettenspülung Regenwasser nutzt. Mit dem gesparten Wasser könnte man einen 380 Meter hohen Turm aus Wasserkisten bauen (Zum Vergleich: Höhe des Kölner Doms 157 Meter).

## Wasser nutzen – sichtbar und unsichtbar

Trinken, waschen, kochen, putzen … Jeden Tag nutzen wir Wasser, das direkt aus der Wasserleitung kommt. Der **direkte Wasserverbrauch** macht aber nur einen kleinen Teil des gesamten Wasserverbrauchs aus. Zusätzlich verbrauchen wir Wasser, das nicht direkt aus dem Wasserhahn kommt. In einem Glas Milch zum Beispiel stecken rund 200 Liter Wasser.

Wie ist das zu erklären? Eine Kuh gibt nur Milch, wenn sie genug Wasser zum Trinken hat (an einem heißen Tag bis zu 150 Liter). Mit Wasser wird beispielsweise auch der Kuhstall gereinigt. Und die Kuhmilch kann ohne Wasser nicht zu Trinkmilch weiterverarbeitet werden. In einem Glas Milch steckt also jede Menge verborgenes Wasser. Dieses Wasser nennt man **virtuelles Wasser**. Virtuelles, das heißt, indirekt genutztes Wasser, steckt auch in anderen Lebensmitteln und Produkten, die wir täglich nutzen.

Addiert man den direkten Wasserverbrauch und den Verbrauch von virtuellem Wasser, so nutzt jeder von uns im Durchschnitt rund 4000 Liter Wasser am Tag. So viel Wasser passt in 27 Badewannen hinein. Hättest du das gedacht?

**ERSTAUNLICH**

Tropft ein Wasserhahn nur zehn Mal in einer Minute, gehen dadurch in einem Jahr rund 2500 Liter kostbares Trinkwasser verloren. Mit dieser Wassermenge kommt in Deutschland eine Person ungefähr drei Wochen lang aus (direkter Wasserverbrauch).

## M4 So viel Wasser für einen Hamburger

### 1 Burger = 2 453 Liter Wasser

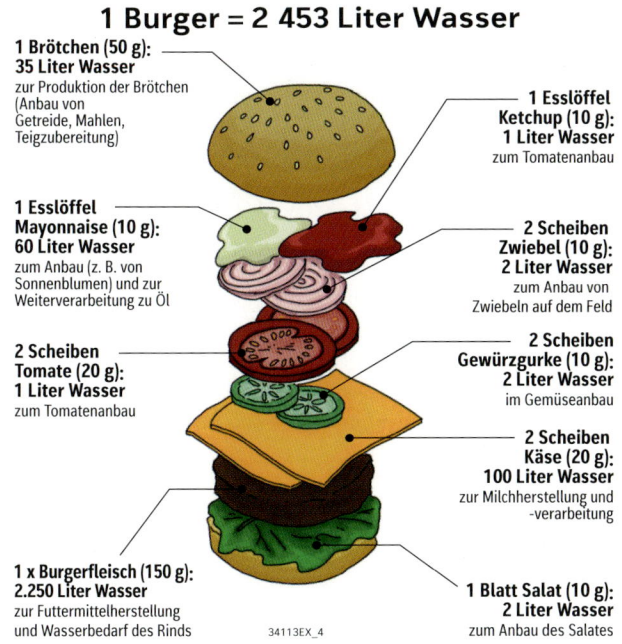

**1 Brötchen (50 g):
35 Liter Wasser**
zur Produktion der Brötchen
(Anbau von
Getreide, Mahlen,
Teigzubereitung)

**1 Esslöffel
Ketchup (10 g):
1 Liter Wasser**
zum Tomatenanbau

**1 Esslöffel
Mayonnaise (10 g):
60 Liter Wasser**
zum Anbau (z. B. von
Sonnenblumen) und zur
Weiterverarbeitung zu Öl

**2 Scheiben
Zwiebel (10 g):
2 Liter Wasser**
zum Anbau von
Zwiebeln auf dem Feld

**2 Scheiben
Tomate (20 g):
1 Liter Wasser**
zum Tomatenanbau

**2 Scheiben
Gewürzgurke (10 g):
2 Liter Wasser**
im Gemüseanbau

**2 Scheiben
Käse (20 g):
100 Liter Wasser**
zur Milchherstellung und
-verarbeitung

**1 x Burgerfleisch (150 g):
2.250 Liter Wasser**
zur Futtermittelherstellung
und Wasserbedarf des Rinds

34113EX_4

**1 Blatt Salat (10 g):
2 Liter Wasser**
zum Anbau des Salates

## M6 In einer Jeans steckt viel virtuelles Wasser.

8000 Liter Wasser, das heißt, rund 53 mit Wasser gefüllte Badewannen, werden für die Herstellung einer 800 Gramm schweren Jeans aus Baumwolle gebraucht. Davon werden 6000 Liter für die Bewässerung der Baumwollpflanzen genutzt. Sie werden auf großen Feldern angebaut. Baumwollpflanzen brauchen viel Sonne und vor allem sehr viel Wasser, damit sie wachsen.

Baumwoll-
pflanze

## M5 Spartipps zum direkten und indirekten Wasserverbrauch (Auswahl)

- Zähneputzen: Nicht das Wasser laufen lassen, sondern einen Becher benutzen.
- Einmal baden entspricht dreimal duschen: Für ein Vollbad benötigt man etwa 150 Liter Wasser, für fünf Minuten duschen 25 bis 50 Liter Wasser.
- Toilettenspülung: Bei jeder Spülung rauschen bis zu zwölf Liter Wasser die Toilette hinunter. Mit der Spartaste kann man bis zu 18 Liter am Tag einsparen.
- Lebensmittelreste: Alle Reste müssen nicht gleich in den Müll geworfen werden. Ein Teil davon kann bestimmt wiederverwertet werden.
- Kleidung: Jeans, T-Shirts und andere Kleidungsstücke kann man preiswert in einem Secondhand-Laden kaufen.

## M7 Wie kann man das Wasser schützen?

Gebrauchtes und schmutziges Wasser wird in einer Kläranlage mehrmals hintereinander gereinigt. Trotzdem können in einer Kläranlage nicht alle Verschmutzungen und Stoffe aus dem Abwasser beseitigt werden. Was kann man gegen die Wasserverschmutzung tun?

- Umweltfreundliches Duschgel und Shampoo nutzen. Einige Produkte enthalten kleinste Teilchen aus Kunststoff (Mikroplastik). Nicht alle Kläranlagen können diese Plastikteilchen aus dem Wasser herausfiltern.
- Folgende Dinge nicht in die Toilette werfen. Sie verschmutzen und vergiften das Abwasser:

 Speisereste 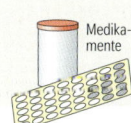 Medikamente

© Westermann 5263HX_1

## Tipps für die Erarbeitung

❶ Zeichnet ein Diagramm zum durchschnittlichen Wasserverbrauch einer Person pro Tag (M1).

❷ Stellt den Wasserverbrauch 2018 zeichnerisch anhand von Haushaltseimern (10 Liter) dar (M1).

❸ Erklärt die Fachbegriffe „direkter Wasserverbrauch" und „virtuelles Wasser" (Text).

❹ Beschreibt den virtuellen Wasserverbrauch an mindestens zwei Beispielen (M3, M4, M6).

❺ Fertigt eine Wandzeitung zu den Tipps an, wie man Wasser sparen kann (M2, M5, Internet).

❻ Erklärt, was jeder zu Hause gegen die Wasserverschmutzung tun kann (M7).

❼ Recherchiert, wie das Abwasser in einer Kläranlage gereinigt wird (Internet, Suchbegriff: Was passiert mit unserem Abwasser?). Fertigt dazu ein Plakat an.

❽ Gestaltet nun eure Ausstellung.

*Wenn du diese Aufgaben erfolgreich bearbeitet hast, kannst du ...*
... beschreiben, wie sich unser Wasserverbrauch zusammensetzt.
... Vorschläge machen, wie Wasser gespart und geschützt werden kann.
... die Fachbegriffe **direkter Wasserverbrauch** und **virtuelles Wasser** erklären.

Leise ertönt Musik aus dem Radiowecker. Alina wird wach. Sie räkelt und streckt sich noch ein wenig. Dann geht sie in das mollig warme Badezimmer. Sie putzt die Zähne mit einer elektrischen Zahnbürste. Während Alina duscht, macht ihr Vater das Frühstück. Es gibt Rühreier und dazu goldbraune Weißbrotscheiben aus dem Toaster. Die warme Milch für Alina steht noch auf dem Elektroherd. „Hol' doch bitte die Butter aus dem Kühlschrank", sagt Alinas Vater. Wie viel und wofür verbrauchen wir eigentlich Strom?

**M2** **Strom ablesen**

Zu jedem Haushalt und jeder Schule gehört ein Stromzähler. Auf dem Zähler kannst du ablesen, wie viel Strom verbraucht wurde. Die Zahlen geben den Verbrauch in Kilowattstunden (kWh) an.

---

**Bearbeitet die Frage: Wie können wir mit Energie nachhaltig umgehen? Gestaltet dazu eine Ausstellung und präsentiert sie in der Schule.**

---

**INFO**

Der Begriff **Nachhaltigkeit** wurde zum ersten Mal in der Forstwirtschaft verwendet. Er bedeutet, dass im Wald nicht mehr Bäume gefällt werden dürfen, als in der Natur nachwachsen können, denn Holz soll auch noch in vielen Jahren für die Menschen vorhanden sein.
Nachhaltig denken und handeln bedeutet, dass man überprüft, ob eine Handlung wirtschaftlich nützlich, aber gleichzeitig ökologisch (= umweltschonend) und sozial (= gut für die Gemeinschaft) verträglich ist.

## Warum sollen wir Strom sparen?

Wir sind es gewohnt, jederzeit Strom zu haben. Strom wird in Kraftwerken zum Beispiel mit Kohle (Seite 51) und Erdöl produziert. Diese natürlichen **Ressourcen** sind aber nicht in unendlichen Mengen vorhanden. Wir sollten die Ressourcen schonen, das heißt, nicht verschwenderisch damit umgehen. Tun wir das nicht, werden sie schnell aufgebraucht. Deshalb ist es wichtig, Strom zu sparen. Das ist möglich. Wir sollten auch versuchen, verstärkt andere Energieträger zu nutzen, zum Beispiel Wind, Sonne, Wasserkraft und Biomasse. Diese erneuerbaren Energieträger sind nachhaltig.

**M1** **Stromverbrauch einer dreiköpfigen Familie 2019**

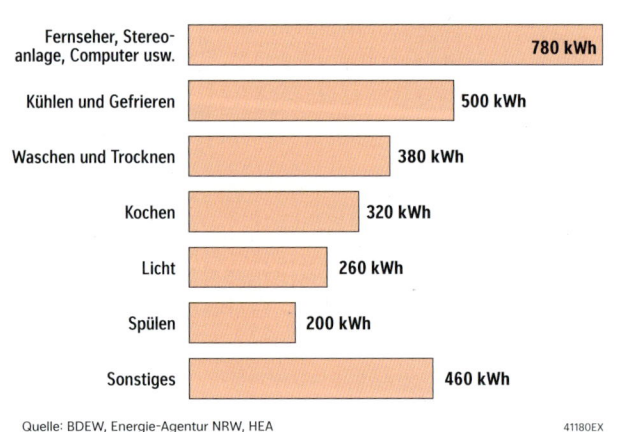

Quelle: BDEW, Energie-Agentur NRW, HEA          41180EX

Eine dreiköpfige Familie verbraucht im Durchschnitt 2900 Kilowattstunden (kWh) Strom in einem Jahr. Der Stromverbrauch steigt um 1100 kWh auf 4000 kWh, wenn das Wasser mit Strom erhitzt wird (Warmwasseraufbereitung). Wer sparsam mit dem Strom umgeht, kann Geld sparen. Eine Kilowattstunde kostete im Jahr 2019 durchschnittlich ungefähr 30 Euro-Cent.

**M3** **So viel Strom kann man sparen.**

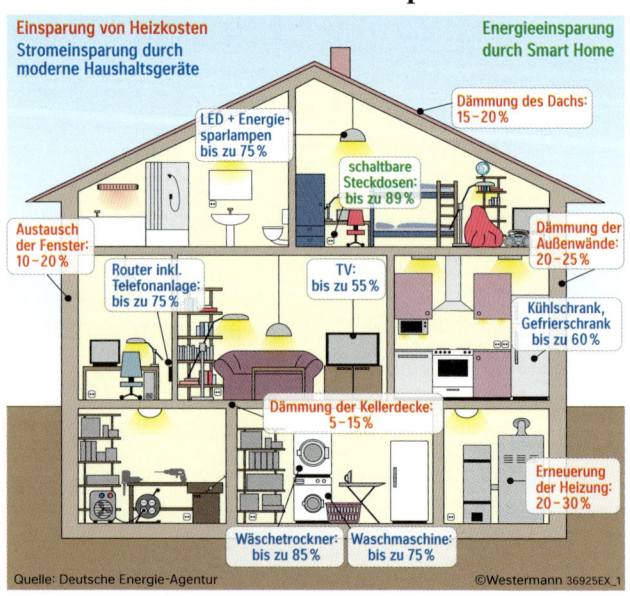

Quelle: Deutsche Energie-Agentur          ©Westermann 36925EX_1

75 % bedeutet: 75 von 100

## M4 Individuelle Handlungsmöglichkeiten: Tipps für nachhaltiges Handeln im Haushalt

- Fernseher immer ganz ausschalten (mit dem An- und Ausschalter), wenn du keine Sendung mehr schauen willst. Im Standby-Betrieb wird Strom verbraucht.
- Ladegerät für das Handy und andere elektrische Geräte nach dem Aufladen aus der Steckdose nehmen. Sie verbrauchen auch Strom, wenn kein Gerät angeschlossen ist.
- Töpfe und Pfannen beim Kochen immer mit einem Deckel verschließen. Dann entweicht weniger Wärme.
- Kühlschrank und Gefriertruhe regelmäßig abtauen. Eine dicke Eisschicht treibt den Stromverbrauch in die Höhe.

## M6 Staatliche Maßnahmen zur Förderung der Energieeffizienz

- Die Bundesregierung unterstützt Maßnahmen beim Hausbau oder bei der Modernisierung (Sanierung) von Gebäuden, mit denen man eine höhere Energieeffizienz erzielen kann.
- Die Bauherren oder Gebäudeeigentümer erhalten finanzielle Zuschüsse zu den Baumaßnahmen oder zinsgünstige Kredite.
- Für das Förderprogramm „Energieeffizient Sanieren" stellt die Bundesregierung seit 2012 jährlich 1,5 Milliarden Euro aus dem Energie- und Klimafonds zur Verfügung.
- Im Jahr 2017 wurden zum Beispiel Zusagen in mehr als 129 000 Fällen für Maßnahmen an rund 275 000 Wohnungen erteilt.

## M5 Energiesparen fängt beim Einkaufen an!

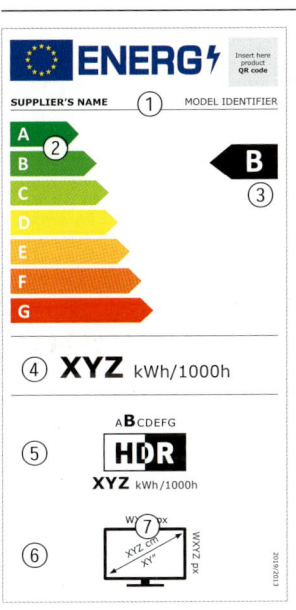

Die **Energieeffizienz**klasse gibt an, ob der Fernseher wenig (A) oder viel Strom (G) verbraucht.

① Hersteller und Modellbezeichnung
② Farbbalken zur Kennzeichnung der Energieeffizienzklasse von A = grün bis G = rot
③ Energieeffizienzklasse des Gerätes
④ Energieverbrauch im Betriebsmodus in Kilowattstunden, bezogen auf eine Nutzung von 1000 Stunden
⑤ Energieeffizienzklasse und Energieverbrauch für die Wiedergabe von HDR-Filmen
⑥ sichtbare Bildschirmdiagonale in Zentimetern und Zoll sowie horizontale und vertikale Auflösung in Pixeln

**INFO**

Als **Ressource** im engeren Sinn werden die auf der Erde vorhandenen Rohstoffe und Energieträger bezeichnet.

**INFO**

Je weniger Energie eingesetzt werden muss, desto energieeffizienter ist ein Produkt. Die **Energieeffizienz** kann man zum Beispiel beim Kauf eines Kühlschranks oder Fernsehers auf einem Aufkleber ablesen (M5).

**INTERNET**

Suchbegriffe:
→ Kindernetz Energie sparen
→ helles-koepfchen Energie sparen

## Tipps für die Erarbeitung

❶ Erstellt eine Zeichnung zum Stromverbrauch einer Familie (M1).
❷ Stellt fest, wie viel Strom ihr zu Hause an einem Tag verbraucht. Lest dazu den Stromzähler (M2) an zwei Tagen hintereinander zur gleichen Uhrzeit ab. Gibt es große Unterschiede? Was könnte der Grund sein?
❸ Nennt Beispiele, wie ihr mit Energie sparsam umgehen könnt (M3, M4).
❹ Beschreibt Maßnahmen, die bei der Modernisierung eines Hauses zu einer höheren Energieeffizienz führen (M3).
❺ Beurteilt die staatlichen Maßnahmen und individuellen Handlungsmöglichkeiten in Bezug auf das Einsparen von Energie (M4 – M6).
❻ Schreibt eine kurze Geschichte zum Thema „Ein Tag ohne Strom".
❼ Gestaltet nun eure Ausstellung.

*Wenn du diese Aufgaben erfolgreich bearbeitet hast, kannst du ...*
... beschreiben, wo und wie man Strom sparen kann.
... erklären, wie man nachhaltig mit Strom umgehen kann.
... die Fachbegriffe **Nachhaltigkeit**, **Ressource** und **Energieeffizienz** erklären.

# Fahrrad und Bus statt Auto

Marco hat den Schulbus verpasst. Seine Mutter fährt Marco deshalb mit dem Auto zur Schule. Sie muss schon 50 Meter vor der Schule anhalten. Sie kommt nicht mehr voran. Die Straße ist vollkommen verstopft. Vor ihr stehen etwa 20 Autos. Sie stehen zum Teil nebeneinander auf der Straße. Viele Eltern bringen ihre Kinder mit dem Pkw zur Schule.
Müssen so viele Eltern die Kinder mit dem Auto zur Schule bringen? Gibt es keine anderen Möglichkeiten?

**M4  Stau in einer Innenstadt**

## M1  Umfrage zur Verkehrsmittelnutzung

Welche Verkehrsmittel werden in Deutschland hauptsächlich genutzt?
(Zahl der befragten Personen: 316 361)

**MIV** = Motorisierter Individualverkehr (z. B. Auto, motorisierte Zweiräder wie Motorrad oder Mofa)
**ÖV** = Öffentliche Verkehrsmittel (Nahverkehrsbusse, alle Bahnen, Fern- und Reisebusse, Flugzeug, Taxi)

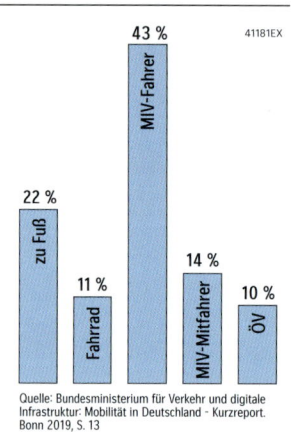

41181EX

- zu Fuß: 22 %
- Fahrrad: 11 %
- MIV-Fahrer: 43 %
- MIV-Mitfahrer: 14 %
- ÖV: 10 %

Quelle: Bundesministerium für Verkehr und digitale Infrastruktur: Mobilität in Deutschland – Kurzreport. Bonn 2019, S. 13

22 % bedeutet: 22 von 100

## M2  Verkehrsschilder in einer Innenstadt

## Mobil ohne Auto – geht das?

Zäh fließender Verkehr, Stop-and-go, Stau, dann die Suche nach einem Parkplatz – fast jeden Morgen ist es das Gleiche in den deutschen Innenstädten. Das Auto ist von allen Verkehrsmitteln bei Weitem die Nummer Eins. Solange sich daran nichts ändert, bleibt der Verkehr ein Problem. Die Luft zum Beispiel wird durch Abgase verschmutzt. Der Lärm ist manchmal unerträglich. Die schmutzige Luft und der Lärm können Menschen krank machen.
Viele Wege könnten zu Fuß, mit dem Fahrrad oder öffentlichen Verkehrsmitteln (zum Beispiel Bus, Straßenbahn, U-Bahn) zurückgelegt werden. Doch viele Menschen wollen oder können nicht auf das Auto verzichten. Dafür gibt es verschiedene Gründe. Verkehrsexperten sagen, dass der Öffentliche Personennahverkehr nicht attraktiv genug ist. Zusätzlich müssten auch neue Fahrrad- und Fußwege gebaut werden.
Für viele Menschen ist die **Mobilität** (Beweglichkeit) sehr wichtig.

## M3  Im Alltag werden verschiedene Verkehrsmittel genutzt.

Ich habe keinen Führerschein. Direkt vor meinem Haus gibt es aber eine Straßenbahnhaltestelle. Mit der Bahn kann ich bis in die Innenstadt fahren, meine Einkäufe erledigen oder zum Arzt gehen. (Else W., 78 Jahre, Rentnerin)

Ich würde gerne mit dem Fahrrad zur Schule fahren. Das machen andere Schülerinnen und Schüler doch auch. Aber meine Mutter sagt, das sei zu gefährlich. Deshalb fahre ich mit dem Bus. (Karim S., 10 Jahre, Schüler)

Das Krankenhaus, in dem ich arbeite, ist nicht weit von meiner Wohnung entfernt. Ich fahre oft mit dem Fahrrad zur Arbeit. Dafür brauche ich nur 15 Minuten. Wenn das Wetter schlecht ist, fahre ich mit dem Bus. (José L., 33 Jahre, Krankenpfleger)

Wenn ich morgens um 7:15 Uhr zur Arbeit fahre, sind die Busse meistens überfüllt. Das mag ich nicht. Deshalb fahre ich mit dem Auto. (Helma G., 61 Jahre, Sekretärin)

Mit meinem Motorroller komme ich in der Stadt schnell voran. Und einen Parkplatz finde ich auch immer. (Mona S., 20 Jahre, Studentin)

Ich gehe jeden Morgen ungefähr einen Kilometer zu Fuß bis zur Werkstatt und am späten Nachmittag wieder nach Hause. Ich könnte auch mit dem Bus oder mit der U-Bahn fahren, aber das ist mir zu teuer. (Bogdan F., 18 Jahre, Auszubildender)

Ich wohne auf dem Land. Ohne mein Auto käme ich gar nicht zur Arbeit, da der Bus nur zweimal am Tag fährt. Da ich Schichtarbeiter bin, muss ich auch immer zu unterschiedlichen Zeiten los. (Franjo M., 46 Jahre, Produktionsarbeiter)

## M5 Flächenbedarf von Fahrrad, Pkw und Bus bei gleicher Personenzahl

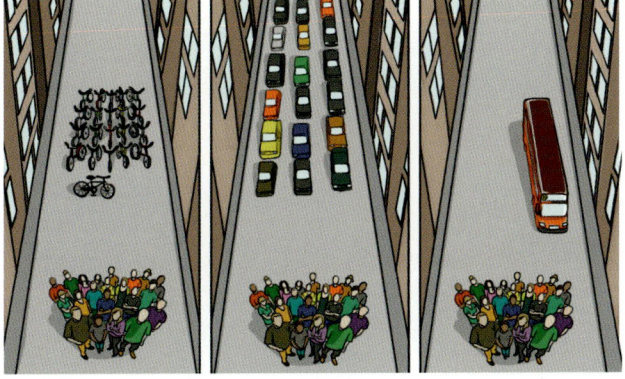

## M6 In der Innenstadt von Kopenhagen (Dänemark): Über die Hälfte der Berufspendler fährt mit dem Fahrrad zur Arbeit.

- sichere Radwege in Kopenhagen (oft durch Bordstein von der Autospur getrennt),
- breite Radwege (neue Radwege 4 m breit),
- Brücken in der Innenstadt nur für Radfahrer,
- Fahrradparkplätze sowie Fahrradparkhäuser mit Reparaturwerkstätten,
- durch schräg gestellte Mülleimer an den Radwegen erleichtertes Wegwerfen der Abfälle während der Fahrt
- Im Winter werden zuerst die Radwege von Schnee geräumt und bei Eis gestreut.

## M7 In der Stadt kostenlos mit dem Bus unterwegs

Mit dem Bus fahren, ohne dafür zu zahlen? Das können die Bürgerinnen und Bürger der Stadt Monheim (Kreis Mettmann, Nordrhein-Westfalen) seit April 2020. Man braucht dafür einen gültigen „Monheim-Pass". Den bekommt man von der Stadt. Das hat der Stadtrat beschlossen. Er will, dass in Monheim mehr Menschen mit dem Bus statt mit dem Auto fahren.

Um dieses Ziel zu erreichen, gibt die Stadt Monheim eine Menge Geld aus. Sie zahlt den Busunternehmen pro Jahr rund drei Millionen Euro. Die Unternehmen brauchen das Geld. Sie verkaufen ja keine Bustickets mehr, müssen aber zum Beispiel die Busfahrer und den Kraftstoff bezahlen.

## M8 Vorschläge von Verkehrsexperten zum Stadtverkehr in der nahen Zukunft (Auswahl)

höhere Parkgebühren für private Pkw in der City

Einrichtung von Fahrspuren, die nur von Omnibussen befahren werden dürfen

mehr Radwege in der Innenstadt und Parkhäuser nur für Fahrräder

 mehr Park-and-Ride-Plätze am Stadtrand

 Tempo 30 auf allen Straßen in der Innenstadt

Umleitung des Lkw-Verkehrs um die Innenstadt und Einrichtung verkehrsfreier Zonen

Citymaut (Autofahrer, die in die Innenstadt fahren wollen, müssen eine Gebühr zahlen)

 mehr Ladestationen für Elektroautos

 Luftseilbahn zur Beförderung von Personen

engere Taktzeiten des ÖPNV (mehr Fahrten während des Tages, auch nachts)

## Aufgaben

1 Führt in der Klasse eine Umfrage durch: Welche Verkehrsmittel nutzt ihr, um zur Schule zu kommen (M1, siehe S. 66/67)? Stellt das Ergebnis in einer Tabelle oder einem Diagramm dar.

2 Verkehrsmittel werden aus verschiedenen Gründen genutzt. Erkläre (M3, M6).

3 Recherchiere, ob in der Stadt Monheim der Bus jetzt häufiger genutzt wird. Berichte darüber (M7).

4 Der Jugendrat einer Stadt diskutiert über den Öffentlichen Personennahverkehr. Er soll attraktiver gemacht werden. Führt in einem Rollenspiel die Diskussion im Stadtrat durch.

5 Recherchiere: Auch in der Stadt Köln gibt es häufig Verkehrsstaus. Es wurde vorgeschlagen, ein „Rheinpendel" zu bauen. Was ist damit gemeint? Was ist aus dem Vorschlag geworden (Internet: Köln Rheinpendel)?

6 Erkläre am Beispiel von vier Vorschlägen (M8), wie sich diese auf den Stadtverkehr auswirken könnten.

7 Diskutiert in der Klasse, wer welches Verkehrsmittel nutzen möchte, wenn ihr erwachsen seid.

*Wenn du diese Aufgaben erfolgreich bearbeitet hast, kannst du ...*
... beschreiben, welche Verkehrsmittel warum genutzt werden.
... erklären, warum in der Stadt mehr Menschen öffentliche Verkehrsmittel nutzen sollten.
... Alternativen zum motorisierten Individualverkehr aufzeigen.
... den Fachbegriff **Mobilität** erklären.

# Eine Mindmap erstellen

Nico macht seine Hausaufgaben für das Fach Gesellschaftslehre. Er und die anderen Schülerinnen und Schüler seiner Klasse sollen sich überlegen, wie man die Umwelt schützen kann. Nico soll sich um das Thema „Müll" kümmern. Er hat gleich ein paar Ideen und schreibt sie auf. Er recherchiert auch im Internet. Schließlich hat er so viele Informationen gesammelt, dass er den Überblick verliert. Er „sieht den Wald vor lauter Bäumen nicht mehr". Vielleicht ist dir das auch schon mal passiert.

Die Gedanken und das Wissen zu einem Thema kann man in einer „Gedankenkarte" (Mindmap) ordnen und übersichtlich veranschaulichen. Doch was ist eine Mindmap? Und wie erstellt man eine Mindmap?

**M3** Nico überlegt, was man für den Umweltschutz tun kann. Er möchte dazu eine Mindmap erstellen.

**M1** Nico recherchiert: Jeder kann etwas für den Umweltschutz tun! Das Beispiel Müll.

Papier, Karton, Becher und Folien aus Plastik, Glasflaschen, Speisereste ... In den Mülltonnen landen viele Dinge. Fachleute sagen, dass zu viel Müll produziert wird. Sie sprechen von einer „Müllflut". Zum Schutz der Umwelt ist es aber wichtig, dass wir weniger Müll produzieren. Für die Herstellung der Dinge, die wir täglich wegwerfen, wurden nämlich Strom, Wasser und Rohstoffe verbraucht.

Dabei lässt sich Müll leicht vermeiden. Im Supermarkt zum Beispiel kann man Äpfel einkaufen, die nicht in Plastikfolie verpackt sind. Weniger Papiermüll fällt an, wenn man die Brötchen beim Bäcker mit einem Brotbeutel kauft. Es gibt auch Läden, in denen Lebensmittel grundsätzlich unverpackt verkauft werden („Null-Müll-Läden"). Die Kunden bringen Behälter und Flaschen zum Einkauf mit.

Viele Dinge werden auch weggeworfen, die man noch hätte reparieren können. Und aus alten Dingen kann man mit etwas Fantasie neue, schicke und praktische Sachen machen: zum Beispiel eine Tasche oder Schutzhüllen für Schulbücher aus alten Jeans nähen oder ein Notizbüchlein aus Schmierpapier herstellen.

Im Müll sind wertvolle Stoffe enthalten. Sie können wiederverwertet werden. Fachleute nennen das **Recycling**. Schulhefte werden aus Altpapier hergestellt, Toilettenpapier und Alufolie aus Getränkekartons, neue Flaschen aus Altglas oder Handyhüllen aus Plastikabfällen. Das heißt, aus Müll werden neue Waren hergestellt. Durch das Recycling werden Rohstoffe gespart und die Müllmenge wächst nicht mehr so stark wie früher.

**M2** Elektronikschrott

In jedem Handy, das auf dem Müll landet, und in jedem ausrangierten Computer stecken wertvolle Rohstoffe, zum Beispiel Kupfer, Eisen und Aluminium, Gold, Silber und viele andere Metalle, von denen es auf der Erde nur geringe Mengen gibt.

**M4** Diese Stichwörter hat sich Nico beim Durchlesen des Textes M1 notiert.

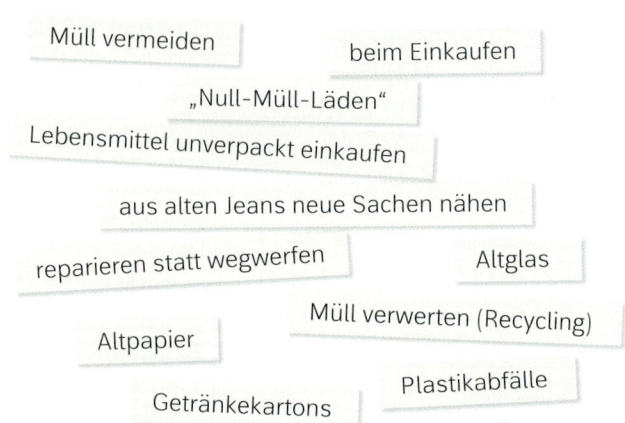

Müll vermeiden

beim Einkaufen

„Null-Müll-Läden"

Lebensmittel unverpackt einkaufen

aus alten Jeans neue Sachen nähen

reparieren statt wegwerfen

Altglas

Müll verwerten (Recycling)

Altpapier

Plastikabfälle

Getränkekartons

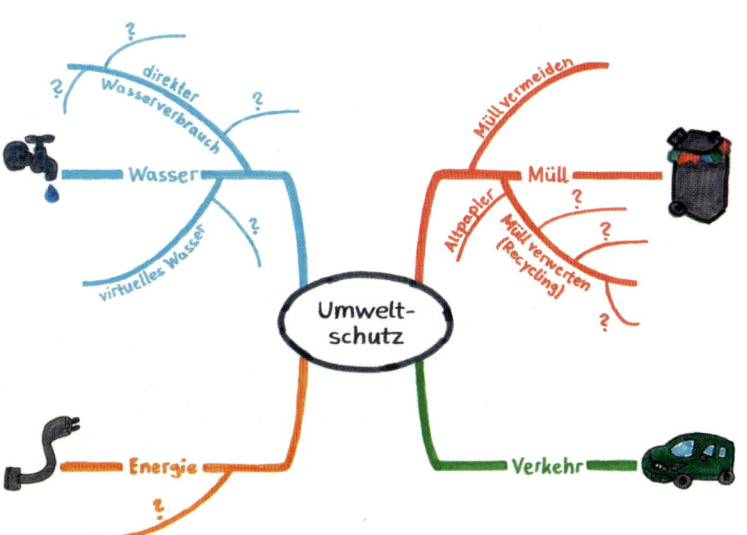

Eine **Mindmap** (englisch: mind = Gedanken, map = Karte) ist eine „Gedankenkarte". Damit kannst du deine Gedanken zu einem Thema übersichtlich und anschaulich darstellen.

**M6** **Wofür eine Mindmap nützlich ist**

Eine Mindmap hilft dir
- bei der Vorbereitung und Gliederung eines Themas (z. B. für einen Vortrag),
- bei der Stoffsammlung in einer Gruppenarbeit,
- bei der übersichtlichen Zusammenfassung von Unterrichtsinhalten.

## Fünf Schritte zum Erstellen einer Mindmap

**1. Schritt** **Das Thema notieren**
Schreibe das Thema in die Mitte des Blattes in dicker Schrift und zeichne einen Kreis oder ein Oval darum herum. Tipp: Verwende am besten ein unliniertes Blatt und lege es quer.
*Beispiel: Umweltschutz*

**2. Schritt** **Die Hauptäste zeichnen und beschriften**
Überlege nun Schlüsselbegriffe zum Thema. Zeichne zu allen gefundenen Schlüsselbegriffen Hauptäste an den Kreis oder das Oval. Du kannst die Hauptäste mit verschiedenen Farben zeichnen. Schreibe die Schlüsselbegriffe an oder in die Hauptäste.
*Beispiel: Müll, Wasser, Energie, Verkehr*

**3. Schritt** **Die Nebenäste einzeichnen und beschriften**
Überlege zu jedem Schlüsselbegriff untergeordnete Begriffe. Zeichne an die Hauptäste Abzweigungen für

diese gefundenen Begriffe, die Nebenäste. Schreibe die Begriffe an die Nebenäste.
*Beispiel „Müll": Müll vermeiden, Müll verwerten (Recycling)*

**4. Schritt** **Weitere untergeordnete Nebenäste einzeichnen und beschriften**
Wenn dir noch weitere Unterpunkte einfallen, kannst du an die Nebenäste zusätzlich noch untergeordnete Nebenäste zeichnen.
Beschrifte die untergeordneten Nebenäste mit den Unterpunkten.
*Beispiel „Müll": Nebenast „Müll verwerten (Recycling)": Altpapier, Altglas ....*

**5. Schritt** **Ergänze die Mindmap – wenn möglich mit aussagekräftigen Bildern oder Symbolen.**
*Beispiel „Müll": Mülleimer*

## Aufgaben

❶ a) Lies den Text zum Thema „Müll" durch (M1). Notiere dazu Stichworte, wie weniger Müll produziert und dadurch die Umwelt geschont werden kann.
b) Vergleiche deine Notizen mit denen von Nico (M4).

❷ Überlege, wie du dazu beitragen kannst, dass weniger Müll anfällt. Ergänze deine Notizen mit deinen Gedanken hierzu.

❸ Zeichne M5 ab und vervollständige den Hauptast „Müll".

❹ Ergänze die anderen unvollständigen Hauptäste in der Mindmap (M5, vgl. S. 290–295).

❺ Schreibe mithilfe deiner Mindmap einen kurzen Bericht zum Thema „Umweltschutz".

*Wenn du diese Aufgaben erfolgreich bearbeitet hast, kannst du ...*
*... eine Mindmap zum Thema „Umweltschutz" erstellen.*
*... die Fachbegriffe **Recycling** und **Mindmap** erklären.*

# Urban Gardening

Es ist Herbst. Pascal will sehen, was aus den Kartoffeln geworden ist, die er schon vor Monaten mit seinem Vater gesetzt hat. Er fängt an, die Erde ganz vorsichtig mit einem Spaten umzugraben.

Pascal geht mit seinem Vater an fast jedem Wochenende zum Gärtnern in den Gemeinschaftsgarten „Ums Eck". Er liegt nur wenige Hundert Meter von ihrer Wohnung entfernt.

Was sind Gemeinschaftsgärten? Und was hat das Gärtnern mit dem Begriff „Nachhaltigkeit" zu tun?

**M3** Urban Gardening –

Auf dem ehemaligen Flughafengelände Berlin-Tempelhof

**M1** Gärtnerinnen und Gärtner eines Gemeinschaftsgartens erzählen.

„Ich arbeite in einer Telefonzentrale. Das ist stressig. Deshalb ist Gärtnern genau das Richtige für mich. Dabei kann ich entspannen und mich an der frischen Luft erholen."

„Bei uns gibt es jetzt häufiger frisches Gemüse als früher. Und wir sparen zudem Geld."

„Seitdem wir hier gärtnern, essen wir nur saisonales Obst und Gemüse, das heißt, das, was gerade geerntet werden kann. Wir freuen uns jetzt schon auf die Erdbeeren im Sommer."

„Am letzten Samstag haben wir zusammen Kräuteröl und Kräuteressig gemacht."

„Gestern beim Gärtnern hat unser Sohn mit anderen Kindern ‚Torwächter' gespielt. Geti, ein Mädchen aus Afghanistan, hat gezeigt, wie das Spiel geht. In diesem Land ist das Spiel sehr beliebt."

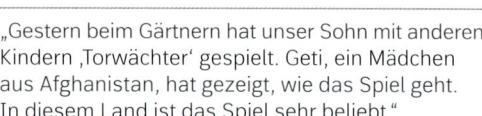

## Gärtnern in der Stadt – Urban Gardening

NeuLand, StadtFrüchtchen, PflanzBar – das sind Namen von Nutzgärten in den Städten Köln, Bonn und Wuppertal. Das Besondere an diesen Gärten ist, dass sie von mehreren Einwohnern gemeinsam bewirtschaftet werden. In den Gemeinschaftsgärten treffen sich Menschen, die sich vielleicht einmal gesehen, aber vorher noch nie kennengelernt haben. Mitmachen darf im Grunde genommen jeder, der gerne gärtnern will. Auch jene, die bisher noch keine Erfahrung damit haben, sind willkommen. Man hilft sich gegenseitig.

Allein in Nordrhein-Westfalen gibt es über 100 Gemeinschaftsgärten. Und es kommen immer mehr hinzu. **Urban Gardening** ist zu einem Trend geworden. Heute wollen sich mehr Menschen von dem ernähren, was sie selbst gesät oder gepflanzt, gepflegt und geerntet haben. Die Gärten sind ein wertvoller Lebensraum für Bienen, Hummeln und andere Tiere. Sie verbessern auch das Klima in einer Stadt.

**M2** Dortmund: Gemeinschaftsgarten Schallacker

früher

heute

## mitten in der Millionenstadt Berlin

### M4 Gemeinsam gärtnern in der Stadt – ein neuer Lebensstil

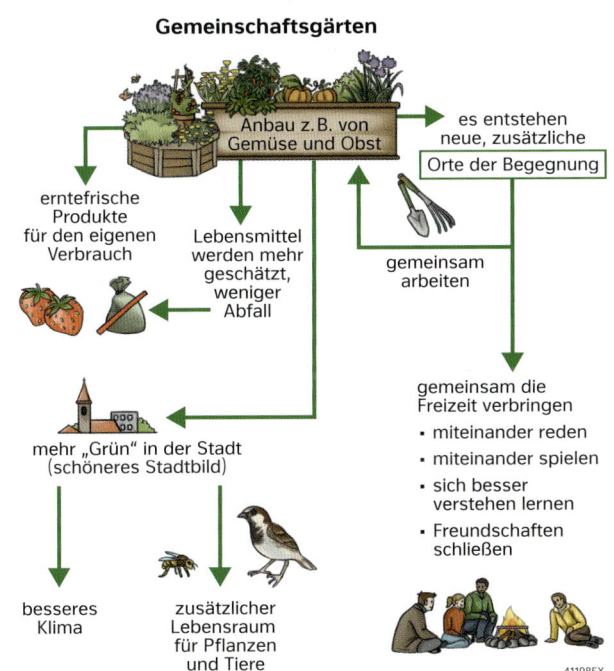

41198EX

### M5 Säen, pflanzen, ernten

Gemeinschaftsgärten liegen im Trend. Selbst anbauen und ernten macht Spaß und Obst, Gemüse und Kräuter aus dem eigenen Anbau sind zudem gesund.

Außerdem kann man Geld sparen, weil man nicht mehr alles im Supermarkt einkaufen muss.

In den Gemeinschaftsgärten wachsen neben Obst, Gemüse und Kräutern auch Blumen und Büsche. In einigen Gärten gibt es auch Bienenstöcke und Hühnerställe.

Säen oder Setzlinge pflanzen und dann das Wachstum beobachten, ist auch für Kinder immer wieder eine spannende Erfahrung.

### M6 Gärten auf den Dächern – besseres Klima in der Stadt?

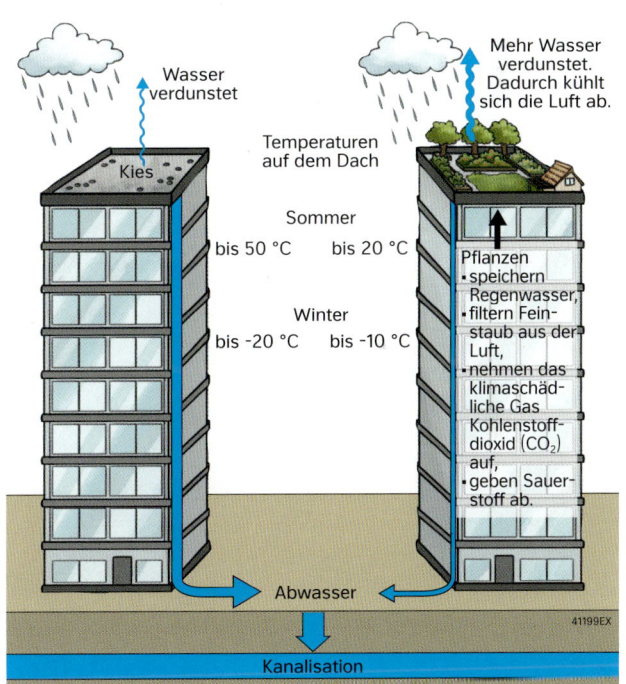

41199EX

## Aufgaben

❶ Beschreibe die Fotos in M3 mithilfe von M5.

❷ Nenne mögliche Gründe, warum die Einwohner einer Stadt gerne gemeinsam gärtnern (M1).

❸ Stell dir vor, du hättest ein Beet in einem Gemeinschaftsgarten. Was würdest du im Laufe des Jahres anbauen? Erstelle dazu einen Pflanzplan (Internet, Suchbegriff: urban growing).

❹ Recherchiere: Wie wurde das Gelände „Schallacker" (M2) früher genutzt? Was tun die Stadtgärtner dort heute (Internet)?

❺ Urban Gardening ist nachhaltig: aus Gründen des Umweltschutzes, aus wirtschaftlicher Sicht und auch deshalb, weil es die Gemeinschaft fördert. Nimm zu dieser Aussage eines Stadtplaners Stellung (M4, M6).

❻ Diskutiert in der Klasse, ob gemeinsames Gärtnern auch in Dörfern sinnvoll wäre.

❼ Ⓩ Informiere dich über das Projekt „Düsseldorf Kö-Bogen 2 Grüner Hügel" und berichte darüber (Internet).

> *Wenn du diese Aufgaben erfolgreich bearbeitet hast, kannst du …*
> … beschreiben, was Gemeinschaftsgärten sind.
> … erklären, warum das Gärtnern in der Stadt nachhaltig ist.
> … den Fachbegriff **Urban Gardening** erklären.

# Gewusst? – Gekonnt!

Bewerte dich selbst mit dem Ampelsystem, das auf Seite 28 erklärt ist.

## M1 Haushaltsmüll, den jeder Einwohner in Deutschland verursacht (2017)

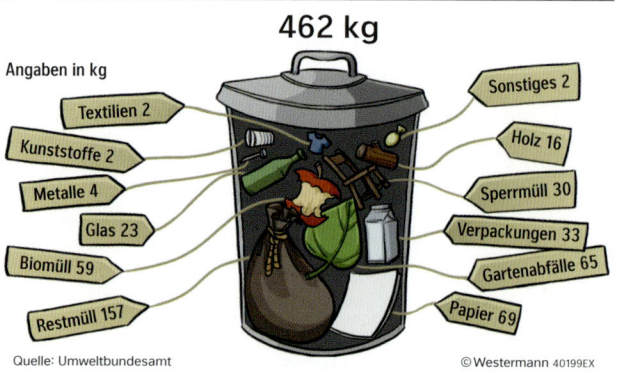

462 kg

Angaben in kg

Textilien 2
Kunststoffe 2
Metalle 4
Glas 23
Biomüll 59
Restmüll 157

Sonstiges 2
Holz 16
Sperrmüll 30
Verpackungen 33
Gartenabfälle 65
Papier 69

Quelle: Umweltbundesamt

© Westermann 40199EX

**1** a) Liste den Müll, nach Menge sortiert, auf (M1).
b) Erläutere Vorschläge, wie man den Haushaltsmüll verringern kann (M1).
*Schülerbuch, Seiten 296 – 297*

## M2 Regenwasser nutzen?

**2** a) Liste auf, wozu Regenwasser genutzt werden kann.
b) Beurteile die Möglichkeiten, die eine Familie in einer Stadt hat, Regenwasser zu nutzen.
*Schülerbuch, Seiten 290 – 291*

**3** a) Beschreibe, wie Johannes Birk das Verkehrsproblem in den Städten dargestellt hat.
b) Nimm Stellung zu seiner Lösung des Verkehrs-problems.
c) Zeichne selbst eine Kari-katur zum Thema „Verkehr und Umwelt".
*Schülerbuch, Seiten 294 – 295*

## M4 Bericht von Victoria

Victoria erreichte 2015 einen zweiten Platz beim Wettbewerb „Schüler experimentieren".

„Ich habe erforscht, wie man eine Verpackungs-folie herstellt, für die kein Erdöl verbraucht wird. Das kam so: In un-serer Science-AG sind wir zehn Schülerinnen und Schüler der Klas-sen 5 bis 8 und unsere beiden Lehrerinnen. Wir haben uns überlegt: Für bestimmte Dinge benötigt man eine Verpackung. Aber kann man diese nicht so her-stellen, dass sie gut recyclebar ist? Meine Folie habe ich aus Mais hergestellt. Meine Freundin Emma hat zum Beispiel Packpapier aus Pferdemist gemacht."

**4** a) Stelle Victorias „Erfindung" dar.
b) Beurteile, inwiefern ihre Erfindung zur nachhaltigen Entwicklung beitragen kann.
*Schülerbuch, Seiten 296 – 297*

## M5 Urban Gardening in Köln

**5** a) In Köln gibt es 18 Projekte zum Urban Gardening (2020). Recherchiere im Internet (Suchbegriff: Köl-ner Stadt-Anzeiger Urban Gardening). Wähle ein Projekt aus und berichte darüber.
b) Recherchiere auch in deiner Stadt.
*Schülerbuch, Seiten 298 – 299*

## M3 Wir haben die Wahl … (Karikatur von Johannes Birk, Stufe 12)

**M6** **Schülerinnen und Schüler der Klasse 6a sammeln Ideen, wie man in der Schule Energie sparen könnte.**

Sinnvoll lüften! Alle Fenster gleichzeitig und ganz weit öffnen, aber nur für wenige Minuten.

Nicht benötigte elektrische Geräte abschalten.

Licht aus in den großen Pausen.

Türen vor allem im Winter schließen.

Darauf achten, dass elektrische Geräte wirklich ausgeschaltet werden. Auf Stand-by verbrauchen sie weiter Strom.

Heizkörper nicht verdecken.

Heizkörper nicht zu hoch drehen.

Licht aus am Fenster.

Der Letzte macht das Licht aus.

**6** a) Ordne die Ideen der Schülerinnen und Schüler nach Oberbegriffen.
b) Beurteilt, welche dieser Ideen bei euch in der Schule umgesetzt werden können.
*Schülerbuch, Seiten 292 – 293*

**M7** **Karikatur**

WAS DACHTEST DU DENN, WAS „COFFEE-TO-GO" BEDEUTET?

SCHWARWEL

In Deutschland werden jährlich fast drei Milliarden Einwegbecher für Kaffee, Tee und andere Heißgetränke (To-go-Becher) genutzt – im Durchschnitt macht das jeder Einwohner also 24-mal im Jahr. Durch den Gebrauch der Einwegbecher fallen pro Jahr 40 000 Tonnen Müll an. Das entspricht rund 80 Millionen 50-Litern-Mülleimern, die nur mit Papp- und Plastikbechern gefüllt sind.

**7** a) Erläutere das Problem, das durch Einwegbecher entsteht.
b) Beschreibe, wie der Zeichner der Karikatur das Problem dargestellt hat.
c) Beurteile, ob der Zeichner der Karikatur das Problem gut dargestellt hat.
d) In mehreren Städten in Nordrhein-Westfalen gibt es ein Mehrwegbecher-System. Recherchiere und berichte.
*Schülerbuch, Seite 296*

**M8** **„Aus Alt mach Neu!"**
**Das nennt man Upcycling.**

**8** a) Beschreibe das Upcycling, das im Bild zu sehen ist.
b) Hast du Ideen, was man noch aus alten Materialien herstellen könnte? Notiere.
*Schülerbuch, Seiten 296 – 297*

**M9** **Förderprogramm zur Dachbegrünung in Köln**

Sie möchten Köln grüner machen? Mit dem Programm GRÜN [hoch 3] unterstützen wir Ihr Vorhaben, Ihr Dach, Ihre Fassade und zu entsiegelnde Flächen zu begrünen, mit Fördergeldern.
Damit verbessern Sie im Stadtgebiet nicht nur die Wohn- und Lebensqualität, sondern verbessern auch das Stadtklima und die Umwelt.

GRÜN hoch 3: Stadt Köln

**9** Erkläre, warum das Förderprogramm zur nachhaltigen Entwicklung beiträgt.
*Schülerbuch, Seiten 298 – 299*

## Fachbegriffe

der direkte Wasserverbrauch
die Energieeffizienz

die Mindmap
die Mobilität
die Nachhaltigkeit

das Recycling
die Ressource
das Urban Gardening

das virtuelle Wasser

WES-105332-301
westermann.de/webcode

# Verwendete Operatoren

Die Aufgaben in deinem Schulbuch beginnen mit einem Operator.
Operatoren sind Signalwörter. Sie zeigen dir an, was bei der Aufgabe zu tun ist.

Die Auflistung der Operatoren hilft dir, die Operatoren zu verstehen. Die Operatoren sind nach der Art der Anforderung sortiert.

### auflisten
Wenn du etwas auflisten sollst, dann musst du eine Liste mit Stichwörtern aufschreiben.

### beschreiben
Wenn in einer Aufgabe steht, dass du etwas beschreiben sollst, dann gibst du in Worten wieder, was du in dem angegebenen Material siehst.

### darstellen
Wenn du etwas darstellen sollst, dann musst du einen Sachverhalt wiedergeben. Dabei musst du Fachbegriffe verwenden. Du kannst zur Ergänzung auch eine Zeichnung anfertigen.

### erstellen (eine Tabelle)
Wenn du eine Tabelle erstellen sollst, dann musst du eine Tabelle zeichnen und bestimmte Werte in die Tabelle eintragen.

### nennen
Wenn in einer Aufgabe steht, dass du etwas nennen sollst, dann musst du Begriffe oder bestimmte Gegenstände oder Sachverhalte aufzählen.

### notieren
Notieren bedeutet, dass du etwas aufschreiben sollst.

### erarbeiten
Wenn du einen Sachverhalt erarbeiten sollst, dann ist damit gemeint, dass du aus Texten und Abbildungen Zusammenhänge herausfinden sollst.

### erklären
Wenn du etwas erklären sollst, dann musst du den Sachverhalt mit Ursachen und Folgen verdeutlichen.

### erläutern
Wenn du etwas erläutern sollst, dann musst du den Sachverhalt erklären und mit Beispielen verdeutlichen.

### ermitteln
Ermitteln bedeutet, dass du bestimmte Sachverhalte aus den Materialien herausfinden sollst.

### vergleichen
Wenn du etwas vergleichen sollst, dann sollst du Unterschiede und Gemeinsamkeiten herausfinden und diese gegenüberstellen.

### zuordnen
Wenn du etwas zuordnen sollst, dann musst du zum Beispiel herausfinden, welche Begriffe zu welchen Bildern passen oder welche Begriffe oder Bilder zu Markierungen in einer Karte passen.

### begründen
Wenn du etwas begründen sollst, dann musst du darlegen, warum eine Sache oder eine Behauptung stimmt oder nicht stimmt. Du musst Argumente finden und aufschreiben.

### beurteilen
Wenn du etwas beurteilen sollst, dann musst du überprüfen, ob der Sachverhalt oder die Aussage richtig ist.

### bewerten
Wenn du etwas bewerten sollst, dann musst du zu dem Sachverhalt oder der Aussage ein Werturteil formulieren.

### erörtern
Erörtern bedeutet, dass du Vorteile und Nachteile eines Sachverhalts aufschreiben sollst oder Argumente für oder gegen eine Aussage.

### Stellung nehmen
Wenn du zu etwas Stellung nehmen sollst, dann bedeutet das, dass du deine eigene Meinung äußern und sie mit Argumenten begründen sollst.

### überprüfen
Wenn du etwas überprüfen sollst, dann musst du mithilfe des Materials herausfinden, ob eine Aussage oder eine Sache richtig oder fehlerhaft ist.

# Zeitleisten – Ereignisse in der Vergangenheit zeitlich einordnen

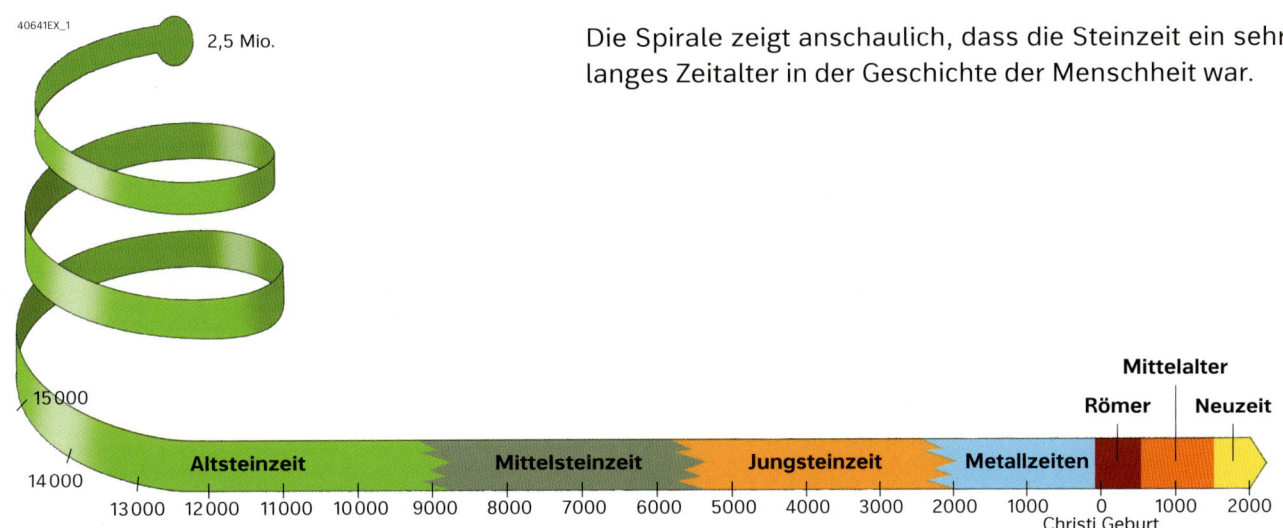

Die Spirale zeigt anschaulich, dass die Steinzeit ein sehr langes Zeitalter in der Geschichte der Menschheit war.

## Ägypter

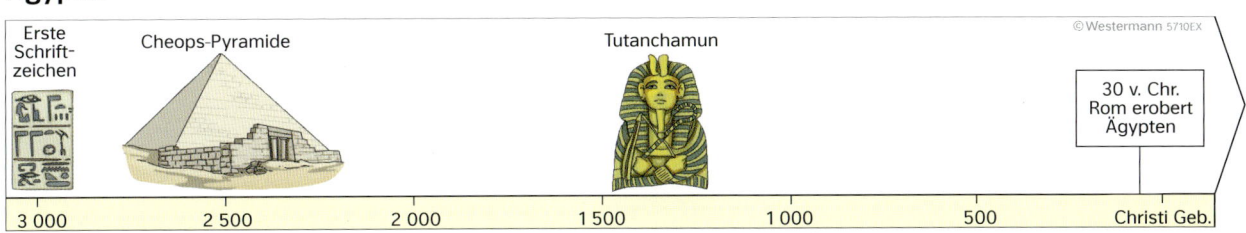

## Griechen

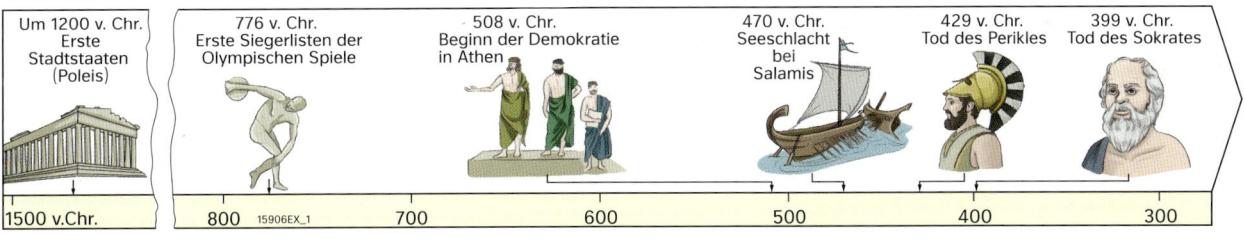

## Römer

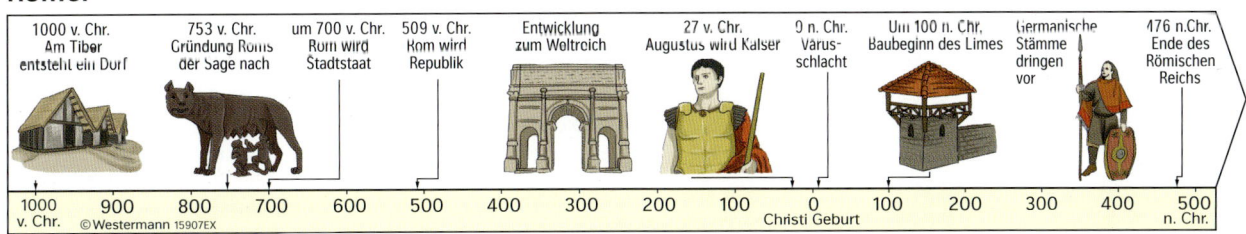

## Mittelalter

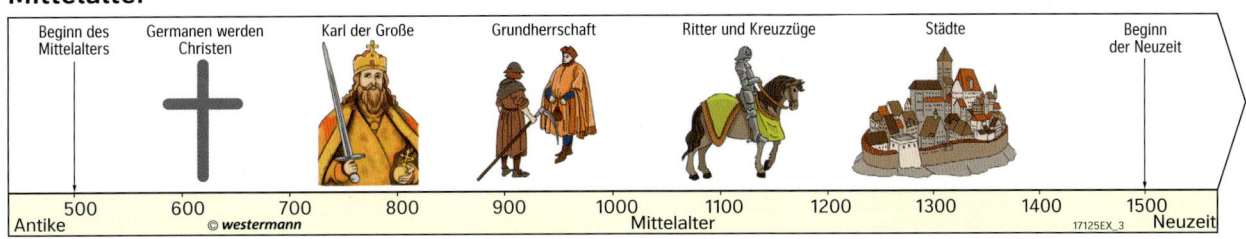

# Minilexikon

**Absatzmarkt** (der) → S. 85
Der Absatzmarkt ist ein Markt, auf dem Waren den Käufern angeboten werden.

**Almwirtschaft** (die) → S. 238
Eine spezielle Form der Weidewirtschaft im Gebirge. Im Winter wird das Vieh im Stall gehalten, der sich beim Hof im Tal befindet. Den Sommer verbringt das Vieh auf den höher gelegenen Almen.

**Alpenvorland** (das) → S. 76
Das Alpenvorland ist ein Hügelland zwischen der Donau und den Alpen. Es ist eine der vier Großlandschaften Deutschlands.

**Angebot** (das) → S. 84, 174
Die Menge von Gütern, die auf dem Markt angeboten wird.

**Antike** (die) → S. 118
Die mittelmeerische Antike bezeichnet das griechisch-römische Altertum von ca. 800 v. Chr. bis ungefähr 600 n. Chr.

**Archäologe** (der), **Archäologin** (die) → S. 112, 128
Ein Archäologe ist ein Wissenschaftler, der mithilfe von Bodenfunden und Ausgrabungen alte Kulturen erforscht.

**Artenvielfalt** (die) → S. 91
Kommen in einem Gebiet besonders viele Arten vor, zum Beispiel von Pflanzen, dann spricht man von Artenvielfalt.

**artgerechte Tierhaltung** (die) → S. 98
Diese Tierhaltung auf Bauernhöfen berücksichtigt das natürliche Verhalten der Tiere.

**Ausbeutung** (die) → S. 281
Wenn die Arbeitskraft eines Menschen ausgenutzt wird, nennt man das Ausbeutung.

**Baumgrenze** (die) → S. 238
Die Baumgrenze ist ein Grenzbereich im Gebirge, oberhalb dessen Bäume aufgrund zu tiefer Temperatur nicht mehr wachsen können.

**Bedarf** (der) → S. 174
Wenn jemand genug Geld (gespart) hat, um sich etwas zu kaufen, entsteht aus einem Bedürfnis ein Bedarf.

**Bedürfnis** (das) → S. 172
Ein Bedürfnis entsteht bei Menschen immer dann, wenn sie das Gefühl haben, dass ihnen etwas fehlt. Im Unterschied zum Wunsch lösen Bedürfnisse meistens ein direktes Handeln aus.

**Befund** (der) → INFO S. 128

**Bergwerk** (das) → S. 198
In einem Bergwerk wird ein Bodenschatz unter Tage abgebaut, weil er tief in den Bodenschichten liegt und man ihn nicht im Tagebau abbauen kann.

**Boden** (der) → S. 78
Boden ist die oberste lockere Schicht der Erdoberfläche, in der sich die Wurzeln der Pflanzen befinden und aus der sich die Pflanzen mit Nährstoffen versorgen.

**Börde** (die) → S. 78
Die fruchtbaren, meistens mit Löss bedeckten Landschaften am Nordrand der deutschen Mittelgebirge heißen Börden.

**Bronze** (die) → INFO S. 184

**Bronzezeit** (die) → INFO S. 184

**Burg** (die) → S. 260
Im Mittelalter wohnten viele Ritter auf Burgen – den befestigten Wohn- und Verteidigungsbauten.

**Bürgerbegehren** (das) → INFO S. 138

**Bürgerentscheid** (der) → INFO S. 138

**Bürgerliches Gesetzbuch (BGB)** (das) → S. 208
Im BGB sind die Rechte und Pflichten der Bürger untereinander festgelegt. Es regelt also die rechtlichen Beziehungen zwischen Personen.

**Bürgermeister** (der), **Bürgermeisterin** (die) → S. 134
Der Bürgermeister oder die Bürgermeisterin leitet die Verwaltung einer Gemeinde.

**Carsharing** (das) → S. 44
Beim Carsharing teilen sich mehrere ein Auto. Das „Gemeinschaftsauto" kann man benutzen, wenn man es braucht.

**Childhood Index** (der) → S. 284
Der Childhood Index ist ein Messinstrument, mit dem die Situationen von Kindern in den Ländern der Erde verglichen werden.

**City** (die) → S. 40 → INFO S. 42

**Cybermobbing** (das) → S. 64 → INFO S. 64

**Darstellung** (die) → S. 109 → INFO S. 109

**Daseinsgrundfunktion** (die) → S. 40
Menschen, die in Städten leben, haben bestimmte Forderungen an den Raum, in dem sie leben. Diese nennt man Daseinsgrundfunktionen. Dazu gehören „Wohnen", „Arbeiten", „Sich versorgen", „Sich bilden", „Am Verkehr teilnehmen", „In Gemeinschaft leben" und „Sich erholen".

**Demokratie** (die) → S. 121
Demokratie heißt Volksherrschaft.

**Dienstleistungen** (die) → S. 186
Der Bereich der Wirtschaft, der nicht durch die Produktion von Gütern geprägt ist, sondern durch Dienste, die von Wirtschaftsbetrieben und Einrichtungen (z. B. Gaststätten, Hotels, Banken, Krankenhäusern) erbracht werden.

**Digital Farming** (das) → S. 91
Digital Farming nennt man den modernen Einsatz von Informations- und Kommunikationstechnologien in der Landwirtschaft.

**digitaler Fußabdruck** (der) → S. 64
Unter dem digitalen Fußabdruck versteht man die Spuren, die man im Internet hinterlässt.

**direkte Demokratie** (die) → S. 138
Wenn alle wahlberechtigten Bürgerinnen und Bürger in einem Bürgerentscheid oder einem Bürgerbegehren abstimmen, nennt man das direkte Demokratie.

**direkter Wasserverbrauch** (der) → S. 290
Als direkten Wasserverbrauch bezeichnet man das Wasser, das man direkt aus der Wasserleitung nutzt.

**Dorf** (das) → S. 32
Ein kleiner Ort im ländlichen Raum ist ein Dorf.

**Dreifelderwirtschaft** (die) → S. 90
Die Dreifelderwirtschaft ist eine Art der Landwirtschaft, mit der man die Erträge steigern kann. Im jährlichen Wechsel wird ein Drittel des Bodens mit Wintergetreide bepflanzt, ein Drittel mit Sommergetreide und das letzte Drittel bleibt ungenutzt (brach) liegen.

**Düngung** (die) → S. 78
Bei der Düngung werden dem Boden Nährstoffe von außen zugefügt. Es gibt Mineraldünger der chemischen Industrie und Naturdünger, z. B. Gülle, Mist, Kompost.

**Durchschnittstemperatur** (die) → S. 81
Die Durchschnittstemperatur wird errechnet, indem man die zu verschiedenen Zeitpunkten gemessenen Temperaturwerte durch die Anzahl der Messungen dividiert.

**Ebbe** (die) → S. 226 → Gezeiten

**Einzugsbereich** (der) → S. 49
Der Einzugsbereich einer Stadt ist das Gebiet, aus dem Menschen zum Arbeiten, Einkaufen, zum Besuch von

Bildungseinrichtungen, zu Behördengängen oder zur Nutzung von Freizeit- und Unterhaltungsangeboten in die Stadt kommen.

**elektronisches Medium** (das)
→ INFO S. 60

**Elternzeit** (die) → S. 210
Nach der Geburt eines Kindes haben die Mutter und der Vater Anspruch auf Elternzeit. Sie beziehungsweise er wird unbezahlt von der Arbeit freigestellt, bekommt aber für einen festgelegten Zeitraum Elterngeld.

**Energie** (die) → S. 51
Energie kommt in verschiedenen Formen vor. Für die Versorgung einer Stadt sind Wärme und Strom (elektrische Energie) besonders wichtig.

**Energieeffizienz** (die)
→ S. 293
Die Energieeffizienz ist ein Maß für den Energieaufwand, den man benötigt, um einen festgelegten Nutzen zu erreichen.

**Energieträger** (der)
→ INFO S. 197

**Erholungsgebiet** (das)
→ S. 40
Erholungsgebiete einer Stadt dienen der Erholung, der Freizeit und dem Sport. Zu den Erholungsgebieten gehören Wälder, Seen, Wanderwege, Parks, Grünflächen und Sportplätze.

**Flusslandschaft** (die)
→ S. 234
Landschaft entlang eines Flusses. Dazu gehören die Ufer und die angrenzenden Hänge eines Gebirges oder die angrenzenden flachen Gebiete eines Tieflands.

**Flussoase** (die) → S. 105
Eine Flussoase ist ein Gebiet in einer Wüste, das von einem wasserreichen Fluss durchflossen und bewässert wird, sodass an den Ufern des Flusses Anbau möglich ist.

**Flut** (die) → S. 226
→ Gezeiten

**freiwillige Aufgabe** (die)
→ S. 136 (M2)
Aufgaben, die eine Gemeinde freiwillig übernimmt, zu denen sie nicht verpflichtet ist.

**Fremdenverkehrseinrichtung** (die) → S. 236
Ein Gebäude oder eine Anlage, die in Tourismusorten oder -gebieten der Erholung und Unterhaltung der Gäste dient, zum Beispiel eine Liftanlage, ein Hallenbad, eine Bücherei oder eine Eisbahn.

**Fruchtwechsel** (der) → S. 78
Beim Fruchtwechsel wechselt der Anbau von Feldfrüchten auf einem Feld jährlich ab. Dadurch soll der Boden nicht einseitig beansprucht werden.

**Fund** (der)
→ INFO S. 128

**Fußgängerzone** (die) → S. 42
Die Fußgängerzone ist Teil der City. Hier liegen die meisten Geschäfte und Kaufhäuser einer Stadt. Die Fußgängerzone ist – bis auf wenige Ausnahmen – für den Verkehr gesperrt.

**Gemeinde** (die) → S. 134
Eine Gemeinde ist ein Ort, an dem Menschen leben. Die Entscheidungen trifft ein Gemeinderat oder Stadtrat. Eine Gemeinde kann eine Stadt sein, ein Dorf oder mehrere Dörfer.

**Gemeinderat** (der) → S. 134
Die Vertreterinnen und Vertreter der Einwohner einer Gemeinde bilden den Gemeinderat.

**Generation** (die)
→ INFO S. 208

**Generation Z** (die)
→ INFO S. 214

**Geographisches Informationssystem (GIS)** (das)
→ S. 18
Ein digitaler Kartendienst ist ein einfaches Geographisches Informationssystem.

**Germane** (der), **Germanin** (die) → S. 154
Germanen gehören zu einer Gruppe von ehemaligen Stämmen in Mitteleuropa. Die Römer bauten den Limes als Schutz vor den Germanen.

**Geschäftsfähigkeit** (die)
→ INFO S. 170

**Gezeiten** (die) → S. 226
Das regelmäßige Heben und Senken des Meeresspiegels an der Küste. Das Ansteigen des Wassers wird als Flut, das Sinken als Ebbe bezeichnet.

**Gleichberechtigung** (die)
→ S. 208
Gleichberechtigung bedeutet, dass alle Menschen die gleichen Rechte haben, egal ob man ein Mann oder eine Frau, jung oder alt ist. Auch Hautfarbe, Herkunft und Religion spielen keine Rolle.

**Großfamilie** (die) → S. 208
Zur Großfamilie gehören neben den Eltern und den Kindern auch die Großeltern und weitere Verwandte.

**Großlandschaft** (die) → S. 76
Eine Großlandschaft ist durch einheitliche Höhenlage und Oberflächenform gekennzeichnet. In Deutschland gibt es vier Großlandschaften.

**Großstadt** (die)
→ INFO S. 32

**Grundbedürfnis** (das)
→ S. 172
Die zum Leben notwendigen Bedürfnisse nennt man Grundbedürfnisse.

**Grundgesetz** (das)
→ INFO S. 208

**Grundherrschaft** (die)
→ S. 259
Wenn ein Grundherr Herrscher über ein landwirtschaftlich genutztes Gebiet und die darauf lebenden und arbeitenden Menschen ist, nennt man das Grundherrschaft.

**Grundriss** (der)
→ INFO S. 13

**Grünlandwirtschaft** (die)
→ S. 82
Flächen mit Gräsern und Kräutern sind Grünland. Nutzt ein Landwirt Grünland als Weide für sein Vieh oder als Wiese zur Futtergewinnung, betreibt er Grünlandwirtschaft.

**Gülle** (die) → S. 96
Gülle ist ein natürlicher Dünger, der hauptsächlich aus Urin und Kot landwirtschaftlicher Nutztiere besteht.

**Gut** (das) → S. 175
Mit Gütern können Bedürfnisse erfüllt werden. Es gibt knappe Güter und freie Güter. Atemluft und Sonnenlicht sind zum Beispiel freie Güter.

**Hauptsaison** (die) → S. 242
Bezeichnung für die Haupturlaubszeiten, in denen z. B. auch die Schulferien liegen. Dann verreisen besonders viele Menschen.

**Haushaltsplan** (der)
→ S. 136
Die Einnahmen und Ausgaben einer Gemeinde werden im Haushaltsplan aufgelistet.

**Heiliges Römisches Reich** (das) → S. 257
Bezeichnung für den Herrschaftsbereich der römisch-deutschen Kaiser im Mittelalter.

**Hieroglyphen** (die) → S. 107
Schriftzeichen der alten Ägypter.

**Hightech-Industrie** (die)
→ S. 200
Industrie, in der Technik des neuesten Forschungsstandes und neu entwickelte Verfahren und Materialien eingesetzt werden. Ein Beispiel sind die Betriebe der Computertechnologie.

**Hilfsorganisation** (die)
→ S. 285
Hilfsorganisationen haben als Ziel, Menschen oder Tieren in Notlagen zu helfen. Das Kinderhilfswerk der Vereinten Nationen ist zum Beispiel eine Hilfsorganisation.

# Minilexikon

**Himmelsrichtung** (die) → S. 14
Die Himmelsrichtungen sind festgelegte Bezeichnungen. Die Nordrichtung richtet sich nach dem Nordpol.

**Hochgebirge** (das) → S. 76
Hochgebirge haben hohe Felswände, steil aufragende Gipfel und tief eingeschnittene Täler. Auf den höchsten Erhebungen liegen Eis und Schnee.

**Hochkultur** (die) → S. 108 (M1)
Eine besonders weit entwickelte Kultur nennt man Hochkultur.

**Höhenlinie** (die)
→ INFO S. 38

**Höhenschicht** (die)
→ INFO S. 38

**Höriger** (der) → S. 259, 262
Ein Höriger ist ein Leibeigener. Die meisten Bauern im Mittelalter gehörten einem Grundherrn.

**Hüttensiedlung** (die)
→ INFO S. 282

**Identität** (die) → S. 12
Jeder Mensch hat seine eigene Identität. Das macht ihn einzigartig.

**Industrie** (die) → S. 186
Ein Wirtschaftsbereich, in dem in Wirtschaftsbetrieben in großer Menge und in der Regel mithilfe von Maschinen Güter hergestellt werden.

**Industrie- und Gewerbegebiet** (das) → S. 40
In einem Industrie- und Gewerbegebiet gibt es Fabriken, Handwerksbetriebe, Lagerhallen und Einkaufszentren.

**Influencer** (der), **Influencerin** (die) → S. 173
Personen in sozialen Netzwerken, die viele Follower haben und zu Werbezwecken eingesetzt werden.

**intensive Tierhaltung** (die)
→ S. 96
Bei der intensiven Tierhaltung werden oft Tausende von Tieren in einem landwirtschaftlichen Betrieb gehalten.

Viele Arbeitsgänge laufen vollautomatisch ab.

**Intensivierung** (die) → S. 88
In der Landwirtschaft bezeichnet man alle Bemühungen, die den Ertrag erhöhen, zum Beispiel die Verbesserung der Bodennutzung, als Intensivierung.

**Investiturstreit** (der)
→ S. 266
→ INFO S. 267

**Jugendrat** (der) → S. 142
In vielen Gemeinden können Kinder und Jugendliche in einem Jugendrat mitbestimmen.

**Jugendschutzgesetz** (das)
→ S. 276
Das Jugendschutzgesetz ist ein Bundesgesetz. Es soll Kinder und Jugendliche schützen.

**Kaiser** (der) → S. 256
Seit der Zeit des Augustus trugen die Herrscher des Römischen Reiches und später die Herrscher des Heiligen Römischen Reiches den Titel Kaiser.

**Kartenskizze** (die) → S. 16
Eine Kartenskizze ist eine vereinfachte Karte. Es werden nur wichtige Einzelheiten eingezeichnet. Eine Kartenskizze dient der Orientierung.

**Kastell** (das) → S. 152
Römische Befestigungsanlage am Limes.
→ INFO S. 153

**Kinderarbeit** (die) → S. 278
In vielen Entwicklungsländern ist Kinderarbeit üblich, weil die Familien ohne den Zuverdienst durch die Kinder nicht überleben würden.

**Klassenordnung** (die)
→ S. 22
In der Klassenordnung stehen alle Regeln, die in einer Klasse gelten.

**Kleinfamilie** (die) → S. 208
Eine Kleinfamilie ist die Gemeinschaft der Eltern oder eines Elternteils mit einem oder mehreren Kindern.

**Kleinstadt** (die)
→ INFO S. 32

**Klima** (das) → S. 80
Zum Klima gehören Temperatur und Niederschlag, Wind, Luftdruck und Bewölkung. Das Klima eines Gebiets wird bestimmt, indem man die Werte dieser Klimaelemente über einen langen Zeitraum misst und dann Durchschnittswerte berechnet.

**Kloster** (das) → S. 264
Ein Kloster ist ein Ort, an dem Mönche und Nonnen eines Ordens zusammenleben.

**Koedukation** (die) → S. 216
Der gemeinsame Unterricht von Mädchen und Jungen in einer Klasse heißt Koedukation.

**Kommunalwahl** (die)
→ INFO S. 139

**Kompass** (der)
→ S. 15 (M5)

**Konsum** (der) → S. 173
Den Verbrauch von Gütern und Dienstleistungen nennt man Konsum.

**Konsument** (der) → S. 173
Konsumenten sind Personen, die Güter verbrauchen.

**Kraftwerk** (das) → S. 51
Ein Kraftwerk ist eine technische Anlage zur Stromerzeugung.

**Kreis (Landkreis)** (der)
→ S. 134
Mehrere Gemeinden sind in einem Kreis (Landkreis) zusammengefasst. Es gibt allerdings auch kreisfreie Städte.

**Kulturbedürfnis** (das)
→ S. 172
Bedürfnisse nach Unterhaltung und Bildung nennt man Kulturbedürfnisse.

**Lebenserwartung** (die)
→ S. 218
Als Lebenserwartung bezeichnet man die Zeitspanne, die im Durchschnitt von der Geburt bis zum Tod zu erwarten ist.

**Lebensform** (die) → S. 212
Das Zusammenleben in einer Familie ist eine Lebensform, aber auch das Leben als Single ist eine Lebensform.

**Legende** (die) → S. 13
Die Legende ist die Erklärung der Zeichen in einer Karte.

**Legionär** (der) → S. 150
Römischer Soldat.

**Lehen** (das) → S. 259
Im Mittelalter vergab der Lehnsherr Lehen an seine Vasallen.

**Lehnwort** (das) → S. 150
Ein Lehnwort ist ein Wort, das aus einer anderen Sprache in die eigene Sprache übernommen wurde.

**Limes** (der) → S. 150
Der Limes war die Grenzbefestigung der Römer gegen die Germanen.

**Logistikunternehmen** (das)
→ S. 195
Logistikunternehmen sind spezialisierte Betriebe, die nicht nur den Transport von Waren übernehmen, sondern die gesamte Planung und Steuerung der Zulieferung.

**Löss** (der) → S. 78
Löss ist ein feiner Gesteinsstaub. Lössböden gehören zu den fruchtbarsten Böden.

**Luftlinie** (die)
→ INFO S. 18

**Luxusbedürfnis** (das)
→ S. 172
Bedürfnisse, die dazu dienen, das Leben angenehmer zu machen, nennt man Luxusbedürfnisse.

**Manipulation** (die) → S. 68
→ INFO S. 69

**Massenmedium** (das)
→ INFO S. 60

**Massentourismus** (der)
→ S. 236
Massentourismus ist eine Form des Tourismus, an der eine große Zahl von Menschen teilnimmt.

**Maßstab** (der) → S. 14
Der Maßstab gibt an, wie stark die Wirklichkeit in einer Karte verkleinert wurde.

**Maßstabsleiste** (die) → S. 13
Mithilfe einer Maßstabsleiste kann man Entfernungen zwischen zwei Punkten in einer Karte ablesen.

**Mechanisierung** (die) → S. 88
Wenn (z. B. in der Landwirtschaft) die Arbeitskraft des Menschen durch Maschinen ersetzt wird, nennt man das Mechanisierung.

**Milchwirtschaft** (die) → S. 82
Landwirtschaftliche Betriebe, die Milchkühe halten, betreiben Milchwirtschaft.

**Millionenstadt** (die)
→ INFO S. 32

**Mindmap** (die)
→ INFO S. 297

**Mittelgebirge** (das) → S. 76
Mittelgebirge sind eine Großlandschaft. Ein Mittelgebirge ist ein Bergland. Die höchsten Berge sind in der Regel nicht höher als 1500 m.

**Mittelstadt** (die)
→ INFO S. 32

**Mobilität** (die) → S. 294
Mobilität bedeutet Beweglichkeit. In Bezug auf den Verkehr ist damit gemeint, wie man sich im Raum bewegt.

**Mobiltelefon** (das) → S. 62
Ein Mobiltelefon ist ein tragbares Telefon, das über Funk mit dem Telefonnetz kommuniziert.

**Modell** (das) → S. 49
Ein Modell ist ein vereinfachtes Abbild der Wirklichkeit. In einem Modell werden Zusammenhänge verallgemeinert.

**Monarchie** (die) → S. 156
Die Monarchie ist eine Staatsform, in der ein König oder Kaiser die Macht hat.

**Monatsniederschlag** (der)
→ S. 81 (M5)

**Mönch** (der) → S. 264
Männer lebten als Mönche in einem Kloster.

**Mumie** (die) → S. 112
Nach dem ägyptischen Glauben mussten die Körper der Toten erhalten bleiben, damit die Seelen im Jenseits einen Wohnort hatten. Mit einer besonderen Methode wurden die Körper der Verstorbenen haltbar gemacht. Der Verstorbene war dann eine Mumie.

**Nachfrage** (die) → S. 84, 174
Die Nachfrage bezeichnet auf dem Markt den Bedarf nach einer Ware oder einer Dienstleistung. Wenn viele Käufer eine Ware kaufen wollen, ist die Nachfrage groß.

**nachhaltiger Tourismus** (der) → S. 234
Beim nachhaltigen Tourismus wird ein Raum schonend genutzt, sodass dieser nicht geschädigt wird und somit auch zukünftig noch genutzt werden kann. Es kommt nicht nur auf den wirtschaftlichen Vorteil des Tourismus an, sondern auch auf den Schutz der Natur und des Lebensraums der Menschen.

**Nachhaltigkeit** (die)
→ INFO S. 292

**Naherholungsgebiet** (das)
→ INFO S. 48

**Nationalpark** (der) → S. 230
Ein Nationalpark ist ein großes Gebiet mit einer besonders schönen und seltenen Naturlandschaft. Es gelten Schutzbestimmungen, um die hier lebenden Tiere und Pflanzen in ihren Lebensräumen zu erhalten.

**Nebensaison** (die) → S. 242
Die Zeit des Jahres, in der im Gegensatz zur Hauptsaison nur wenige Menschen in den Urlaub fahren.

**Niederschlag** (der) → S. 81
Niederschlag ist das Wasser, das aus Wolken, Nebel oder Dunst stammt. Regen, Schnee, Graupel und Hagel sind Beispiele für Niederschlag.

**Nilschwelle** (die) → S. 104
Nilschwelle nannte man das einmal im Jahr auftretende Hochwasser des Nils in Ägypten.

**Nonne** (die) → S. 264
Frauen lebten als Nonnen in einem Kloster.

**Nutzungskonflikt** (der)
→ INFO S. 228

**öffentlicher Haushalt** (der)
→ S. 136
Der öffentliche Haushalt einer Gemeinde besteht aus Einnahmen und Ausgaben in einem Jahr.

**Öffentlicher Personennahverkehr (ÖPNV)** (der) → S. 44
Verkehrsmittel in einer Stadt, im Umland einer Stadt oder zwischen Städten, die gegen Bezahlung Menschen befördern (z. B. Bus, Eisenbahn, Straßenbahn), sind öffentliche Verkehrsmittel. Sie gehören zum Öffentlichen Personennahverkehr.

**ökologische Landwirtschaft** (die) → S. 98
Die ökologische Landwirtschaft ist eine Art der Landwirtschaft, bei der auf die Verwendung von Mineraldünger und chemischen Pflanzenschutzmitteln verzichtet wird und eine artgerechte Tierhaltung erfolgt.

**Olympischer Frieden** (der)
→ S. 126
Während der Olympischen Spiele mussten alle kriegerischen Auseinandersetzungen eingestellt werden. Es galt der Olympische Frieden.

**Ordensgemeinschaft** (die)
→ S. 264
Eine religiöse Gemeinschaft, die nach bestimmten Regeln in einem Kloster lebt.

**Papyrus** (der) → S. 107
Der Papyrus ist eine Pflanze, aus der im alten Ägypten Papierrollen hergestellt wurden.

**Partei** (die) → S. 139
Vereinigung von Menschen mit gemeinsamen Interessen und politischen Vorstellungen.

**Patchwork-Familie** (die)
→ INFO S. 213

**Patrizier** (der) → S. 157
Die Patrizier waren in der römischen Gesellschaft Angehörige der Oberschicht: Senatoren, Heerführer und angesehene, reiche Bürger.

**Peergroup** (die)
→ INFO S. 26

**Pendler** (der) → S. 48
Ein Pendler ist eine Person, die regelmäßig ihren Wohnort verlässt, um in einem anderen Ort zu arbeiten oder zur Schule zu gehen.

**Pfalz** (die) → S. 252
Eine Pfalz war ein Königshof. Karl der Große reiste von Pfalz zu Pfalz.

**Pflicht** (die) → S. 22, 274
Der Begriff „Pflicht" bezeichnet eine Aufgabe, Forderung oder Anforderung, die man erfüllen muss.

**Pflichtaufgabe** (die)
→ S. 136 (M2)
Die Grundversorgung der Einwohner einer Gemeinde wird durch die Pflichtaufgaben gewährleistet.

**Pharao** (der) → S. 106
Bezeichnung für den Herrscher im alten Ägypten.

**physische Karte** (die)
→ S. 38
Die physische Karte ist ein wichtiges Hilfsmittel, um sich zu orientieren. Sie enthält Landhöhen, Oberflächenformen, Gewässer, Orte, Verkehrslinien und Grenzen.

**Plagiat** (das)
→ INFO S. 71

**Planquadrat** (das) → S. 37
Auf Karten befindet sich oft ein Gitternetz aus waagerechten und senkrechten Linien. Auf diese Weise entstehen Planquadrate.

**Plebejer** (der) → S. 157
Die Plebejer waren im alten Rom das einfache Volk, das nicht der Oberschicht, den Patriziern, angehörte.

# Minilexikon

**Polis** (die) → S. 118
Stadtstaat in der griechischen Antike

**Printmedium** (das) → S. 60
Ein Printmedium ist ein gedrucktes Medium, also zum Beispiel die Zeitung.

**Quelle** (die) → S. 109
Aus einer Quelle erhält man Informationen über die Vergangenheit.

**Recht** (das)
→ INFO S. 274

**Rechtsfähigkeit** (die)
→ INFO S. 170

**Recycling** (das) → S. 296
Recycling ist die Aufbereitung und Wiederverwendung von Abfällen.

**Regel** (die) → S. 22
Eine Regel ist eine Vorschrift, an die sich jeder halten muss.

**Register** (das) → S. 37
Das Register ist das alphabetische Verzeichnis der geographischen Namen im Atlas mit Verweisen, auf welchen Seiten und in welchen Planquadraten diese zu finden sind.

**Reisekönigtum** (das)
→ S. 252
Reisekönigtum bedeutet, dass der König oder Kaiser zur Ausübung seiner Herrschaft durch sein Reich reist.

**Rekonstruktionszeichnung** (die)
→ INFO S. 155

**Rekultivierung** (die) → S. 197
Wiederherstellung von Landschaften, die durch den Abbau von Kohle, Kies oder anderen Bodenschätzen im Tagebau zerstört wurden.

**repräsentative Demokratie** (die) → S. 138
Wenn die wahlberechtigten Bürgerinnen und Bürger Vertreter und Vertreterinnen für den Gemeinderat oder Stadtrat wählen, die dann ihre Interessen vertreten, nennt man das repräsentative Demokratie.

**Republik** (die) → S. 156
Unter Republik versteht man eine Staatsform, in der das Volk die Möglichkeit hat, Einfluss zu nehmen, zum Beispiel durch Wahlen.

**Ressource** (die)
→ S. 177, 292
→ INFO S. 177

**Ritter** (der) → S. 260
Ritter waren die mittelalterlichen Berufskrieger zu Pferde.

**Ritual** (das) → S. 257
Ein Ritual ist eine Handlung, die nach festgelegten Regeln abläuft und einen hohen Symbolgehalt hat.

**Rohstoff** (der) → S. 188
Ein Rohstoff ist ein unverarbeiteter Stoff, so wie er in der Natur vorkommt (zum Beispiel Holz, Eisenerz, Rohöl).

**Rolle** (die)
→ INFO S. 27

**Römisches Reich** (das)
→ S. 150
Das Römische Reich war das von den Römern beherrschte Gebiet zwischen dem 8. Jahrhundert v. Chr. und dem 5. Jahrhundert n. Chr.

**Rushhour** (die) → S. 44
Die Rushhour ist die Hauptverkehrszeit.

**Sachwortregister** (das)
→ S. 37
Im Sachwortregister des Atlas sind in alphabetischer Reihenfolge Begriffe zu Sachthemen aufgelistet.

**Saisonarbeitskraft** (die)
→ S. 85
Eine Saisonarbeitskraft arbeitet nur zeitweise in einem landwirtschaftlichen Betrieb.

**sanfter Tourismus** (der)
→ INFO S. 240

**Scherbengericht** (das)
→ S. 121
→ S. 120 M4

**Schülerrat** (der) → S. 20
Alle Klassensprecherinnen und Klassensprecher bilden den Schülerrat einer Schule.

**Schülervertretung (SV)** (die)
→ S. 21
Die gewählten Vertreter und Vertreterinnen der Schülerinnen und Schüler einer Schule bilden die Schülervertretung. Dazu gehören die Klassensprecher und Klassensprecherinnen und die Vertreter und Vertreterinnen für die Fachkonferenzen und die Schulkonferenz.

**Schulgesetz** (das) → S. 274
Das Schulgesetz ist eine Sammlung von Gesetzen, die für Schulen gelten.

**Schulkonferenz** (die) → S. 20
An jeder Schule gibt es eine Schulkonferenz. Sie berät über wichtige Angelegenheiten der Schule. Vertreter und Vertreterinnen der Lehrerschaft, der Elternschaft und der Schülerschaft bilden die Schulkonferenz.

**Schulordnung** (die) → S. 22
In der Schulordnung stehen alle Regeln, die an einer Schule gelten.

**Schutzzone** (die) → S. 230
Der Nationalpark Wattenmeer ist in verschiedene Schutzzonen eingeteilt. Es gelten unterschiedlich strenge Regeln in den Schutzzonen, damit die Natur geschont wird, sich aber auch Menschen im Nationalpark erholen können.

**Selbstvermarkter** (der)
→ S. 84
Ein Landwirt, der seine Produkte auf einem Wochenmarkt oder in einem Hofladen selbst verkauft, ist ein Selbstvermarkter.

**Sklave** (der), **Sklavin** (die)
→ S. 122
Ein Sklave ist ein unfreier Mensch ohne Rechte.

**Sonderkultur** (die) → S. 81
Eine Nutzpflanze, die mit hohem Aufwand an Arbeit und Geld angebaut wird, nennt man Sonderkultur. Zu den Sonderkulturen gehören z.B. Wein, Hopfen, Spargel, Obst und Gemüse.

**soziales Bedürfnis** (das)
→ S. 172
Bedürfnisse, die mit Geld nicht zu erfüllen sind, zum Beispiel Zuneigung, Anerkennung, Liebe, nennt man soziale Bedürfnisse.

**soziales Netzwerk** (das)
→ INFO S. 64

**Spezialisierung** (die) → S. 88
Den Anbau einer oder weniger Feldfrüchte statt vieler unterschiedlicher Früchte oder die Haltung von nur einer Tierart nennt man Spezialisierung.

**Stadt** (die) → S. 32
Eine Stadt ist im Vergleich zu einem Dorf ein größerer Ort, der viele Daseinsgrundfunktionen erfüllt.

**Stadtplan** (der) → S. 14
Ein Stadtplan ist eine Karte. Er enthält alle Straßen der Stadt mit Namen, die öffentlichen Gebäude, Parkplätze, Grünanlagen usw.

**Stadtteil** (der)
→ INFO S. 40

**Stadtviertel** (das) → S. 40
Eine Stadt besteht aus verschiedenen Stadtvierteln. Sie unterscheiden sich durch ihre Nutzung.

**Stahlindustrie** (die) → S. 199
Die Stahlindustrie ist ein bestimmter Teil der Industrie, der sich mit der Herstellung von Stahl und teils auch mit dem Verkauf des erzeugten Stahls befasst.

**Stahlwerk** (das) → S. 198
In einem Stahlwerk wird Stahl hergestellt.

**Ständegesellschaft** (die)
→ S. 258
Ordnung der Gesellschaft in Stände. Rechte und Pflichten waren an den Stand gebunden.

**Ständeordnung** (die)
→ S. 258
Die Menschen im Mittelalter glaubten, dass Gott die Menschen nach Ständen geordnet habe. Diese

Ständeordnung wurde nicht angezweifelt.

**Standortfaktor** (der) → S. 188
→ INFO S. 189

**Steinkohle** (die) → S. 198
Steinkohle ist in Deutschland etwa zehnmal so alt wie Braunkohle, enthält weniger Wasser und brennt daher wesentlich besser als Braunkohle.

**Straßenkind** (das) → S. 280
Kinder, die auf der Straße leben, nennt man Straßenkinder.

**Streitschlichtung** (die) → S. 24
Mithilfe der Streitschlichtung kann ein Streit beigelegt werden.

**Strukturwandel** (der) → S. 200
→ INFO S. 201

**Suchmaschine** (die) → S. 70
Eine Suchmaschine ist ein Programm, mit dessen Hilfe man im Internet recherchieren kann.

**Sustainable Development Goals** (die) → S. 285
Die 17 Ziele für eine nachhaltige Entwicklung, die von den Vereinten Nationen formuliert wurden, nennt man Sustainable Development Goals.

**Tagebau** (der) → S. 196
Im Tagebau werden Bodenschätze gewonnen, die dicht unter der Erdoberfläche liegen, wie zum Beispiel Braunkohle. Die Abbauarbeiten finden auf der Erdoberfläche statt.

**Taschengeldparagraf** (der) → S. 170
§ 110 BGB wird als Taschengeldparagraf bezeichnet. Er regelt, inwiefern Jugendliche selbstständig und ohne Zustimmung der Eltern einkaufen dürfen.

**Tauschhandel** (der) → S. 154
Wenn eine Ware gegen eine andere Ware getauscht wird, nennt man das Tauschhandel.

**Technologiepark** (der) → S. 200
Ein Technologiepark ist ein Ort, an dem ausgewählte und meistens junge Unternehmen aus dem Technologiezweig zusammen angesiedelt sind und gemeinsam Einrichtungen nutzen.

**Teilzeitarbeit** (die) → S. 214
Von Teilzeitarbeit spricht man, wenn jemand regelmäßig kürzer arbeitet als seine Kolleginnen oder Kollegen und dafür auch einen geringeren Lohn bekommt.

**Temperatur** (die) → S. 81
Die Temperatur ist ein Maß, das angibt, wie warm oder kalt es ist. Die Temperatur wird mit einem Thermometer gemessen.

**thematische Karte** (die) → S. 38
Eine thematische Karte stellt ein spezielles Thema dar.

**Tiefland** (das) → S. 76
Tief gelegenes Land mit geringen Höhenunterschieden. In Deutschland ist das Norddeutsche Tiefland eine Großlandschaft.

**traditionelle Familie** (die) → S. 212
Eine Familie mit Eltern und Kind oder Kindern bezeichnet man als traditionelle Familie.

**Umland** (das) → S. 49
Das Umland ist das Gebiet um eine Stadt.

**Umsiedlung** (die) → S. 196
Wenn Menschen zum Beispiel wegen eines Tagebaus ihren Wohnort verlassen müssen und in einem anderen Ort angesiedelt werden, nennt man das Umsiedlung.

**Urban Gardening** (das) → S. 298
Gärtnern auf Flächen innerhalb der Stadt nennt man Urban Gardening.

**Vasall** (der) → S. 259
Im mittelalterlichen System des Lehnswesens der Gefolgsmann des Königs oder eines anderen Lehnsherrn.

**Verdichtungsraum** (der) → S. 54
Ein Verdichtungsraum ist ein Gebiet, in dem besonders viele Menschen auf engem Raum leben. Hier gibt es auch besonders viele Wirtschaftsunternehmen. Ein Beispiel für einen Verdichtungsraum ist das Ruhrgebiet.

**Vereinte Nationen (UN)** (die) → S. 285
UN = United Nations.
→ INFO S. 285

**Verfassung** (die) → S. 208
Eine Verfassung ist ein besonderes Gesetz. In Deutschland ist es das Grundgesetz.

**Villa** (die) → S. 158
Luxuriös ausgestattete und geräumige Einfamilienhäuser der Römer.

**virtuelles Wasser** (das) → S. 290
Unsichtbares Wasser, das in einem Produkt steckt, nennt man virtuelles Wasser. Es wird bei der Herstellung und beim Transport des Produkts verbraucht.

**Volksversammlung** (die) → S. 120
In der griechischen Antike gab es eine Volksversammlung, die alle politischen Entscheidungen traf.

**Wahlkampf** (der) → S. 140
Die Parteien führen einen Wahlkampf, um Wählerstimmen zu bekommen.

**Wahlordnung** (die) → S. 142
Der Ablauf einer Wahl ist in der Wahlordnung festgelegt.

**Wahlrecht** (das) → S. 138
Das Recht, jemanden zu wählen, der eine bestimmte Aufgabe übernimmt, nennt man Wahlrecht.

**Wasserwerk** (das) → S. 50
Anlage, in der Wasser gereinigt wird. Es kann dann als Trinkwasser in das Wasserleitungsnetz geführt werden.

**Wattenmeer** (das) → S. 226
Teil des Meeres, der unter dem Einfluss der Gezeiten steht. Er fällt bei Ebbe trocken und wird bei Flut vom Meer überflutet.

**Wegstrecke** (die) → S. 18
Die Wegstrecke bezeichnet die tatsächliche Entfernung zwischen zwei Orten.

**Windrose** (die) → S. 15
Eine Windrose gibt die Himmelsrichtungen auf einem Kompass an.

**Wirtschaftsbereich** (der) → S. 186
Die Wirtschaft eines Staates wird in drei Wirtschaftsbereiche eingeteilt. Den ersten Wirtschaftsbereich, in dem Rohstoffe gewonnen werden, bilden Land- und Forstwirtschaft sowie Fischerei und Bergbau. Zum zweiten Wirtschaftsbereich gehören Industrie, Handwerk und Bauwirtschaft. Die Dienstleistungen sind der dritte Wirtschaftsbereich.

**Wohngebiet** (das) → S. 40
Ein Wohngebiet ist ein Stadtviertel, in dem ausschließlich oder überwiegend Wohnhäuser stehen.

**Wohngemeinde** (die) → S. 46
Eine Gemeinde, in der es keine Industrie und nur sehr wenige Dienstleistungsbetriebe (z. B. Geschäfte) gibt. Sie dient vor allem zum Wohnen.

**Zeitleiste** (die) → INFO S. 12

**Zulieferbetrieb** (der) → S. 194
Ein Wirtschaftsbetrieb, der Einzelteile und Zubehör herstellt und diese an einen anderen Wirtschaftsbetrieb liefert, ist ein Zulieferbetrieb.

# Nordrhein-Westfalen – physische Übersicht

**Landhöhen** (in Meter)

| | |
|---|---|
| über | 750 |
| 500 – | 750 |
| 350 – | 500 |
| 200 – | 350 |
| 100 – | 200 |
| 50 – | 100 |
| 0 – | 50 |

663 ▲ Berghöhe

Lage des Bundeslandes
Nordrhein-Westfalen
in Deutschland

**Landschaften**

*Voreifel* Gebirgsname

*Sintfeld* Landschaftsname

**Gewässer**

〜 Fluss

═ schiffbarer Fluss

╍ Kanal

╍ schiffbarer Kanal

◯ See

〜 Staudamm, Stausee

**Orte** (Einwohner)

▢ über 1 000 000

◉ 500 000 – 1 000 000

● 100 000 – 500 000

○ unter 100 000

geschlossene Besiedlung

**Verwaltung** (Grenzen)

Staatsgrenze

Landesgrenze

**Düsseldorf** Landes-
hauptstadt

Maßstab 1 : 1 500 000

0  10  20  30  40  50 km

© Westermann

# Nordrhein-Westfalen – politische Übersicht

24061EX

**Niederlande**

**Niedersachsen**

Emmen
Meppen
Verden
Nienburg
Zwolle
Nordhorn
Dümmer
Wunsdorf
Steinhuder Meer

Kreis Minden-Lübbecke **MI**
Osnabrück
Herford
**HF**
Kreis Herford
Bielefeld
Hameln

**Niederlande**

Arnheim
Enschede
Kreis Steinfurt
Steinfurt **ST**
**BOR**
Münster **MS**
Warendorf
Kreis Gütersloh **GT**
**BI**
Kreis Lippe **LIP**
Detmold
**Regierungsbezirk Detmold**

Nimwegen
Kleve
Wesel
Coesfeld
**COE**
Borken
**Regierungsbezirk Münster**
Kreis Warendorf **WAF**
Paderborn
Höxter
**HX**
Kreis Höxter
Weser

Kreis Kleve
**KLE**
**RE**
Kreis Coesfeld
Hamm
Lippe
**PB**
Kreis Paderborn

Kreis Recklinghausen
Recklinghausen
Kreis Wesel
**WES**
Bottrop
Gelsenkirchen
Herne
**HAM**
Kreis Unna
Soest
**SO**
Kreis Soest
Möhnetalsperre
Möhne

Oberhausen
**BO**
Dortmund **DO**
Unna **UN**
Essen **E**
Bochum
Duisburg
Krefeld **DU**
Mülheim
Ennepe-Ruhr-Kreis
Hagen **HA**
Arnsberg
Meschede
Korbach
Kassel

**Regierungsbezirk Düsseldorf**
**VIE**
Viersen
Kreis Mettmann
Mettmann
Düsseldorf **D**
Schwelm **EN**
Wuppertal
Remscheid
**MK**
Märkischer Kreis
Hochsauerlandkreis
Edersee

Kreis Viersen
Mönchengladbach
Neuss
**NE**
**ME**
Solingen
Lüdenscheid
**HSK**
Schwalm

Kreis Heinsberg
**HS**
Rhein-Kreis Neuss
Leverkusen
Rheinisch-Bergischer Kreis
Gummersbach
**Regierungsbezirk Arnsberg**
Kreis Olpe
**OE**
Olpe
**SI**
Siegen
Marburg

Heinsberg
**DN**
Bergheim
Köln **K**
**GL**
Bergisch Gladbach
Oberbergischer Kreis
**GM**
Kreis Siegen-Wittgenstein

**AC**
Aachen
Düren
**BM**
Rhein-Erft-Kreis
Siegburg
**SU**
Rhein-Sieg-Kreis
**BN**
Bonn

Städteregion Aachen
Kreis Düren
**Regierungsbezirk Köln**
Euskirchen
**EU**
Kreis Euskirchen
Gießen

**Belgien**
Rurtalsperre
Koblenz
Limburg
Lahn
Main

**Rheinland-Pfalz**
Mosel
Frankfurt
© Westermann

**Hessen**

311

---

## Legende

**Grenzen**

- Staatsgrenze
- Landesgrenze
- Regierungsbezirksgrenze
- Kreisgrenze

Lage des Bundeslandes Nordrhein-Westfalen in Deutschland

**Verwaltungssitze**

- Landeshauptstadt
- Hauptstadt eines Regierungsbezirks
- Kreisstadt

**Kraftfahrzeugkennzeichen**

**DO** überwiegend gebräuchliches Kfz-Kennzeichen

Kfz-Kennzeichen von kreisfreien Städten mit kleiner Fläche:

| | | | |
|---|---|---|---|
| **BOT** Bottrop | **LEV** Leverkusen |
| **GE** Gelsenkirchen | **MG** Mönchengladbach |
| **HER** Herne | **MH** Mülheim |
| **KR** Krefeld | **OB** Oberhausen |
| | **RS** Remscheid |
| | **SG** Solingen |
| | **W** Wuppertal |

Maßstab 1 : 1 500 000

0 10 20 30 40 50 km

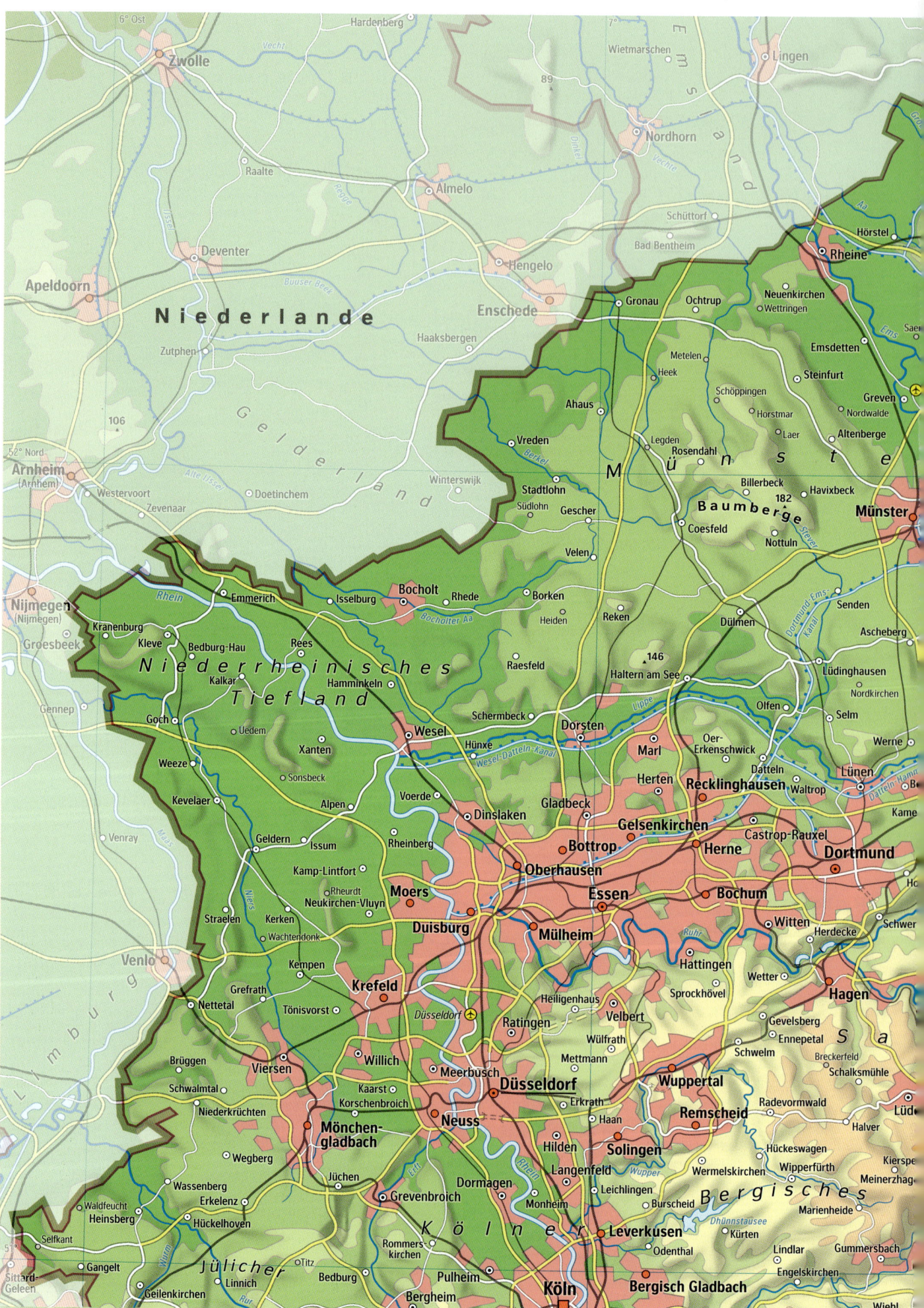

edersachsen

Westerkappeln
nbüren
Lotte
Osnabrück
Hasbergen
Hagen
Georgsmarienhütte
Lengerich
bergen
Lienen
Bad Iburg
Glane

Belm
Bissendorf
Melle
Wallenhorst

Damme
Dümmer
Bohmte
Bad Essen

Stemwede

Rahden
Espelkamp
Hille

Petershagen

Rehburg-Loccum

Steinhuder Meer

Neustadt am Rübenberge

Garbsen

Wunstorf
Seelze

Bramsche

Wiehengebirge

Bad Nenndorf
Stadthagen

Gehrden
Barsinghausen
Wennigsen

Preußisch Oldendorf
Rödinghausen
Bünde
Kirchlengern
Löhne

Lübbecke
Hüllhorst
Minden
Porta Westfalica
Bad Oeynhausen

Bückeburg

Wesergebirge

Deister
405

Springe

Süntel
437
Bad Münder

eutoburger

Melle
Enger
Spenge

Hiddenhausen
Herford

Vlotho
Porta Westfalica

Rinteln
Hessisch Oldendorf

Kalletal
Bad Salzuflen
Extertal
Aerzen

Weserbergland

Hameln
439
Emmerthal

52°

Versmold
Borgholzhausen
Werther
Halle
Steinhagen

Lemgo
Dörentrup

Lipper
Bergland

Ostbevern
Sassenberg
Harsewinkel

Bielefeld
Leopoldshöhe
Oerlinghausen
Lage

Detmold
Barntrup
Blomberg

Schieder-Schwalenberg
Lügde
Bad Pyrmont

land

Warendorf
Everswinkel
Beelen

Gütersloh
Herzebrock-Clarholz
Verl
Schloß Holte-Stukenbrock

Wald
Augustdorf

Horn-Bad Meinberg
Steinheim

Holzminden
528

Sendenhorst
Ennigerloh
Oelde
Rheda-Wiedenbrück
Rietberg

Senne
Hövelhof

Velmerstot
Schlangen
Bad Lippspringe
Altenbeken

439

Nieheim
Marienmünster

Höxter

Solling

Beckumer Berge
173
Langenberg
Wadersloh

Delbrück

Paderborn

Oberwälder
Land
Bad Driburg
Brakel

Beverungen

Ahlen
Beckum

Werse

Lippstadt
Lippetal

Borchen
Salzkotten

Paderborner
Lichtenau

Nethe
Willebadessen

Weser

Hamm
Welver
Ense

Soester
Börde
Bad Sassendorf
Erwitte

Geseke

borner
Hochfläche

Warburger
Börde
Borgentreich

Diemel
472

Bönen
Werl
Soest

Anröchte
Büren

Sintfeld

Warburg

Hofgeismar

Wickede
Ense
Möhnesee
Rüthen
Bad Wünnenberg

Marsberg

Vellmar

enberg
Möhnestausee
Warstein

Bad Arolsen
Wolfhagen

Menden
Arnsberg

Arnsberger Wald
Briloner
Höhen
Brilon

Diemelsee

Langer Wald

Schauenburg
615

Kassel

Hemer

Balve
Sorpestausee
Sundern

Olsberg
Meschede
Bestwig

Korbach

Alter Wald

Habichtswald

Baunatal

rland

Homert

843
Langenberg
Winterberg
841
Kahler Asten
Medebach

Waldecker

Edersee

Fritzlar
Felsberg

Neuenrade
Eslohe

Melsungen

Plettenberg
Finnentrop
Schmallenberg
Lennestadt
Hallenberg

Bad Wildungen

Waberner Senke

heid
663
Attendorn

Biggestausee

Kirchhundem

Rothaargebirge

Bad Berleburg
Wittgensteiner
Land

Breite Struth
Frankenberg

Kellerwald

675

Bad Emstal
Borken
Homberg

gen
Olpe

Hilchenbach
Erndtebrück
Ebschloh
684

Kreuztal
Wenden

Burg-

51°

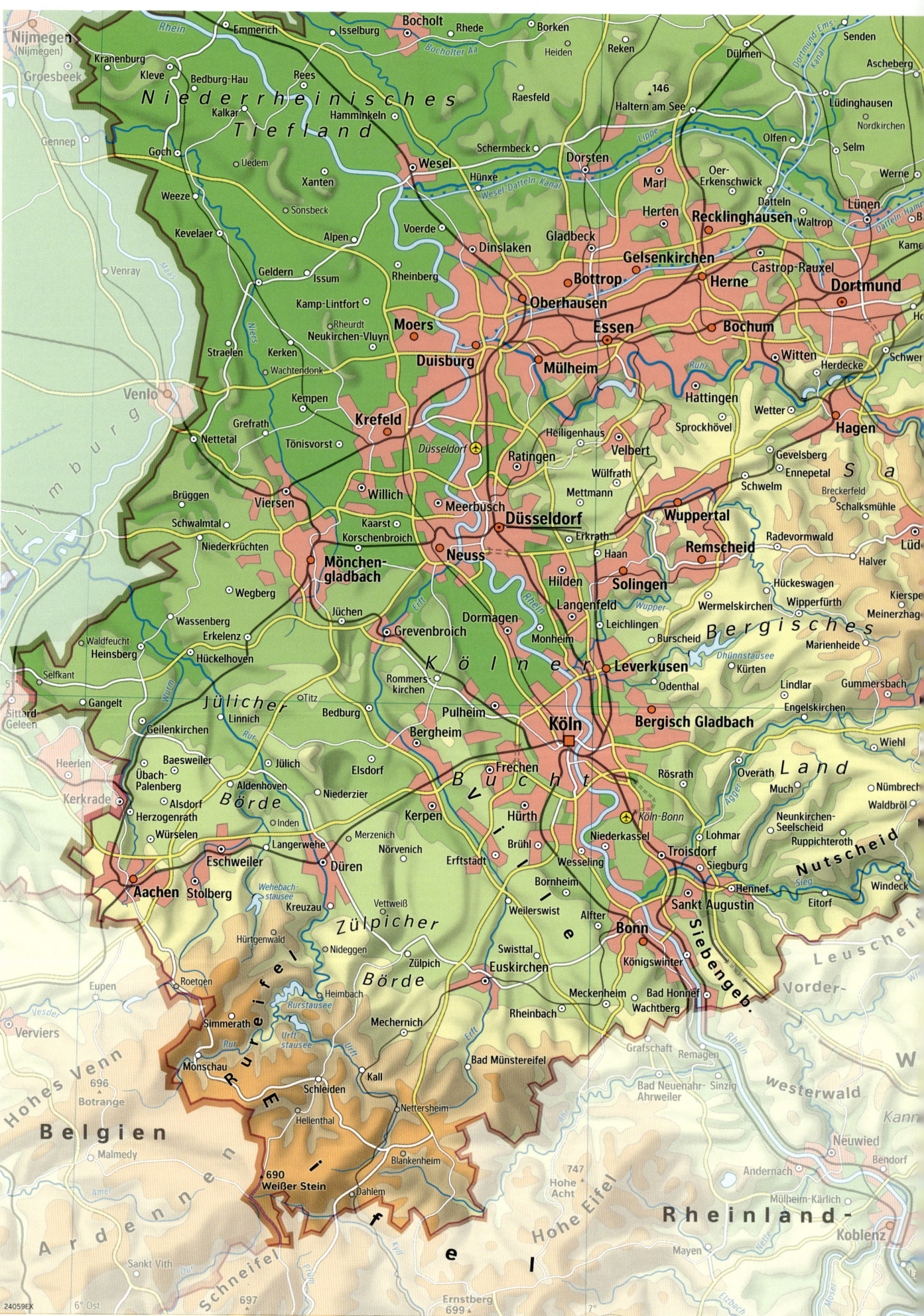

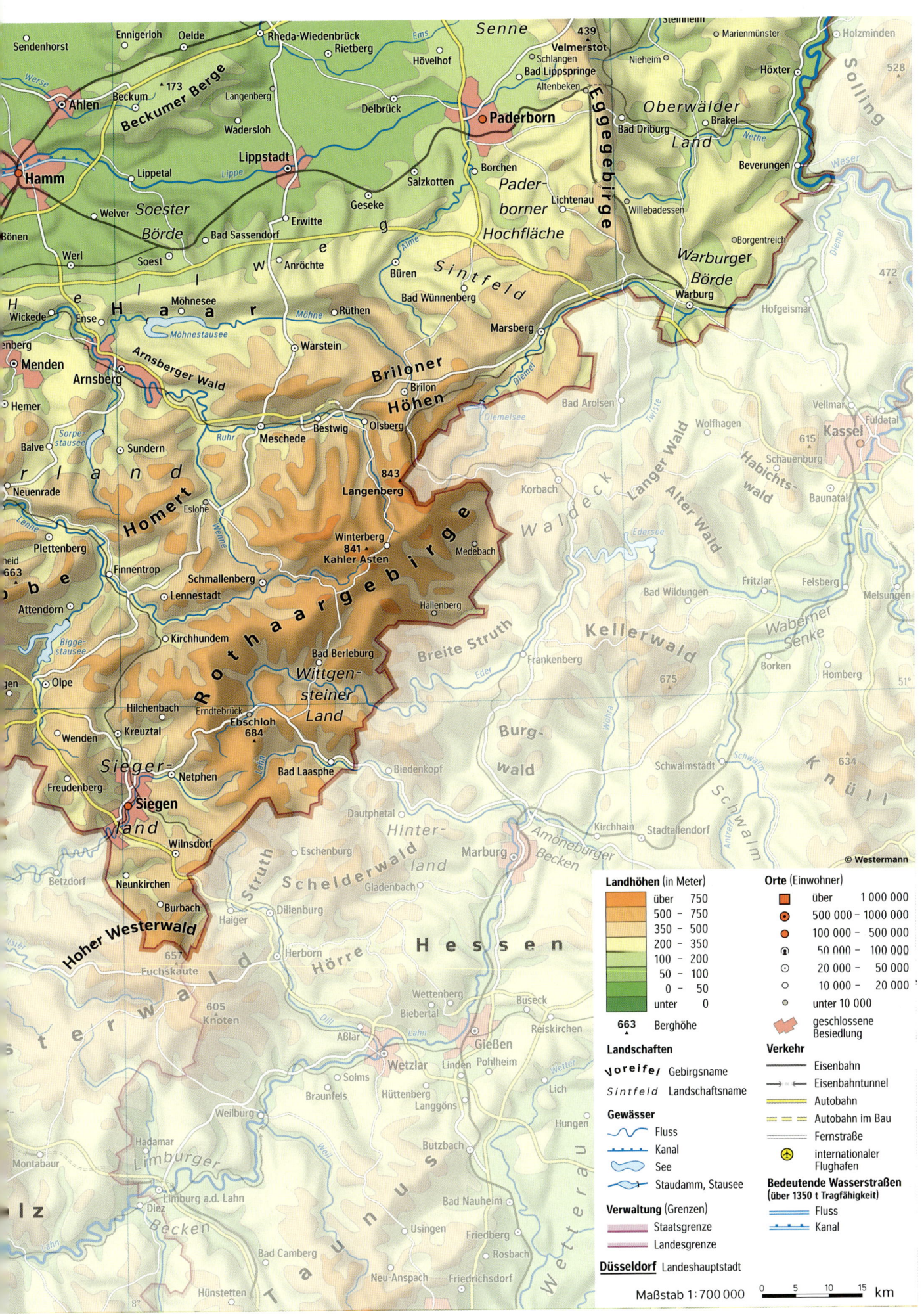

## Landhöhen (in Meter)

| | |
|---|---|
| | über 750 |
| | 500 – 750 |
| | 350 – 500 |
| | 200 – 350 |
| | 100 – 200 |
| | 50 – 100 |
| | 0 – 50 |
| | unter 0 |

663 ▲ Berghöhe

### Landschaften

*Voreifel* Gebirgsname

*Sintfeld* Landschaftsname

### Gewässer

〰 Fluss

Kanal

See

Staudamm, Stausee

### Verwaltung (Grenzen)

Staatsgrenze

Landesgrenze

**Düsseldorf** Landeshauptstadt

Maßstab 1 : 700 000

## Orte (Einwohner)

| | |
|---|---|
| ■ | über 1 000 000 |
| ◉ | 500 000 – 1 000 000 |
| ● | 100 000 – 500 000 |
| ⌂ | 50 000 – 100 000 |
| ⊙ | 20 000 – 50 000 |
| ○ | 10 000 – 20 000 |
| ∘ | unter 10 000 |
| | geschlossene Besiedlung |

### Verkehr

Eisenbahn

Eisenbahntunnel

Autobahn

Autobahn im Bau

Fernstraße

✈ internationaler Flughafen

### Bedeutende Wasserstraßen
(über 1350 t Tragfähigkeit)

Fluss

Kanal

0  5  10  15 km

© Westermann

315

# Deutschland – physische Übersicht

Orte (Einwohner)

| | |
|---|---|
| ■ | über 1 000 000 |
| ◉ | 500 000 – 1 000 000 |
| ● | 100 000 – 500 000 |
| ○ | 20 000 – 100 000 |

Verwaltung

Staatsgrenze
Landesgrenze
**Berlin** Hauptstadt eines Staates

Gewässer

Fluss
Kanal
schiffbarer Fluss/Kanal
See

Landhöhen (in Meter)

0   100   200   500   1000   1500

▲ 2962  Berghöhe

Maßstab 1 : 4 000 000   0   20   40   60 km

24053EX_2   © Westermann

**Dänemark**

*Ostsee*

*Nordsee*

*Sylt*

*Fehmarn*

*Rügen*

6° Ost

8°

10°

12°

14°

54° Nord

Flensburg

*Helgoland*
*(zu Schleswig-Holstein)*

Kiel

Rostock

*Usedom*

54° Nord

**Schleswig-Holstein**

**Mecklenburg-Vorpommern**

Bremerhaven
*(zu Bremen)*

Hamburg

**Hamburg**

Schwerin

Stettin
(Szczecin)

Groningen

Oldenburg

**Bremen**

Bremen

*Oder*

**Niedersachsen**

Berlin

**Polen**

Hannover

Berlin

**Niederlande**

Zwolle

Osnabrück

Braunschweig

Magdeburg

Potsdam

**Brandenburg**

52°

52°

Münster

*Weser*

**Sachsen-Anhalt**

Cottbus

**Nordrhein-**

**D e u t s c h l a n d**

*Elbe*

Essen

Dortmund

Halle

Leipzig

Duisburg

Kassel

**Westfalen**

**Düsseldorf**

Erfurt

Jena

**Sachsen**

Dresden

Köln

*Rhein*

**Hessen**

**Thüringen**

Chemnitz

Gießen

Eger (Cheb)

Prag
(Praha)

50°

Belgien

50°

Wiesbaden

Frankfurt

*Main*

Bayreuth

**Tschechien**

Luxem-
burg

**Rheinland-**

Mainz

Darmstadt

Würzburg

Pilsen (Plzeň)

Luxem-
burg

**Pfalz**

Trier

*Mosel*

Nürnberg

*Moldau*

**Saarland**

**Saarbrücken**

*Neckar*

**B a y e r n**

Budweis
(České Budějovice)

Metz

Karlsruhe

Regensburg

*Donau*

**Baden-**

Stuttgart

**Schweiz**

Straßburg
(Strasbourg)

Tübingen

*Inn*

Linz

48°

Epinal

Colmar

**Württemberg**

Augsburg

48°

**Frankreich**

Freiburg

München

Salzburg

Belfort

*Bodensee*

Basel

Zürich

Bregenz

Innsbruck

**Österreich**

Vaduz

Liechtenstein

24052EX_1   © Westermann

6° Ost

8°

10°

12°

14°

Bern

— Staatsgrenze
— Landesgrenze

■ Hauptstadt
eines Staates

● Landeshauptstadt

○ Stadt

Maßstab 1 : 4 000 000

0  20  40  60  km

317

# Bild- und Textquellenverzeichnis

**Bildquellen:** |123RF.com, Hong Kong: andreslebedev 246.2; logray 187.3. |akg-images GmbH, Berlin: 28.2, 108.2, 110.4, 126.1, 127.2, 156.1, 161.1, 257.1, 258.1, 259.2, 266.1; Album/Oronoz 120.3; archaeologyillustrated.com, Balogh, Balage 127.1; British Library 264.1, 264.2, 271.1; Connolly, Peter 123.2, 152.2, 152.3, 152.4, 159.1; De Agostini Picture Library 158.1; François Guénet 111.2; Lessing, Erich 115.1, 125.1, 126.2, 160.1, 185.2; Morris, James 110.3; Rainer Kiedrowski / Bildarchiv Monheim GmbH 7.1, 251.1; Science Source 175.3; World History Archive 110.7. |Alamy Stock Photo, Abingdon/Oxfordshire: Artokoloro 110.5, 110.6; Blossey, Hans 6.3, 183.1; ClassicStock 209.3; FALKENSTEINFOTO 119.2; GH Photos 82.2; Hackenberg-Photo-Cologne 48.1; hanohikrf 299.1; Hans Blossey 14.1; Heritage Image Partnership Ltd 111.1; imageBROKER 194.2; Ivy Close Images 124.2; Justin Kase z12z 290.2; Kuttig - People 285.1; Kuttig - Travel - 2 82.1; Masterton, Iain 298.1; NASA 5.1, 103.1; Reed, Jonathan 283.1; Smith, Keith J. 283.2; Tetra Images, LLC 213.3; Ventura, Michael 105.2; Zoonar GmbH 205.1. |Alamy Stock Photo (RMB), Abingdon/Oxfordshire: 202.3; Gros, Antonia 244.1; Joern Sackermann 41.1; Juniors Bildarchiv GmbH 231.2; Khrobostov, Andrey 234.2; Panther Media GmbH 11.1. |Archiv der sozialen Demokratie der Friedrich-Ebert-Stiftung: SPD/AdsD, Bonn: J.H. Darchinger 6.2, 207.1, 209.2. |Artbox Grafik & Satz GmbH, Bremen: 3.2, 28.1, 51.1. |Asbach, Dominik, Duisburg: Jelveh, Tina 139.2. |Askani, Bernhard Dr., Schwetzingen: 253.1. |Baaske Cartoons, Müllheim: Bengen, Harm 73.3; Detlef Kersten 168.2; Kai Felmy 172.3; Renate Alf 222.2; Thomas Plaßmann 73.2. |Bad Hindelang Tourismus, Bad Hindelang: Wolfgang B. Kleiner 240.1, 241.1. |Baumeister – Kruse Gruppe Köln, Köln: 40.2. |Behrendes, Lena, Bad Hindelang: 241.2, 241.4. |Berghahn, Matthias, Bielefeld: 34.1, 34.2, 35.1, 35.2, 90.1, 90.2, 91.1, 91.2, 91.3, 198.1, 199.1, 199.2, 238.2, 239.1, 239.2, 258.2, 258.3, 258.4, 258.5, 261.1, 270.1, 270.2, 270.3, 270.4, 270.5, 270.6, 270.7, 270.8, 270.9, 270.10, 270.11, 270.12, 270.13, 270.14, 270.15. |Bioland e.V., Mainz: 95.3. |Blinde Kuh e.V. / www.blinde-kuh.de, Hamburg: 70.2. |bpk-Bildagentur, Berlin: 114.2, 252.1, 256.1; Antikensammlung, SMB/CoDArchLab 169.4; Beyer, Hans-Dietrich 184.2; Germanisches Nationalmuseum / Meßberger, Dirk 270.16; Göken, Klaus 185.1; Münzkabinett, SMB/März, Karin 256.2. |Brants, Edgar, Paderborn: 47.1. |Braune, Erik, Braunschweig: 10.1. |Bridgeman Images, Berlin: Ashmolean Museum, Oxford 112.1. |Bundeswehr, Berlin: Detmar Modes 211.2. |BÜNDNIS 90/DIE GRÜNEN/www.gruene.de, Berlin: Grüne Lohmar 141.5. |CDU Stadtverband Lohmar, Lohmar: 141.1. |Colourbox.com, Odense: 246.1. |Commerzbank AG, Frankfurt/M.: 223.2. |Consentis Anlagenbau GmbH, Wietmarschen: 93.1. |Deutsches Archäologisches Institut (DAI), Berlin: Senff, Reinhard 128.1, 128.2, 129.1; Wolter, Thomas 129.2. |DIE LINKE im Rhein-Sieg-Kreis, Ruppichteroth: http://artbyte.de/ 141.3. |DISSING+WEITLING architecture, Kopenhagen: Photo: Rasmus Hjortshøj - COAST Studio 295.2. |DLRG OG Dortmund-Hörde e.V., Dortmund: 298.7. |dreamstime.com, Brentwood: Anticiclo 234.1; Antikainen 247.1; Interlighttv 233.2; Kaufmann, Frenk and Danielle 213.2; Kurhan 235.2. |Drescher, Heinrich, Münster: 180.1. |Druwe & Polastri, Cremlingen/Weddel: 286.1. |Elvenich, Erik, Hennef: 36.2, 37.1, 300.5, 300.6, 300.7. |epd-bild, Frankfurt/M.: Jens Schlüter 5.2, 133.1. |Eurich, Georg, Lauterbach: 217.1, 217.2. |Europäische Kommission, Berlin: rescaled label (updated 2 July 2020) 293.1. |Falk Verlag, Ostfildern (Kemnat): 15.1. |Falkenburg, Ann-Christin, Braunschweig: 92.2, 92.3. |FDP Freie Demokratische Partei, Berlin: Kommunalwahl 2020 141.4. |Feldhaus, Hans-Jürgen, Münster: 144.2. |fotolia.com, New York: 294.3; Alexander Rochau 238.3; Armin Staudt 176.1, 176.3, 176.5; artush 73.1; Blakkolb, Andreas 33.2; contrastwerkstatt 187.7, 219.1; Cornelia Pithart 86.1; countrypixel 88.3, 93.2; Daniel Ernst 294.5; davis 42.3; dd 76.1; Ebel 95.2; Eder, Christa 238.4; Eisenhans 296.2; flori0 62.1; FM2 294.4; Fretz Weber, Janine 187.2; gcelebi 208.1; goldencow images 70.1; Ingo Bartussek 187.4; JackF 95.1; JFL Photography 247.3; Kneschke, R. 188.2; Kopylov, Ivan 173.3; Mainka, Markus 278.3; Monkey Business 26.1, 64.2; patrickjohn71 27.1; Petair 275.6; photo 5000 246.5; PictureArt 219.2; pure-life-pictures 134.1; reises 76.2; rm 28.5; Robert Kneschke 176.2, 176.4, 176.6; Schubbel, Carola 95.4; Schwier, Christian 301.1; Sühling, Stephan 268.2; TimSiegert-batcam.de 245.2; ub-foto 247.2. |Fotostudio Henke, Paderborn: 20.1. |fragFINN e.V., Berlin: 70.3. |Frambach, Timo, Braunschweig: 44.2. |Freshtight Designs, USA -Ann Arbor, MI: 72.2. |Gaffga, Peter, Eggenstein-Leopoldshafen: 95.5. |Garmisch-Partenkirchen Tourismus, Garmisch-Partenkirchen: 237.1. |Geologischer Dienst Nordrhein-Westfalen - Landesbetrieb -, Krefeld: Theo Windges 78.1. |Getty Images, München: DEA / S. VANNINI 110.2; Popperfoto 177.2; Tom Stoddart Archive 287.1. |Google Earth: 18.1, 19.3, 19.4, 19.5, 19.6, 46.2. |Griese, Dietmar, Laatzen: 63.9, 63.10. |Haus der Geschichte der Bundesrepublik Deutschland, Bonn: Peter Leger (Künstler), Haus der Geschichte, Bonn 211.1. |Heimatschutzverein Grundsteinheim 1629 e. V., Lichtenau: Discher, Christoph 32.1. |Heinrichshof, Burglahr: 92.1. |Heitefuß, Dieter, Braunschweig: 57.1. |Hof Icken, Geestland: 98.1, 98.2, 98.3, 99.1. |Hofemeister, Uwe, Diepholz: 12.2, 39.2, 53.2, 94.1. |Hottle, Jenny: http://jennyhottle.wordpress.com 64.1. |i.m.a - information.medien.agrar e.V., Berlin: 86.2, 88.1. |Image & Design - Agentur für Kommunikation, Braunschweig: 298.2, 298.3, 298.4, 298.5, 298.6. |Imago, Berlin: Ferrando, Gemma 274.1. |Interfoto, München: Friedrich 88.2. |iStockphoto.com, Calgary: Aldo Murillo 243.2; alexerich 114.1; alvarez 232.2; andresr 188.3, 275.1; bibi57 85.1; brytta 6.4, 225.1; ChiccoDodiFC 278.3; damircudic 186.1; DragonImages 189.1; Eivaisla 79.4, 100.3; eyewave 233.4; FatCamera 222.1; filadendron 285.5; g-stockstudio 46.1; golero 233.1; Jedamus_Lichtbilder 202.1; Jovanmandic 171.1; kall9 61.2; Karsten Jung 40.1; Kerkez 60.1, 62.2; Kerrick 41.2; lantapix 138.1; Lefteris_ 5.3, 117.1; Lerma, Anthony 148.2; marugod83 301.2; Michael Luhrenberg 56.1; Michael Utech 229.1; Mike_Sheridan 246.3; miljko 137.1; monkeybusinessimages 60.2, 277.1; Nakic, Aleksandar 232.1; NaLha 233.5; Nattakorn Maneerat 275.2; olaser 275.5; PeopleImages 44.1; PicturePartners 230.2; piranka 247.4; PRASANNAPiX 21.1; querbeet 202.2; ra2studio 6.1, 167.1; RichLegg 71.1; Ridofranz 232.3; rusm 39.1; shylendrahoode 50.1; skynesher 274.2; SolStock 275.3; spooh 5.4, 147.1; Squaredpixels Titel; StHelena 169.3; traumschoen 233.3; triloks 63.2; venturecx 79.6, 100.2; VioletaStoimenova 168.1; vitapix 285.6; WitR 108.1. |Kalch, Franziska, Gornau: 173.4. |Karto-Grafik Heidolph, Dachau: 13.1, 99.2, 130.3. |Kartographie Michael Hermes, Hardegsen Hevensen: 191.1, 192.1, 248.1, 292.2, 294.2. |Kassing, Reinhild, Kassel: 12.1. |Kesper, Ingrid, Salzkotten: 121.1, 122.1. |Kracke, Burkhard, Hannover: 280.2, 280.3. |Kreuzberger, Christine, Hennef: 138.2. |Kreuzberger, Norma, Lohmar: 16.1, 17.3, 49.2, 68.1, 69.1, 140.1, 226.1, 226.2, 230.1, 235.3, 237.2. |Kuhlendahl, Susanne, Tönisvorst: 10.3. |laif, Köln: Teichmann, Andreas 7.2, 289.1. |Landesanstalt für Medien NRW, Düssel-

# Bild- und Textquellenverzeichnis

**Textquellen:** |60: Ernst Ferstl: Lebensspuren: Aphorismen. Geest-Verlag. Vechta-Langförden 2002 |105 M6: Herodot: Historien – Buch II. Übersetzt und herausgegeben von Kai Brodersen. Reclam, Stuttgart 2005, S. 25 |109 M4: Günter Burkard. In: GEO Epoche. Das Magazin für Geschichte: Das Alte Ägypten, Nr. 32. 2008, S. 46f. |109 M6: Cheti. In: Altägyptische Weisheit: Lehren für das Leben. Übersetzt von Hellmut Brunner. Artemis, Zürich/München 1988, S. 159ff. |114 M4: Cheti. In: Jan Assmann (Hrsg. und Übersetzer): Ägyptische Hymnen und Gebete, Vandenhoeck und Ruprecht, Göttingen 1999, S. 540f. |120 M2: Perikles. Nach: Thukydides. Geschichte des Peloponnesischen Krieges. Übers. + Hrsg. Georg Peter Landmann. WBG, Darmstadt 1993, S. 164. |121, 138, 274: Grundgesetz der Bundesrepublik Deutschland |123 M4: Hermippos aus Smyma. In: Wolfgang Lautemann, Manfred Schlenke (Hrsg): Geschichte in Quellen: Altertum, Band 1.BSV, München 1975, S. 192 |125 M5: Euripides: Medea, Vers 228-241. In:. Dietrich Ebener (Hrsg. u. Übers.): Euripides: Werke in drei Bänden, Bd. 1, Aufbau, Weimar/Berlin 1979, S. 54f. |125 M6: Xenophon [5. Jh. v. Chr.]. In: Ernst Bux (Hrsg.): Die Sokratischen Schriften. Kröner, Stuttgart 1956, S. 84 |125 M7: Platon: Politeia. Übersetzt v. Wilhelm S. Teuffel, Stuttgart 1855, S. 455 |126 M1: Dirk Husemann: Spiele, Siege und Skandale. Campus, Frankfurt/M. 2007, S. 7-9 |127 M5: Xenophanes. In: Wolfgang Lautemann, Manfred Schlenke (Hrsg): Geschichte in Quellen: Altertum, Band 1. BSV, München 1975, S. 126. Übersetzt v. Fritz Taeger (verändert) |127 M6: Dion Chrysostomos [Philosph, 40 – 120 n. Chr.] In: Hans-Volkmar Herrmann: Olympia – Heiligtum und Wettkampfstätte. Hirmer, München 1972, S. 18 |131 M6: Aristoteles [Philosoph, 5. Jh. v. Chr.]. In: Ursula Wolf (Hrsg.): Politik. Rowohlt, Reinbek bei Hamburg 1994, S. 53f. Übersetzt v. Franz Susemihl. |131 M7: Philemon [Dichter, um 360 v. Chr.], fr. 227 K.: Übersetzt v. Siegfried Lauffer: Die Sklaverei in der griechisch-römischen Welt. In: Rapports du XIe congrès international des sciences historiques. Almqvist & Wiksell, Stockholm, 1960, S. 83 |142 M2: Auszüge aus der Wahlordnung zum Jugendrat [Stand 09/2020] Gemeinde Wachtberg, 09.03.2016 |151 M5: Diodorus 32, 4, 4 [griechischer Geschichtsschreiber, 50 v. Chr.] In: Wolfgang Lautemann, Manfred Schlenke (Hrsg.): Geschichte in Quellen, Bd. 1. Bayerischer Schulbuch Verlag (BSV), München 1965, S. 456 |151 M6: Rede des Calgacus [Führer der nördlichen Britannier, vor einer Schlacht gegen die Römer, um 84 n. Chr.] In: Tacitus: Agricola 30f. In: Wolfgang Lautemann, Manfred Schlenke (Hrsg.): Geschichte in Quellen, Bd. 1. Bayerischer Schulbuch Verlag (BSV), München 1965, S. 642 |153 M5: Christa Kotitschke: Auf die Plätze ... Römer los! Gemeinde Köngen (Hrsg.), Herba, Plochingen 1993, S. 12f. (verändert) |154 M2: Cassius Dio [230 n. Chr.]. In: Hans Reichardt: Was ist was. Band 62: Die Germanen. Tessloff, Nürnberg 1978, S. 46 |154 M3: Reinhard Wolters: Die Römer in Germanien. C. H. Beck, München 2004, S. 76 – 77 |161 M4: Gérard Coulon: Das Leben der Kinder im alten Rom. Knesebeck, München 2006, S. 27. Übersetzer: Christa Trautner-Suder |163 M6: Michel Austin, Pierre Vidal-Naquet: Gesellschaft und Wirtschaft im alten Griechenland. C. H. Beck, München 1984, S. 17. Übersetzer: Andreas Wittenburg |163 M7: Stefan Rebenich: Die 101 wichtigsten Fragen: Antike. C.H. Beck, München 2006, S. 42f. |165 M6: Lucius Annaeus Seneca: Moralische Briefe. In: Wolfgang Lautemann, Manfred Schlenke (Hrsg.): Geschichte in Quellen, Bd. 1. BSV, München 1978, S. 629 |169 M6: Zitat: Lucius Annaeus Seneca († 65 n. Chr.) |170, 274: Bürgerliches Gesetzbuch |171 M4: Elizabeth Dunn, Daniel T. Gilbert, Timothy D. Wilson: Journal of Consumer Psychology 21/2011, S. 115 – 121, Wiley & Sons, New Jersey. Übersetzer: Guido Weber (verändert) |173 M5: Anja Schrum: Der Kunde ist Kind – Wie Werbung die Kleinsten lockt: SWR 2, Stuttgart, 01.02.2020 (verändert) |175 M5: Adam Smith: Der Wohlstand der Nationen. © dtv Verlagsgesellschaft, München 2005, S. 14-17, Übersetzer: Horst Claus Recktenwald (verändert) |177 M4: UD/pm: Tauschen und Teilen statt Neukaufen und Wegschmeißen. Umweltdialog, DU Verlag, Münster, 26.10.2017 |209 M4: Das Handbuch für die gute Ehefrau, aus: Housekeeping Monthly vom 13.5.1955. © Konradin Medien, Leinfelden-Echterdingen |214 M3: Simon Schnetzer, Kempten 24.09.2019 |219 M4: ots: WDR, Köln 09.01.2020 |240 M2: Gemeinde Bad Hindelang 01.01.1970 (verändert) |257 M4: Deutsche Geschichte in Quellen und Darstellungen. Band 1: Frühes und hohes Mittelalter 750-1250, hrsg. v. Wilfried Hartmann, Reclam, Stuttgart 2008, S. 53f. |257 M6: Deutsche Geschichte in Quellen und Darstellungen. Band 1: Frühes und hohes Mittelalter 750-1250, hrsg. v. Wilfried Hartmann, Reclam, Stuttgart 2008, S. 56ff. |267 M2: Deutsche Geschichte in Quellen und Darstellungen. Band 1: Frühes und hohes Mittelalter 750-1250, hrsg. v. Wilfried Hartmann, Reclam, Stuttgart 2008, S. 300ff. |267 M3: Quellen zur Geschichte Kaiser Heinrichs IV. Hrsg. v. Franz-Josef Schmale, Irene Schmale-Ott, WBG, Darmstadt 2017, S. 421 |274: Schulgesetz für das Land Nordrhein-Westfalen |275 M4: Susanne Baumann, Jana Mikota, Christine Paxmann, Claudia Maira Pecher (Hrsg.): Jedem Kind sein Recht. 30 Jahre Kinderrechtskonvention. 2020, Deutsche Akademie für Kinder- und Jugendliteratur e.V., Volkach, S. 46 |275 M6: Susanne Baumann, Jana Mikota, Christine Paxmann, Claudia Maira Pecher (Hrsg.): Jedem Kind sein Recht. 30 Jahre Kinderrechtskonvention. 2020, Deutsche Akademie für Kinder- und Jugendliteratur e.V., Volkach, S. 41 |275 M8: Susanne Baumann, Jana Mikota, Christine Paxmann, Claudia Maira Pecher (Hrsg.): Jedem Kind sein Recht. 30 Jahre Kinderrechtskonvention. 2020, Deutsche Akademie für Kinder- und Jugendliteratur e.V., Volkach, S. 32 |276: Jugendschutzgesetz |280 M1: Sara Shahriari: Kinder in Bolivien kämpfen für Recht auf Arbeit. Deutsche Welle, Bonn. 01.05.2013 (verändert) |281 M5: Deutschlandfunk Kultur, Köln 9.10.2014 |281 M7: Kinderarbeit: Ausbeutung stoppen, arbeitenden Kindern helfen: terre des hommes Deutschland e.V., Osnabrück |282 M1: Laura Salm-Reifferscheidt: Die Mädchen vom Müllberg. Deutschlandfunk Kultur, Köln, 17.11.2017 (verändert) |283 M4: Laura Salm-Reifferscheidt: Die Mädchen vom Müllberg. Deutschlandfunk Kultur, Köln, 17.11.2017 |286 M4: UN-Kinderrechtskonvention, 20.11.1989 |301 M9: GRÜN hoch 3: Stadt Köln, o.ED

**Mit Beiträgen von:** Matthias Bahr, Andreas Bremm, Thomas Brühne, Myrle Dziak Mahler, Erik Elvenich, Timo Frambach, Lisa Freesemann, Guido Hoffmeister, Wolfgang Latz, Uwe Kehler, Peter Kirch, Jürgen Nebel, Friedrich Pauly, Jörg Pfeiffer, Kathrin Seyrich, Jens Siebert, Bernhard Stuch, Christine Wenzel, Roland Widmann, Klaus Wohlt

**Landhöhen** (in Meter)
Gletscher
über 3000
1500 – 3000
1000 – 1500
500 – 1000
200 – 500
100 – 200
0 – 100
unter 0

**Meerestiefen** (in Meter)
0 – 200
200 – 2000
2000 – 4000
unter 4000

**Ballungsräume** (Einwohner)
über 10 000 000
3 000 000 – 10 000 000
1 000 000 – 3 000 000

0 100 200 300 km

Dänemarkstraße

E u r o p ä i s c h e s

Island
Hekla ▲ Hvannadals-hnúkur
1491 ▲
2119

Lofoten

3860 ▽

N o r d m e e r

Färöer

Shetland-Inseln

Orkney-Inseln

2083 ▲

Oslo

Vänersee

44

Stock

Schottisches
▲1343
Hochland

Glasgow

Newcastle upon Tyne

238

N o r d s e e

Skagerrak

Jütland

Kattegat

Vätter-see

Gotl

Irland

Dublin

Liverpool
Manchester

Irische See

Leeds
Sheffield

Kopenhagen

Born-holm

O

Britische Inseln

Hebriden

▲1041

St.-Georgs-Kanal

Birmingham

E n g l a n d

Amsterdam
Rotterdam

Hamburg

Norddeutsches Tiefland

Hannover

B

London

Land's End

Str. v. Dover

Brüssel

Lille

Düsseldorf
Köln

Berlin

▲1142

Elbe

A t l a n t i s c h e r   O z e a n

Der Kanal

Kanalinseln

Normandie

Pariser

Becken

Seine

Paris

Deutsche Mittelgebirge

Frankfurt
Nürnberg

Stuttgart

Rhein

Prag

187

Suc

1603 ▽

Bretagne

Loire

5858 ▽

Golf von
Biscaya

Bordeaux

Zentral-
massiv

1886 ▲

Rhône

Donau

München

Wie

Jura

Zürich

Lyon

Mt. Blanc
4810 ▲

▲3798
Großglockner

n

Mailand

Turin

Poebene

Po

Dinaris

Kap Finisterre

Kantabrisches Gebirge

Bilbao

Pyrenäen

▲3404

Toulouse

Marseille

Golfe du Lion

A p e n n i n e n

Adriatisches

Porto

Hochland

Madrid

Tajo

Ebro

Barcelona

Korsika ▲2710

2914 ▲

Lissabon

von Kastilien

Valencia

B a l e a r e n

Rom

Sierra Morena

Sevilla

Betische Kordillere
▲3478

Str. v. Gibraltar

Mallorca

Sardinien

1834 ▲

Neapel

3785 ▽

Tyrrhenisches

M i t t

Meer

Palermo

3350 ▽
Ätna

Sizilien

Rabat
Fès

Casablanca

Oran

Algier

Tunis

Malta